JN418566

차례

우리가 만들 자유 민주주의 국가

자본주의는 자본주의와 싸운다

이연호

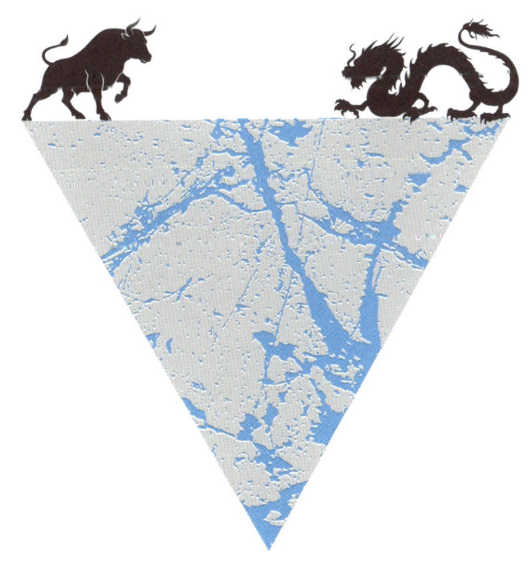

박영사

감사의 글

2024년 여름부터 1년간 학교가 마련해 준 연구년을 맞이하여 학자로서 내실 있는 한 해를 보냈다. 낮에는 서재를 짓고 밤에는 책을 썼다.

생전에 모친은 당신이 낙향하고자 마련하셨던 이곳 이천 사과 농장에서 농사를 지으며 무척이나 행복해하셨다. 서툰 솜씨지만 사과를 길러 시장에도 내고 지인에게도 나누어 주셨다. 벌레 먹은 사과는 우리 가족들 차지였다.

소천하시기 전 나에게 언제 이천 농장에 집을 지어줄 거냐고 진담 반 농담 반 재촉하셨다. 옛날 이곳엔 어머니가 수확철에 머무시던 한옥 농막이 있었다. 나 역시 건성으로 '언젠가 지어야죠'라고 답하곤 했다. 어머니가 떠나시고 나니 그 마지막 요구가 내게 마감을 앞둔 미완성 원고처럼 남았다.

책을 쓰는 것도 서재를 짓는 것도 창작이다. 그런데 막상 마치고 나니 둘 다 미흡한 것투성이다. 결국 살면서 매만지고 고칠 수밖에 없다는 생각을 하면서 마무리를 했다. 나만의 서재를 갖는 특권을 누릴 생각을 하니 흥분스럽다. 이곳에서 좋은 생각을 많이 해야겠다. 좋은 사람들도 불러야겠다.

책과 서재를 부모님께 드리고 싶다. 책의 일부분을 함께 연구해준 고주현, 정다정 박사, 기여운, 성채린 석사 그리고 책의 교정과 편집을 도와준 조교 보미와 의재에게 고맙다.

아울러 출판을 맡아준 박영사 조성호 이사와 책의 편집을 위해 수고해준 전혜민 대리께 감사의 마음을 전한다.

이천 백사 사과과수원 마을에서
아버지와 어머니를 기억하며

이연호
2026년 1월

*본 저서는 연세대학교 인문사회 학술연구비의 지원에 의해 작성되었다.

프롤로그

프롤로그 2024: 민주주의보다 자본주의가 문제다!

1990년대 전 세계가 영국을 통해 목격한 소위 신우파New Right 패러다임의 승자적 위세는 대단한 것이었다. 1979년 대처 정부가 그리고 1981년 미국에서 레이건 행정부가 들어섰을 때만 하더라도 이 신자유주의적 아이디어가 약 10여 년 만에 전 세계적으로 승승장구할 것이라고는 누구도 쉽게 예견하지 못했다. 결정적인 사건은 1991년 미국과 체제경쟁을 벌이던 소련의 붕괴였다. 공산주의적 사회주의 진영이 붕괴하자 자유주의 이념에 기반한 민주주의와 자본주의를 대체할 이념은 더 이상 없을 것처럼 보였다. 일본계 미국인 프란시스 후쿠야마가 그의 책에서 주장했듯이[1] 자유 민주주의와 자본주의는 인류가 성취할 수 있는 궁극의 모델로 추앙받게 되었다.

신우파이념은 신자유주의neo-liberalism와 신보수주의neo-conservatism를 구성요소로 한 것이었다. 시장에 간섭하지 않는 작은 정부 그러나 공산주의에 대적하여 자유세계의 안보를 보장할 수 있는 강한 국가를 만들어야 한다는 생각이었다. 1980년대 대학생 청년 지식인으로서의 첫걸음을 시작했던 이들에게 신우파이념은 사회과학적으로 애증의 존재였다.

우선 탈권위주의와 민주화를 추구하던 대한민국 시민의 일원으로서 거부하기 어려운 패러다임이었다. 압축적 경제성장과 반공이라는 명분을 우선시하던 국가주의적 이념하에서 대한민국의 시민들은 자유를 마음껏 향유할 수 없었다. 그들은 박정희 정부와 전두환 정부하에서 경제적으로 부유해졌을지 몰라도 정치적으로는 빈곤했었다. 민주주의와 자본주의를 떠받치는 중산층의 숫자가 늘어난 것은 사실이었다. 하지만 정치적 자유에 대한 열망을 포기한 채 '배부른 돼지나 바보'로 살아가는 것에 회의를 느끼는 이들의 숫자도 늘어갔다. 그래서 적어도 개인의 정치경제적 자유가 확대되어야 한다고 주장하는 신자유주의적 사고는 당시 나뿐만 아니라 대한민국의 지식인들 다수의 지지를 받았다. 물론 좌파 지식인들은 이것을 시장주의에 대한 맹신이라고 비판했지만 말이다.

그런데 따지고 보면 당시 우리나라의 중도우파적 지식인들조차도 신우파주의 패러다임에 온전히 동의한 것은 아니었다. 단순히 좌우 이념의 문제 때문이 아니라 근본적으로 영미적 근대화 이론에 대한 저항감 때문이었다. 나중에 다시 자세히 설명하겠지만 신우파주의는 사회과학적으로 근대화 이론modernization theory에서 파생했다. 서구적 근대화 이론은 경제적 성장이 개인의 자유를 확대시키는 사회적 변화를 유발하는 원동력이고 시민계층의 등장은 자유로운 사회와 시장을 만들어내며 종국에는 정치적으로 민주주의를 촉발한다고 주장한다.

그런데 이 이론은 국가간섭을 배제한 자발적 시장의 등장과 성장을 전제하고 있다는 점에서 지나치게 영미적이라는 비판을 받았다. 17세기 이후 등장한 근대적 국민국가 중 국가나 정부의 지원 없이 자발적으로 시장이 성장한 나라가 몇이나 된다는 말인가?

그래서 근대화 이론이나 신자유주의 패러다임은 조속한 경제성장을 도모하려는 개발도상국 정부의 힘을 무력화하기 위한 승자의 '사다리 걷어차기' 주장과 다름아니라는 비판을 받았다. 게다가 영미를 제외한 서구의 국가들도 이 이론이 개별국가의 역사적 특수성을 간과하고 있다는 점에서 전적으로 동의하지 않는 경우가 많았다.

사무엘 헌팅턴Samuel Huntington도 근대화 이론의 낙관적 전망에 제동을 걸었다. 그는 1992년 프란시스 후쿠야마Francis Fukuyama가 '역사의 종언The End of History and the Last Man'을 출간한 이듬해에 포린 어페어스Foreign Affairs에 발표한 논문 '문명의 충돌The Clash of Civilizations'

을 통해 세상이 그렇게 쉽게 영미적 자유주의 세상으로 수렴되지는 않을 것임을 역설했다.[2]

그로부터 30여 년의 시간이 흐른 지금도 이 수렴과 반수렴의 가설 중 어느 하나가 명확하게 옳다고 판단하기는 어려운 것 같다. 일견 한국을 비롯한 주요 개발도상국들이 근대화 이론의 예측대로 변화했음을 부정하기는 어렵다. 초기에는 영미처럼 자율적 시장에 의한 성장보다는 국가의 지원에 의한 경제성장이 도모되었었다.

하지만 그 이후 전개된 변화의 양상은 근대화 이론적이라 하지 않을 수 없다. 농업 대신 상공업이 발달하여 중상시민 계층이 등장했고 사회계층간 그리고 물리적 공간에서의 이동도 활발해졌다. 도시화가 촉진되었고 시민의 자유는 확대되었다. 사유재산과 개인과 인권에 대한 인식이 제고되었고 평등과 자유가 동시에 증진되는 민주주의가 확산되었다. 바야흐로 국가의 시대가 막을 내리고 개인의 시대가 열렸다.

21세기 들어 나타난 중요한 변화는 -물론 중국이나 싱가포르라는 예외가 있기는 하지만- 영미적 근대화 이론의 결과물인 시장 자본주의와 자유 민주주의가 국민국가들 간의 치열한 경쟁에서 성공하기 위한 최상의 솔루션이라는 점에 많은 개발도상국이 동의하게 되었다는 점이라 할 것이다. 가장 대표적인 예가 대한민국과 대만이다. 특히 우리나라는 드라마틱할 정도로 근대화 이론에 적합한 성공사례가 되어 버렸다.

당초 우리나라는 정부주도의 중상주의 정책으로 산업화를 시작했다. 그러면서도 동시에 자유주의적 성격의 수출주도적 산업화 정책을 효율적으로 병행했다. 1980년대 안정화 정책이라는 다소 어색한 명칭으로 배태된 경제자유화 정책은 이제 우리나라의 가장 핵심적인 경제 패러다임으로 자리잡았다.

많은 이들이 대한민국을 정부주도적 경제성장의 성공사례라고 주장하지만 나는 이에 전적으로 동의하지 않는다. 우선 기간상으로 보더라도 순수하게 정부주도적이었다고 볼 수 있는 기간은 1948년 정부수립 후 약 77년의 기간 중 박정희·전두환 정부 기간인 26년에 불과했다. 그 외의 기간은 정부주도적이라고 단정하기 어렵다. 물론 정부와 관료의 역할이 중요하긴 했다.

박정희 정부가 주도한 중화학 공업 산업화 정책이 2024년 현재 우리의 경제를 수출규모 세계 6위권으로 도약시킨 것은 맞지만 그 과정에서 정부의 실패로 낭비된 그래서 국민의 부담으로 전가된 손실도 간과해서는 안된다. 1973년 안보적 이유로 불가피하게 박정희 정부가 시작한 중화학 공업화는 1980년대 초반 전두환 정부하에서 산업 합리화 정책을 추진해야 할 만큼 국민경제에 부담을 주었다. 1997년 발생한 금융위기도 정부의 실패였음을 부정하긴 어렵다.

박정희 대통령의 경제 리더십을 부정하거나 애국적 경제관료들의 활약을 폄훼하려는 것이 아니다. 우리나라가 성취한 경제발전 정책의 핵심은 남미종속 이론가들이 감탄해 마지않았던 '국가주도적 이중게임 state- led double game'이었다.[3] 즉 정부가 산업을 보호적으로 육성하거나 개방적으로 시장경쟁에 노출하는 것을 조화롭게 성공적으로 해냈다는 것이다. 그런데 이것이 가능하려면 정부의 통솔능력도 중요하지만 민간부문의 자율적 역량과 자유화된 시장도 중요하다.

실제로 우리나라가 개발도상국 중 제2차 세계대전 이후 중화학 공업화에 가장 성공한 나라가 될 수 있었던 비결도 여기에 있었다. 박정희 정부와 전두환 정부가 막대한 손해를 감수하고 중화학 산업을 보호 및 육성한 것은 사실이지만 그에 못지않게 경제자유화 정책을 병행한 점도 간과해서는 안된다. 우리나라는 내수시장 규모가 작다는 약점을 극복하기 위해 일본보다도 적극적으로 무역자유화 정책을 추구했다. 2024년 현재 대한민국이 체결하여 발효된 FTA, 즉 자유무역 협정은 22건 59개국에 달했다.

근대화 이론이 주목하는 점이 바로 여기에 있다. 우리나라의 경우 경제적 성장으로 인해 사회와 시장이 자유화되었고 이는 1987년의 민주화로 이어졌다. 그리고 그로부터 10년 후인 1997년 아시아 금융위기를 겪으면서 우리 경제는 국가주도적 모델에서 시장주도적 경제모델로 전환했다. 내가 '대전환의 10년'이라 부르고자 하는 이 기간이 우리나라의 정치경제적 발전의 핵심 시기였다.

전 세계는 더 이상 대한민국을 경제성장의 성공사례로만 보지 않는다. 성공한 민주주의 국가라는 찬사도 있다. 세계는 인권을 존중하고 자유 못지않게 평등을 존중하는 계몽된 시민들이 만든 물건이라는 생각으로 비싼 가격을 지불하며 한국상품을 소비한다. 또한 그러한 사람들이 먹고 풍류하는 문화를 존중하여 소위 '한류'가 탄생했다.

그렇다면 영미적 근대화 이론의 성공은 우리가 희구하는 평화와 번영을 전 세계적으로도 보장할 수 있을 것인가? 역설적이지만 근대화이론에 기반한 신자유주의의 성공은 성공 그 자체가 위기를 불러오고 있다는 점에서 이론적으로 흥미롭다. 근대화의 출발점이자 핵심은 경제적 성장이다. 경제적 성장의 방법에는 여러 가지가 있겠으나 농업보다는 상업과 공업에 기반한 진보가 가장 극적인 효과를 만들어 낸다. 토지와 인력에 의존하는 것보다는 교역하고 대량으로 생산하는 산업의 자본창출 효율이 훨씬 높기 때문이다.

상공업의 발달은 농업중심의 봉건경제와 대비되는 근대경제, 즉 시장중심적 자본주의 형성의 초석이 되었다. 그러나 이 자본주의 모델은 꽤 해결하기 어려운 경제사회적 문제를 유발하는 경향이 있었는데 독점적 자본의 출현과 더불어 계층 간 불평등이 심화되는 현상이 그것이다. 애덤 스미스는 상공업의 발전으로 인해 부가 아래 계층으로 확산되면 시민적 교양을 갖춘 사람의 수가 늘어나 훨씬 더 좋은 사회가 될 것으로 기대했다. 하지만 현실은 그렇지 않았다.

일반적으로 자본주의를 비판한 것은 마르크스와 그 추종자들로 알려져 있지만, 사실 자본주의를 옹호했던 자유주의자들의 우려는 그 이상으로 심각했다. 상공업적 사회, 즉 커머셜 소사이어티commercial society 속에서 가진 소수와 못 가진 다수 간의 갈등은 자유와 평등을 주제로 해결하기 어려운 문제를 반복적으로 만들어 냈다.

영국과 유럽을 기준으로 볼 때 19세기는 자유주의의 전성시대였다. 그렇다고 해서 자유주의적 사조만 존재한 것은 아니었다. 자유주의가 중산층 상공업자들의 지지를 받는 이념이었다면 이를 불편하게 보던 귀족들의 보수주의, 그리고 공장제적 규율노동이 확산되면서 임금노동자들이 착취를 당하고 있다고 주장하는 평등주의적 민주주의가 모두 힘을 얻고 있었다. 이러한 상황에서 자유주의자들은 개인의 자유 그리고 최소 국가주의를 주장하는 자유방임적 자유주의에서 벗어나 새로운 형태의 자유주의론을 모색하기 시작했다.

자유주의 이론의 모순은 다소 상반된 주장을 하는 두 가지 이론이 공존해야만 가능하는 점에 기인했다. 자유주의의 두 개 축은 개인주의와 최대다수 최대행복을 상정하는 공리주의이다. 전자는 이성적 개인이 합리적일 수 있다는 점을 가정하고 개인의 이익과 행복을 강조한다. 후자는 개인보다는 다수 나아가 사회전체의 총량적 행복을 주장한다. 이 문제는 결국 행복한-즉, 자유로운- 개인이 많아지면 종국적으로 행복한 사회가 만들어지는 것인지, 아니면 사회전체가 골고루 행복하고 만족해야 자유로운 개인이 탄생하는 것인지에 관한 논쟁으로 귀결되기 십상이었다.

19세기 자유주의의 주인공은 계층적으로 중산층 부르주아 집단에 소속된 이들이었다. 금융업과 상공업에 종사하던 중간계층the middle sort들은 혁명을 통해 토지에 기반한 왕과 귀족으로부터 사회의 주도권을 빼앗아오는 데는 성공했다. 하지만 산업화와 도시화가 본격화된 19세기, 그들에게 노동을 제공해주던 임금 노동자들의 숫자가 증가하자 이들과의 관계를 어떻게 설정해야 할 것인가에 대해 전전긍긍하기 시작했다.

사실 근대 자본주의 경제 체제에 기반한 사회의 문제점은 본질적으로 한 가지였다. 다만 자유주의자들이나 자유주의에 비판적이었던 마르크스주의자들은 같은 동전의 다른 양면을 지적했을 뿐이었다. 개인의 능력에 기반한 자유경쟁은 종국적으로 독점과 불평등으로 귀결하는 경향이 있다. 그런데 문제는 이로 인해 발생하는 불평등의 문제와 그로 인해 박탈감을 느끼는 사회적 소수자들이 생기는 문제에 어떻게 대응할 것인가 하는 점이었다. 예컨대 사회전체의 행복 증대를 위해서는 소수 노동자들의 희생이 감내되어야 하는 것인가?

이와는 반대로 시장의 독점이 심화되고 착취당하는 노동자들의 숫자가 증가하여 못 가진 자들이 다수가 되고, 가진 자들은 소수가 되는 사회가 되면 어떻게 할 것인가? 소수 자본가들의 자유는 다수 노동자들의 이익을 위해 무시되어도 좋은 것인가?

19세기의 자유주의가 발전하면 발전할수록 평등주의적 민주주의의 확산을 목격하는 자유주의자들의 불안과 회의감은 높아질 수밖에 없었다. 그리하여 자유주의자 진영 내에서 존 스튜어트 밀J. S. Mill같은 민주주의적 자유주의자들 그리고 나아가 사회주의적 관점에서 자유주의를 개선하려는 평등주의적 자유주의인 새자유주의new liberalism자들, 그리고 사회문제 해결을 위해 정책을 연구하자는 파비안Fabian 사회주의자들이 등장하기 시작했다.

이들은 마르크시스트들처럼 혁명을 주장하지는 않았다. 대신 소외된 이들의 자유를 확대하기 위해 국가가 적극적으로 도와주는 역할을 해야 함을 역설했다. 이로써 자유주의와 사회주의가 연결되는 고리가 만들어진 셈이고, 동시에 자유주의와 민주주의가 공생할 수 있는 이론적 기반이 마련되었다. 제2차 세계대전이 종료하자 영국을 비롯한 유럽의 자유주의 국가들이 사회주의적 속성을 내포한 복지국가로 전환된 것도 평등주의적 자유주의의 확대가 결과한 것으로 볼 수 있다.

서구적 근대화 이론의 궁극적인 주장은 진화의 종착역이 자유주의적 -그것이 개인중심이든 사회중심이든- 민주주의와 물질적 가치를 우선시 하는 자본주의가 될 것임을 주장한 것이었다. 1980년대 영국과 미국의 주도로 신자유주의가 전 세계적으로 확산하고 1991년 구소련이 붕괴하자 프란시스 후쿠야마가 역사의 종언을 주장한 것도 같은 맥락이었다.

당초 근대화 이론에 비판적이었던 나의 입장에서도 현재 어느 정도 세계는 서구적 근대화의 맥락에서 발전해왔음을 인정할 수밖에 없다. 우리나라도 그중의 하나이다. 그리고 무엇보다도 이 방법이 가장 빠르게 경제적 발전을 도모할 수 있고 부유한 중산계층을 많이 만들어 낼 수 있으며, 무엇보다도 인권에 대한 인식을 개선할 수 있다는 점을 부정하긴 어렵다.

그런데 서구적 근대화 이론에 입각한 발전의 방식이 앞으로도 지속가능한 것인가 하는 질문은 여전히 남아있다. 근대화 이론적 발전 방식에 대한 도전이 중국에서 그리고 이슬람권 국가들에서 그리고 러시아에서 등장하고 있는 이유는 이 이론이 가지고 있는 문제 때문이다. 즉 개인의 자유를 강조하는 자유 민주주의와 자본주의 모델은 사회적 형평과 소수 약자의 소외를 해결하지 못한다는 비판을 극복하지 못하고 있다.

그렇다면 이러한 문제에도 불구하고 근대화 이론에 입각한 민주주의와 자본주의 모델은 어떻게 세계적으로 가장 강력한 이념 모델로 자리잡을 수 있었던 것일까? 나는 그 해답이 민주주의보다는 자본주의에서 찾을 수 있다고 본다. 자유 민주주의 이론이 개인의 인권을 옹호하고 있다는 점에서 전 세계적으로 많은 이들의 지지를 받는다는 점은 분명하다. 그러나 이러한 인권중심적 시각은 전세계 다수의 국민국가 정부들이 왜 이 서구적 정치경제 모델을 선호하는지 설명하는데 한계가 있다. 모든 정부들이 현실적으로 개인의 인권증진을 최상의 목표로 삼지는 않는다.

보다 실질적인 이유는 자본주의 체제의 세속적 강점에서 찾을 수 있다. 즉 자본주의 체제가 경제적 성장을 도모할 수 있는 대안을 가장 훌륭하게 제공한다는 점, 그리고 국민국가의 생존을 담보할 수 있는 안보 역량 즉 전쟁을 준비하고 수행하는데 필요한 자원을 가장 잘 공급할 수 있다는 점에 있다.

흥미롭게도 자본주의 체제와 전쟁을 연결해 생각하는 것은 제2차 세계대전 후 전개된 미·소 간 냉전의 영향 때문인지 다소 금기시된 추론이다. 자본주의의 성장 원인을 16세기부터 본격화된 서구 열강의 식민지 개척 경쟁에서 찾거나, 19세기에 본격화된 제국주의의 원인을 자본주의 체제의 과잉생산과 시장독점의 폐해를 극복하기 위한 시도로 보았던 마르크시스트적 영향 때문일지도 모른다. 마르크시스트들은 고도로 발달한 자본주의는 종국적으로 약소국 침탈에 필요한 군산 복합체를 만들어 낼 수밖에 없다고 주장한다. 즉 자본주의는 시장의 확대를 추구하고 이는 전쟁으로 이어진다는 것이다.

회고적 관점에서 볼 때 이러한 마르크시스트들의 주장을 전면적으로 부정하기도 어려울지 모른다. 자본주의가 전쟁수행과 매우 밀접한 정치경제 체제라는 주장을 가장 적절하게 보여주는 나라는 다름 아닌 자유주의 국가의 표본이라 할 수 있는 미국이다. 자유주의의 선봉을 표방하는 미국이 20세기에 가장 많은 전쟁을 수행할 수 있었고 군비경쟁에서 구소련을 패배시킬 수 있었던 근본적인 이유는 자본주의가 가지고 있는 체제상의 경제적 효율성과 경쟁력 때문이었다.

무엇보다도 자본주의는 전쟁무기를 만드는데 필요한 기술을 가장 잘 공급할 수 있는 체제이고 또한 전쟁무기를 생산하기 위해 개발한 기술을 상업적 용도로 빠르게 전환시킬 수 있는 체제이다. 즉 자본주의 체제는 전쟁을 매개로 하여 자본과 기술 간의 선순환적 관계를 만들어 낼 수 있다. 시장에서 장기적 안목에서 투자할 수 없는 최첨단의 영역은 안보를 명분으로 정부가 나설 수밖에 없다.

이렇게 만들어진 기술의 전후방효과는 상상을 초월한다. 크리스 밀러Chris Miller가 그의 저서 '칩 워Chip War'에서 기록했듯이, 현재 미국이 세계를 선도하고 있는 ICT기술의 모체는 반도체에서 시작한 것인데 당초 소형화된 고성능 반도체의 수요를 창출한 산업이 바로 미사일과 같

은 방산분야였다.4

또 하나는 자본주의의 생산력이다. 결국 전쟁수행을 위해서는 막대한 국방비를 조달할 수 있어야 한다. 따라서 경제규모가 큰 국가가 유리하다. 이 점에서 자본주의는 어떠한 경제 체제보다도 우위에 서 있다. 많은 개발도상 국가들이 선진적 시장자본주의 모델을 당장에 도입하지 못하더라도 국가주도적 자본주의 모델을 선택하는 이유가 여기에 있다. 중국처럼 -또는 과거 우리나라처럼- 초기 산업화를 달성하기 위해 그리고 석유고갈 이후를 준비하려는 중동의 산유국들처럼 국가주도적이고 중상주의적인 자본주의를 추진하는 이유는 경제와 군사분야에서 자본주의 만큼 경쟁에서 생존하기에 유리한 경제모델은 없기 때문이다.

1991년 구소련이 붕괴하면서 전 세계는 영원히 평화를 누릴 수 있을 것 같았지만 현실은 그렇게 전개되지 않았다. 중국의 등장 때문이었다. 당초 미국은 중국을 우방화하는 것이 구소련과의 경쟁에서 유리할 것이라고 생각했다. 같은 공산주의 국가들이었지만 민족주의적 측면에서 틈이 있었고 닉슨 대통령과 그의 책사 키신저는 이점을 이용하고자 했다.

단순히 안보적 고려만 했던 것은 아니었다. 중국이 미국의 지원을 받아 개혁개방을 시도한다면 결국 경제적 성장이 이루어질 것이고 이는 근대화 이론적인 변화를 중국에 가져올 것으로 생각했다. 즉 경제성장은 사회적 이동과 분화를 촉발하고 재산권을 보유한 개인, 그리고 경제뿐만 아니라 정치적 자유를 추구하는 시민들을 만들어 중국도 서구적인 민주주주의 국가로 변화할 것이라고 생각했다. 마치 우리나라와 대만이 그랬던 것처럼 말이다. 그리고 민주주의 공화정끼리는 전쟁하지 않는다는 믿음이 있었다.

그러나 중국이 스스로 이러한 사회변화의 궤적을 보여줄 가능성은 아직까지 별로 높아 보이지 않는다. 특히 3연임을 달성한 시진핑 주석은 중국의 정치적 민주화와 시장 자본주의화에 대한 경계를 늦추지 않았다. 대신 국가지도적 중국 모델이 영미적 자유주의 모델의 한계와 문제를 극복할 수 있는 대안이라고 주장했다. 일대일로 전략은 이러한 의지의 전 세계적 표방이었다. 이러한 중국의 입장은 시진핑 이후 다른 지도자가 등장하더라도 지속될 가능성이 높아 보인다.

2024년 현재 중국의 경제는 부동산시장의 침체, 고령화 및 인구감소 등의 문제로 인해 지속적 경제발전을 도모할 수 있을지 의문시 되고 있기는 하다. 그러나 이러한 와중에도 국가주도적 자본주의 체제를 이용한 중국의 국방력 강화작업은 중단되지 않고 있다. 1840년 발발한 아편전쟁으로 인해 서구에 침탈당했던 중국의 굴욕을 만회하려는 것으로 보인다. 그리하여 남중국해에서 패권을 확보하려 시도하고 있고 이로 인해 미국과의 대립은 불가피하다.

미국은 중국에 의해 세력전이를 당할 가능성을 우려하며 현실주의적 관점에서 패권국가의 위치를 포기하지 않으려 하고 있다. 미국이 막대한 재정적자와 무역적자에도 불구하고 강한 달러를 유지하며 2024년 현재 세계최대의 국내총생산(GDP: 약 29조 달러) 그리고 세계 5위의 1인당 국민소득(GNI)을 기록할 수 있었던 이유 중의 하나는 달러라는 기축통화와 더불어 막강한 군사적 패권 때문이다.

20세기에 미국은 영국으로부터 평화적으로 패권을 이전 받았다. 달러 중심적 브레튼우즈Bretton Woods 금융 체제, GATT와 WTO로 대변되는 무역 체제, 그리고 유럽에서의 NATO와 동북아에서의 UN군으로 구성된 안전보장 체제는 미국이 자신의 패권을 담보하기 위해 설계한 제도들이다. 이를 주도하기 위해 미국이 지불해야 하는 비용은 크지만 그로 인해 얻는 이익은 훨씬 더 크다.

이러한 패권적 이점을 미국은 포기할 리 없다. 그래서 중국의 부상을 묵과하지 않는다. 과거처럼 세력균형을 유지하여 평화를 지지하는데 만족하지 않고 잠재적 도전자를 소멸시켜 도전의 싹을 없애버리려 한다. 미어샤이머John J. Mearsheimer가 주장하는 공격적 현실주의론도 이 점을 강조한다.[5] 이미 구소련과의 체제경쟁을 통해 상대방을 붕괴시켜본 경험이 있는 미국은 중국도 같은 방식으로 좌절시키려는 의도를 공공연히 노출하고 있다.

그러나 중국을 상대하는 것은 과거 구소련을 대하는 것보다 쉽지 않아 보인다. 미·소 간의 냉전은 전쟁 없이 승부가 났다. 그러나 미·중 간의 대립이 냉전으로 막을 내릴지 아니면 열전으로 확대될지 판단하기 쉽지 않다. 다만 나는 이 책에서 바로 이 점을 이론적이지만 실질적으로 논의해보고자 한다.

이 책의 결론이 몇 년내 어느 시점에 그리고 어느 지역에서 미·중 간의 무력적 전쟁이 발발할 것임을 예측하자는 것은 아니다. 다만 나는 현재 미국의 중국에 대한 경제력이나 군사력의 우위가 여전하고 이 상황이 쉽사리 변화하지 않을 것이기 때문에 열전熱戰으로 비화하지는 않을 것이라는 의견에는 동의하지 않는다. 미·중 간의 충돌은 정치경제적 구조적 관점에서 볼 때 이미 불가피한 미래가 되었다. 그리고 미·중 간의 경제적 차원 전쟁은 벌써 시작되었다고 보아야 한다.

만일 무력적 충돌로 간다면 다른 전문가들이 예견하듯이 우선 대만에 대한 중국의 침공 가능성이 높아 보이며, 다음으로 한반도에서의 충돌 가능성도 있다. 이러한 가능성은 지정학geopolitics과 여기에 경제적 요소를 결합한 지경학geoeconomics적 고려를 해보면 너무나 당연하다. 우선 군사안보적 측면에서 만일 중국이 대만을 점령한다면 남중국해는 물론 인도태평양 지역에서 중국의 군사적 영향력을 투사하기 용이해질 것이다. 아울러 미국과의 대립에서 모든 역량을 한반도에 집중할 수 있는 여유도 갖게 될 것이다.

지경학적 이익은 더 크다. 전 세계 해상 컨테이너선의 약 절반이 대만해협을 통과하고 있고 물동량 기준으로는 88% 이상이 대만해협을 지나고 있다. 한국·일본·대만의 상품 특히 반도체 같은 첨단상품이 이 좁은 해협을 지나 유럽 등지로 수출되고 또 이 나라들은 중동으로부터 에너지를 수입하고 있다. 게다가 알려진 바와 같이 남중국해는 석유, 천연가스 등 지하자원이 풍부한 곳이며, 이를 두고 베트남, 필리핀, 말레이시아 등과 갈등이 빚어지고 있는 곳이다.

한마디로 중국이 대만을 대상으로 상정할 수 있는 지정학적 그리고 지경학적 가치는 이 대국의 국가 자본주의적 야욕을 자극하기에 충분하다. 만일 트럼프 행정부가 대만과 한국으로부터 반도체 등 기술전략자산을 미국으로 이전하도록 강요하면서 이 지역에서 군사적 영향력을 축소하거나 철수시킨다면 그 야욕을 실현하려는 속도는 더욱 더 가속화될 것이다.

태평양 전쟁은 1941년 12월 일본의 진주만 공습으로 시작되었지만, 일본이 1932년 만주국을 수립하고, 1935년 석유의 확보를 위해 일본이 인도차이나 반도와 말레이 제도를 침략하고자 했을 때 양국 간 충돌은 이미 기정 사실화되었다고 보아야 한다. 1940년 동남아 지역에서 일본의 군사적 행동이 본격화하자 미국, 영국, 네덜란드, 호주 등은 석유 등 자원에 대한 제재를 단행했다. 현재 전개되고 있는 미·중 간의 관계는 이 상황과 유사하다. 이 책의 입장은 미·중 간의 경제적 대립이 빌미가 되어 이제 세계사의 흐름은 대규모의 전쟁으로 발전하는 것이 불가피할 수 있다는 것이다. 그 주요한 이유는 자본주의 발전의 흐름 때문이다.

미·소 간의 대립은 쿠바 미사일 위기와 같은 곡절을 겪긴 했지만 실제로 전쟁으로 비화하는 데 한계가 있었다. 핵전쟁이 가져올 미래는 너무나 자명한 것이었기 때문에 결국 두 강대국간에 전쟁이 발생한다 하더라도 재래식 전쟁이 주가될 수밖에 없었다. 게다가 미·소 사이에는 양국이 직접 부딪힐 필요를 현격히 줄여줄 수많은 위성국가들이 지리적으로 존재했다. 상황에 따라 이들이 미·소를 대신해 대리전을 치러주었다. 남한과 북한도 그 중의 하나였다. 결과론적 이야기이지만 돌이켜 보면 전쟁의 가능성은 당시 우려했던 것보다 실제로는 낮았다.

과거 미·소 간의 대립은 냉전, 즉 무기를 동원하지 않은 일촉즉발 이념 진영 간의 전쟁이었던 데에 비해 현재의 미·중 간의 대립은 냉전이라는 용어를 쓸 정도로 대립이 첨예하지 않고 군사력의 차이도 현격하다는 주장도 있다. 그러나 이런 결론은 지나치게 군사적 전쟁에 의존한 견해이다. 전쟁을 폭력과 무력을 사용한 국가 간의 파괴적 갈등이라는 협의의 정의에서 확장하여 볼 필요가 있다. 그래서 경제적 그리고 기술적 경쟁과 대립이라는 21세기 제4차 산업혁명적 양상까지 고려한다면 지금 역사의 흐름은 미·중 간의 충돌의 경로로 들어선 것으로 보아도 무방하다. 군사적 전쟁은 마지막 가시적 현상일 뿐이다.

여기서 또 하나 상기할 것이 왜 영국과 독일이 제1차 세계대전에 돌입하게 되었던가 하는 점이다. 개전 당시 독일제국의 제3대 황제였던 빌헬름 2세는 영국 빅토리아 여왕의 첫 (외)손자였다. 즉 가족으로 연결되는 관계였다. 그리고 같은 기독교 문화를 공유하는 나라였다. 물론 빌헬름은 당시 최강국이었던 사촌의 나라 영국에 대해 열등감을 가지고 있긴 했다. 그러나 이를 해소 못할 정도로 관계가 단절된 사이는 아니었다.

제2차 세계대전의 경우도 마찬가지였다. 히틀러는 당초 그다지 영국에 적대적이지 않았으며 1940년 덩케르크에 30만의 군인을 파병하여 전투를 치렀지만 결국 독일 육군의 영국 본토 상륙을 감행하지는 않았다. 체임벌린 수상 역시 히틀러가 체코와 폴란드를 병합함에도 불구하고 유화적인 입장을 취했다. 그럼에도 불구하고 왜 영국은 결국 독일을 적국으로 간주하고 전쟁에 임했을까? 왜 끝까지 유럽대륙의 전쟁에 대해 고립주의적 정책을 고수하지 않았을까? 그리고 왜 영국과 미국은 독일을 패퇴시키기 위해 공산주의자인 스탈린과 손을 잡았던 것일까?

해답은 두 가지 차원에서 구할 수 있다. 우선 민주주의적 관점에서 시민을 복속시키고 자유를 제약하는 파시즘은 타협할 수 없는 압제적 이념이었다. 그러나 더 중요한 것은 자본주의의 문제였다. 나치가 표방하는 국가 사회주의national socialism는 국가 자본주의 체제였다. 사유재산은 용인했지만 결국 국가의 계획과 통제하에 있었다. 경제적 자유에 기초한 시장 자본주의를 추구하는 이들에게는 타협하기 불가능한 이념이었다. 제2차 세계대전이 종결된 후 미국과 소련진영이 대립하게 된 이유도 결국 자유를 주제로 한 정치경제 체제의 다름 때문이었다. 서로 다른 종류의 민주주의를 표방하던 미·소 양자는 전쟁에서의 승리를 위해 잠시 연합했을 뿐이었다. 경제적 관점에서 절대로 하나가 될 수 없었다.

세계의 역사를 움직이는 3요소는 구조, 행위자 그리고 사건이다. 이 세 가지 중 어느 하나가 역사를 만든다. 어느 것이 주된 요인이 되는지

결정하기 어렵다. 우리 사회과학자나 역사학자들은 연구에 있어 과학성과 객관성을 담보하기 위해 노력한다. 이 점이 저널리즘과의 차이이다.

그러다 보니 행위자나 사건에 주목할 수밖에 없는 경우가 많다. 행위자는 기록이나 증언을 남긴다. 그리고 사건의 역사적 시작과 끝은 누군가에 의해 기록된다. 문제는 행위자와 사건을 초월하는 구조이다. 때로 구조는 형이상학의 영역이다. 합리주의와 경험주의를 축으로 하는 인식론 밖의 영역이기도 하다. 보이지도 않고 만져지지도 않는다. 그리고 무엇보다도 정확하게 기록되기 어렵다. 그래서 음모론화 되기 쉽고 비학술적 논의가 될 위험도 크다.

나는 이 문제를 극복하기 위해 행위자들이 어떻게 구조를 만들어 갔는지 보려고 한다. 그러나 여전히 문제는 있다. 특히 국제정치에 있어서 현실주의자들은 국가를 행위의 주체로 보고 자유제도주의자들은 개인을 행위자로 상정한다. 그 차이는 어마어마하다. 그런데 현실주의 이론의 행위자 문제는 더 복잡하다. 그들이 상정하는 국가는 도대체 누구인가? 홉스가 이야기한 리바이어던인가? 대통령이나 수상인가? 외무부장관인가? 군장성인가? 아마 이 모두이거나 이 중 하나일 것이다. 현실주의 국제정치가 사회과학분야에서 방법론적 취약성에 직면하기 쉬운 이유도 바로 이런 점 때문이다.

나는 이러한 생각 때문에 국제 정치경제보다 비교정치 경제에 더 관심을 가지고 공부했다. 석사과정에 돌입하자 정치학에서 말하는 국가가 궁극적으로 누구인지 혼란스러워졌다. 영국 케임브리지에서 대학원 시절 나의 스승은 정치학자가 아니라 사회학 이론가 제프리 호손 Geoffrey Hawthorn이었다. 그에게서 사회과학 이론의 통합적 훈련을 받았다. 내가 방법론적으로 개인 행위자나 개별 사건에 더 관심을 가지고 분석한 것도 그 때문인지 모른다.

그렇지만 구조에 관한 관심을 완전히 버린 것은 아니었다. 사실 구조를 다루지 않을 수 없었다. 나는 특히 나의 정치경제학 공부에 있어 국가론은 중요한 주제 중 하나였으므로 국가를 이해하기 위해 구조주의적 시각을 완전히 도외시할 수는 없었다. 예컨대 국가는 구조인가? 제도인가? 행위자인가? 이러한 질문에 스스로 대답할 수 있어야 했다.

내가 연구했던 근대국가와 자본주의의 발전관계를 이해하기 위해서 구조, 제도 그리고 행위자 입장에서 각기 다른 설명을 시도하는 것은 쉽지 않은 일이지만 매우 흥미로운 일이다. 특히 구조의 문제를 다루기 위해서는 엄밀한 과학성을 약간 포기해야 할 수도 있다. 경험적 관찰을 통한 귀납적 결론의 도출을 일부 포기하고 나의 합리적 이성과 축적된 지식에 의존하여 연역과 추론을 해야 할 수 있다. 나는 이 책에서 이러한 시도를 해보려고 한다.

나는 자유 민주주의적 입장에서 정치학을 연구하고 가르쳐왔다. 개인의 자유에 기반한 민주주의와 자본주의가 최상의 체제라는 믿음을 가지고 있다. 그럼에도 불구하고 현재 전 세계가 당면한 문제의 근원은 민주주의보다는 자본주의에 있는 것이 아닌가 하는 생각을 하게 된다. 고전적 자유주의자들은 봉건시대를 지나 근대사회로 전환되면서 상공업에 기반한 세속적 사회가 되는 것에 대한 긍정적 기대를 가지고 있었다. 그러나 공리주의적 자유주의 사회에서 만연하는 두 가지의 문제, 즉 불평등의 심화와 소수자의 소외라는 문제는 해결되지 않고 있다. 그런데 이를 야기하는 주체는 민주주의보다는 자본주의이다.

자유주의가 도출하는 이 난제를 해결할 숙제가 민주주의에게 주어졌으나 한계는 분명했다. 독점으로 귀결하기 쉬운 자본주의의 문제를 해결하라는 과제가 민주주의에 주어졌고 이 정치제도는 19세기 말과 20세기 전반에 걸쳐 비교적 이 임무를 잘 수행했다. 예컨대 경제사회적으로 약자였던 노동이 조직화를 통해 중산층이나 자본가에 대항할 수 있는 힘을 가질 수 있었던 것도 민주주의 덕분이었다. 그런데 20세기 말부터 나타난 양상은 좀 달랐다. 자본이 소수의 손에 집중되는 정도가 심화되면서 가진 소수가 가지지 못한 다수를 소외시키는 현상이 본격화되었다. 이를 해결할 수 있는 방법으로 두 가지를 상정할 수 있다.

우선 민주주의적인 방식은 시민이나 노동자의 정치과정에 대한 참여를 증대시켜 자본을 견제하고 후자가 정부나 정치과정에 영향력을 과도하게 행사하지 못하도록 방지하는 것이다. 그런데 이 방식은 대의정치기관인 의회를 약화시키고 경제와 마찬가지로 정치를 극도로 양극화 시키는 경향이 있다. 중산층도 빈곤해지면 자본에 대해 적대적인 세력으로 변화하기 쉽다.

또 하나의 방식은 권위주의적이거나 비자유적인 민주주의 체제를 모색하는 것이다. 수적으로 소수인 지배계급이 가지지 못한 다수를 통제하기 위해서 마르크스주의자들이 지적한 바와 같이 부르주아는 물론 서민과 노동자들을 완벽하게 통제하는 보나파르트적 국가를 수립하는 것이다.

그런데 전자의 방식은 참여와 평등을 너무 강조하는 경향이 생기기 쉽고 그러다 보니 자본주의의 경쟁력을 약화시킨다는 비난을 받기 쉬우며 결국 민주주의 실패론으로 귀결될 수 있다. 후자의 경우 권위주의 체제가 자본주의 속에서 얼마나 지속적으로 존재할 수 있을지 확신하기 어렵다.

1980년대 정치와 경제 간의 분리를 강조하는 신자유주의가 확산되면서 시장은 이성과 합리성이 지배하는 영역이고, 정치는 감정이 압도하는 장소라는 인식도 강화되었다. 그러다 보니 자본주의의 내재적 문제를 지적하기보다는 민주주의의 제도를 비난하는 경향이 팽배해졌다. 국민국가들 간의 경쟁이 심화되고 여기서 승리하기 위해서는 경제라는 변수가 더 중요해지다보니 자본주의는 무조건 보존되어야 하는 체제로 여겨졌다.

그러나 작금의 자본주의 문제를 해결할 수 있는 정치 체제로서 민주주의도 권위주의도 모두 한계가 있다. 서민과 노동자의 참여가 강화되거나 정부개입이 강화되어 자본을 통제하는 것은 자본주의의 생동력을 저하시킬 수 있기 때문이다. 그래서 혹자는 역사적 경험을 두고 볼 때 상기한 자본주의의 문제를 해결할 수 있는 극적인 방안은 불행하지만 혁명이나 전쟁밖에는 없을지도 모른다고 주장할 수도 있다. 19세기 자유주의적 최소국가 모델이 1917년 공산주의적 사회주의 국가 모델로 그리고 1945년 이후 복지국가나 발전국가 모델로 대체된 원동력도 결국 볼셰비키 혁명과 제2차 세계대전이었다. 정적인 제도의 변화보다 급격한 정치적 변동을 모색하는 것 외에는 방법이 없었던 것일까? 그러면 누가 또는 어느 특정 국가가 문제의 해결을 위해 혁명이나 전쟁을 모색하게 되지는 않을까?

하지만 반자본주의적 공산주의 혁명은 두 가지 이유에서 이제 사실상 불가능하다. 첫째, 구소련의 붕괴로 사회주의 또는 공산주의적 경제체제는 자본주의와 효율성 면에서 경쟁할 수 없음이 드러났기 때문이다. 위에서 언급한 바와 같이 자본주의 체제의 높은 경제산업적 효율성으로 인해 이 모델을 채택하는 국가의 숫자가 증가하고 있다.

둘째, 자본주의가 가지고 있는 '자유'의 메시지에 동조하는 개인의 숫자가 점점 더 늘어나고 있기 때문이다. 심지어 중국처럼 사회주의적 국가 자본주의 체제도 개인의 재산권을 어느 정도 인정하고 있다. 따라서 이에 반하는 공산혁명이 다시 발생할 것을 기대하는 것은 거의 불가능하다.

그렇다면 결국 전쟁이 자본주의가 당면한 문제를 해결할 수 있는 대안을 제시하게 될 것인가? 불행한 결론이지만 나는 이러한 시나리오가 충분히 가능하다고 생각한다. 19세기 말과 20세기 초 자유 자본주의의 문제가 서구사회를 중심으로 사회경제적 불평등 그리고 제국주의와 같은 문제를 유발했을 때 전 세계가 결국은 두 차례의 전쟁을 경험할 수밖에 없었던 이유도 자본주의적 갈등은 결국 전쟁으로 귀결되기 쉽다는 가설과 관련이 있어 보인다.

여기서 우리가 주목할 것은 20세기에 발생한 양차 대전은 자본주의와 공산주의 간의 전쟁이 아니었다는 점이다. 두 차례에 걸친 세계대전의 본질은 자본주의 세력 간의 전쟁, 즉 시장 자본주의 세력과 국가 자본주의 세력 간의 충돌이었다. 후발 공업국으로서 1870년대부터 본격적으로 국가의 주도하에 압축적 산업화를 추진하던 독일이 선진산업화 국가 특히 영국과 미국을 대상으로 세력전이를 도모하던 과정에서 발생한 전쟁이었다. 다시 말해서 우리가 정말 우려를 가지고 지켜봐야 하는 것은 국민국가 간 경쟁에서 벌어지는 자본주의 체제 간의 갈등이다.

이 책을 쓰기 시작한 2024년 말 현재 전 세계적으로 두 가지의 갈등이 전개되고 있었다. 하나는 서방에서 벌어지고 있는 러시아와 우크라이나 간의 열전이다. 다른 하나는 태평양 지역에서 전개되고 있는 미국과 중국 간의 냉전 같은 갈등이다. 그런데 나의 입장에서 보다 심각하게 우려되는 것은 후자이다. 전자는 재정적 이유로 대전으로 전면화하기엔 한계가 있고 지역적 범위도 제한적일 수 있다. 러시아의 경제 체제는 구소련 공산주의 체제의 잔재가 여전히 남아있어 효율성이 떨어지며 자원 의존적이다. 게다가 러시아는 미국을 대상으로 세력전이를 시도할 능력이 사실상 결여되어 있다. 이에 대응하는 유럽국가들도 사정은 비슷하다. 사민주의적 복지국가 모델을 운영하면서 국가 재정의 상당 부분을 국민의 후생증진을 위해 투입하다보니 국방비 투입능력이 저하되어 있다.

반면에 미·중 간의 문제는 다르다. 전 세계에서 가장 경제규모가 크고 생산력이 강한 국가 그리고 경제 체제 간의 갈등이기 때문이다. 중국은 세계의 공장이고 미국은 세계의 은행이다. 당초 미국이 1979년 중국과 국교를 수립하고 그 한 해 전인 1978년 중국이 개방개혁 정책을 시작하도록 유도했을 당시 가졌던 낙관적 예측과는 달리 중국의 속성은 근본적으로 변화하지 않았다. 물론 공산주의 체제에서 사회주의적 시장경제 체제로 전환한 것은 맞지만 여전히 사회주의적 국가독점 자본주의 체제를 유지하고 있다. 개인의 사유재산권은 궁극적으로 국유화의 가능성에 여전히 노출되어 있고 시장자율성 또한 보장되지 않는다.

3연임을 성취한 시진핑주석은 19세기 중국이 겪었던 수모를 되갚아 주겠다는 의지가 강했고 전 인민이 평등하게 잘 사는 '공동부유'를 통치의 목표로 제시했다. 중국사회는 여전히 비자유적이며 자유 민주주의적 정치 체제는 구현되지 않고 있다. 한국이나 대만과는 달리 경제적 성장에도 불구하고 근대화 이론적인 변화가 아직은 발생하지 않고 있다.

오히려 중국이 미국을 대상으로 세력전이를 시도하고 있는 조짐마저 나타나고 있다. 미국은 군사적 경제적 기술적 수단을 이용하여 이를 막으려 하지만 어느 정도까지 가능할지 장담할 수 없다. 미국의 중국

때리기 시나리오가 작동하려면 미국이 건재해야 한다. 미국의 입장에서 다행스럽게도 군사와 기술분야에서 패권을 유지하고 있지만 이의 지속 가능 여부는 미국의 재정, 금융 및 제조업 역량이 견조할 때만 가능한 이야기일 것이다.

권위주의적 국가 자본주의와 자유 민주주의적 시장 자본주의 간의 대결은 어떻게 귀결될 것인가? 1992년 후쿠야마가 주장했던 자유 민주주의와 시장 자본주의로의 수렴으로 정돈될 것인가? 그렇게 보이지 않는다. 나의 시각에서도 자유 민주주의는 인류가 만들어낸 가장 진화된 정치제도이다. 그럼에도 불구하고 그 미래가 낙관적인 모습은 아니다. 이유는 세 가지다.

첫째, 자유 민주주의 제도는 자신과 동일한 지적 태반을 가지고 있는 시장 자본주의가 초래한 문제들 예컨대 불평등, 독점과 같은 시장의 실패 그리고 환경자원의 사유화 같은 문제에 대한 해결방안을 제시하지 못하고 있다. 둘째, 민주주의가 지향하는 다수의 지배원칙에도 불구하고 소수의 가진 자들이 행사하는 구조적 권력이 다수의 가지지 못한 자들을 압도함으로써 발생하는 문제를 해결하지 못하고 있다. 특히 이 문제는 자본과 ICT 및 AI기술 간의 연합세력이 등장하면서 더 심각성을 띠게 될 것이다. 셋째, 민주주의의 질이 저하되고 있다. 민주주의에서의 시민을 가장한 대중의 감정적 참여 그리고 경솔한 숙의가 오히려 민주주의의 질을 떨어뜨리고 포퓰리즘의 등장을 자극하고 있다. 또는 의회와 정부를 운영하는 정치 엘리트들과 자본가 간의 결탁은 후견clientelism 주의적 문제를 야기하고 있다.

사실 자유 민주주의 제도가 내포하고 있는 가진 소수와 못 가진 다수 간의 긴장은 19세기부터 지금까지 해결되지 않은 채 되풀이되는 중요한 문제이다. 이 문제가 안정적으로 관리되려면 다음과 같은 세 가지 조건이 만족 되어야 한다. 즉 소수의 의견에 대한 인정과 존중, 다수자 권력의 책임의식과 소수자에 대한 관용, 그리고 다수 의견에 의해 정의된 공익에 대한 소수의 승복이 그것이다. 그러나 이 조건의 성립 가능성은 민주주의의 주체가 합리적 시민에서 감정적 대중으로 대체 되면서 위협받고 있다.

이러한 약점은 결국 중국과 러시아 등 정치경제적 권위주의 체제로부터 자유 민주주의 체제가 공격을 당할 수 있는 약점을 만들어 낼 것이다. 비자유주의적 체제의 지도자들은 국가주도적 권위주의 정체가 자본가들을 정치적으로 통제함으로써 보다 효율적으로 분배와 평등을 제고할 수 있고 국가의 장기적 이익을 도모하는 방향으로 시장을 운영할 수 있다고 주장한다. 물론 이 주장 역시 경험적 증거를 결여하고 있지만 말이다.

그렇다면 자본주의가 만들어낸 문제를 해결하기 위해서 결국 자유 민주주의적 체제와 권위주의적 체제는 각각 어떤 방안을 도모할 수 있을까? 오스트리아 출신의 한 지식인이 그의 저서에서 했던 주장이 시사하는 바가 적지 않아 보인다. 인류 역사의 중요한 문제들은 인간의 인위적 노력에 의해서라기 보다는 혁명이나 전쟁 또는 지연재해와 같은 대규모 폭력적 사건에 의해 해결된 경우가 대부분이었다.[6] 북유럽의 사민주의 같은 사례가 있기는 하지만 공시적으로 통시적으로 그 효과를 일반화하기는 어려울 것 같다.

평화적인 해결의 가능성을 배제한다면 폭력적인 대안만 남게 될 것이다. 우선 고려할 수 있는 것은 국내적으로 시민과 노동자들이 반자본주의적 혁명이나 인종주의적 내란을 도모하는 것이다. 2024년 개봉한 영화 '시빌 워Civil War'는 이러한 가능성을 가설적으로 보여주었다. 정치적 경제적 불평등하에서 시름하는 무산계층이 마지막 극단적인 대안을 고려한다면 불가능한 시나리오는 아니다. 다만 1917년 볼셰비키 혁명처럼 국제적으로 연대한 노동자들이 주동세력이 되기보다는 인종이나 지역주의적 충돌이 될 가능성이 더 커보이긴 한다.

만일 국내적 차원에서 갈등이 폭발할 조짐이 보인다면, 아주 고전적인 방식이기는 한데, 이러한 불만을 국외로 투사하려는 정치적 시도의 가능성도 배제할 수 없다. 국가차원에서 시도할 수 해결방안이란 결국 군사적 수단을 포함한 다양한 형태의 전쟁이다. 미국과 중국이 서로의 영토를 대상으로 직접 무력을 교환할 가능성보다는 대만이나 한반도 그리고 일본지역에서의 제한적 무력충돌을 시도할 가능성도 매우 높다. 사이버전쟁이나 현재와 같은 기술전쟁이 전개될 수도 있고 공산주의 국가들의 고전적인 전술, 즉 우리가 평화의 시대 속에서 거의 잊고 있었던 '통일전선 전술'이 구사될 수도 있다. 미국과 중국의 체제가 견고해 보이는 현재의 시점에서는 불가능해 보일지라도 만일 양국 중에 한 나라가 국내적으로 허점을 보이는 순간이 나타난다면 전쟁은 매우 가능한 시나리오로 부상할 것이다.

핵무기의 존재 때문에 여전히 미·중 간의 직접적인 충돌 가능성은 낮다고 보는 의견도 있다. 그러나 20킬로톤 이하의 제한된 파괴력을 갖고 있으며 국지적 피해를 유발할 수 있는 전술핵을 대만이나 한반도 지역에서 사용할 가능성까지도 완전히 배제할 수 있을까? 예컨대 한반도의 도서지역이나 미군의 전시보급이 이루어지는 항만 그리고 공군기지들은 전술핵을 사용하기 적절한 대상들로 알려져 있다. 그리고 더 우려할 것은 전술핵이 미국이나 중국 등 배후 강대국의 적극적 개입의지를 꺾어놓을 수 있는 여론도모용 무기로 사용될 수도 있다는 점이다.

핵으로 오염된 지역에서 자국의 병사가 작전을 펼치는 것을 찬성할 여론이 얼마나 될까?

자본주의적 경제 체제하에서 전쟁에 동의하거나 이를 추구하는 세력은 누구일까? 일반적으로 부의 확대를 추구하는 자본가 또는 기업 그리고 권력을 추구하는 정치가를 상정할 수 있을 것이다. 이러한 가설은 과거 마르크시스트들이 반자본주의적 관점에서 많이 제기했었다. 그러나 이를 증명하는 것은 매우 어렵다. 자칫 과학이 아니라 저널리즘 심지어 음모의 영역으로 넘어갈 수 있다. 특정 사건의 세월이 지나 역사적 문서들을 분석함으로써 그리고 행위자들의 증언에 의존함으로써 입증될 수 있기를 기대할 뿐이다.

이 책에서 내가 말하고 싶은 것은 일반적인 예상보다 높은 미·중 간의 직간접적 전쟁의 가능성이다. 무력적 충돌을 전제로 한 군사적 전쟁은 조금 나중에 발생하겠지만 그 가능성을 기정사실화하고 대비할 필요가 있다는 것이다. 정치경제적으로 전쟁은 매우 큰 비즈니스 프로젝트일 수 있다. 사실 전쟁의 발발 요인은 너무나 다양해서 어느 하나의 요인만으로 설명하기는 어렵다. 그리고 더 어려운 것은 어느 시점부터가 진짜 전쟁인 것인지 판단하기 어렵고, 국내적 갈등도 일종의 내전으로 간주하지 않을 수 없다는 것이다. 다만 분명한 것은 미국과 중국을 중심으로 세계적 차원이 충돌이 발발할 국면으로 이미 접어들었다는 사실이다.

많은 문제점에도 불구하고 자유가 확대되고 민주주의가 제도적으로 발전하면 항구적인 평화가 도래할 것이라는 칸트의 예상은 생각보다 구현되기 어려울 것 같다. 많은 자유주의자들이 염려했듯이 인간의 이기성과 합리성이 개인의 자유를 증진시킬 수도 있지만 오히려 우리가 사는 공동체의 기반을 부식시킬 수도 있다. 자유적 자본주의와 민주주의의 핵심적 가치는 자유와 평등이다. 이 두 가지는 이성적이고 합리적 인간이 가질 수 있는 가치이다. 그리고 이것들은 프란시스 후쿠야마가 지적했듯이, 각각 우리 개인의 우월에 대한 욕구megalothymia 그리고 동등함의 욕구isotymia에 기반한다.[7] 결국 자유주의적 정치경제 모델은 합리적 인간의 본성에 가장 적합하게 설계되었기에 생명력이 강하다.

문제는 우월에 대한 욕구 그리고 동등함에 대한 욕구 모두 경쟁과 갈등의 원인이 된다는 점이다. 그리고 이런 욕구는 어느 한 개인이나 집단을 심리적으로 자극하고 야수적 기개를 펼치게 한다. 비록 자본주의와 공산주의 간의 대결은 사라졌지만 자본주의 간 경쟁 속에서 이러한 욕구를 바탕으로 한 갈등은 계속될 것이다. 우월이나 동등함의 욕구는 인간의 생존본능과 관련이 있는지도 모른다. 우월해야 생존할 수 있고 동등하지 못하면 도태될 수 있다.

1840년 아편전쟁에서 서양에 굴복했던 중국이 서구에 대하여 동등함의 인정을 받고자 하는 욕구는 이 과거 회상적 사회주의 국가가 자본주의적 속성을 받아들이고 나서 오히려 더 강해지고 있다. 이와 비례하여 중국에 대한, 그리고 다른 문명권의 국가에 대하여 우월성을 유지하고픈 미국의 욕망 또한 더 강해질 것이다.

국내적 차원에서도 마찬가지이다. 동등해지고 싶은 서민과 노동자의 욕구는 경제적 분배를 요구하는 목소리를 강화시킬 것이고, 정권장악을 추구하는 비주류 엘리트들은 포퓰리스트적 전략을 통해 이들에게 접근할 것이다. 동등함에 대한 욕구가 종국적으로 우월적 욕구로 전환될 가능성이 높은 한 자유주의적 세계 속에서 국내적으로나 국제적으로 갈등과 전쟁의 가능성은 높아질 수밖에 없다. 동등함의 지위를 모든 이에게 부여할 수 있다는 민주주의의 약속은 소수에게 경제적 부를 허락하여 우월성을 독점토록 하는 자본주의의 폐해를 무마하기에 벅차다.

현재의 자유주의적 국제질서하에서 물질적 가치에 매몰되어 존엄dignity과 기개thymos를 잃어버린 다수의 개인들이 소수의 우월자들을 대상으로 혁명을 완수할 수 있을지 의문이다. 노동자들도 다 함께 평등하자는 연대의식을 상실한지 오래이고 인종적으로 그리고 국적별로 파편화되어 있다. 경제성장 경쟁에 내몰린 저개발국들 역시 이러한 의식과 동기를 상실했다.

그럼에도 불구하고 동등함의 욕구를 표출하며 도전하는 국가와, 우월적 지위를 유지하려는 국가 사이에 전쟁이 발발할 가능성은 여전히 커 보인다. 국내적 혁명이나 내전의 가능성보다는 국제적 차원에서 국가 간 전쟁의 개연성이 더 크다.

우리가 지향하는 자유주의 체제의 불안정성의 원인은 민주주의보다는 자본주의에 있다. 민주주의가 해결하기에는 벅찰 정도로 자본주의의 문제는 더 근원적이고 구조적이다. 구소련과 같은 마르크시스트적 사회주의 국가가 혁명을 통해 무력으로 시장 자본주의 체제를 전복하고 공산주의 사회를 건설하겠다고 했던 구호는 실현될 수 없는 명제에 불과했다. 공산주의는 자본주의와의 경쟁에서 승리할 수 없었다. 자본주의가 사회주의로 대체될 것이라는 슘페터의 예상도 빗나갔다.

그런데 이것이 끝은 아니다. 미·소 간의 냉전이 전개되었던 20세기 중반보다 미·중 간의 대립이 고조되고 있는 21세기 초반이 더 우려스러운 것은 바로 시장 자본주의와 국가 자본주의 간의 대립 때문이다. 국가 자본주의가 시장 자본주의에 도전할 때 자본주의는 더 이상 평화에 안주하지 않는다.

무력적 힘의 대립이 세력균형의 붕괴나 세력전이의 순간에 상호 충돌함으로써 전쟁이 발생한다는 국제정치적이고 군사적인 설명은 정치경제적 분석에 의해 보완될 필요가 있다. 전쟁을 도발할 의도가 해당 국가들이 내포하고 있는 자본주의적 욕구에 숨어 있을 가능성을 고려해야 한다. 자본주의는 인간의 본성을 반영한다.

그렇다면 이 자본주의적 불안정성에 기인하는 갈등과 충돌 속에서 살아남기 위해 우리는 어떤 대안을 모색해야 할 것인가? 이 책을 통해 그 답을 찾아보려 한다.

01

전쟁과 자본주의

1.1. 19세기 100년의 평화

1815년 엘바섬을 탈출한 나폴레옹이 일으킨 반란은 결국 영국과 프로이센 연합군에 의해 평정되었다. 같은 해 6월 비엔나 회의Congress of Vienna에서 타결된 의정서는 1789년 프랑스에서 시작된 자유주의적 혁명의 예봉을 영원히 꺾어버리려는 시도였다. 그러나 반동복고적 성격을 가진 메테르니히 체제의 수명은 30년 남짓이었다. 1848년 프랑스에서는 2월 혁명이 그리고 독일과 오스트리아에서는 3월 혁명이 발생하여 자유주의 혁명의 큰 흐름을 이어갔다.

자유주의적 사회의 주도세력은 상공업에 종사하는 부르주아 계층이었다. 이들은 토지의 소유를 통해 권력과 물질적인 기반을 구축했던 귀족이나 젠트리 계층과 달랐다. 귀족문화를 동경하여 교양을 쌓기에도 열성이었고 자녀의 교육에도 열심이었으며, 청교도적 신앙심으로 무장했고 무엇보다도 이재理財에 밝았다. 이들이 종사했던 상공업은 농업에 비해 이익률이 훨씬 높은 산업이었다. 여행 등 물리적 이동성이 강했고 진취적이었다. 귀족들은 전문성이 없이도 농노를 부려 농업을 영위했지만, 이들은 자신의 직업적 전문지식을 바탕으로 상업이나 공업에 종사하며 부를 축적하는 능력을 보유하고 있었다.

선대로부터 물려받은 재산이 아니라 자신의 능력으로 부를 창출하고 축적할 수 있다는 점은 부르주아 혁명세력의 핵심적인 역량이었다. 1688년 영국의 명예혁명을 통해 보았듯이 이들은 자신의 능력을 통해 쌓은 부를 수단으로 왕과 귀족 등 토지에 기반한 정치적 기득권에 도전했다. 토지를 기반으로 구조화된 정치권력을 개인의 능력을 통해 획득한 물질적 힘으로 견제하는 것이 자유주의 혁명의 원동력이었다.

1815년부터 제1차 세계대전이 발발한 1915년까지 100년에 걸친 평화의 시기는 이러한 자유주의적 경제 체제가 번성하는데 결정적으로 기여했다. 사실 '100년의 평화'라는 표현은 다소 논란의 소지가 있다. 1866년에는 프러시아와 오스트리아 간에 그리고 1870-1871년 기간 중에는 프랑스와 프러시아 간의 전쟁이 있었다. 프러시아 주도로 독일이 통일되는 과정에서 강대국 간에 전쟁이 발발했으니 완전무결한 평화의 시기는 아니었다. 그럼에도 불구하고 상대적으로 짧은 전쟁 기간 그리고 전쟁이 전개된 영토 범위의 제한성 등으로 인해 적어도 표면적으로는 평화의 시기라 칭해도 무리는 없다.

그러나 독일의 통일이 현실화하면서 국민국가들 간의 경쟁은 본격화되었다. 다만 경쟁의 양식이 무력적인 대립보다는 식민지 개척이나 경제적 발전을 주제로 한 경쟁으로 대체되었을 뿐이었다. 이러한 평화의 시기가 전개되는 동안 유럽의 제국들은 상대적으로 경제적 활동에 더욱 전념할 수 있었다. 1765년 제임스 와트James Watt가 증기기관을, 1785년 애드먼드 카트라이트Edmund Cartwright가 방적기를 발명하고 1776년 애덤 스미스Adam Smith가 국부론을 출간하면서 영국에서 본격화된 산업혁명과 자유주의적 경제의 영향은 유럽대륙의 국가들에도 신선한 충격을 주었다.

근대경제의 발전을 영국만이 주도한 것으로 보는 것은 문제가 있다. 영국에서 상업혁명의 시기를 거쳐 산업혁명으로 전환되기 이전인 1600년대부터 네덜란드에서는 비국가적이고 자유주의적인 모델의 근대경제가, 그리고 프랑스에서는 국가주도적이고 중상주의적인 모델이 발달하고 있었다. 비록 대륙의 이 두 나라들보다는 다소 늦었던 측면이 있었지만 1700년대에 들어 이들보다 신속하게 상업혁명에서 산업혁명으로 전환했다는 점에서 영국의 특이성이 있었다. 특히 공업화의 기반이 되는 기계류 등 자본재 생산을 영국이 선도했다는 점에서 그러했다.

자본주의의 발전이라는 관점에서 볼 때 1800년대에 나타난 현상은 크게 세 가지로 특징 된다. 첫째, 자본주의적 경제의 주도권이 프랑스와 영국에서 독일과 미국 등 후발 산업국으로 넘어갔다는 점, 둘째, 자본주의 체제의 발전이 국민국가 간 경쟁의 한 양상으로 나타났다는 점, 마지막으로 자본주의 경제 체제의 발전은 결과적으로 20세기 들어 전개된 두 차례의 세계대전의 도화선이 되었다는 점이다.

우선 19세기의 자유주의적 평화의 시기에 자유주의를 가장 선제적으로 구사했던 영국은 국력의 최전성기를 누렸지만 동시에 쇠퇴의 징조를 목격하기 시작했다. 1873년에 시작된 경제공황을 맞이하여 큰 타격을 입었다. 제국주의적 확장의 결과 빅토리아 여왕(1819-1901)재위 기간동안 '해가 지지 않는 나라'라는 명성을 얻었지만 경제의 체질은 약화되고 있었다.

영국은 자유무역에 적응한 나라였다. 그래서인지 늘어나는 무역적자에도 국민적 경각심은 높지 않았다. 임금은 상승했고 일찍 산업화를 시작한 제조업은 더 이상 기술을 혁신하지도 규모를 확대하지도 못했다. 경제공황이 시작되자 줄어드는 수요는 이미 과도하게 팽창한 공급을 감당할 수 없었다. 그 결과 마르크스가 예견한 것처럼 제조업의 이윤율은 하락세를 면치 못했다.

그럼에도 불구하고 자유무역의 나라답게 영국자본의 해외투자는 증가했다. 1871-1913년 사이 영국은 국민총생산의 5-7%만을 국내에 투자할 뿐이었다. 미국이나 독일의 12%에 비하면 절반 정도에 불과했다.[1] 자본주의의 성숙단계가 심화하면서 산업자본보다는 금융자본이 경제의 헤게모니를 장악했다. 그리하여 제조업 상품의 수출로 얻는 수입보다 금융투자로 얻는 무역외 수지의 호조에 기인하는 경상수지의 흑자에 더 큰 위안을 받았다. 그 결과 산업자본가보다 금융자본가나 무역업자들이 더 대우받는 사회분위기가 만들어졌다. 금 보유고를 바탕으로 한 금본위제가 유지되는 한 영국의 경제는 세계경제를 선도할 수 있다는 인식이 팽배했다.

그러나 1879-1891년 사이에 미국, 독일, 프랑스가 보호관세를 도입하고 이탈리아, 오스트리아, 러시아가 역시 연이어 보호관세를 도입하자[2] 자유무역에 노출된 영국의 산업은 더 이상 수출시장을 유지하기에 역부족이었다. 그럼에도 불구하고 식량을 비롯 각종 소비재를 수입을 통해 조달하는데 익숙해진 영국은 자유무역에 대한 미련을 버리지 못했고, 제조업에 대한 상대적 무관심이 국력 특히 군사력에도 치명적인 영향을 줄 것이라는 점을 진작에 깨닫지 못했다.

영국에 비해 늦게 산업화를 시작한 독일과 미국은 영국이 공업부문의 육성을 소홀히 한 틈을 파고들었다. 이들은 영국이나 프랑스에 비해 식민지 개척에 있어서 후발국이었다. 그래서 오히려 국내에 집중할 수 있었는지도 모른다. 특히 독일의 산업화 전략은 국가가 산업화를 적극적으로 주도했다는 점에서 주목할 사례였다.

영국이라고 해서 반드시 시장과 민간주도적인 경제발전을 도모했다고 볼 수는 없었다. 네덜란드와 프랑스와 경쟁하기 위해서 자유주의의 나라 영국도 중상주의적인 정책을 완전히 배제하지는 않았다. 포도주와 같은 해외 상품을 수입하기 위해서는 자국에서 만들 선박을 이용하도록 하는 항해법Navigation Act도 선포했다. 그럼에도 불구하고 상대적인 관점에서 중산 시민계층이 의회에 참여하여 법과 제도를 만들어 운용하는 경향이 강했다는 점에서 사회주도적인 면이 있었다. 정부가 강했다기 보다는 의회가 강했다.

이에 비해 독일은 보다 국가주도적이었다. 독일을 통일한 프러시아의 철혈제상 비스마르크는 한때 분열되었던 39개 연방을 한데 묶어 1814년 독일연방이라는 국민국가를 만들었다. 다수의 연방을 하나로 묶은 힘은 국가라는 개념에서 나왔다. 1834년 프로이센의 주도로 연방간 졸버라인Zollverein 관세동맹을 출범시켜 경제적인 통합은 물론 상공업적 발전을 도모했다. 이 섬세한 제도는 고도로 정교한 관리능력을 요구했다. 관료들이 이끄는 정부기관이나 은행 같은 제도를 국가가 적극 활용하여 산업의 발전을 촉진하는 접근을 취했다. 노동자들에게는 사회보험과 연금제도 같은 복지를 제공하는 한편 집단행동을 위한 단결권을 제약하는 반사회주의적 정책을 집행했다.

미국의 산업적 발달은 독일보다는 영국에 가까웠다. 미국 역시 연방 체제의 국가였지만 독일처럼 연방정부의 능력이 강하지는 못했다. 토크빌Alexis de Tocqueville이 관찰한 바와 같이 자치의 가치를 중시하던 미국은 혁신적인 민간인 기업가들의 주도로 급격한 산업화를 성취했다.[3] 특히 대륙을 횡단하는 철도, 석유 그리고 이 모든 것의 기초가 되는 철강을 공급하는 분야에서 밴더빌트, 록펠러, 카네기, 그리고 모건과 같은 기업가들이 배출되었다. 이들은 시장을 규제하는 중앙정부가 미약한 환경에서 일종의 독점적 트러스트와 카르텔을 구축함으로써 막대한 부를 축적했다.

독일과 미국은 선발국인 영국이나 프랑스와는 달리 산업화의 시작이 상대적으로 늦었고 식민지 건설을 동반하는 제국주의적 팽창에서도 뒤처져 있었다. 그러나 해외로 역량을 투사하는 대신 국내에 집중함으로써 빠르게 산업화를 달성했다.

1873년 비엔나의 주식시장 폭락으로 시작되어 1887년까지 지속된

19세기의 대공황을 거치면서 프랑스와 영국 은행들이 파산했고 그 여파로 나타난 특히 영국의 산업적 그리고 경제적 퇴보는 괄목할만한 것이었다. 1800년대 후반 영국은 독일과 미국의 생산을 합친 것보다 더 많은 석탄을 생산했지만 1913년에 들자 그 생산량이 미국의 절반에도 못 미치는 수준으로 추락했다. 그리고 1900년을 기점으로 영국의 철강 생산량은 미국이나 독일에 의해 추월되기 시작했다. 석탄과 철강생산의 감소는 영국의 기초공업 분야의 퇴보를 가져왔고 결국 산업력의 약화가 불가피했다.4

영국이 세계의 산업생산에서 차지하는 비중은 1870년 32%에서 1915년 경에는 14%로 1930년 대공황의 문턱에서는 9%로 하락했다. 반면 미국은 같은 시기 23%에서 38%로 그리고 42%로 증가했다. 세계무역에서 영국이 차지하는 비중도 축소되었다. 1880년 세계무역의 1/4을 차지했었으나 1913년에는 1/6로 1948년에는 1/8로 감소했다.5

프랑스와 영국의 퇴보는 독일과 미국의 상대적 부상을 가져왔다. 특히 영국 제조업의 추락은 군사력의 약화로, 나아가 독일 제조산업의 상대적 강화로 이어졌다. 자본주의는 이제 본격적으로 시장중심적인 모델과 국가주도적인 모델로 양분되어 경쟁하기 시작했다. 전자는 미국에 의해 계승되었고 후자는 독일과 일본에 의해 특성화되어 갔다. 20세기에 발생한 두 차례의 세계대전은 표면적으로는 자유주의 대 파시즘과의 대결처럼 보였지만 그 이면에는 이 두 가지 종류의 자본주의 간의 대립이라는 얼개가 작동하고 있었다.

1.2. 19세기 자유주의와 보수적 국가 중심주의

20세기 전반기에 왜 두 번의 세계대전이 발생했던 것일까? 사실 전쟁 발발 원인에 대한 결정적인 요인을 정확하게 추출해내는 건 불가능하다. 정치지도자의 개인적 동기, 국내적 사정 그리고 공식적으로 밝혀지기 어려운 음모적 동기들이 복합적으로 작동한 결과일지 모른다.

결국은 어떤 특정한 시각에서 원인을 분석하는 수밖에 없다. 나는 이 책에서 자본주의의 관점에서 그리고 개인 행위자의 시각보다는 구조라는 관점에서 설명해보고자 한다. 간략하게 가설적으로 정리하자면 양차대전의 원인은 '1871년 프러시아에 의한 독일 통일을 전후하여 유럽에서 국민국가들 간의 발전을 둘러싼 경쟁이 심화되었으며, 당시 최강국이었던 영국으로부터 타국으로의 세력전이가 일어날 조짐이 나타났고, 이를 둘러싼 두 개의 자본주의, 즉 새로이 부상하는 국가주도적 자본주의와 전통적인 자유주의적 자본주의 간의 경쟁이 결국 전쟁으로 비화했다'는 것이다.

나폴레옹 전쟁을 수습하기 위해 1815년 비엔나 체제가 수립된 이후 1915년까지 약 100년간의 평화가 전개되었다고 볼 수도 있다. 하지만 평화의 무대 뒤에서는 여러 가지 변화가 있었다. 비엔나 체제는 1879년 프랑스 대혁명으로 촉발되고 나폴레옹 전쟁으로 인해 전파된 자유주의적이고 민족주의적인 혁명의 예봉을 꺾어, 전통적인 절대왕정으로 회귀하려는 유럽제국들의 의도를 반영한 것이었다. 메테르니히Klemens von Metternich의 주도로 당초 오스트리아, 프로이센 그리고 러시아의 군주들이 기독교적 동질성을 바탕으로 신성동맹을 결성했다. 그리고 같은 해인 1815년 말 영국이 이에 참여했으며 1818년에는 프랑스도 참여하여 군사적 동맹성격의 5국동맹을 결성했다.

그러나 비엔나 체체는 1848년 혁명으로 인해 붕괴되었다. 프랑스의 왕정이 폐했고, 오스트리아에서는 메테르니히가 실각했다. 그리고 복고적 체제의 붕괴 이후 그동안 잠시 억압되었던 자유주의적이고 민족주의적인 변혁이 다시 유럽을 휩쓸기 시작했다. 특히 민족주의적인 변화가 가장 두드러지게 나타난 것이 바로 독일의 통일이었다.

1848년 3월 혁명으로 메테르니히가 실각하자 오스트리아의 영향하에 있던 많은 중부유럽국가에서 독립운동이 발발했고 이어 입헌제적 정부가 수립되었다. 이탈리아에서 통일의 움직임이 나타나자 독일의 연방국가 대표들도 통일을 논의하기 시작했다. 1866년 프로이센 주도의 군사동맹이었던 북독일 연방이 성립했고, 1871년에는 남부독일 연방들이 참여하여 독일제국이라는 제국의 칭호와 헌법이 채택되었다.

19세기에 전개된 100년간의 평화기는 프로이센을 중심으로 한 독일이 세계의 중심으로 등장하기 위한 준비기간이기도 했다. 이 기간 중 발생한 두 번의 열강간의 전쟁, 즉 1866년의 프러시아와 오스트리아 간의 전쟁 그리고 1870-1871년의 프랑스와 프러시아 간의 전쟁 모두 프로이센이 주역이었다. 18세기까지 독일은 영국이나 프랑스에 비해 국제적으로나 산업적으로나 뒤처져 있던 존재였었다.

그런데 해외 식민지 개척에 투입될 에너지를 절약하는 대신 국내 통일에 집중할 수밖에 없었던 독일은 이 시기에 미국과 더불어 국내의 산업적 발전에 전념했고 그 결과 내실 있는 성장을 성취할 수 있었다. 리스트주의Friedrich List적 정치경제론에 입각한 소위 후기산업화 모델을 만들어내면서 국가중심적이고 중상주의적인 자본주의 체제를 발전시켰다.

19세기에 자유주의와 민족주의가 결합했다는 사실은 언뜻 이해하기 어렵다. 자유주의의 기본 구성단위는 개인인데 이것이 어떻게 공동체를 강조하는 민족주의와 결합했을까? 해답은 해방에 있었다. 우선 왕과 귀족주도의 지배 체제하에서 상공업자 중심의 중산층은 자유를 획득하길 원했다. 또한 프랑스나 오스트리아 같은 강대국의 지배를 받고 있던 중소국들도 독립을 원했다. 20세기 신우파 이념하에서는 신자유주의와 신보수주의가 결합했지만 19세기에는 자유주의와 민족주의가 결합하여 구질서의 해체를 요구했던 것이다.

19세기 중반까지 프랑스는 유럽대륙에서 영국은 해상을 중심으로 전 세계로 세력을 펼쳐나갔다. 나머지 국가들은 포르투갈, 스페인, 오스트리아처럼 노쇠했거나 이탈리아나 독일처럼 분열되어 있었다. 이러한 상황에서 약소국에 위치에 있던 대다수의 국가들이 국제사회에서 자신들이 차지하고 있던 주권적 지위에 변화를 가져올 수 있는 이념이 필요했는데 이것이 바로 자유주의와 민족주의였다. 이 두 개념을 가지고 강대국들에 대항할 수 있는 내부적 힘을 규합할 수 있었던 것이다. 이 기회를 가장 효과적으로 이용한 것이 소독일주의를 내세우며 오스트리아에 대항하던 프로이센이었다.

정치경제사에서는 일반적으로 산업혁명의 시기를 18세기 중반에서 19세기까지로 본다. 이에 앞선 상업혁명의 시기는 17세기에서 18세기 중반까지이다. 전자는 공업의 발전이 후자는 상업의 발전이 중심이었지만, 후자의 단계가 없었다면 기계를 중심으로 한 산업혁명은 나타나지 않았을 것이다.

포르투갈, 스페인 그리고 영국을 비롯한 유럽의 국가들이 국제무역에 뛰어든 이유는 농업보다 생산성이 높았기 때문이었다. 유럽에서 아프리카로 총기나 사치품을 팔고 그 이익으로 노예를 사서 식민지 플랜테이션을 경작하고 여기서 산출된 향료, 설탕, 커피 등을 유럽으로 가져가는 소위 삼각무역은 상인들에게 엄청난 수익을 가져다 주었다.

그런데 이러한 방식의 무역 비즈니스는 단점이 있었다. 무엇보다도 바다를 항해해야 했으므로 실패확률이 높았고 경쟁세력이나 원주민들과의 무력적 대립도 빈번했다. 공업화는 이러한 위험을 회피하는 방법이기도 했다. 예컨대 인도나 중국에서 생산하던 면직물이나 비단 그리고 도자기 등을 영국 내에서 생산하는 것이다. 당시 신세계의 노동자들이 생산하는 것보다 효율적으로 가공하기 위해 기계의 힘을 빌게 되었고 이는 산업혁명으로 이어졌다. 방적기를 만들어 면직산업에 이용했고 증기기관으로 기차와 선박의 동력을 얻었으며 웨지우드Wedgwood 도자기의 안전한 이송을 위해 도로와 운하가 건설되었다.

이러한 산업혁명의 변화는 프랑스보다 영국에서 보다 빨리 혁신적으로 전개되었다. 상업혁명에서 산업혁명으로 전환되던 17세기 영국이 상공업적으로 프랑스보다 앞설 수 있었던 요소는 자유와 개방성이었다. 1643년부터 1715년까지 재위했던 태양왕 루이 14세의 치하에서 프랑스는 폐쇄적인 중상주의적 경제 체제를 발전시켰다. 신교도들의 종교적 자유를 허락했던 낭트칙령을 1685년 폐지하자 칼뱅주의 개신교 교파인 위그노들은 프랑스를 떠나 영국, 프랑스 그리고 프로이센으로 이민을 갔다. 상공업에 종사하는 부르주아 계급인 이들을 받아들인 영국은 상공업적 발전을 구가했다.

영국의 자본주의 모델이 전적으로 시장과 사회중심적이었던가에 대해서는 논란이 있다. 항해법 등 중상주의적 요소가 없지 않았고 해외 식민경제를 개척하는 과정에서 왕, 귀족 그리고 상인 간의 결탁이 없지 않았다. 그럼에도 불구하고 프랑스와는 달리 의회중심적인 정부를 통해 중산 부르주아 계층의 의견이 국정에 반영될 수 있었고 그리하여 상대적으로 시장과 사회중심의 경제모델을 발전시켜 나갔다.

반면 상대적으로 왕권이 강했던 프랑스는 시민의 이익보다는 왕과 귀족의 이익을 대변하는 정책을 추진했다. 프랑스는 생산성이 높은 농업국가였지만 중상주의적 보호무역 규제로 인해 농산품을 해외에 수출할 수 없었다. 농민들은 값싼 해외수입품을 구매할 수도 없었다. 이들의 의견은 정부정책에 정책에 반영되지 않았다. 재무장관이었던 콜베르 Jean-Baptiste Colbert는 관세를 통해 수입품을 통제했고 고급 사치품을 중심으로 산업을 육성했다.

프랑스의 산업발전 정책이 어떻게 18세기 프러시아의 산업화에 아이디어적으로 영향을 주었는지는 명확하지 않다. 그러나 프러시아의 관료적 산업화 방식은 영국이 아니라 지리적으로 인접한 프랑스의 모델에서 영감을 얻은 것으로 보여진다. 1665년부터 1683년까지 재무장관으로서 프랑스 산업의 관료적 경영을 주도한 콜베르의 방식은 중상주의의 교본이었다. 다만 차이가 있다면 프러시아의 방식은 기초공업에 보다 집중했으며 그리고 이 분야에 종사하는 서민과 노동자들을 억압하면서도 이들의 기대와 요구에 부응하는 극우적 포퓰리즘의 요소가 상대적으로 강했다.

철혈재상鐵血宰相으로 불리던 프로이센의 비스마르크의 치하에서 독일의 공업은 비약적으로 발전했다. 본래 지주계급인 융커Junker의 후손이었던 비스마르크의 정치적 색깔은 보수적이었다. 그러나 자유주의 및 민족주의자들과 타협하며 이들의 입장을 수용함으로써 상공업이 발전할 수 있는 융통성 있는 이념적 토대를 마련했다.

그는 빌헬름 1세의 후원하에 관료와 군대를 장악했고 이러한 억압력을 바탕으로 조세징수를 단행하여 국가의 재정을 강화했다. 1870년에는 프로이센-프랑스 전쟁을 일으켰고 여기서 승리함으로써 자원이 풍부한 알사스-로렌 지방을 할양받았으며 50억 프랑에 이르는 전쟁 배상금을 얻어냈다. 1866년에는 북독일 연방을 결성하고 1867년에는 남부독일 연방을 관세동맹을 통해 통합함으로써 경제적 나아가 정치적 통합의 기틀을 마련했다.

전쟁배상금과 국내시장의 통합으로 인해 독일 경제는 호황을 누리게 되었고 그 결과 많은 기업들이 탄생하는 기반이 마련되었다. 독일의 급격한 상공업적 발전은 비스마르크의 강력한 국가적 리더십에 기인한 바가 컸다. 강력한 국가의 영도하에서 국내시장에서의 자유로운 거래를 촉진하는 전략이었다.

1873년 불황이 시작되고 기업의 도산과 실업이 양산되자 독일은 그동안 허용했던 다소 자유주의적인 정책을 철회하고 보다 정치적으로 보수주의적이며 경제적으로는 중상주의적인 정책을 강화했다. 보호관세를 상향하고 지방정부가 중앙정부에 지급해야 하는 부담금도 증대시켰다.

그리고 산입화 과정에서 급격하게 증가한 노동자에 대한 통제를 강화하는 정책을 폈다. 1880년대에 들어 전체인구의 4분의 1에 달하게 된 노동자들은 분배와 평등을 확대하라는 요구를 하기 시작했고 비스마르크 정부는 이를 강력하게 단입했다. 당시 독일에서도 사회주의적 세력이 발흥했는데 독일정부는 사회주의자 탄압법(1878년)을 제정하여 그 세력의 확장을 억제하려 했다. 그리고 다른 한편으로는 사회보장제도를 시행하여 노동자들이 혁명을 도모할 명분을 없애려고 했다. 1883년에는 건강보험을, 1884년에는 산업재해보험을, 그리고 1889년에는 노령연금 및 장애인 연금 보험을 출범시켰다.

국가가 주도적으로 산업을 육성하고 다른 한편으로는 노동시장을 안정화시키는 정책을 통해 독일은 영국이나 프랑스를 제치고 19세기 후반에 유럽에서 가장 강력한 산업국으로 등극하기에 이르렀다. 이러한 독일식 경제발전 모델은 후일 나치 정권하에서 나타난 국가 자본주의 모델의 기초가 되었다는 점을 주목할 필요가 있다. 국가 자본주의는 생산수단의 사적 소유를 제약하고 대신 국가가 직접 소유하거나 이에 대한 직간접적인 통제를 강화하는 것이다.

물론 비스마르크 정부가 직접적으로 기간산업을 소유하거나 통제했다고 보기는 어렵지만 당시 영국이나 프랑스의 모델에 비해 국가의 경제에 대한 간섭은 매우 강했다고 볼 수 있다. 프리드리히 리스트는 후발국이 전 세계적인cosmopolitan 경제 모델로 성숙하기 위해서는 민족국가적nationalist 차원에서 국내시장 육성을 위한 폐쇄적이고 보호적인 산업 및 무역정책이 필요하다고 주장한 바 있다.[6] 비스마르크의 독일은 이에 매우 부합하는 사례로 볼 수 있다. 이러한 중상주의적 발전 모델은 후일 동아시아에서 발전국가 모델에 의해 승계되었다.

중상주의 발전모델은 1917년 볼셰비키 혁명으로 수립된 소련의 공산주의적 사회주의 모델과는 구분된다. 양자 모두 국가가 경제에 대한 통제를 단행한다는 점에서 공통점이 있었다. 그러나 전자는 시장주의적 자본주의로 전환하기 위한 전 단계의 모델이며 생산수단에 대한 국가의 통제는 강하지만 완전한 국유화를 추구하지는 않았다. 반면 사회주의 모델은 생산수단에 대한 국가의 소유와 통제를 극대화한 계획경제를 추구했다. 그러나 양자 모두 정치적으로 비자유주의나 권위주의 모델과 친화성을 가지고 있다는 공통점이 있었다. 개인이 중심이 되는 자유주의적 자본주의나 민주주의 모델과는 달리 공동체, 집단 그리고 국가를 궁극적인 사회의 기본 단위로 보았다.

1.3. 양차대전과 독일식 국가 자본주의

대전쟁The Great War이라고 불리기도 하는 제1차 세계대전의 직접적인 촉발 요인은 보스니아의 수도 사라예보에서 벌어진 오스트리아 프란츠 페르디난드 대공의 암살사건이었다. 그러나 보다 근본적인 원인을 살펴보기 위해서는 19세기 말에 들어 국력과 경제력을 동시에 급격하게 향상시켜 나간 프러시아 주도의 독일제국에 대한 이해가 선행될 필요가 있다.

당시 독일은 가장 선두적 자본주의 국가였던 영국을 따라잡을 수 있는 능력을 보유한 산업국가로 급격하게 부상했다. 디젤 엔진 등을 개발한 혁신적 공업국, 노벨상의 삼분의 일을 휩쓰는 과학국, 그리고 사회과학 분야에서 막스 베버Max Weber 같은 걸출한 지식인을 배출한 나라였다.

이제 세계 최강이었던 영국에 대하여 세력전이를 시도할 수 있는 국가는 독일과 미국뿐이었다. 그런데 독일은 영국이나 미국과는 다른 형태의 자본주의 체제를 만들어가고 있었다. 영국과 미국은 상대적으로 시장과 개인중심의 자본주의 체제를 운용했다. 반면 독일제국의 초대황제인 빌헬름 1세의 치하에서 비스마르크의 주도하에 후기 산업화 국가로 급성장한 독일은 영국에 비해 상대적으로 국가주도적인 성격의 자본주의 체제를 발전시켜 나갔다. 빅토리아 여왕 치세하에서 영국의 국세는 최정점을 지나 하락기에 접어들기 시작했고 독일은 그 공백을 메울 수 있는 국가 중의 하나로 부상했다.

영국 빅토리아 여왕의 외손자이기도 했던 독일의 빌헬름 2세는 외사촌인 영국의 조지5세 그리고 선대왕의 재상이었던 비스마르크에 대한 적대적 경쟁심을 가지고 있던 인물이었다고 전해진다. 빌헬름 1세하에서 프로이센은 북독일 지역을 중심으로 소독일주의에 입각한 통합을 이루었다.

통합된 독일연방의회의 권한은 매우 제약되어 있어 사실상 모든 권한은 황실과 재상이었던 비스마르크에게 집중되어 있었다. 특히 연방 간의 그리고 사회계층 간의 이해관계를 조정한다는 명분으로 비스마르크의 내각과 정부는 민주주의를 요구하는 정당에 대하여 강력한 통제를 행사했다. 그의 주도로 '사회주의 탄압법'이 입법된 것도 이러한 맥락이었다.

왕위를 승계한 후 철혈재상에 의해 다소 위축되어 있던 왕권을 강화하기 위한 시도로서 빌헬름 2세는 공격적인 외교정책을 추진했다. 여기서 극복대상 국가로 사실상 지목된 것이 영국이었다. 당초 비스마르크는 강력한 프랑스의 등장을 예방하기 위해서는 통일된 독일이 되어야 한다며 영국을 설득했었다. 영국의 외교정책은 대륙에서 패권적 국가가 등장하는 것을 견제하는 데 초점을 맞추고 있었다. 그런데 빌헬름 2세는 티르피츠Alfred von Tirpitz 제독의 해군력 증강계획을 승인하는 등 급성장한 산업력을 바탕으로 국력을 해외로 투사하기 시작했다.

아울러 동유럽과 중동지역에 대한 진출도 시도했다. 1897년 투르크의 기간산업 건설을 돕겠다며 베를린, 비잔티움 그리고 바그다드를 연결하는 3B정책과 '바그다드 철로' 건설계획을 천명했다. 독일의 동진정책은 러시아를 자극했을 뿐 아니라 아프리카와 인도식민지를 연결하는 영국의 3C, 즉 케이프타운, 카이로, 캘커타, 정책과도 충돌하는 것이었다. 게다가 모로코를 식민보호국화하려는 프랑스에 대항하여 모로코 독립지지 발언을 함으로써 양국 간의 관계를 악화시켰다.

그 결과 비스마르크 체제하에서 우호적이었던 영국과 러시아는 프랑스의 지지국가로 돌아서고 후일 3국협상국이 독일을 압박하는 계기를 자초하고 말았다. 그 대신 독일은 오스트리아, 이탈리아와 3국동맹을 결성했다. 그리고 이로 인해 소수민족 문제를 안고 있던 오스트리아의 세르비아 침공을 승인하여 결국 제1차 세계대전에 휘말리게 되었다.

1898년 독일의 티르피츠 제독이 제안한 해군력증강 계획은 당시 독일이 가지고 있던 공업력의 저력과 야망을 단적으로 보여주는 것이었다. 독일은 이 계획을 통해 영국해군의 3분의 2수준의 함대를 보유하고자 했다. 물론 성공하지 못했다. 영국이 '드레드노트'급 거함을 진수시키는 등 적극적인 건함정책을 전개했기 때문이었다. 그러나 한때 유럽의 변방국에 머물렀던 독일이 국가주도적인 성장정책을 통해 급격하게 산업력을 성장시켰다는 점을 증명해주는 하나의 사례임은 분명했다.

제1차 세계대전에서 패한 독일이 히틀러의 나치 체제하에서 급격하게 회복할 수 있었던 것도 근본적으로 비스마르크하에서 보여주었던 공업력의 괄목할만한 성장에 기인한 것이었다. 1815년 이후 독일연방이 조직되고 오스트리아를 제외한 독일제국이 출범(1871)하는 과정과 병행하여 중상주의적 성격의 국가주도적 독일식 자본주의가 형성되었다. 대전 패배 후 민주적인 성격의 바이마르 공화국이 수립되자 그 성격이 자유 자본주의적인 것으로 변화하는 듯 했으나 히틀러의 나치 체제가 수립되면서 다시 본래의 모습으로 회귀하여 더욱 완성된 모습을 보여주기에 이르렀다.

나치 정권의 등장명분은 제1차 세계대전의 패배로 인해 추락한 국위를 회복하고 바이마르Weimar 공화국 시기에 발생한 경제 대공황으로부터 탈피하는 것이었다. 자유주의를 추구했던 바이마르 공화국은 정부가 나서서 경제를 위기로부터 구해내는 리더십을 보여주지 못했다. 이

점에 착안한 나치 정권은 국가가 적극적으로 나서서 경제를 이끌어가므로써 공황으로부터 나라를 구하겠다고 약속했다.

실제로 당시 유럽의 국가들은 19세기 자유주의의 전성기에 등장한 시장 중심주의 그리고 증권시장 중심의 경제운용 방식이 결국 시장의 실패로 귀결되어 결국 1920년대의 경제 대공황이 발생했다는 인식을 가지고 있었다. 자유주의의 문제를 해결하기 위한 대안으로 당대에 등장한 것이 나치 정권의 국가(또는 민족)사회주의에 기반한 파시즘, 볼셰비키적 공산주의 그리고 북유럽식의 사민주의였다.

이들은 이념적으로 다른 지향점을 가지고 있었으나 하나의 공통점이 있었는데 국가가 당면한 문제의 해결사로서 국가 또는 정부의 역할을 상정하고 있었다. 스웨덴을 비롯한 북유럽의 사민주의는 많은 부분 케인지언주의와 유사했다. 즉 경제가 위기에 봉착했을 때는 정부가 적극적으로 확대적 재정정책을 시행하고 이를 통해 시장의 수요를 자극함으로써 경제를 활성화시켜야 한다는 것이다. 이를 위해서는 시장에서 활발한 소비가 필요한데, 이 경우 자본을 보유한 부자의 제한된 소비보다 적은 양의 돈이라도 많은 수의 주체가 소비를 실행하는 것이 보다 효과적이다. 따라서 노동자들에게 시장에서 제공할 수 있는 수준 이상의 임금을 획득하도록 정부가 지원함으로써 소비를 활성화시켜야 한다. 적은 돈의 다수적 소비는 큰돈의 소수적 소비보다 승수효과가 크다.

이 관점은 노동자를 더 이상 자본가에게 의존하는 피동적 존재가 아니라 오히려 소비를 주도하는 경제의 주체로 보았다. 이들 노동자들에게 높은 수준의 임금뿐만 아니라 연금, 보험 등 복지 프로그램을 제공하여 안정적으로 경제 시스템에 참여할 수 있도록 했다. 이러한 수요중심주의적 경제관은 케인즈가 '고용, 이자 및 화폐의 일반이론'[7]을 출판한 1936년 이전에 이미 북유럽을 중심으로 상당히 퍼져있었다.

북유럽의 사민주의와 볼셰비키적 사회주의, 즉 공산주의는 경제 체제에서 차지하는 노동자들의 역할과 비중을 중시했다는 점에서 일견 유사한 점이 있었다. 그러나 자본과 기업을 적대시하지 않았다는 점에서 분명한 차이가 있었다. 사민주의는 다소 논란은 있었으나 자본이나 기업의 국유화를 종국적으로 추구하지 않았다. 노동자들에 많은 복지를 제공하고 고소득자에게 높은 세금을 부과하는 대신 기업자체의 소유권이나 경영활동에는 자유를 보장했다.

반면에 공산주의는 생산수단의 국유화 또는 인민에 의한 소유를 지향했다. 생산수단의 사유화로 인해 발생하는 문제를 해결하기 위해 사회주의 단계에서 인민을 대표하는 프롤레타리아 독재국가에 의한 생산수단의 독점화를 진행하고, 이후 모든 문제가 해결되면 국가를 해체하여 무정부상태의 공산사회로 전이하자는 것이었다.

이 두 가지 모델과 비교했을 때 나치 포퓰리즘은 다음과 같은 유사성과 차이점을 가졌다. 우선 자본이나 기업에 대해, 일부 그런 주장이 괴벨스 등에 의해 주장된 적은 있었으나,[8] 전적인 국유화를 주장하지는 않았다. 대신 이들에 대한 정부의 위계적 통제와 개입을 주장했다. 히틀러는 경제공황에서 탈출하기 위해 대규모의 공공사업을 시작했다. 대표적인 예가 1933년 계획에 들어간 아우토반Autobahn이었다. 이러한 사업을 통해 고용인력이 창출되었고 내수가 살아났다.

여기에는 대규모의 재정적자가 불가피했는데 이를 위해 메포어음Mefo-Wechsel을 발행했다. 정부가 기업에 상품을 발주하고 그 대금은 메포어음으로 결재했다. 양차대전 기간 동안 약 204억 마르크 어음이 발행되었는데 이처럼 어음을 매개로 경제를 운용하기 위해서는 정부와 기업 간의 소위 정경유착은 불가피한 선택이었다. 미래의 신용을 담보로 기업이 상품을 생산 납품하게 하기 위해서 나치 정권은 당근과 채찍을 동시에 구사했다. 나치가 약속한 제3제국의 핵심 세력으로 잔존하기 위해서 기업과 자본은 히틀러에게 순응할 수밖에 없었을 것이다. 정권에 협조하는 기업은 많은 보조금과 사업의 기회를 영위할 수 있었다.

노동을 대함에 있어서도 유사한 전략이 적용되었다. 노조의 단체교섭권은 폐지되었고 낮은 수준의 임금을 지급하는 대신 국가는 노동자들의 복지를 향상시키기 위한 정책을 집행했다. 코포라티스트적 제도를 도입하여 노동을 조직화하고 국가의 영향력하에 두었다.

나치 정권의 경제정책은 민족 공동체적 국가라는 개념에서 설명될 수 있다. 자유주의적 자본주의, 즉 시장 또는 증권 자본주의는 민족이 아니라 개인의 이익을 도모할 뿐이다. 그래서 대주주 개인의 이익에만 기여하도록 기업이 작동하면 안되고 민족과 국가의 장기적 이익에 봉사하도록 작동해야 한다는 것이다. 볼셰비즘은 프롤레타리아 국제주의를 주장했지만 나치즘은 민족적 부르주아와 노동자의 국가에 대한 봉사를 강조했다. 나치주의자들은 볼셰비즘과 자유주의 모두 그 뒤에 당시 금융시장을 장악하고 있던 유대인의 음모가 도사리고 있다고 믿었다.[9]

나치 정권의 민족주의에 기반한 중상주의 덕분인지 독일은 단숨에 유럽의 최고 산업강국으로 발전했다. 그럼에도 불구하고 막대한 재정적자, 부채 그리고 국민소득의 10%에 달하는 군비지출로 인해 결국은 나치의 국가 사회주의는 한계에 봉착하고 말았다. 그러나 이 세 가지 중 어느 것도 줄일 수 없었다. 해결방법은 독일 국가의 레벤스라움Lebensraum, 즉 생존권을 확대하는 것이었고 그 방법은 전쟁이었다.

독일의 국가주의적이고 민족주의적이며 중상주의적인 경제정책을 지속가능하게 하는 것은 전쟁뿐이었다. 전쟁을 통해 레벤스라움이 확대된다는 확신이 있어야 자본과 노동에 대한 통제를 유지할 수 있었다. 독일이 제2차 세계대전을 일으킨 동기, 특히 폴란드와 체코슬로바키아를 침공한 이유는 공업지대의 확보라는 관점에서, 헝가리, 루마니아, 우크라이나와 러시아 그리고 흑해로의 진출은 식량과 자원의 확보라는 관점에서 이해할 수 있다.

결국 제2차 세계대전은 독일의 패배 그리고 미국을 비롯한 연합국의 승리로 귀결되고 만다. 히틀러 집권 후 독일의 금과 은은 소진되었다. 반면에 미국은 제1차 세계대전을 겪으면서 전 세계 금의 70%를 휩쓸었다. 나치는 '유럽의 신경제질서'를 주창하며 금본위제를 벗어나 새로운 통화결제 시스템을 모색했었다. 금본위제에서 탈피하고 독일이 보유한 자산이나 노동력 등을 기반으로 화폐를 발행했다. 그러나 이러한 금에 의존하지 않는 화폐발행 시스템은 결국 패전으로 실현되지 못했다.

제2차 세계대전이 종결되고 미국을 중심으로 소위 화이트안에 입각한 금달러본위제가 국제통화 시스템으로 수립되었다. 미국은 민주주의를 실행하는 국가들 그리고 시장 자본주의 체제를 운용하는 국가들 간에는 전쟁이 발생하지 않는다는 신념을 관철하려 했다. 그리하여 세계은행IBRD과 IMF 그리고 OECD를 통해 자유주의적이고 시장주의적인 금융 및 경제 체제를 구축하고자 했다. 그리고 무역분야에서는 훗날 WTO의 전신이 되는 GATT 체제를 운용함으로써 자유무역을 확대하고자 했다.

제2차 세계대전을 거치면서 자본주의는 두 가지의 종류의 모습으로 형태를 분명히 했다. 하나는 독일 그리고 이를 모방했던 일본의 사례에서 보았듯이 국가와 시장 간에 위계적인 통솔관계가 수립되는 국가 자본주의였다. 다른 하나는 국가와 시장관계가 수평하고 일정한 거리를 유지하는 자유주의적 시장자본주의였다.

연합국 측의 승리로 인해 전후 서방세계는 이제 미국이 주도하는 자유주의적인 모습으로 수렴하는 듯했다. 그리고 소련이라는 공산주의 체제와 대립하면서 자본주의 대 공산주의 또는 민주주의 대 독재적 권위주간의 대립으로 영원히 고착될 것 같았다. 1945년부터 1991년까지 펼쳐진 소위 냉전의 시대가 종료되고 나면 세계가 다시 한번 시장 자본주의대 국가 자본주의의 대립으로 회귀하게 될 것이라고는 예측하지 못했다.

1.4. 자본주의 대 공산주의

제2차 세계대전이 종결된 후 미국을 중심으로 자유 자본주의 이념에 입각하여 세계경제 체제가 재편되었다. 이미 제1차 세계대전을 계기로 최대채권국으로 성장한 미국은 제2차 세계대전을 거치면서 제조업 분야에서 최강자로 부상했다. 제2차 세계대전을 거치면서 미국경제는 무려 125% 성장했다. 전쟁 중 막대한 군수물자를 생산한 결과였다. "민주주의의 위대한 무기고" 역할을 수행하면서 미국 대기업의 수익은 전쟁 전보다 41%나 증가했다.

남성뿐만 아니라 여성의 일자리도 늘어났다. 남성들이 군으로 징집되자 여성들이 그 공백을 메꾸었다. 1940-45년 기간 동안 여성노동자의 비율은 27%에서 37%로 증가했다. 그 결과 국민소득도 2배 이상 증가했다. 전쟁 종료 후 전기가격 통제가 해제되자 소비재의 소비가 폭증했다. 그리고 금융상품에 대한 국민들의 투자도 증가했다.[10]

경제 및 군사안보 분야에서 강자로 자리매김한 미국이 전 세계의 질서를 재편하려는 의욕을 본격화한 것은 제2차 세계대전을 통해서였다. 미국은 제1차 세계대전이 종료되자 다시 고립주의적 외교로 복귀했었다. 미국은 전승국이었음에도 불구하고 패권국의 지위를 행사하기를 주저했다. 제1차 세계대전 이전의 미국은 37억 달러 규모의 채무를 보유한 신흥 공업국에 불과했다. 이 당시 유럽의 미국 투자금액은 72억 달러였으나 미국의 해외 투자금액은 그 절반 정도에 불과했다.

그러나 전쟁 이후 추세는 역전이 되어 미국의 해외 투자금액이 70억 달러에 달하게 되었다. 게다가 미국은 영국과 프랑스에 대해 96억 달러의 채권을 보유하는 등 총 126억 달러에 달하는 채권국으로 성장했다 그럼에도 불구하고 미국은 헤게몬으로서의 역할을 수행할 의지가 그다지 강하지 않았다. 이상주의자였던 윌슨 대통령에게 미국의 제1차 세계대전 참여는 전쟁을 종식시키기 위한 전쟁이었을 뿐이었다. 결국 패권국이 부재한 상황에서 유럽에서 재부상한 독일이 그 역할에 도전하려 시도했던 것이다.[11]

결국 제2차 세계대전 이후 패권국의 역할을 담당하게 된 미국은 안보문제에 있어서는 현실주의적 입장을 주로 견지했으나 경제문제에 있어서는 자유제도주의적 접근을 적절하게 혼합하는 전략을 취했다. 금융에 있어서 IBRD와 IMF를 주축으로 하는 소위 브레튼우즈Bretton Woods 시스템을 출범시켰고 무역에 있어서는 GATT 체제를 가동했다. 이는 제2차 세계대전을 통해 경제에 있어서 자원과 상품의 자유로운 교역이 전쟁의 발발 가능성을 낮추어 줄 것이라는 인식이 확산되었기 때문이었다. 자유로운 경쟁을 통해 오히려 협력이 발생할 수 있다는 것이 자유제도주의의 이론적 입장이었다.

미국의 이러한 낙관적인 입장은 소련이 계획경제를 통해 동유럽의 위성국가들을 중심으로 빠르게 전후 복구에 성공할 때까지 유지되었다고 보아도 무방하다. 사실 서방은 제2차 세계대전까지도 경제적 후진국에 머물며 미국의 무기대여에 의존해야 했던 소련이 급격하게 부상할 거라고 예상하지 못했다.

그러나 초강대국 미국의 생각과는 달리 다수의 국가들이 전후복구를 수행하기 위한 수단으로서 국가 또는 강력한 정부의 역할에 주목했고 실제로 이를 경제발전에 적용했다. 서유럽의 국가들도 예외가 아니었다. 영국을 비롯해서 대부분의 국가들이 복지국가 모델을 받아들였다. 19세기부터 20세기 초반까지 맹위를 떨쳤던 고전적 자유주의는 1929년 월스트리트 대폭락으로 시작하여 1930년대 말까지 계속된 대공황을 맞이하면서 설득력을 잃었다.

대공황의 발원지였던 미국은 1933년부터 영국보다도 앞서 케인지어니즘에 입각한 뉴딜정책을 전개하여 공황극복에 나선 바 있었는데 그 결과는 매우 성공적이었다. 제2차 세계대전이 끝나자 미국은 이러한 국가주도적 경제운용에서 탈피하려 했고 다시 시장주의적 경제운용으로 복귀하고자 했다.

그러나 직접 전쟁터가 되었던 다른 나라들의 사정은 달랐다. 무엇보다도 전후복구가 시급했다. 시장은 자율적으로 기능할 수 있는 동력을 상실했다. 마중물을 부어줄 국가의 역할이 필요했다. 게다가 전쟁에서 돌아온 노동자나 서민출신의 군인들에게 정치사회적 보상을 제공해야 했다. 그들의 희생에 보답하지 않는다면 1917년 러시아에서 발생한 볼셰비키 혁명이 자신의 나라에서 발생하지 않으리라 장담할 수 없었다.

소위 혼합경제 모델은 기본적으로 시장 자본주의 모델을 유지하되 시장의 실패가 나타날 가능성이 높은 부문에는 국가가 개입하는 방식이었다. 예컨대 영국의 경우 항공, 전기, 상수, 철도, 에너지 등 국가의 기간산업을 국유화하여 독점화했다. 그리고 그 이익을 정부가 회수하여 그 결실을 사회 전체가 고루 누리게 했다. 국가차원에서 의료보험을 제공하고 무상교육을 확대 제공했다.

케인지어니즘에 기반한 이 모델은 소위 '요람에서 무덤까지' 복지를 제공해서 모든 국민들이 노동에 참여할 수 있고 임금을 획득하고 소비하며 세금을 납부하는 수요중심의 경제 체제였다. 가진 자, 즉 자본가 세력은 높은 세금을 부담해야만 했다. 이들에게 분명 달가운 정책은 아니었지만 동유럽에서 빠르게 전후복구가 이루어지고 노동자 천국을 만들었다는 선전이 퍼지는 상황에서 이러한 계급적 타협을 받아들이지 않을 수 없었다.

한편 동아시아 지역에서도 국가의 역할이 두드러지게 나타났다. 이러한 상황이 전개된 데에는 일본의 역할이 컸다. 패전 후 일본을 점령한 맥아더 군사정부는 군벌과 재벌의 결탁이 만주사변과 제2차 세계대전의 원인이 되었다고 판단했다. 제일 먼저 추진한 청산작업 중의 하나가 재벌해체였다. 마치 독일에서와 같이 일본의 재벌들은 국가와 군대의 동맹조직처럼 움직였다. 시장에서의 독점권을 부여받는 대신 전쟁에 필요한 물자를 제공했다. 군대와 재벌은 식민지를 건설하고 일본의 레벤스바움이라 할 수 있는 '대동아 공영권'을 건설힘으로써 일본제국의 확대는 물론 시장의 확대를 도모했다. 이를 위해 정치와 경제 간의 결탁은 불가피했다.

전후 미군정은 재벌을 해체함으로써 일본을 '국가통제경제' 모델에서 '시장경제' 모델로, 국가 자본주의에서 시장 자본주의로 전환시키려 했다. 국가가 시장에 간섭하면 자원에 대한 정치적 탐욕이 생겨 시장에서의 자유로운 교환이 단절된다고 보았다. 국가의 발전자원을 독점한 정부는 권위주의화하고 전쟁의 유혹에 빠지기 쉽다. 따라서 일본을 입헌 자유 민주주의 국가 그리고 시장자본주의로 전환시켜 미국과 매우 호환적이며 개방적인 경제 체제로 만들고자 했다. 자유라는 이념 위에 일본을 미국의 동맹국가로 만들고 소련의 동북아 지역에서의 팽창을 저지하려 했다.

그러나 이러한 전환이 일본경제의 내부까지 바꾸어 놓지는 못했다. 일본의 통제경제 모델은 집단주의적이고 위계적인 일본의 사회문화에 깊게 배태된 것이었다. 미국적 제도를 도입해서 하루아침에 미국화될 수 있는 것이 아니었다. 당시 일본 경제를 연구했던 챠머스 존슨Chalmers Johnson은 일본경제 모델을 '발전국가the developmental state'라는 용어를 사용해 설명했다.[12]

발전주의적이라는 용어는 국가가 사회를 선도적으로 이끈다는 것을 의미한다. 그를 비롯한 발전국가 연구자들은 발전국가 모델을 연구하면서 다음과 같은 결론을 내놓았다. 일본을 비롯한 한국 그리고 대만등 동아시아의 발전국가들은 시장 중심주의와 국가 주도주의를 적절하게 전략적으로 혼합했다. 이러한 전략은 강력한 국가에 의해 주도되었고 그 핵심세력은 정치인이 아니라 시험에 의해 등용된 관료 엘리트 그룹이었다.[13] 결국 프랑스와 독일에서 목격됐던 국가 주도주의 그리고 고급 엘리트들의 선도적 역할이 유교적 문화가 강했던 동아시아에서 더욱 극적으로 나타났고 그 결과는 성공적인 발전국가였다.

당시 발전국가의 부상에 대한 미국의 입장은 이중적인 것이었다. 발전국가는 시장의 역할을 상대적으로 중시하는 수출주도적 산업화 모델에 기반하고 있었다. 그러나 핵심 기반 산업분야에서 국가의 전략적 간섭이 극적으로 나타났다. 그리고 국가의 시장에 대한 선도적 간섭을 가능케 하기 위해서는 정치적으로 민주주의보다는 권위주의가 더 유리했다. 시장과 주주를 의식한 단기적 투자보다는 국가와 사회를 위한 장기적 투자가 필요했다. 투자를 위해서는 해외로부터 자본과 기술이 이전되어야 했다. 대규모의 고용이 필요했으나 노동자의 임금상승은 통제되어야 했다. 해외자본은 그 나라의 민주주의보다 예측가능하고 안정된 정치를 요구했다. 이를 만족시킬 수 있는 정치 체제는 제도적으로는 민주주의적이지만 실질적으로는 비자유주의적이거나 권위주의적인 이중성을 가지고 있었다.

자유주의 미국은 이 딜레마를 어떻게 받아들였을까? 트루먼Harry Truman 대통령이 주장한 것처럼 예컨대 한국은 동아시아 자유주의 진영의 등대가 되어야 했다.[14] 그래서 공산세력권의 북한보다도 더 빠르게 경제적 성장을 달성해야 했다. 비록 민주주의가 느리게 발전하고 인권이 다소 침해된다 하더라도 공산세력의 팽창을 저지할 수 있다면 권위주의적인 정권도 어느 정도 용인될 수 있었다. 미·소 간의 냉전이 점점 더 심화되어 갔기 때문이다.

게다가 월남전의 개입으로 미국의 경제력이 약화되고 결국 1972년 브레튼우즈 체제가 붕괴되어 기축통화로서의 달러의 위상마저 위협받게 되는 상황이 발생했다. 그리고 중동전쟁의 여파로 세계 경제가 스태그플레이션에 진입했다. 이러한 상황에서 경제성장만 지속해줄 수 있다면 그리고 안보적 동맹관계만 유지될 수 있다면 동아시아 개도국의 국내정치적 독재는 어느 정도 용인될 수 있었다.

당초 미국의 입장은 제2차 세계대전 후 독립한 신생국들에 영미식 제도를 이식하면 근대적 경제와 민주주의는 당연히 성립된다는 것이었다. 소위 근대화 이론적 낙관주의였다. 그러나 현실은 달랐다. 초기의 경제성장은 종종 임금불평등으로 귀결되었고 이는 사회적 갈등의 요인이 되었다. 이는 결국 평등을 요구하는 정치적 저항으로 발전하여 정치적 불안정이 발생하고 결국은 다시 경제적 후퇴로 마감하는 악순환이 되풀이되었다.

그 결과 미국의 학계가 나서 개도국 발전의 정의를 다시 내리게 된다. 1964년에 사무엘 헌팅턴Samuel Huntington은 그의 저서를 통해 개도국에 필요한 것은 '질서'라는 개념을 제시했다. 그는 한 사회의 공익을 정의할 수 있는 정치적 능력이 발전하는 것을 '정치적 제도화'라고 정의하면서 이것을 가능케 하는 국가의 능력으로 질서유지 능력을 강조했다.[15]

그의 이론은 현실주의적이었다. 자유라는 개념에 익숙하지 않은 다른 문명권의 사람들이 영미식 민주주의를 운용하는 것은 혼란스러울 수 있다는 식의 입장이었다. 이를 극복할 수 있는 방법으로 질서 수립 능력이 강력한 정부의 필요성을 역설했다. 그의 이론이 주목을 받은 이유는 사실상 민주주의적 국가로의 발전을 위한 과도기적 권위주의 정부의 존재는 용인될 수 있다는 인식을 확산시켰기 때문이었다. 이로써 동아시아 발전국가는 자본주의적 경제 체제와 권위주의적 정부 간의 조합으로 특성 지워졌다.

요약하자면 미국은 장기적으로 경제적 성장이 지속적으로 일어난다면 세계는 결국 자유주의가 확대될 것이고 이는 결국 민주주의로 귀결될 것이라는 근대화론적 입장을 견지했다. 그래서 전전 독일이나 일본식 파시스트적 국가 자본주의는 단호하게 배척하려 했다. 하지만 미국도 당장은 자신의 위성국가에 압축적 경제성장을 도모할 수 있는 능력 있는 국가가 필요했다. 국가 자본주의와 비교해 볼 때 공산주의 체제는 분배와 평등을 위한 체제이지 지속적인 경제적 성장을 위한 체제는 아니었다.

프롤레타리아 국가에 의한 독재와 공산주의적 경제를 강조하는 소련은 이념적으로 위협적인 존재였다. 무엇보다도 군사안보적 역량의 증가는 괄목할만한 것이었다. 냉전의 본질은 군사 안보적 대립이었다 해도 과언이 아니었다. 하지만 당시 미국을 가장 긴장하게 만들었던 것은 계획경제 방식으로 이루어진 구소련 진영의 인상적인 전후복구 성과였다. 소련의 공산주의 체제에서는 국가가 시장을 대체했다. 즉 시장이 공식적으로 존재하지 않았다. 생산수단도 국가가 장악했다. 국가가 계획에 따라 생산하고 분배했다.

그럼에도 불구하고 이러한 사회주의 체제가 시장에서 잉여가치의 획득을 위해 교환이 발생하는 자본주의의 역량에 필적할 수는 없었다. 공산주의 경제의 기반은 전적으로 국가의 자원 동원 능력이었다. 경제에 필요한 자원을 국가가 동원하고 분배하는 능력이었다.

다만 자유주의를 신봉하던 미국도 자신의 위성국가들이 신속하게 전후복구에 성공하기 위해서는 그리고 경제성장에 시동을 걸기 위해서는 적극적으로 시장에 개입하는 국가 또는 정부가 필요하다는 점을 사실상 받아들였다. 그래서 서유럽의 복지국가나 동아시아의 발전국가가 등장하는 것을 정치적으로 용인했다. 일단 경제적 성장이 달성되면 나머지는 근대화 이론의 예측대로 진행될 것이었다. 시장과 사회는 자유화되고 국가는 후퇴할 것이었다. 다만 당장은 공산주의와 자본주의 간의 경주에서 승리하는 것이 중요했다.

결과적으로 이 전략은 성공했다. 자본주의 체제를 유지한 서유럽은 동유럽을 앞질렀고 동아시아의 일본, 한국, 대만, 싱가포르는 당시의 중국이나 북한을 앞질렀다. 그리고 일본, 한국 그리고 대만은 결국 선도적인 민주주의 국가로 발전했다. 1991년 구 소련이 붕괴되고 46년간의 냉전은 막을 내렸다. 시장 자본주의 모델은 국가 자본주의와의 경쟁에서 승리한데 이어 공산주의와의 경쟁에서도 압승했다.

1.5. 신우파주의New Right와 세계화

자유주의 모델의 강점은 무엇일까? 왜 국가주의나 전체주의 모델은 개인중심의 자유주의 모델과의 경쟁에서 패했던 것일까? 이 질문의 답은 17세기까지만 하더라도 유럽의 경제 규모를 웃돌던 중국이 1840년 아편전쟁을 계기로 서구세력에 무릎을 꿇게 된 이유와 맥락을 같이 한다.

유럽에 자유주의가 만개한 것은 19세기였지만 이것이 서서히 진화를 시작한 시점은 16세기 르네상스 시기까지 거슬러 올라간다. 종교개혁을 기점으로 인류의 관심사가 신에서 인간으로 전환되었고, 과학의 발달과 더불어 인간의 이성과 합리주의에 입각한 인식론이 성장했다. 소위 근대의 시작이다.

이 이전의 시기까지는 인간을 단순히 신의 피조물로 간주하며 신이 만든 세계의 부속물로 보았다. 인간은 주체적 존재가 아니었다. 그런데 근대의 등장이 신과 인간의 관계를 바꾸어 놓았다. 신을 부정했다기 보다는 신이 만든 우리 인간 스스로의 감성과 이성에 대해 신뢰하게 되었다.

인간 또는 개인 중심의 사고는 세속적인 가치와 열망에 대한 솔직한 표현이 죄가 아니라는 입장에 기반해 있었다. 중세 봉건시대 카톨릭적 세상은 개인이 자신의 세속적인 이익을 추구하는 것을 죄악시했다. 그래서 부자는 천국을 가기에 합당하지 않은 인간으로 묘사되었다. 돈을 빌려주며 잉여가치를 획득하는 것도 부정되었다.

그런데 카톨릭을 대체하는 종교로 등장한 프로테스탄티즘은 세속적 이익의 추구를 허락하고 심지어 축복했다. 칼비니즘은 열심히 일한 대가로 얻어진 부를 구원받은 자의 표식으로 간주했다. 세속적 이익을 추구하는 것에 대한 종교적 면죄부가 주어진 셈이었다.

18세기에 들어 애덤 스미스는 인간의 이기심과 양심은 공존하는 것이며 이성과 감성 모두 균형있게 중요하다고 주장했다. 이기심이 있어서 자신의 이익만 추구하는 것이 합리적일 것 같지만 인간에게는 감성 또한 있어서 남의 입장을 제3자의 입장에서 객관적으로 이해할 수 있는 공감능력 또한 가지고 있다고 보았다.[16] 그래서 인간은 이익추구를 위해 경쟁도 하지만 그 과정에서 협력도 한다. 상공업이 발달하여 부가 축적되면 범죄를 낮추는등 사회에 유익이 많다고 강조했다.

근대사회의 등장은 자동적으로 자유의 확대를 결과했다. 단순히 상공업의 발전에 의한 경제의 발전을 추구했으나 그 과정과 결과로 개인의 자유가 확대되었다. 근대국가의 발전 초기에는 홉스Thomas Hobbes가 주장했던 리바이어딘Leviathan이 필요했다. 하지만 경제성장의 결과로 계몽된 개인 그리고 자유로운 개인이 많이 탄생하자 국가는 지배의 존재가 아니라 국민을 위해 봉사하는 존재가 되었다. 그리고 이처럼 자유로운 개인이 많아지자 자신의 행복을 추구하는 개인의 숫자도 늘어났고, 부자인 개인의 숫자가 늘어나니 총체적으로 국가의 부도 증가했다.

개인의 행복을 증대시키고 인권도 중시하는 자유주의의 이념은 자연히 많은 이들이 선호할 수밖에 없었다. 국가를 위해 개인이 봉사해야 한다는 국가주의적이고 전체주의적인 사상보다는 국가가 개인의 이익과 생명과 재산을 보호해야 한다는 자유주의가 선호되는 것은 당연했다.

16세기부터 자유주의적 요소를 품은 서구적 근대국가가 등장하여 전제주의적 요소가 강한 중국을 압도하는데는 단지 약 300년이 소요되었을 뿐이었다. 개성 있고 능력을 가진 개인이 경쟁에 참여할 수 있고 다원성과 자율성을 용인하는 경제적 제도 그리고 다수의 입장을 존중하고 평등을 강조하는 민주주의의 조합이 엄청난 이념적 폭발력을 발휘했다. 신분상에 계급이 있어 정치적 참여가 제약되고 관료가 경제를 경직적으로 통제하는 방식은 시장에서 자동적으로 교환과 분배가 발생하는 시스템을 효율상 이길 수 없었다.

제2차 세계대전 이후에도 유럽사회에서 자유주의에 대한 향수가 완전히 사라진 것은 아니었다. 하지만 이것이 다시 지배적인 패러다임으로 등장한 것은 그로부터 30여 년이 훨씬 지나서였다. 자유주의 부활의 주역은 영국과 미국이었다. 이를 주도한 인물은 1979년 집권한 영국 보수당의 대처Margaret Thatcher 수상 그리고 1981년 당선된 미국 공화당의 레이건Ronald Reagan 대통령이었다. 보수당과 공화당은 사회주의적 색채가 내재된 복지국가의 시대를 마감하고 19세기의 고전적 자유주의의 시대로 회귀하자는데 뜻을 함께했다. 19세기는 영국 자유주의의 전성기였으며 미국은 신흥 강대국으로 발돋움하던 시기였다. 이들은 그 원동력이 만개한 자유에 있었다고 보았다. 과도하게 비대해진 국가는 더 이상 문제의 해결자가 아니라 유발자였다.

제2차 세계대전이 끝난 후 영국은 사회주의적 성격이 강한 복지국가로 탈바꿈했었다. 대전후 영국은 대전말에 기획된 베버리지Beveridge 리포트에 기반하여 전 국민에게 연금, 의료, 교육을 무상으로 제공하는 복지국가를 건설했다. 영국민 특히 노동자의 복지를 획기적으로 개선했다는 점에서 복지국가는 칭송을 받았다.

그러나 거시경제의 관점에서 영국병이라 불리는 몇 가지 중요한 문제가 발생했고 이는 유럽대륙의 경쟁국들에 비해 경쟁력을 상실하게 된 원인으로 지목되었다. 영국병의 가장 큰 문제 두 가지는 만성적인 인플레이션 그리고 노동의 과도한 영향력 증대였다.

케인지어니즘에 입각한 복지국가론은 노동자를 생산자이며 동시에 소비의 주체로 간주한다. 따라서 이들의 복지를 증진시키는데 국가의 이념적 목표가 있다. 복지국가는 시장에서 형성되는 임금보다 높은 수준의 임금을 제공할 수 있다. 국가의 시장간섭 때문이다. 국가의 시장에 대한 간섭이 없이는 노동시장에서 완전고용의 상태에 도달할 수도 없다. 특히 경제가 위기에서 벗어나기 위해서는 자본가들의 자발적 투자에 의존하기 보다는 국가의 재정지출을 통한 수요의 창출이 더 중요하다고 보았다. 즉 경제를 활성화 시키는 물꼬는 공급의 확대보다는 수요의 창출에서 만들어진다는 것이다.

이러한 수요중심의 경제학은 공급중심의 경제학과 상반된 시각을 견지했다. 자유주의에 입각한 공급중심의 경제학은 경제는 재화를 창출할 수 있는 자질을 가진 자본가들의 판단에 따라 투자가 되어야 한다고 보았다. 낮은 금리와 낮은 임금 등 적절한 여건이 조성될 때 자본가들의 투자는 자발적으로 이루어진다. 세이의 법칙Say's Law이 제시히듯 공급은 스스로의 수요를 창출하므로 수요를 인위적으로 만들어 낼 필요가 없다.

이 이론은 자유주의 경제학이 '가진 자'들의 자발적인 투자를 통한 공급에 의존하는 낙관론적 입장을 비판했다. 본래 자유주의 경제학을 교단에서 강의했던 케인즈였지만 동인도 회사를 다니고 증권에 투자하고 불황을 경험하고 사회주의 국가를 여행하면서 시장에만 의존해서 경제부흥을 도모하는 것은 너무 낙관적이라고 본 듯했다. 그는 공황의 극복을 위해서는 국가의 시장에 대한 간섭이 필요하다고 주장했다.

이러한 생각은 사실 그만의 것은 아니었다. 19세기에 공산주의자가 아닌 자유주의자들 가운데에서도 국가의 시장과 사회에 대한 개입을 요구하는 입장을 가진 지식인들이 다수 있었다. 전통적 자유주의자로 유명한 존 스튜어트 밀John Stuart Mill, 홉하우스Leonard Hobhouse나 그린Thomas Hill Green같은 새자유주의New Liberalism자들 그리고 웨브Webb 부부 같은 파비안Fabian 사회주의자들이 자유와 더불어 형평을 주장하며 국가의 개입에 의한 온건한 사회개혁를 주장했다. 많은 사람들이 자유로워지기 위해서는 평등한 조건에서의 교육, 의료분야의 복지가 빈자들에게도 제공되어야 한다고 강조했다. 이들은 근본적으로 자유주의자들이었다. 자유로운 이들이 점점 많아지면 결국 평등한 사회가 된다는 인식을 넘어 형평한 사회가 만들어져야 자유가 확대될 수 있다고 보았다.

일부에서는 케인즈의 이론에 사회주의적 요소가 있다고 보는 시각도 있지만 그 역시 자유주의자의 관점에서 볼 수 있다. 그의 주장은 노동자들에게 복지가 제공되고 그들의 자유가 확대되는 것이 경제발전에도 도움이 된다는 것이었다. 이들은 자본가들에게 노동력을 제공하면서 자본주의 경제에 무임승차하는 이들이 아니다.

그럼에도 불구하고 전후복구가 어느 정도 마무리되고 시장에서의 경쟁이 다시 강화되며 여기서 승리하기 위해서는 국가 경쟁력이 필요하다는 인식이 팽배해지자 복지국가는 비판의 대상이 되었다. 고복지, 고비용, 저효율로 묘사되는 영국병의 원인으로 지목되었다. 이러한 오명을 얻게 된 데에는 만성적인 인플레이션의 영향이 크다. 경제가 하강할 때마다 정부가 재정을 투입하는 것은 고용을 유지하는 데는 효과가 있을 수 있다. 그러나 그로 인해 경쟁력이 없는 회사가 도태되지 않고 노동은 생산성에 관계없이 과도한 복지를 누린다고 비판받았다. 특히 1973년부터 두 차례의 석유파동이 발생하자 영국은 직격탄을 맞았다. 1974년부터 1년간 무려 물가가 27% 상승했다. 급격한 인플레이션은 영국 파운드화의 약세를 불러왔고 결국 1976년에는 IMF의 구제금융을 받기에 이르렀다.

영국병의 또 다른 측면은 노동조합의 과도한 정치화 그리고 빈번한 파업이었다. 복지국가가 노동자의 복지증진에 목표를 둔 만큼 이들의 정치와 시장에 대한 참여는 당연한 것이었다. 특히 노동조합이 정치적 지분을 가지고 있는 노동당뿐만 아니라 심지어 보수당도 이러한 입장을 거의 당연하게 받아들였다. 그런데 문제는 영국의 파업이 너무 빈번하게 발생한다는 점이었다. 복지국가의 모범이라 할 수 있는 스웨덴, 덴마크 등의 사례와 달랐다, 사민주의가 발달한 북유럽의 국가에서는 강한 노동의 존재에도 불구하고 파업이 빈번하게 발생하지도 않았고 오히려 안정적인 노사관계가 조성되었다.

올슨Mancur Olson은 그 차이를 '포괄적 조직'이라는 개념을 들어 설명하고 있다.[17] 즉 전국단위로 체계적으로 건설된 노동조직은 파업을 결정하기 위한 비용이 많이 소요된다. 따라서 빈번한 파업보다는 영향력 있는 파업을 선택한다. 반대로 회사별로 지역별로 노동조직이 파편화된 경우 파업을 결행하기 위한 거래비용이 적게 든다. 소규모 조직이기 때문이다. 따라서 다양한 주제로 빈번한 파업이 가능하다.

올슨은 이러한 이론을 들어 포괄적 조직이 존재하는 북유럽에 비해 그렇지 않은 영국이나 미국이 산업 경쟁력을 상실하는 이유를 설명했다. 실제로 영국의 노동당은 강력한 산별노조의 요구에 취약한 존재였다. 당 운영비의 상당 부분을 노동조합에 의존하고 당수 선출과정에서 노동조합의 영향력이 컸던 노동당의 경우 노조와 상의 없이 거시경제 정책이나 정강을 발표할 수 없었다.

결과적으로 1979년 노동당 정부에서 보수당 정부로의 정권이양에 기여한 것은 노조에 의한 파업이었다. 1976년 심각한 재정위기에 봉착한 노동당의 캘러헌Leonard James Callaghan 내각은 IMF에 구제금융을 지원받아 과도한 재정지출로 발생한 재정위기를 가까스로 모면했다. 영국은 지원금을 받는 조건으로 실업률의 증가 및 세수의 감소 위험을 무릅쓰고 공공지출을 축소했다. 이러한 노력의 일환으로 캘러헌 내각은 임금인상을 5% 이하로 제한하는 정책을 제안했다.

그러나 이 정책은 노조의 파업을 불러왔다. 1978년 당시 인플레이션은 15%에 상당했는데 설사 임금을 5% 인상하여도 결국은 10% 삭감되는 셈이라는 게 노조의 입장이었다. 결국 노조는 대규모 파업에 돌입했고 영국은 1978-1979년의 소위 불만의 겨울winter of discontent에 직면하게 되었다. 이 사건은 1979년 총선에서 보수당이 집권을 하게 되는 결정적인 계기를 제공했다. 선거 캠페인에서 보수당은 노동당의 무능Labour does not work! 그리고 노조의 폐해가 영국병의 원인이었음을 선전했고 결국 집권에 성공했다.

마가렛 대처 수상이 이끄는 보수당 정부는 영국의 경제를 되살리기 위해서는 고전적 자유주의의 원리로 돌아가야 한다고 주장했다. 이러한 주장은 대서양 건너 미국에서도 공화당에 의해 그대로 수입되었다. 미국 역시 월남전의 여파로 브레튼우즈 체제가 붕괴하고 석유파동이 발생했던 1970년대에 심각한 경기침체와 인플레이션, 즉 스테그플레이션으로 고통을 받았다.

이를 해결하기 위한 방안으로 레이건 행정부는 영국과 마찬가지로 '작지만 강한 국가'를 표방하는 신우파New Right 패러다임을 도입했다. 신우파 패러다임은 신자유주의Neo Liberalism와 신보수주의Neo Conservatism를 합성한 개념이었다. 신자유주의는 고전적 자유주의가 주장했던 '최소국가론', 즉 작은 국가로의 회귀를 주장했다. 신보수주의는 '강한 국가'를 표방했다. 본래 고전적 자유주의가 제시한 최소국가론은 자유방임적인 것을 의미했으나 신우파주의가 상정하는 것은 작기는 하지만 강한 국가였다.

작은 정부는 긴축재정, 공무원 감축 그리고 민영화 등을 의미했다. 무엇보다도 복지국가가 과도하게 지출했던 재정을 삭감하는 긴축 및 안정화 프로그램을 추진했다. 여기서 안정화란 정부가 인위적으로 시장에 재정을 투입하지 않음으로써 인플레이션을 억제한다는 것을 의미했다. 그리고 복지국가가 고용의 안정과 유지 그리고 생산수단에서 산출되는 잉여가치의 사회환원을 위해 과도하게 보유하고 있던 공기업을 사기업에게 매각함으로써 정부의 부담을 축소하는 것이었다.

강한 국가는 국내적 의미와 대외적 의미를 가지고 있었다. 우선 국내적으로 정책결정 집행에 있어 높은 자율성을 의미했다. 즉 정책적 차원에서 국가가 공익에 입각하여 외부의 영향력에 좌우되지 않고 정책을 집행할 능력을 갖는 것이다. 경제적 차원에서는 시장에 공정한 경쟁을 유도할 제도를 수립하고 이를 객관적으로 운용하는 것이다. 국내안보적 차원에서는 강한 경찰력 등을 보유하여 사회의 질서를 유지할 수 있는 능력을 보유하는 것이다.

대외적 차원에서는 소련을 비롯한 공산국가를 압도할 수 있는 군사력을 배양하는 것이다. 공산국가가 자본주의 국가를 전복하여 인민이 주도하는 공산주의 국가를 만들려하므로 이를 분쇄할 수 있는 강력한 군사력을 축적하는 것이다. 무엇보다도 소련과 군비경쟁을 벌임으로써 소련경제의 국방비에 대한 부담을 증대시키고 결국 소련의 퇴보를 유도하는 것이다. 군비경쟁은 상당한 경제적 파급효과도 가지고 있었다. 미국의 입장에서는 무기개발 과정에서 얻어지는 첨단기술을 민간에 전수하여 혁신성과 생산성을 증대시키는 이익을 향유할 수 있었다.

보통 신자유주의로 불리는 신우파 패러다임의 등장으로 인해 자유주의에 기반한 민주주의와 자본주의는 19세기에 이어 다시 가장 지배적인 이념을 부활했다. 국가의 시대는 저물었고 시장의 시대로 복귀했다. 국가주의에 기반했던 파시스트적 나치즘과의 경쟁에서 이긴데 이어 공산사회를 구현하기 위한 프롤레타리아 독재국가와 대결에서도 승리했다. 더 이상 자유주의적 민주주의와 자본주의를 극복할 체제는 등장하지 않을 것으로 보였다. 후쿠야마의 저서 '역사의 종언'[18]이라는 제목은 소련이 붕괴하고 냉전이 종결된 1991년 당시의 상황을 적절하게 보여주는 묘사였다.

1.6. 자유주의의 승리?

구소련의 붕괴로 냉전에서 자유주의 진영의 승리는 일단락되었다. 국제정치의 측면에서 보면 냉전의 종료는 군비경쟁에서의 미국의 승리 그리고 미국과 소련의 양극 체제에서 미국 중심의 일극 체제로의 전환으로 묘사될 수 있다. 그런데 정치경제적 측면에서는 이것을 신우파의 승리 그리고 근대화 이론의 승리로 보고 있다.

사회과학의 방법론에서 여러 가지 논쟁이 있지만 자본주의 분석에 있어서 중요한 것은 개인과 국가 중 무엇이 우선해야 하는가 문제이다.

둘 중 무엇에 우선순위를 두는 것이 성장과 형평의 동시적 개선에 유리한가 하는 점이 중요한 관심사이다. 냉전이 종식되면서 일단 이 문제에 대한 답이 잠정적으로 정리되었다. 공동체나 국가의 역할도 중요하지만 궁극적으로 개인이 합리적 선택을 할 수 있는 존재임을 신뢰하고 그들에게 많은 자유를 허용하는 것이 장기적으로 경제발전에 유리하다.

물론 신우파주의의 한 요소가 강한 국가론이기 때문에 국가의 역할을 부정하는 것은 아니다. 그러나 국가의 역할은 기본적으로 개인의 재산, 생명, 자유를 보호하는 데 있다. 자유주의의 원리는 궁극적으로 국가가 개인의 이익을 위해 봉사하는 것이다. 개인이 공정하게 경쟁할 수 있도록 제도를 만들고 행위자들이 제도를 준수하는지 감독하는 것으로 충분하다. 만일 시장에서 일부 탐욕스러운 행위자들로 인해 경쟁의 질서가 무너지면, 즉 시장의 실패가 일어나면, 정부가 개입해야 한다.[19] 개인은 기본적으로 선하고 이성적인 존재이므로 국가는 외부의 적으로부터 이들을 보호하여 안심하고 경쟁하도록 환경을 만들어주는 역할로 족하다.

자유주의는 만일 개인보다 국가나 공동체 중심으로 제도를 설계할 경우 개인의 자유는 침해되고 장기적으로 불이익이 더 많다고 본다. 국가나 공동체 중심주의는 개인의 자유보다 평등을 더 강조한다. 적극적 또는 발전주의적 자유주의의 입장에서는 개인이 스스로 자유를 획득할 수 있는 역량을 키울 수 있도록 국가가 배려해야 한다고 강조한다. 복지국가도 그러한 맥락이다. 그러다 보면 평등 나아가 형평을 제고하기 위한 국가적 사회적 비용이 과도하게 소모되고 경제적 효율성은 저하될 수 있다.

게다가 국가나 공동체의 이익을 중심으로 제도를 설계하면 결국 그

집단의 위계적 우두머리들이 이익을 독점할 수 있다. 그들은 마치 전체의 이익을 도모하는 것처럼 행동하지만 사실은 위선인 경우가 허다하다. 소수의 기득권자들만 이익을 얻는다. 공동체적 공화주의의 약점이다.

소수를 위해 다수가 희생하면 이는 최대다수 최대행복이라는 공리주의의 원칙에도 위배된다. 공리주의는 고전적 자유주의나 신자유주의의 한 구성요소이다. 가급적 많은 개인들이 자유를 만끽할 수 있게 되다 보면 결국 자유로운 개인이 다수 만들어지고 결국 평등도 자동으로 제고된다.

그런데 반대로 만일 다수의 횡포로 인해 소수의 이익이 과도하게 침해된다면? 예컨대 가지지 못한 다수가 소수의 가진 자, 자본가들을 공격한다면? 이런 경우에는 강한 국가의 역할이 필요하다. 만일 소수의 이익을 보호하는 것이 장기적으로 공익에 도움이 된다면 국가가 나서서 우선 이를 방어해야 한다. 정치적 제도화의 수준이 높을수록 국가가 공익을 정의할 수 있는 능력이 높다.[20] 작지만 강한 국가 만들기는 여전히 신우파적 자유주의 국가가 풀어야 할 어려운 과제이다.

이처럼 경쟁이라는 자유주의의 원리와 최대다수 최대행복이라는 공리주의의 원리가 충돌하는 경우가 발생할 개연성은 자유주의 이론의 약점 중의 하나였다. 현실적으로 경쟁은 종국적으로 소수의 승리로 귀결되기 십상이기 때문이다. 그래서 자유주의의 문제를 해결하기 위해 국가에게 폭넓은 권한을 위임하자는 주장이나 물질적 가치를 중시하기보다는 공동체의 미덕을 강조해야한다는 공화주의적 공동체이론이 등장했다.[21]

1991년 냉전의 종식은 이러한 논쟁에 일단락을 지었다. 문제가 있기는 하지만 그래도 개인의 자유를 우선시하는 것이 발전에 유리하다는 것이다. 그래서 결국 인류의 역사는 자유주의 모델에 입각한 민주주의와 자본주의 모델의 승리가 될 것이라고 주장에 힘이 실렸다.

자유주의 모델은 개인이 합리적으로 선택하고 교환할 수 있는 자유를 전제한다. 자본주의와 민주주의는 공히 경제적 재화를 그리고 정치적 후보자를 선호preference에 따라 자유롭게 선택하고 거래할 수 있게 해준다. 게다가 경제적 자유가 확대되면 정치적 독재에 대항 할 수 있는 힘을 갖게 되므로 자본주의 발전은 민주주의 발전으로 연결된다. 결국 핵심은 양자 모두 개인의 자유이다.[22]

그런데 이러한 자유주의 승리론은 2001년 미국에서 9·11사태가 발생하면서 또 다른 도전에 직면하게 되었다. 물론 자유주의적 민주주의와 자본주의가 역사의 종언이라는 명제에 대해서는 일찍부터 비판이 있어 왔다. 냉전의 종식 이후 세계의 역사적 진화의 방향은 자유주의적 모델로 진화할 것이라는 사고는 너무나 순진하고 낙관적인 것이라는 비판이 쏟아졌다.[23] 여기서 각각의 주장의 옳고 그름을 판단할 수는 없다. 그러나 분명한 것은 자유주의 모델에 대한 열광적 수용 못지않세 이에 대한 저항과 도전이 여전히 등장하고 있다는 점이다.

자유주의에 대한 도전은 왜 멈추지 않는 것일까? 이슬람과 같은 종교적 서항 그리고 공동체주의론적 비판은 주로 자유주의가 내포하고 있는 공리주의 그리고 세속적 이익중심의 가치관에 대한 것이다. 아직도 물질적 이익 만능주의를 추구하지 않는 나라나 사회가 여전히 많다는 것이다.

또 하나 중요한 도전세력은 여전히 국가 중심주의이다. 이들은 자유주의적 민주주의가 결함이 많은 체제라고 비판한다. 자유주의적 정치경제 체제는 시민의 자발적인 참여를 강조한다. 그리고 20세기 말부터 본격화된 정보화 혁명의 여파로 IT 기술을 응용한 정치참여도 증가했다. 그런데 참여의 양적 증가가 질적 향상을 담보하지 못했다. 그래서 비자유주의적 국가주의자들은 민주주의는 대중화되고 질적으로 천박해지고 있다며 비판한다. 주주의 이익을 중시하는 증권자본주의는 장기적으로 국가적 차원에서 도움이 될 미래적 투자를 선호하지 않으며, 증권시장은 일종의 투기장으로 변질하고 있다고 역설한다.

자유주의가 만개하면 효율은 증가할지 모르나 결국 불평등과 갈등은 심화되고 이를 치유하기 위한 비용은 증가할 수 있다. 결국 자유주의에 기반한 사회는 자유라는 명분하에 불행한 다수를 만들어 낸다는 것이다. 결국 이 문제를 해결하기 위해서는 국가가 나설 수밖에 없다는 것이 국가 중심주의의 입장이다. 특히 경쟁이 치열한 국가간의 경쟁에서 승리하기 위해서는 국민국가의 강화가 필요하다. 개인보다는 가족 그리고 국가라는 공동체 중심의 사고가 더 많은 사람들에게 이익을 가져다 준다는 것이다.

21세기에 분명해진 것은 중국에 의해 이러한 국가 중심주의가 다시 부상했다는 점이다. 20세기 말 미국의 도움으로 개혁개방을 도모한 중국이 21세기 들어 미국의 대항자로 등장한 과정을 살펴볼 때 개인중심주의와 국가 중심주의 간의 대립이 쉽게 종결되기 어려운 주제임은 분명하다. 특히 자유주의 국가가 작지만 강한 국가를 만드는 데 실패한다면 국가 중심주의 진영의 도전은 더욱 거세질 것이다.

1.7. 중국의 부상과 다가올 전쟁

2001년 12월 중국이 WTO에 가입했다. 중국의 WTO 가입을 지원한 것은 미국이었다. 중국은 사회주의적 시장경제 체제를 가지고 있었다. 국가주도의 비시장적 경제 체제를 운용하는 국가로 자유무역 경제를 지향하는 WTO의 규범에서 벗어나 있는 국가였다. 그럼에도 불구하고 같은 해 9·11 사태로 세계 경제가 충격에 휩싸이자, 당시 공화당의 부시 행정부는 중국이 WTO에 가입하면 미국제품은 물론 민주주의와 경제적 자유도 수입하게 될 것이라는 전임 민주당 클린턴 행정부의 입장을 그대로 승계했다.

이는 경제적 성장이 자유주의를 향한 사회적 변동을 가져올 것이라는 근대화 이론적 사고를 반영한 것이었다. 경제적 성장이 이루어지면 교육받고 재산을 보유한 시민계층이 등장할 것이고 이들은 결국 자유를 추구할 것이며 그 결과 정치적으로 민주주의가 도래할 것이라는 예상이었다. 2020년대부터 전 세계의 주요한 경제기관들은 2040년 경이 되면 중국이 미국의 경제규모를 앞서게 될 것이고 양자는 서로 윈윈win-win하는 관계가 될 것이라는 전망을 내놓았다. 그러나 그로부터 20년 이상이 지나도 그러한 변화는 적어도 정치와 사회 분야에서는 가시적이지 않았다.

오히려 세계의 공장으로 변모한 중국은 남중국해 등에서 미국에 정치경제적 측면에서 도전하는 태도를 보이기 시작했다. 중국은 홍콩의 민주화 운동을 무력으로 진압했고 인권문제에 있어서 미국의 충고를 듣지 않았다.

중국과 미국 간의 갈등이 군사 및 경제적으로 표면화 되기 시작한 것은 2014년 경이었다. 중국, 대만, 인도네시아, 베트남, 필리핀, 말레이시아, 부르나이, 싱가포르 등 8개 국가가 남중국해에서 영토문제를 두고 본격 갈등을 벌이기 시작했다. 중국은 2014년부터 자국의 지배력을 높이기 위해서 스프래틀리 군도에 인공섬을 만들기 시작했다. 그리고 같은 해 파라셀 군도에 석유 플랫폼을 건설했다. 미국은 2015년 10월 중국의 인공섬 부근에 군함을 파견하여 양측이 대치하는 사건이 발생했다.

2014년 11월 중국에서 개최된 APEC 정상회의에서 시진핑이 일대일로一帶一路, One Belt One Road 구상을 발표했다. 일대일로 또는 '실크로드 경제벨트와 21세기 해상 실크로드 구상'은 아시아와 유럽 그리고 아프리카를 어우르는 중화경제권을 건설하는 것이다. 이 계획은 세계인구 63%에 해당하는 44억 인구를 대상으로 하고 세계 GDP의 29%가 창출되는 지역을 대상으로 하는 것이었다. 일대일로는 단순히 경제개발구상을 넘어 베이징 컨센서스Beijing Consensus라 불리는 중국식 정치경제 시스템을 전 세계로 수출하는 거대한 플랫폼의 역할을 수행할 것이 분명했다.

2016년 당선되었던 공화당의 트럼프Donald Trump 대통령은 중국을 '전략적 경쟁자'가 아니라 자유주의 질서를 파괴시키는 세력으로 규정했다. 중국 반도체 생산업체 SMIC와 드론업체 등 60개 기업을 무역 블랙리스트에 올려 제재하고 심지어 미국이 증권시장에서 퇴출시킬 수 있는 법안까지 서명했다. 뒤이어 집권한 민주당 바이든Joe Biden 행정부도 인플레이션 감축IRA: Inflation Reduction Act법안 그리고 반도체Chips법안 등을 통해 중국에 친출했던 미국기업의 본토 회귀를 유도하고 중국기업의 미국시장 진출을 억제하는 정책을 추진했다.

2010년대 중반부터 본격화된 미·중 간의 갈등은 양국이 서로에게 갖는 공포와 실망의 증대에 원인이 있었다. 1972년 닉슨이 중국과 소련을 방문한 이후 중국은 1978년 경제개방 개혁을 선언했고 1979년에는 미·중 간 국교가 수립되었다. 미국이 중국과의 관계개선을 시도한 근본적인 이유는 미·소 간 경쟁에 있었다.

월남전에 참전했던 미국은 막대한 군비를 지출했음에도 불구하고 전쟁에 승리하지 못했다. 닉슨 행정부는 군사적 지출을 축소할 수 있는 방안을 모색하기 시작했는데 1969년 7월 발표된 닉슨 독트린은 이러한 미국이 입장을 반영한 것이었다. 즉 일본을 경계로 방어선을 설정하고 궁극적으로 베트남, 대만과 한국에서 미군을 철수하여 군사적 지출의 부담을 줄이려 했다. 데탕트를 통해 소련과 군사적 긴장을 완화하는 한편 중국의 민족주의를 발흥시켜 소련과 경쟁하게 함으로써 월남전의 여파로 피로감이 누적된 미국의 안보적 부담을 축소하고자 했다.

미·중 간의 밀월관계는 2001년 중국의 WTO가입으로 절정에 달했다. 세계의 공장이 된 중국은 미국 소비자들에게 저렴한 가격으로 상품을 공급함으로써 9·11 사태로 타격을 입은 미국의 경기회복을 위한 저금리 정책이 순항할 수 있도록 지원했다. 이어 2008년 금융위기가 발생하자 중국은 미국의 채권을 대량 매입하여 경기회복에 도움을 주었다.[24]

그러나 미국이 원하던 것은 중국의 구조적인 변화였다. 미국연준은 2013년 말, 2008년 이후 유지해 온 양적완화 정책을 서서히 종결하고 긴축으로 선회할 준비를 시사했다. 이제 미국과 중국은 상호 간의 의존에서 벗어나 각자의 입장을 분명하게 표방한다는 신호였다. 중국이 일대일로 구상을 통해 '중화민족의 위대한 부흥'이라는 중국몽을 실현하려 하고 이를 위해 시진핑 자신의 집권이 연장될 필요가 있다는 입장을 표명하자 미국의 중국에 대한 실망감은 우려로 바뀌었다. 시진핑의 종신집권 야욕은 2017년 1월 당헌에 시진핑 사상을 삽입하고 2018년 3월 전국인민대표회의에서 국가주석 3연임 제한 조항을 삭제함으로써 보다 분명하게 나타났다. 2023년 3월에 자신의 집권을 연임함으로써 등소평의 개혁개방 이후 40년간 유지되던 집단지도 체제를 붕괴시키고 명실상부한 절대 권력자로 자리 잡았다.

미국이 독재적 권력을 추구하는 시진핑 체제를 더 이상 용납하지 않는 것은 어찌 보면 당연한 일이라 할 수 있다. 미국은 시진핑의 중국 팽창정책 특히 일대일로 정책에 대항하여 인도태평양 전략을 내세웠다. 트럼프 대통령은 2017년 아베 총리의 제안을 받아 미국, 일본, 호주, 인도가 참여하는 연대 일명 QUAD를 출범시켰다. 그리고 미군 태평양 사령부를 인도태평양 사령부로 확대하여 인도양까지 작전범위를 확장했다. 게다가 2019년에는 싱가포르, 뉴질랜드, 몽골과 대만을 협력국가로 지칭하며 중국이 주창하는 '하나의 중국' 패러다임의 확산에 대응했다.

21세기 초반은 미국이 헤게모니를 유지하려 하고 중국은 적어도 인도태평양 지역에서 세력전이를 시도하려고 하는 시점으로 기록될 것이다. 마치 제2차 세계대전을 앞두고 독일이 유럽대륙의 패권을 장악하려 하고 궁극적으로 영국과 미국으로부터 세력전이를 시도했던 상황과 유사하다. 국제 정치학자들은 결국은 미국이 도전세력인 중국에 대해 불안감을 느껴 주도권 사수를 위한 전쟁을 마다하지 않는 투키디데스의 함정Thucydides' Trap에 빠질 수 있다고 경고한다. 또는 중국의 부상과 미국에 대한 도전은 헤게모니를 사수하려는 미국의 공격적인 대응을 유도할 것이라고 보고 있다.[25]

요컨대, 문제는 미국과 중국의 대립은 본질적으로 자본주의 간의 충돌이라는 점이다. 미국은 시장중심의 자유주의적 자본주의를 유지하고 있다. 이에 비해 중국은 사회주의 체제의 속성을 버리지 않은 채 자본주의적 요소를 부분적으로 도입했다. 중국의 자본주의는 국가의 시장과 사회에 대한 통제, 민족주의적 중상주의 그리고 주요 생산수단에 대한 국가의 소유를 추구하는 사회주의적 시장경제Socialist Market Economy 이다. 중국의 시각에서 볼 때 개인중심의 자유주의적 자본주의와 민주주의는 혼란스럽고 일사분란하지 않으며 상황대처 능력이 부족하다. 중국은 국가주도적인 자신의 모델이 성장과 분배를 동시에 달성할 수 있는 유일한 대안으로 보고 있다.

당초 미국이 가지고 있던 근대화 이론의 가설은 중국의 경우 아직 성립되지 않고 있다. 경제적 성장이 사회적 변동을 가져올 것이라는 립셋Seymour M. Lipset의 가설은[26] 중국에서 아직은 검증되지 않고 있다. 오히려 제2차 세계대전 이전의 독일의 상황과 유사하다. 중국은 일대일로라는 정책을 통해 자신의 레벤스바움, 즉 생존권을 확대하려 하고 있다. 결국 다른 두 종류의 자본주의 간의 갈등은 점점 더 심화하는 것이 불가피하다. 언제 군사적 수단을 빌릴 것인지는 시간문제일 수 있다.

1.8. 도널드 트럼프의 미국 자본주의

도널드 트럼프 행정부가 취임한 이후 미국은 팽창주의적 자유국가라는 이미지를 세계에 각인시켰다. 흥미로운 것은 여기에서 팽창주의적이라는 단어가 국제정치학에서 흔히 언급하는 군사적 공격성만을 반드시 의미하지는 않는다는 점이다. 사실 트럼프의 미국은 군사적으로는 공격적 고립주의를 반면에 경제적으로는 팽창주의를 추구하고 있다고 보는 것이 적절하다. 이런 맥락에서 트럼프의 새로운 팽창주의 전략은 '안보의 비즈니스화'로 불릴 만하다.

트럼프가 대통령에 당선되자 제일 먼저 공격의 대상으로 삼았던 국가와 지역은 파나마, 캐나다, 멕시코 그리고 덴마크 그린란드와 가자지

구였다. 파나마 운하는 미국이 태평양과 대서양을 연결하고자 운하를 건설하고 영구히 조차했었다. 그러다가 영구조차라는 비난에 밀려 지미 카터 대통령 재임 시였던 1999년 파나마에 이양되었다. 파나마는 그 이전인 1997년에 운하와 컨테이너 항만의 25년간 운영권을 국제입찰에 부쳤다. 이를 홍콩계 허치슨 포트가 낙찰받았다.

이후 파나마는 중국의 일대일로 프로젝트에 참여하기로 서명했고 대만과 단교를 결정했다. 트럼프 행정부 1기인 2017년의 일이다. 이후 일대일로 프로젝트는 중남미지역으로 급격히 확대하여 2025년 초 현재 20여 개국이 참여 중이다. 중국과의 관계 악화를 경험하던 미국은 홍콩이 사실상 중국의 통제하에 편입되었기 때문에 결과적으로 중국이 파나마 운하를 통과하는 미군함 등에 대한 통제를 가할 수 있다고 보고 파나마 운하의 운영권을 회수하겠다는 강수를 두었다. 이에 파나마 정부는 중국에 일대일로 프로젝트의 탈퇴를 사전통보했고 파나마 운하를 통과하는 미국선박에 대한 통과료를 면제할 것이라고 밝혔다.

이에 앞서 미국의 경제적 이웃국가에 대한 공격적 정책은 캐나다와 멕시코 그리고 중국에도 가해졌다. 트럼프 대통령은 2025년 2월 1일 취임하자마자 캐나다와 멕시코에서 수입되는 모든 상품에 대해 25%의 관세를 중국에는 10%의 추가적인 관세를 부과한다는 행정명령에 서명했다. 명분은 세 나라가 불법이민과 마약밀매에 대한 미국의 우려를 해소하지 않고 있다는 것이었다.

덴마크의 자치령 그린란드에 대한 매입의사도 밝혔다. 심지어 그린란드 관할권 확보를 위한 군사개입 가능성을 언급하기 했다. 그린란드는 희토류 등 천연자원 확보, 북극항로의 항만건설 그리고 군사적 전략 거점으로 미국에 이익되는 지역이었다. 이러한 트럼프의 개입에 대해 프랑스와 독일 등 EU국가들은 유럽영토와 국경불가침의 원칙을 강조하며 반발했다.

트럼프 정책의 흥미로운 점으로 주목할 것이 안보의 비즈니스화였다. 트럼프 행정부는 우크라이나에 재건 투자기금Reconstruction Investment Fund협정 초안을 제시하면서 전쟁 발발 후 미국으로 받은 지원의 대가로 5,000억 달러(720조 원)를 갚으라는 요구를 했다. 이는 국내총생산 대비 비율로 볼 때 제1차 세계대전 후 독일에 부과한 배상금보다 큰 규모이다.

이 초안에는 희토류를 비롯한 석유와 가스자원 그리고 항만과 인프라에 대한 내용이 포함되어 있다. 미국은 우크라이나가 자원채굴로 얻는 수입의 50%와 자원을 수익화하기 위해 제3자에게 부여하는 신규허가 가치의 50%를 요구했다. 이에 더하여 미국은 우크라이나의 수출가능 광물에 대해 우선매수 청구권을 보유하며 우크라이나의 생필품과 자원경제에 대해 거의 전면적인 통제권을 요구했다.

아울러 협약에 따른 가압류나 채무 등의 분쟁 발생 시 우크라이나 정부가 주권면제특권도 포기할 것을 요구하면서 모든 분쟁의 해결은 뉴욕주의 법을 적용할 것도 요구했다. 미국이 5차례 진행한 지원 패키지에 따라 우크라이나에 지원한 금액은 총 1750억 달러(252조 원)로 이 중 700억 달러(100조 원)는 미국이 원조할 무기생산에 사용된 것이었다. 지원금 중 상당 부분이 '무기대여법'에 의해 지원된 것이어서 우크라이나가 되갚아야 하는 의무가 있기는 하지만 트럼프가 요구한 금액은 이를 훨씬 상회하는 것이었다.[27]

그렇다면 트럼프와 그의 전임자 바이든의 대외정책은 어떻게 다르고 왜 차이가 나는 것일까? 우선 언급할 수 있는 점은 러시아를 보는 미국의 시각이다. 바이든 행정부는 러시아와 중국에 대하여 공히 봉쇄 정책을 추진했다. 반면 트럼프 대통령은 러시아에 대해서는 동유럽지역에 대한 러시아의 기득권을 어느 정도 인정하되 인도태평양 지역에서 확장을 추구하는 중국에 대해서는 견제정책을 강하게 추진했다.

트럼프 대통령의 푸틴과 러시아에 대한 유화적 제스처의 원인으로 그의 백인중심적 인종관, 스트롱맨 신드럼, 과거 러시아와의 비즈니스적 거래경험 등 다양한 요소들이 추측되고 있으나 이를 정확하게 알 수는 없다. 다만 트럼프는 19세기 미국의 대외정책이었던 먼로주의Monroe를 회상하고 개인적으로 제25대 대통령이었던 윌리엄 매킨리William McKinley 대통령을 숭앙한다는 점에서 그 원인을 부분적으로 추론할 수 있을지 모른다.

먼로주의는 제5대 미국 대통령이었던 제임스 먼로James Monroe가 1823년 주창한 외교 독트린이다. 핵심은 서반구 비간섭 원칙과 상호 비간섭 원칙이었다. 이를 좀 더 구체적으로 다음과 같이 정리할 수 있다.

- 유럽 강대국들은 이미 아메리카 대륙에서 상당한 식민지 영토를 보유하고 있으므로 더 이상 확장을 시도하지 말아야 한다.
- 미국도 유럽의 전쟁에 개입하지 않는다.
- 유럽 강대국들이 아메리카 대륙의 여타 독립국가들과 동맹을 체결하는 등의 방법을 통해 미국에 영향을 주는 것을 허용하지 않는다.[28]

1776년 독립을 쟁취했던 미국은 19세기 들어 유럽의 강대국들이 아메리카의 다른 나라들과 연합하여 반미동맹을 결성할지 모른다는 우려를 가지고 있었다. 따라서 먼로주의를 주창하여 서반구에서 자신의 패권을 공고히 하고자 했고, 실제로 그럴 수 있는 능력을 갖추었다. 먼로주의는 유럽에 대해서는 고립주의 정책을 펴되 아메리카 대륙에서는 팽창주의적 패권을 추구하는 양면성을 가지고 있었다.

실제로 19세기 말에 미국은 아메리카 대륙의 패권자로 군림할 수 있는 역량을 축적하고 있었다. 1865년 남북전쟁이 끝나고 미국은 약 30년간의 도금시대Gilded Age를 맞이하여 대륙횡단 철도가 개설되는 등 자본주의의 급격한 성장을 경험하게 되었다. 철강왕 앤드류 카네기, 석유왕 존 록펠러, 광산왕 마이어 구겐하임, 금융왕 J.P.모건 등이 등장했다. 이 시대는 정치적으로 경제적으로 부패했지만 정경유착에 힘입어 독점 대기업이 나타났다. 대기업과 정치인이 담합하여 트러스트를 형성하고 시장의 이익을 독점하는 현상이 발생했다. 사회적으로 배금주의가 팽배하고 빈부 간의 격차도 심화되었다. 그럼에도 불구하고 미국의 경제 산업적 성장은 괄목할만한 것이었다.

한편 제25대 대통령(1897-1901)이었던 매킨리는 19세기 말부터 미국의 대외 팽창노선을 강력하게 추구한 인물이었다. 그는 하원의원이었던 1890년 10월 매킨리 관세법을 발효시킨 보호무역주의자였다. 당시 미국이 수입품에 평균 관세를 38%에서 49.5%로 상향 부과하여 외국상품과의 경쟁에서 대응토록 주도했다. 이후 정작 대통령 당선 후에는 저관세 정책으로 선회함으로써 경제를 회복시켰다. 관세의 효용이 저하되고 과잉생산된 상품의 해외시장 수출이 필요해졌기 때문이었다.29

그러다가 대공황기인 1930년도에 미국은 다시 보호주의를 강화하여 다시 관세율을 상향시켰다. 이때 입안된 것이 스무트-홀리 관세법Smoot Hawley Tariff Act이었다. 이로 인해 1929년 40.1%였던 관세율이 1932년 59.1%까지 상향되었다. 이에 영국과 프랑스 등 우호국가들도 반발하였고 독일 역시 보호무역 장벽을 강화했다. 이로 인해 국제무역이 급격히 감소하고 경제공황을 악화시키는 결과를 유발했다.

먼로주의와 매킨리 대통령이라는 키워드를 조합해 보면 '전략적 고립주의를 통한 패권적 팽창주의'라는 명제에 도달하게 된다. 바이든 전 대통령이나 트럼프 대통령은 공히 미국이 패권주의를 추구했으나 각각 다른 접근을 시도했다. 바이든은 유럽과 아시아의 자유 민주주의 국가들과 동맹을 형성하는 것을 중시했다. 이들과 동맹 벨트를 형성하여 러시아와 중국을 대륙에 고립시키는 정책을 추구했다.

반면 트럼프는 유럽에 대한 미국의 개입을 약화시키거나 철회하여 재정적자에 시달리는 미국의 국방비 부담을 절약하는 정책을 추진했다. 한편으로 러시아의 지역적 패권을 부분적으로 인정하면서도 궁극적으로 러시아의 힘을 빼 고립시키고 유럽에게 안보적 긴장을 제공하는 존재로 활용하는 방식을 택했다. 대신 새로운 강자로 이미 부상한 중국에 대응하기 위해 인도태평양 지역에 여력을 집중하고자 했다. 물론 한국과 일본등 전통적 동맹들에게 보다 많은 기여를 요구했다.

결과적으로 러시아와 중국을 봉쇄함에 있어서 유럽에서는 나토동맹들의 기여를 받고 아시아에서는 한국과 일본을 활용하되 미국의 부담은 가혹할 정도의 협상을 통해 축소하고자 했다. 미국은 동쪽에는 대서양이 서쪽에는 태평양이 있어 안전하므로 미국은 더 이상 자비로운 패권자의 역할을 수행할 필요가 없다는 것이 트럼프의 발상이었다.

이상의 내용을 정리해보면 바이든의 외교정책이 국제정치적이라면 트럼프의 그것은 비즈니스적이며 상대적으로 중상주의적 요소를 내포하고 있다고 볼 수 있다. 바이든이나 트럼프 모두 AI 등 첨단산업을 선도하며 중국에 뒤처지지 않겠다는 의지를 보여주는 등 정책의 목표는 전체적으로 대동소이하다. 그런데 차이가 나는 이유는 세부적인 방법에 있었다.

트럼프의 방식은 미국의 적들뿐만 아니라 심지어 동맹(여기에는 국가뿐만 아니라 관료와 같은 국내 엘리트 집단)들의 희생을 강요하고 결국 미국 정부의 대외관계를 악화시킬 가능성이 높다는 문제가 있었다. 정치외교적 성향의 바이든 정부는 이러한 정책을 삼갔으나 트럼프 정부는 마다하지 않았다.

트럼프 집권 초기 두드러지게 나타난 특징적 양상은 정부 부채 및 재정적자 규모의 축소, 제조업 부흥을 위한 관세의 활용, 그리고 달러 패권의 유지 방식에서 찾을 수 있다. 우선 정부 부채에 관해 살펴보면 2024년 11월 기준으로 미국의 정부 부채는 약 36조에 달한다. 코로나 팬데믹 이후 미국의 일반정부 부채비율은 약 140%선인데 이는 한국의 50%대보다 2배 이상 높은 것이다.

아울러 국가의 예산을 절약하기 위한 시도로서 일론 머스크가 주도하는 정부효율부DOGE를 통해 불필요한 예산 및 인력의 축소는 물론 조직의 폐지를 시도했다. 연방정부의 관료주의를 해체하고 과도한 규제를 축소하며 정부조직을 구조 조정하는 것이 DOGE의 역할이다. 미국의 해외 원조 및 개발협력 업무를 담당하는 국제개발처USAID를 구조 조정하여 이 기관의 약 1만 명 인력 거의 모두를 해고하기로 한 것이 단적인 예이다. 여기에 국방비 감축도 추가되었다.[30]

둘째로 미국 내 제조업 부흥을 위해 관세를 활용했다. 트럼프가 대선후보 당시부터 내걸었던 MAGA의 핵심은 미국 내에서 첨단산업뿐만 아니라 자동차와 같은 전통산업이 다시 활성화되도록 하는 것이었다. 트럼프가 보수적인 공화당 후보였지만 백인 노동자들의 지지를 받을 수 있었던 이유도 바로 제조업 부흥을 통한 고용의 증대를 약속했기 때문이었다. 이를 바로잡겠다며 가장 먼저 표방한 것이 관세의 부과였다.

본래 미국의 평균 관세율은 무관세를 포함하고 수입품목별 가중치를 적용했을 때 평균 1.5%로 매우 낮았었다. 관세가 부과되는 대상 상품의 평균 관세는 2023년 현재 7.4%로 1932년의 59.1%보다 훨씬 낮아졌다. 미국은 제2차 세계대전이 끝나자 GATT를 출범시키면서 '최혜국 대우조항'과 '상호주의' 원칙을 가동했다. 최혜국 대우조항이란 한 나라에 최저의 관세를 적용하면 다른 국가에도 같은 수준이거나 더 낮은 수준의 관세를 부과한다는 것이다. 상호주의란 상대편이 제공하는 수준의 관세 혜택을 상호 간에 공정하게 적용한다는 것이다.

이러한 GATT의 원칙은 전 세계의 평균 관세율을 낮추는데 크게 기여했다. 이 원칙들의 기본정신은 상품 및 자원을 특정 국가가 독점하는 것보다는 자유롭게 교환하는 것이 경제성장의 효율을 높일 뿐 아니라 정치적으로도 평화를 유지하는데 도움이 된다는 것이었다. 그런데 트럼프는 이 원칙을 과거와는 반대로 미국이 선제적으로 무시하는 입장으로 선회했다. 자동차, 철강, 알루미늄, 반도체 그리고 바이오 분야에서 고율의 관세부과를 예고했다. 게다가 상대국의 비관세 장벽에 대응하는 상호관세도 강화할 것임을 선포했다.[31]

관세를 부과하는 명분은 우선 세수의 확보였다. 관세를 통해 국가의 세금이 확보되면 자국이 소득세를 폐지할 수 있다고 주장했다. 실질적인 이익도 있었다. 관세를 부과하면 수출국들에게 상승하는 상품가격만큼의 부담을 전가할 수 있었다. 수입국에서 관세를 부과할 경우 수출국은 관세를 상쇄하기 위해 환율의 상승, 즉 자국 통화의 평가절하를 시도할 가능성이 높다. 이렇게 되면 수입국은 적은 돈으로 보다 양질의 상품을 구입할 수 있는 여유가 생긴다. 동일한 수입가격에도 불구하고 더 많은 자원이 투입되기 때문이다.

물론 수입국에도 부담은 생긴다. 실제로 관세를 납부하는 것은 미국 내의 수입업자일 경우가 많고 관세가 부과되면 경쟁 관계에 있는 국내기업의 수익증가에는 도움을 주지만 소비자들에게도 수입품 가격 상승이라는 부담이 전가되어 후생이 저하될 것이기 때문이다. 게다가 이렇게 되면 인플레이션 압력도 발생하게 되고 따라서 경기 활성화를 위한 저금리 정책을 시행하기도 어려워진다.

그래서 트럼프 행정부가 계획한 것이 에너지 가격 하락 유도정책이었다. 즉 화석연료 개발과 증산을 장려하여 에너지 생산가격을 낮추고 이를 통해 미국산 제품의 전체적인 가격 경쟁력을 높이고자 했다. 그리고 관세의 부과로 인해 높아질 수 있는 인플레이션 압력을 낮아질 에너지 가격으로 상쇄하려 했다.

이미 중국은 유럽으로 수출길이 막힌 천연가스를 러시아와 이란으로부터 싸게 매입하여 수출상품 경쟁력 제고에 활용하고 있었다. 이에 착안하여 미국도 개발단가가 낮아진 셰일가스 등을 대량으로 생산하고 사우디 등 OPEC 회원국도 원유가를 인하하도록 압력을 가하여 에너지 가격을 낮추고자 한 바 있었다. 하지만 네옴Neom City 프로젝트를 추진하는 사우디는 높은 수준의 원유가격을 통해 재정수입 증대를 꾀하고자 했으므로 당초에는 감산기조를 유지하면서 미국의 증산요구에 동의하지 않았다.

낮은 에너지 가격은 미국상품의 수출 경쟁력뿐만 아니라 세계경제의 활성화를 위해 필요한 요소였다. 결국 러시아산 원유와 가스가 시장에서 퇴출된 만큼의 분량을 벌충하기 위해서는 환경오염의 비난으로 인해 전임 바이든 행정부가 주저했던 미국산 셰일 에너지의 대폭 증산이 불가피했다. 이를 위해 트럼프 대통령은 2025년 1월 20일 취임하자마자 파리기후변화협정을 탈퇴한다는 행정명령에 서명했다.

또 하나 제조업 부흥을 위한 수단으로 금리인하 및 약달러를 유도하고자 했다. 전임 바이든 정부는 초기 코로나 팬데믹 극복을 위해 양적완화 정책기조를 유지했으나 후반기에 들어 양적축소 정책으로 선회하기는 했다. 그럼에도 불구하고 여전히 시장에 유동성이 풍부했으므로 미국연준은 금리인하를 단행하는데 한계가 있었다.

그런데 높은 금리가 인플레이션을 억제하는 데는 도움이 되지만 미국의 강달러를 유도하는 경향이 있고 이는 미국 수출품의 경쟁력 강화에도 도움이 되지 않는다. 게다가 고관세 정책이 작동할 경우 수입물가가 상승할 가능성이 높아 트럼프 행정부는 연준으로 하여금 금리를 인하해 줄 것을 지속적으로 요구했다. 그러나 인플레이션의 재발을 우려하는 연준은 당초 이에 선뜻 응하지 않았다.

마지막으로 달러 패권을 유지하는 방식도 달랐다. 2020년 코로나 팬데믹 이후 미국연준이 무제한 양적완화에 재차 돌입하면서 달러의 가치가 하락할 것에 대한 우려는 지속적으로 제기되었다. 그러나 바이든 행정부 기간에 이러한 현상이 발생하지 않은 것은 양적완화로 풀린 달러가 대거 해외로 이전되었기 때문으로 파악된다. 즉 해외국가들의 외환보유고 확충에 달러가 소요되었고 일부 개도국 부유층의 비자금 축적에도 달러가 소요된 것으로 이해될 수 있다.

그럼에도 불구하고 기본적으로 달러의 가치가 금에 연동되어 있는 메커니즘을 고려할 때 달러화의 가치하락은 결국 발생할 수 있다는 우려는 지속적으로 제기되었다. 이론적으로 그간 누적발행된 달러의 가치만큼 연준이 금을 보유하고 있지 못하기 때문이다. 이러한 불안을 반영하듯 최대 달러채권 보유국이었던 중국은 보유하고 있던 채권을 지속적으로 매각했다. 2024년 3월 중국의 미국 국채보유액은 7,674달러(약 1,041조)로 2009년 이후 최저수준이었고 그 후로도 계속 감소했다.

중국과 러시아 등 BRICS국가들이 미국 국채의 대안으로 금과 은을 매집하기 시작한 것도 이러한 맥락에서 이해될 수 있다. 즉 미국과 중국 그리고 러시아의 관계가 경색되면서 이들 국가들은 결제통화로서 달러의 대안을 찾기 시작했다. 중국의 입장에서 볼 때 긴장된 관계에 있는 미국의 달러를 과도하게 보유하는 것이 오히려 취약성이 될 수 있었다. 달러의 하락에 의해 자국의 채권보유액의 변동이 생길 가능성이 크므로 미국상황이 자국경제에 미칠 영향력을 축소할 필요가 있다고 본 것으로 파악된다.

트럼프는 미국의 달러가 기축통화 지위를 유지함으로써 누리는 이익이 워낙 크기 때문에 이를 포기하려 하지 않을 것이다. 그래서 BRICS가 자신들만의 결제통화를 모색할 경우 이들 나라의 수입품에 100% 관세를 부과할 것이라고 엄포를 놓았다. 따라서 가까운 미래에 대체 통화가 등장할 가능성은 낮다.

전임 바이든 정부는 패권국으로서 미국의 국제정치적 영향력을 통해 달러의 기축동화 지위를 유지하려 한 측면이 강했다. 타국에 군사적 보호 등 당근을 제공하고 안전자신의 보관처로서 미국의 역할을 보존하려 한 것이다. 반면에 트럼프의 전략은 안보적 비용이 소요되는 과거의 방식을 철회하고 대신 타국에 처벌을 가함으로써 달러의 가치를 유지하려 한다는 점에서 대비가 되었다.

미국이 외교관계와 안보문제를 비즈니스화시키는 이러한 독특한 방식은 국내외적으로 많은 무리가 예상되었다. 국제무역이 위축될 것은 너무나 당연했다. 그동안 행정부에 협조했던 관료 엘리트들의 반발이 예상되었고, 미국을 친근한 우방으로 인식하던 동맹들이 미국에 대한 우호적 입장을 철회하고 중국이나 러시아와의 관계개선을 모색할 가능성도 배제할 수 없게 되었다.

이처럼 트럼프 행정부의 외교정책은 이전 정부에 비해 훨씬 더 공격적 현실주의의 양상을 보여주고 있다. 그런데 자유주의 국가인 미국의 이러한 일면은 예외적인 것이기 보다는 본래의 모습 중 하나라고 보아야 할 수도 있다. 자유주의 국가의 친근한 이미지는 오히려 예외적인 것일 수도 있다. 역사적으로 자유주의 국가는 사실 공격적이고 팽창주의적이며 심지어 패권적인 모습을 자주 노정하곤 했다. 19세 자유주의 국가의 선봉이었던 영국도 그러했다. 제국주의적 팽창을 통해 아프리카와 인도에 식민지를 건설하여 세계 최대의 제국으로 등극했다. 이 당시 영국의 이미지는 인도의 세포이 반란에서도 보여주듯이 상당 부분 침략적인 것이었다.

영국의 동인도 회사가 고용했던 인도인 용병인 세포이들은 1857년부터 2년에 걸쳐 인도를 통치하던 영국에 대항하여 반란을 일으켰다. 다양한 인종적 구성체를 가지고 있던 인도를 카스트 등 사회문화적 특성을 무시한 채 통치하던 영국의 지배는 근본적으로 불안정성을 가지고 있었다. 여기에 더해 영국에서 수입된 기계제조 면직물이 인도의 현지 면 산업을 붕괴시켰고 토지개혁으로 중소농민들은 땅을 잃었으며 결국 인도의 식민지배에 불만을 가지기 시작했다. 선교사들의 공격적인 포교행위와 동인도 회사의 현지에 대한 무시는 영국 및 유럽인에 대한 적대심을 가중시켰다.

영국의 사회문화적 전통을 공유했던 자유주의 국가 미국의 모습도 자비로운 것만은 아니었다. 19세기 들어 미국도 영토적 확장을 거듭했다. 1803년 프랑스로부터 루이지애나를 매입했고, 1821년 스페인으로부터 플로리다와 오리건을 할양받았다. 1845년에는 텍사스 공화를 합병하여 멕시코와 전쟁이 발발했으며 이어 캘리포니아주 등을 영토로 편입시켰다. 1867년에는 러시아로부터 알래스카를 매입했고, 1898년에는 태평양으로 확장하여 하와이 제도를 합병하였으며, 같은 해 미국-스페인 전쟁을 통해 푸에르토리코, 괌, 필리핀을 획득했다. 1900년에는 아메리칸사모아를 그리고 1917년에는 덴마크로부터 미국령 버진아일랜드를 구입했다.

이처럼 자유주의를 표방하던 영국과 미국은 자신들의 영토를 확장하기 위하여 때로는 침략적 전쟁을 마다하지 않았다. 자유는 상대보다 우월하고자 하는 본능을 자극한다. 생존에 유리하기 때문이다. 이는 평등하고자 하는 민주주의적 본능보다 공격적일 경우가 종종 있다. 그래서 자유주의국가의 자본주의적 측면을 들여다보면 팽창주의적 모습이 적나라하게 드러나곤 한다. 이러한 확장의 시도는 단순히 군사적 이유만으로 진행된 것이 아니었다. 미국은 1945년 이후 영토적 팽창을 멈추고 대체로 자비로운 자유주의국가로서의 모습을 보여주었는데 여기에는 몇 가지 예외적 요소가 작동했기 때문이었다.

우선 미·소 간의 경쟁으로 인해 자신의 자유주의 동맹진영에 자비로운 패권국가의 모습을 보여줄 필요가 있었다. 따라서 직접적인 영토적 점령보다는 이념적 침투를 통해 동맹국가들이 자유주의적인 국가로 자발적으로 성장하게 도와주는 전략을 택했다. 한국, 일본 그리고 대만에 경제적 그리고 군사적 지원을 제공했다. 쿠웨이트가 이라크의 침공을 받자 이를 원상복귀 시키기 위한 전쟁을 벌였으나 양국에 대한 직접적인 영토적 점령을 시도하지 않았다.

1991년 냉전이 끝나고 10년 후인 2001년 9·11 사태가 미국본토에서 발생하고 이어 아프카니스탄에서 그리고 이라크에서 전선이 형성되자 베트남전에 이어 전쟁비용에 대한 부담이 증가한 것도 한 원인이었다. 해외에서 미국인이 희생되고 천문학적 군사예산이 소모되는 것에 대한 비판이 증가했다. 미국은 2003년에 이라크 전쟁을 시작했고 2011년 철군했다. 2001년부터 2018년까지 아프가니스탄과 이라크 전쟁비용으로 약 4조 3천억 달러를 지출하였고 이 전비의 이자만으로도 2056년까지 약 7조 9천억 달러를 지불해야 할 것으로 추정되었다.[32]

우크라이나 전쟁에서도 보듯이 지원은 하되 직접적인 영토적 확장은 삼가는 전략을 미국이 고수했던 이유 중의 하나는 돈 문제일 가능성이 높다. 과도한 전비지출로 인해 재정적자가 급격하게 증가하는 중요한 원인이 되었다. 셰일 에너지 혁명에 힘입어 미국의 에너지 자급률이 2020년대 들어 92.6%에 달하는 만큼 해외 자원부국에 대한 영토적 야망을 행사할 이유도 낮아졌다.[33]

미국의 현상유지 정책을 지속하게 했던 또 하나의 이유는 구소련의 붕괴 이후 중국이 경쟁자로 부상한 최근까지 미국의 패권에 도전할만한 국가가 등장하지 않았기 때문이었다. 미국이 패권국가로서 전 세계 질서를 현상 유지하는 것에 전반적으로 만족했다고 볼 수 있다.

그러나 트럼프 행정부는 2기에 들어 군사적으로는 전략적 고립을 경제적으로는 팽창주의적 야욕을 공공연하게 표출하기 시작했다. 역사적으로 미국은 아메리카 대륙으로의 고립을 추구하다가도 유럽이나 아시아에서 자신을 위협할 패권국가가 등장할 가능성이 있으면 전격적으로 개입을 시도했다. 이러한 변화의 요인으로 지목될 수 있는 것이 중국이 장차 경제적 수준을 넘어 기술적으로 나아가 군사적으로 미국을 위협할 가능성 때문이었다.

1980년대 이후 미국은 신자유주의를 주창하면서 자신들의 제조업 기반을 해외로 이전하는데 주저하지 않았다. 자본과 기술을 장악한 채 저렴하고 양질의 노동을 제공할 수 있는 나라에 공장을 이전했다. 미국의 노동은 임금이 높았고 파업에 취약했으며 노동의 질도 담보할 수 없었다. 생산기지를 해외로 옮기는 쇼어링shoring은 미국기업들의 자발적인 선택이었다. 해외에 있는 회사에 제조나 서비스 수행을 이전함으로써 무역적자는 심화되었고 해외 전비지출과 군사력 유지로 인해 재정적자는 큰 폭으로 증가했다. 미국의 쇼어링 정책의 최대 수혜국은 단연 중국이었다.

자동차와 같은 전통제조업뿐만 아니라 반도체 같은 첨단제조업에서도 같은 현상이 발생했다. 바이든 행정부나 트럼프 행정부가 리쇼어링re-shoring 정책에 집착하는 이유는 과거와는 달리 제조업 기술의 첨단화 때문이다. 단순히 신기술을 개발하고 설계를 하더라도 이를 제조하는 부문에서 미국이 통제하기 어려운 규모로 이익이 발생하고 공정기술이 진화하여 오히려 역종속이 발생할 가능성이 부상한 것이다. 이러한 상황에서 미국의 자본주의는 개방적이고 평화로운 자유주의의 모습을 벗어나 보호주의와 중상주의적 양상마저 부여주기 시작했다.

트럼프 행정부 들어 미국의 중국에 대한 공격은 바이든 행정부 때보다 첨예하게 강화되었다. 우크라이나 전쟁을 종전시키는 과정에서 트럼프는 우크라니아와 EU보다는 러시아의 입장을 배려하는 모습을 보여주었다. 이러한 역설적인 행동의 동기는 과거 구소련과의 경쟁에서 승리하기 위해 닉슨 대통령이 중국을 이용했던 것을 역으로 활용하는 전략과 관련하여 이해할 수 있을지 모른다. 즉 중국이 미국에 대하여 세력전이를 시도하지 못하게 하기 위해서는 우선 중국의 강력한 중상주의적 자본주의의 성장을 견제해야 한다. 그러기 위해서 러시아는 훌륭한 도구가 될 수 있다.

만일 미국과 러시아가 밀월을 유지하게 될 경우 미국은 두 가지 이점을 누릴 수 있었다. 첫째, 러시아와 중국이 과도하게 밀착하는 것을 예방할 수 있다. 전쟁으로 인해 유럽으로 가스의 수출이 봉쇄되자 러시아는 대안적 시장을 중국과 인도에서 찾았다. 중국의 에너지 자급률은 25%밖에 되지 않는다. 만일 러시아로부터 가스를 도입하지 못하게 된다면 다시 중동산 원유에 의존하게 될 것이다. 이 경우 해상 수송에 더 의존하게 되는데 이는 미국이 인도태평양 지역에서 해상 봉쇄 등을 통해 중국을 견제하기 용이하게 해줄 것이다.

둘째, EU에 대해 미국이 사용할 수 있는 지렛대를 강화해 줄 것이다. 러시아산 화석연료를 과거처럼 이용할 수 없게 된 EU는 그 부족분을 일부라도 미국산으로 보충하게 될 가능성이 높다. 게다가 러시아의 위협이 존재하는 한 EU의 미국의 군사력에 대한 의존은 유지될 수밖에 없으며 이 경우 EU와 중국이 밀착하는 것도 견제할 수 있는 수단을 갖게 될 것이다.

이처럼 미국은 중국의 국가주도적 중상주의의 발전을 견제하는데 총력을 기울였다. 이를 위해서는 자신도 일부나마 국가 자본주의의 모습을 갖게 되는 것을 마다하지 않았다. 투키디데스 함정에 빠진 중국이 장차 미국을 공격할 수 있는 만큼 군사적으로 더 성장하기 전에 트럼프는 중국의 예봉을 꺾어 놓으려는 의도를 분명히 했다. 중국이 미국의 패권에 도전하지 못하도록 하는 것이 트럼프 2기 외교의 핵심이라 해도 과언이 아니다.

자유주의와 국가주도적 중상주의는 자본주의가 가지고 있는 두 가지의 얼굴이다. 우리는 통상 후자의 성격만 공격적일 것이라고 생각하지만 역사적으로 보면 전자의 얼굴 역시 침략적일 때가 많다. 결국 자유주의의 얼굴은 근본적으로 야누스적임을 명심할 필요가 있다. 한 면은 자유롭고 우애적이지만 다른 한 면은 팽창주의적이고 공격적인 것이다.

경쟁을 중시하는 자유주의는 승자독식과 강자우위의 원칙을 버릴 수 없다. 브레튼우즈 체제 붕괴 이후 미국이 무역적자를 개선하기 위해 강제적으로 서독과 일본의 통화를 절상하고 달러의 약세를 유도했던 1971년 스미소니안 협약 그리고 1985년의 플라자 협정, 일본산 자동차의 미국수출을 억제하기 위해 1973년과 1978년에 체결했던 자동차 협약, 일본 반도체 산업의 몰락을 가져온 1986년의 미일반도체 협약, 그리고 공격적 해외시장 개방정책인 슈퍼301조의 가동 등은 자유주의가 공정한 교역의 원칙을 빌미로 경제적 강자가 약자에게 반드시 자비로운 모습만 노정하지는 않는 냉혹한 게임의 방식임을 보여주는 예이다.

자본주의의 두 가지 모습, 즉 자유시장 자본주의와 국가 자본주의의 모습을 선한 것과 악한 것으로 이분하여 보는 것은 적절하지 않다. 둘 중 어느 쪽이든 자본주의의 모습은 모두 양면적이다. 그리고 자유 자본주의의 팽창적이고 공격적인 모습은 역사적으로 전혀 예외적인 것이 아니다. 국가 중심주의적인 중국 못지 않게 자유 자본주의 국가인 미국 역시 시장의 경쟁과 확장을 위해서 자신의 필요에 따라 전쟁적인 수단을 마다할 이유는 사실상 없다. 근본적으로 자본주의의 성장방식은 전쟁과 밀접한 관계를 가지고 있다.

강대국이 자신들이 투자한 자본을 보호하고 회수하기 위해서 그리고 미지의 시장을 개척하기 위해서 전쟁수단을 마련하는 것은 불가피하다. 자본축적에 손해를 끼치거나 방해하는 세력에게 보복을 가할 능력이 없이 자본주의는 유지될 수 없다. 자본주의 대국은 군사력과 정보력이 없이는 성립할 수 없다. 다만 자본주의의 이러한 본질에 대해 마르크시스트들은 '착취'와 같은 냉소적인 언어로, 반면에 자유주의자들은 '계몽'과 같은 진화론적 용어로 다른 관점에서 묘사했을 뿐이었다.

근대화 시기를 통해 자본주의 체제에 기반한 국민국가가 들어서면서 전쟁은 일상화 되고 보다 외부 팽창적인 국가 프로젝트가 되었다. 생산의 3요소인 토지, 노동, 자본을 확대하는 작업에 자본주의는 매우 효율적인 경제 체제이며 이를 보호하기 위해서 전쟁능력은 필수적이었다. 그래서 여기에 적응한 상부 자본주의 국가는 17세기부터 지금까지 강대국의 명맥을 유지하고 있는 반면 제한적인 전쟁 능력을 보유했던 자본주의 국가들은 몇몇을 제외하고는 주권을 온전히 보전하는 데 어려움을 겪었던 것이다. 자유 민주주의로 포장이 되더라도 그 아래 가려져 있는 자본주의의 얼굴은 실로 냉정한 것이다.

02

근대화 이론과 자본주의

2.1. 봉건시대의 자본주의

서양의 중세는 봉건시대the feudal age로 불린다. 기원후 395년 동서로마로 분리되고 476년 서로마가 멸망한 시점부터 15세기 초반까지 약 천년의 기간이다. 이 시기의 경제 체제는 근대적 경제 체제와는 매우 다른 시스템이었다. 봉건시대의 경제 체제는 농업중심이었고 따라서 토지(영지)와 노동력(농노)이 생산의 근간을 형성했다.

사회는 크고 작은 규모의 영지를 소유한 영주들 간의 계약으로 느슨하게 조직되었다. 대영주는 당연히 상대적으로 강한 군사력을 가지고 있었으며 이들은 소영주들과 쌍무적 계약관계를 맺었다. 즉 소영주들은 대영주와 준위계적 계약을 맺고 군사적 그리고 경제적 충성을 서약했다. 이에 대한 응답으로 대영주는 소영주의 지위와 안보적 보호를 제공했다.

영국을 비롯한 유럽 봉건 체제의 계약관계는 준위계적 관계였다. 중국의 주周(기원전 1046-256)나라나 일본에서 도쿠가와 이에야스가 수립한 에도시대의 봉건제도에 비해 상대적으로 수평적인 성격을 가지고 있었다. 동양에서 나타났던 봉건 체제는 서양에 비해 위계적이었다. 주나라는 왕족과 공신들에게 토지를 하사하고 그들을 제후로 임명했다. 이를 분봉이라 했다. 이들은 통치자인 천자天子와 혈연 또는 혼인으로 연결되어 있었다. 따라서 지역을 통치함에 있어 자율성이 일부 주어졌다 하더라도 토지와 작위를 하사한 천자에게 무조건적 충성을 보여야만 했다.

일본의 봉건제도도 위계적이기는 마찬가지였다. 1603년 도쿠가와 이에야스에 의해 일본이 통일되고 에도막부가 수립되었다. 막부幕府란 상징적 존재였던 왕을 대신하여 나라를 다스리던 무사武士정권을 의미했다. 다이묘大名라 불리었던 영주들은 번藩이라 불리는 영지를 소유했다. 이들과 막부 간의 관계는 중국의 그것과는 차이가 있었고 상대적으로 유럽적 봉건제도와 유사한 면이 있었다. 본래 일본의 다이묘는 중앙에서 임명한 것이 아니라 무력을 보유한 자가 자체적으로 획득하는 지위였다. 따라서 이들의 관계는 중국에 비해서는 덜 위계적이고 서양에 비해서는 보다 수직적인 경향이 있었다.

유럽적 봉건제도는 형이상학적이고 종교적인 기독교 왕국의 세속적 체계를 담당했다. 영주들은 자신의 영지를 하나님으로부터 위탁받았다고 생각했고 이는 후일 절대주의 시대에 들어 '왕권신수설'로 발전했다. 하나님과 그의 종들의 종*servus servorum Dei*인 교황의 권위하에서 세속 군주인 영주들 간의 관계는 그들이 가진 영지의 크기에 관계없이 상대적으로 수평적인 성격을 가졌다. 대영주라 하더라도 14세기 '아비뇽Avignon 유수'사건이 발생하기 이전까지는 교회의 권위를 넘어서는 것이 불가능 했다. 비록 봉건시대에 왕이라는 존재가 있었다 하더라도 그는 '여러 영주들 사이에서 가장 두드러진 자the first among equals'에 불과했다.

영지라는 토지를 중심으로 구성된 봉건경제는 공동체적 사회였다. 뒤르켕E. Durkheim이 주장한 사회적 분화가 미미했다.[1] 농노들은 평생 영지에 접지되어 있었으며 영지별로 자급자족적인 경제사회였다. 상공업보다는 농업에 의존한 경제였으므로 생산성은 낮았다. 경쟁도 덜했다.

그렇다고 해서 봉건 경제 체제의 내부에 근대시대에 들어 발달한 자본주의적 요소가 전무했던 것은 아니었다. 상공업 경제에 비해 적은 규모이기는 하지만 토지를 기반으로 자본축적이 이루어졌다. 봉건시대는 토지가 가장 생산적인 자본축적 수단이었으며 배정된 토지를 통해 생계를 해결하던 농노를 활용하여 부의 축적이 이루어졌다. 따라서 자본주의가 전적으로 근대화 사회의 산물이라고 보기보다는 봉건시대를 거치면서 그 기반이 형성된 것으로 보는 시각도 있다.[2] 토지와 노동을 기반으로 하여 대규모 자본축적이 이루어졌기 때문이다.

2.2. 전쟁과 근대사회

일반적으로 자본주의가 근대사회의 산물이라고 보는 것은 상업혁명의 여파를 감안한 분석이다. 토머스 뉴커먼Thomas Newcomen과 제임스 와트James Watt가 증기기관을 발명하고 혁신한 것이 각각 1705년과 1769년임에 착안하여 18세기를 산업, 즉 공업 혁명의 시대라고 부른다. 이에 대비하여 17세기는 상업혁명의 시대로 보고 있다. 근대사회와 자본주의의 등장에 있어서 상업혁명은 매우 중요한 의미를 가진다.

상업혁명은 15세기 말 스페인의 후원에 의한 크리스토퍼 콜럼버스Christopher Columbus의 유럽-아메리카 항로 개척(1492년)과 포르투갈의 바스쿠 다 가마Vasco da Gama에 의한 아프리카 남단 경유 인도동방 무역 항로의 개척(1498년), 그리고 1519년에 시작된 페르디난도 마젤란Ferdinand Magellan의 세계일주 항해에 의해 촉발되었다. 대항해 시대가 열리면서 유럽, 아메리카, 아시아 그리고 아프리카를 연결하는 해양교역이 전개되었다. 이러한 상업적 교역은 항해를 통해 진행되었으므로 위험도는 높았지만 농업과 비교할 수 없을 정도로 수익성이 좋았다. 농업을 통해 축적되었던 자본이 상업에 투입되기 시작했고 상업을 통한 자본의 축적은 근대적 경제, 즉 자본주의를 탄생시켰다.

사실 상업혁명이 시작되게 된 근본적인 동인은 전쟁이었다. 봉건시대는 15세기와 16세기에 걸쳐 전개된 르네상스, 종교혁명 그리고 절대주의시대를 거치면서 근대로 이전하게 된다. 특히 주목할 것은 절대주의 시대의 도래였다. 이 세속왕 중심의 시대를 거치면서 근대국가가 탄생하는 기반이 마련되었다.

영국을 비롯한 유럽의 절대주의absolutism란 전제주의despotism와는 다르다. 여기에서 절대적이라는 말은 중앙집권적으로 통합되고 종교에서 벗어나 세속적으로 강화된 왕권의 등장을 의미하지만 왕이 완전히 자의적으로 모든 것을 할 수 있다는 의미는 아니었다. 계약에 입각한 봉건사회를 거쳐 탄생한 유럽의 절대주의는 상대적으로 제약된 왕권으로 보는 것이 적절하다. 여전히 지방의 대영주들에 의해 견제되었고 근대국가가 등장하면서부터는 영국의 경우 의회에 의해서 견제되었다. '절대적absolute'이라는 단어는 통합된, 단일한 또는 유일한이라는 개념으로 이해하는 것이 적실하다.

유럽에서 왕권이 견제될 수밖에 없었던 이유는 영토확장 목적의 전쟁을 수행할 수 있는 무력의 수단을 중앙의 군주가 완벽하게 장악할 수 없었기 때문이었다. 이는 중국과 매우 다른 양상이었다. 중국에서는 주周나라와 춘추전국春秋戰國 시대를 거쳐 진秦나라 시대에 최초의 통일왕조가 성립되었다. 주나라 시대에는 봉건제적 요소가 강했지만 진나라에 들어 군현제郡縣制가 시행되면서 높은 수준의 중앙집권화가 이루어졌다. 시황제始皇帝가 지방에 관료들을 파견하여 직접 다스렸다. 통일된 진나라의 존속 시기가 기원전 221-206년인 점을 감안한다면 이후 몇 차례의 분열이 있었다 하더라도 유럽에 비해 상당히 이른 시기에 중앙집권적 통일국가가 등장하여 장기간 존재했다고 볼 수 있다.

반면에 유럽에서 절대주의국가의 시대가 기원전 15-16세기 정도이니 중앙집권화된 통일국가의 등장 시기는 중국과 큰 차이가 있다. 그런데 중세의 봉건시대를 거쳐 영토적으로 대규모 합병이 일어난 절대주의 국가들이 탄생하는 과정에서 유럽은 많은 횟수의 전쟁을 경험했다. 중국도 분열과 통일을 반복하는 과정에서 전쟁이 발생했지만 그 전쟁의 성격이 내부지향적이었던데 비해 유럽의 전쟁은 영지나 국가면적의 확장에 초점을 맞춘 외부지향적이고 팽창주의적이며 경쟁적인 전쟁의 성격이 강했다.

그 대표적인 예가 1337년부터 1453년의 기간 동안 벌어진 영국과 프랑스 간의 백년전쟁이었다. 프랑스의 왕위계승 문제를 두고 양국 간 전쟁이 벌어진 것이었지만 중요한 것은 서유럽에서 가장 넓은 영지를 두고 잉글랜드의 플랜테저넷Plantagenet가문과 프랑스의 발루아Valois가문 사이에 다툼이 발생했다는 점이었다. 1066년 프랑스 노르망디Normandie의 공작 윌리엄이 잉글랜드의 왕위를 차지한 이후 프랑스의 왕들은 이 땅을 차지하기 위해 전쟁을 벌였다. 결국 백년전쟁의 결과 잉글랜드의 왕가는 윌리엄 왕이 보유하고 있던 프랑스내의 영지를 거의 다 상실하고 말았다.

이처럼 영토 문제를 두고 봉건국가들 간의 그리고 절대주의 국가들 간의 전쟁이 발생한 이유는 토지의 생산력 때문이었다. 통일된 절대주의 국가로 발전하기 위해서는 전쟁이 불가피했고, 여기서 승리하기 위해서는 군대를 유지하고 무기를 만들 수 있는 자본이 필요했다. 절대주의 시대까지 토지는 자본축적을 위한 최선의 수단이었다.

봉건국가나 절대주의 국가의 등장을 설명함에 있어서 틸리Charles Tilly나 올슨Macur Olson 등이[3] 주장하는 소위 약탈적 국가론의 시각은 매우 흥미롭다. 이 이론에 따르면 왕이나 정부는 구성원들에게 보호를 대가로 약탈을 일삼는 도적이나 범죄자에 불과하다. 백성들을 착취하여 강요적으로 추출coercive extraction한 자원으로 전쟁을 일으키고 전쟁을 통해 더 많은 인력과 영토를 얻으려 한다는 것이다.

교회에 의한 지배가 종식되고 세속군주들의 권한이 강화되자 이들은 본격적으로 영토에 대한 야심을 갖게 되었다. 그리고 절대주의 시대를 거치면서 영토를 확대하기 위한 전쟁은 국가 단위의 규모로 확대되었다. 왕들은 언제든 전쟁을 수행할 수 있도록 상비군을 만들어 무장시켰으며, 영토 내에서 자신들이 선포한 법과 제도를 실행하고 세금을 걷어줄 관료제를 육성했다. 이러한 과정은 더 많은 자원을 필요했고 이를 위해서 더 큰 규모의 전쟁을 일으켰다.

전쟁 규모의 확대는 대규모 물자의 이동을 유발했고 이로 인해 도시가 형성되었다. 군사적 요새나 항구를 중심으로 도시가 형성되자 교역의 규모가 확대되었는데 이를 위해 해상 운반수단이 발달했다. 마차를 이용한 육로수송보다는 배를 활용한 해상수송이 규모의 경제를 만들어내는데 더 효과적이었다. 전쟁규모의 확대는 소모되는 자원의 규모를 확대시켰고 이를 충당하기 위해서는 농업보다 더 규모가 크고 효율적인 산업이 필요했는데 바로 이것이 상업, 즉 교역이었다. 요컨대 전쟁은 봉건시대의 농업경제를 절대주의 시대의 상업경제로 전환시킨 핵심적 요소였다.

농업에서 상업으로의 전환을 효과적으로 유발한 사건이 바로 영국에서 14세기 흑사병 발발 이후 본격화 된 인클로져Enclosure 운동이었다. 인클로져란 농지에 돌담을 쌓아 경계를 만드는 것이다. 흑사병으로 인구가 거의 절반 이하로 줄어들자 생산성이 낮은 농지를 경작하는 것이 더더욱 어려워졌다. 이를 해결하기 위해 농사 대신 양을 키우면 인력의 소요도 적었고 양털을 모직물의 재료로 팔면 수익도 더 좋았다.

인클로져는 사회경제적 인식의 변화를 가져왔다. 우선 사회가 농업중심에서 상공업중심으로 바뀌었다. 농업 말고도 더 수익성이 좋은 산업이 있다는 점을 인식하기 시작했다. 그리고 더 중요한 것은 재산권에 대한 인식이 강화되었다는 점이다. 토지에 담을 쌓은 기호적 행동으로 인해 영토에 대한 경계획정이 일어났고 이는 나아가 국경이라는 개념으로 발전하게 된다.

절대주의 국가가 본격적인 영토확대를 위한 전쟁에 매진하면서 중상주의 경제가 나타났다. 중상주의란 군주나 국가가 정치적 권력을 이용해 의도적으로 지대를 창출하고 상공업 계층들로 하여금 이것을 이용하여 부를 창출하도록 하는 것이다. 그리고 이를 허락한 정치세력들에게 획득한 부의 일정 부분을 그 대가로 제공하는 것이다. 19세기 근대적 자유주의 국가가 완성될 때까지의 근대화 과정에서 서구의 대부분 국가들은 경제적 발전 전략으로 중상주의 모델을 채택했다. 국가가 발전자원을 분배함으로써 시장을 지배하는 것이 근대적 국가를 건설하는 비용을 마련함에 있어서 가장 효율적인 방법이었다.

근대화 과정에서 목격되는 핵심적인 양상은 국가와 자본주의적 경제와 대규모 전쟁간의 결합이 나타났다는 점이다. 물론 봉건시대에도 전쟁은 발생했다. 그러나 절대주의 시대와 대항해 시대가 펼쳐지면서 전쟁은 보다 국제화되어 규모가 커졌다. 이 점이 중국과 달랐다. 전쟁은 더 이상 경작의 용도인 토지를 획득하기 위한 다툼이 아니었다. 식민지는 새로운 상품의 생산지이자 소비를 위한 시장이었다. 서구의 상품들을 신대륙에 가져다 팔고 거기서 획득된 자금으로 향료, 커피, 설탕 등을 획득하여 돌아왔다. 이처럼 자본의 회전이 일어날수록 이윤이 붙었다.

배를 띄우고 신대륙을 개척하고 상품을 수출입하기 위해서는 여러 가지의 위험이 수반되었다. 이러한 위험을 저감시키기 위한 방법으로 동원된 것이 무력이었다. 무역과 전쟁을 결합시킨 것이다. 서구의 국가들은 1600년부터 영국을 필두로 7개 국가들이 신대륙에서의 무역을 독점하기 위해 동인도 회사를 설립했다. 영국의 엘리자베스 1세는 동인도 회사에게 인도지역의 무역 독점권을 하사했다.

그러나 더 넓은 시장을 차지하기 위해 동인도 회사들 간의 충돌은 불가피했다. 이들 회사들은 전쟁을 위한 도구로 변모해갔다. 1680년대 영국의 찰스 2세는 동인도 회사에 징병권과 장교 임명권, 심지어 교전권을 부여했다. 동인도 회사의 상업적 독점과 무력적 전횡은 인도에서 세포이 항쟁이 발생할 때까지 지속되었다. 결국 빅토리아 여왕은 1874년 인도의 통치권을 동인도 회사로부터 회수하고 회사를 해체했다.

절대주의 시대 영국의 중상주의는 의회 주도적이었고 프랑스의 중상주의는 루이 14세 같은 군주 중심적이었다는 차이는 있었다. 그러나 중상주의를 실행함으로써 상공업 중심의 자본주의가 성장했다는 점에서 공통점이 있었다. 자본주의는 단순히 교역을 통한 이익의 창출에 의존하지 않았다. 시장을 개척을 위한 경쟁에서 승리하기 위해서는 무력을 사용할 능력이 필요했다.

이 이전인 봉건시대에 나타난 농업자본주의 역시 이미 토지확보를 위한 전쟁과 밀접한 관련이 있었다. 절대주의 시대를 거쳐 근대화하는 과정에서 경제와 전쟁 간의 관계는 더 밀접해지고 국제화되었다. 경제가 정치적 그리고 무력적 수단의 도움을 받을 때 이익률도 높아지고 시장쟁탈을 위한 경쟁에서도 승리할 수 있었다.

1648년 웨스트 팔리아Westphalia 조약을 통해 국민국가의 등장이 본격화되면서 발전을 위한 국가 간의 경쟁은 더욱 대규모로 전개되었다.

영토, 나아가 시장의 확보를 위한 전쟁이었다. 여기서 승리하기 위해서는 무력이 필요했고 무력을 갖추기 위해서는 경제력이 필요했다. 자본주의가 발달할수록 국가와 시장 간의 중상주의적 결합은 불가피했다.

2.3. 근대사회의 가치변화와 경제발전

근대화 이론의 핵심은 세속화된 인간의 등장을 정당화했다는 점이다. 봉건시대의 유럽에서는 욕망을 억제할 수 있는 종교적이고 도덕적인 덕목이 강요되었다. 그런데 근대화 과정이 성스러운sacred 가치에서 세속적secular 가치로 그리고 정신문명 중심에서 물질문명 중심으로의 전환을 가져왔다.

칼비니즘Calvinism은 세속적 가치, 즉 물질에 대한 성취를 허락하는 것을 넘어 부의 획득을 구원의 징표로 해석했다. 바로 이 점이 자본주의의 폭발적 성장의 기폭제가 되었다.[4] 근대화 이론의 기본적 가설은 경제적 발전이 정치사회적 변동을 가져온다는 것이다. 경제적으로 부유한 사회 속에서 교육받고 재산권을 보유한 책임 있는 시민계층이 등장한다. 이들이 경제적 나아가 사상적 자유를 추구함에 따라 자유주의적 사회가 만들어진다. 그리고 자유의 수평적 확대는 결국 민주주의의 도래를 유발한다는 것이다.[5]

그러므로 근대화 이론의 출발점은 경제적 성장이다. 그리고 세속적 가치, 즉 물질적 이익의 추구를 용인하는 사회적 패러다임의 변화가 서구적 근대화의 핵심이었다. 이러한 발상은 기독교가 종교적으로 지배하던 봉건시대에는 용인될 수 없는 것이었다. 카톨릭에서는 부의 축적을 긍정적인 것으로 묘사하지 않았다. 돈을 빌려주고 이익, 즉 잉여가치를 획득하는 것을 허락하지 않았다. 부자는 천국에 가기 어렵다고 보았다.

그런데 이러한 해석이 종교혁명으로 인해 변화했다.

근대화 이론이 상정하는 주요한 사회적 변화는 사회적 차별화, 근대적 인간의 탄생, 노동의 분업화 그리고 합리화 등이다. 근대적 사회는 개인의 활동이나 제도가 차별화되고 전문화된다. 근대적 인간은 주변환경에 굴복하기보다는 이를 극복하는 존재이며 세계가 운명에 의해 결정되는 것이 아니라 노력에 의해 예측될 수 있다고 믿는 주체적 개인이다. 또 근대적 사회는 획일적으로 구획화된 전통사회와 달리 분업화된 사회이다.[6] 노동분업은 근대사회에서 개인주의를 유발하는 요인이다.

아울러 근대사회는 합리화된 사회이다. 효율적으로 자본이 축적되기 위해 사회조직이 합리적으로 재편성 된다. 자본의 효율적 이용 그리고 소비자의 기대에 부응하기 위한 경쟁의 심화 등이 강조된다. 그 결과 근대사회에서는 근면하게 열심히 일하는 것이 일종의 도덕적 규범으로 정립되었다. 이러한 변화는 상공업자 계층이 중산 부르주아 계층으로 발전하여 정치에 참여함으로써 왕에 의한 자의적 통치나 독재를 견제하고, 귀족계층과 정책경쟁을 할 수 있는 힘을 갖게 해주었다.

동양의 유교적 근대사회는 엄격한 사농공상의 사회질서를 변화 없이 유지했나. 상공업사 계층이 획득한 부가 정치적 세력에 대항할 수 있는 여지를 허락하지 않았다. 토지에 기반한 문인계층과 농민계층이 성스러운 계층적 위력을 발휘했다. 반면 서양의 근대사회에서는 상업혁명과 산업혁명을 거치면서 사회계층의 변동이 생겼다. 상공업자 계층이 경제성장의 주역이 되었고 이들은 경제력을 발휘하여 토지에 기반한 정치세력에 대항했다. 영국에서 발생한 1688년의 명예혁명, 프랑스에서 발생한 1789년 대혁명의 주인공은 부르주아 계층이었다. 그리고 자본주의가 성숙해 갈수록 이들의 힘은 더욱 강력해졌다. 사회적 변동으로 인해 새로운 지식과 재능을 가진 이들이 국가경영에 참여하는 길이 열렸다. 이들의 참여로 활성화된 민주주의는 집단 지성을 발휘하여 17세기부터 유럽은 물론 세계를 장악해 갔다.

애덤 스미스Adam Smith에서 시작한 고전경제학은 경제성장의 가장 원론적인 방법으로 시장의 국가로부터의 독립을 주장한다. 인간이 개인의 세속적 이익을 추구하는 것을 도덕적으로 정당화한다. 이러한 개인이 많이 생기는 것이 보다 발전된 사회를 만들며 국가의 부를 확대하는 가장 좋은 방법이라고 본다. 탐욕스러운 상인에 의해 시장의 안정성이 무너지는 경우가 아니라면 정부가 시장을 규제하고 간섭하는 것을 거부한다. 정부와 상인이 결탁한 중상주의적 국가는 국가의 부를 늘린다는 명분으로 지배계급이 자신의 이익을 독점화하는 위선적인 결과를 낳을 뿐이다.[7]

근대화 이론이 강조하는 궁극적인 요소는 개인과 그들의 자유가 확대되는 것이었다. 개인을 국가나 공동체의 일부로 보았던 봉건사회나 동양의 전제적 사회와의 차이점이 여기에 있었다. 물론 근대화된 서구사회에서도 파시스트적 독재국가가 발생하지 않은 것은 아니다. 이들의 주장은 개인이 자유로워진 부강한 사회로 가기 위한 국가적 경쟁에서 이기려면 국가발전의 도약단계에 단기적으로 권력의 집중이 필요하다는 것이었다.[8]

결국 근대화 이론이 궁극적으로 지향하는 모델은 자유주의적인 국가였다. 경제성장의 초기단계를 사회의 자율에 맡길 것인지 아니면 국가의 강력한 통제와 주도에 맡길 것인지에 관한 이견이 있었을 뿐이었다. 근대화된 개인이 주류를 이루는 사회로 진화한다는 목표는 변하지 않았다. 부유하고 자유롭고 민주화된 사회가 역사상 가장 진화된 사회라는 것이 근대화 이론의 입장이었다.

2.4. 근대화 이념과 식민주의 그리고 제국주의

역사적으로 근대화론이 식민주의나 제국주의 현상과 연결된다는 점을 부정하기 어렵다. 식민주의란 피식민지 주민의 삶에 영향을 미치는 주요한 결정을 식민지배국에서 결정하여 피식민지보다는 식민지배국의 이익을 도모하는 행위를 일컫는다. 제국주의는 식민주의보다 확대된 개념이다. 영토의 개념을 넘어 민족, 인종, 문화, 정치, 경제적 지배를 통해 국가 간 또는 국가 대 지역 간 종속적 관계를 성립시키고 유지시키는 전략이다.[9]

대항해 시대 이후 영국 그리고 이어 프랑스가 식민주의와 제국주의 전략을 적극적으로 집행했다. 식민지배의 동기를 설명하는 데에는 종교, 문화, 정치 그리고 경제적으로 다양한 이론이 존재한다. 요컨대, 다른 나라나 지역에 비해 선제적으로 근대화를 시작한 서구가 자신들의 근대화 경험을 타국에 전파함으로써 그 문명적 혜택을 이전하겠다는 것이 핵심이있다.

그렇다면 근대화 특히 근대적 자본주의의 발전이라는 관점에서 식민주의의 확장은 어떻게 설명될 수 있는 것일까? 특히 대항해 시대(1488-1689) 후반기부터 두각을 나타내기 시작한 영국의 식민지 획득은 어떻게 설명될 수 있을까? 19세기 영국은 비록 북미지역의 지배상실에도 불구하고 아시아와 아프리카 지역에서 독보적인 식민제국으로 부상했었다.

다소의 논란에도 불구하고 일단 경제적 관점에서 본 식민지배의 확대는 원자재 등 발전자원의 공급원 확보 그리고 식민모국의 상품을 소비하기 위한 시장의 개척이라는 관점에 집중하고 있다. 16세기 상업혁명이 전개되면서 사치가 대중화되기 시작했다. 사치란 자신의 부를 과시하기 위해서 인간의 기본적인 생존에 필요한 품목 이외에 소비를 지출하는 행위에 대한 통칭이다. 책을 읽으며 교양을 쌓기 시작했고, 마차를 화려하게 장식했다. 그리고 먹거리에 대한 기호가 다변화했다. 그 결과 설탕, 커피, 차, 향료 등 기호품에 대한 소비가 급증했다.[10]

중세시대까지의 음식은 생존을 위해 소비하는 먹거리에 불과했다. 기껏해야 소금으로 음식의 맛을 내는 것이 전부였다. 그런데 대항해 시대 이후 기호품이 사람들의 인기를 끌기 시작했다. 생존을 위한 음식의 소화를 넘어서 맛이나 향기를 느끼기 위해 설탕이나 후추 같은 기호품을 섭취했다. 기호품은 독특한 향이나 성분이 포함되어 사람들의 기분을 전환시키는 효험이 있었다. 이것들은 필수재가 아니라 사치재였다.

기호품의 또 다른 특성은 근대적 계몽성과 관련이 있었다. 예컨대 상업혁명 시대에 중산층들 사이에서는 알코올보다는 커피와 차를 즐기는 경향이 나타났다. 커피와 차에 들어있는 카페인은 각성 효과를 가지고 있어 알코올과는 달리 열심히 일하는 데 도움을 주었다. 커피의 이미지는 이성적이고 계몽된 사람이 마시는 음료라는 것이었다. 그 여파로 종교개혁 이후 17세기부터 영국을 비롯한 유럽사회에서 커피 하우스Coffee House가 등장하기 시작했다. 중산층들은 이곳에 모여 자신들이 성취한 부와 계몽의 상징으로서의 지식을 뽐내기 시작했다. 남자들은 책을 통한 교양을, 여자들은 사치를 자랑했다. 이들은 호화롭게 치장된 마차brougham를 타고 각종 사교모임에 나타났다. 애덤 스미스가 지적한 바와 같이 한 나라의 부가 확대되면 보다 계몽된 사람의 숫자가 늘어나고 결국 보다 안전한 사회가 만들어진다는 생각이 퍼져 나갔다.

기호품과 사치품은 식민주의와 제국주의 팽창의 원동력이 되었다 해도 과언이 아니다. 이러한 사치재가 필수재보다 상인들에게 더 큰 이익을 가져다주었기 때문이었다. 유럽과 동인도와 서인도 그리고 아메리카를 대상으로 한 소위 삼각무역은 17-18세기에 전성했던 상업혁명 시대의 가장 대표적인 해상 국제교역이었다.

역사적으로 유럽과 중국 간의 경제적 역전이 발생한 기간을 1500-1800년의 약 300년으로 보고 있다. 이 무렵 이전까지 중국의 경제는 유럽의 그것을 압도하고 있었다고 보는 것이 최근의 수정적인 견해이다. 정도의 차이는 있었겠으나 중국 역시 상업과 금융업이 발달했고 상공업자들이 활발하게 비즈니스를 전개했다.

무역 역시 중국은 유럽에 대해서 전반적으로 흑자를 기록했다. 유럽은 중국에 수출할 것보다 수입할 것이 많았다. 그 무역대금은 대부분 은으로 결제되었다. 이 기간 중국이 유럽과 서아시아, 인도, 멕시코 그리고 일본으로부터 이전 받은 양은 약 6만 8천 톤에 달했던 것으로 추산된다.[11]

그러면 이 막대한 양의 은을 유럽은 어디에서 조달했던 것일까? 대표적으로 영국, 프랑스, 스페인, 포르투갈 등이 식민지를 개척했던 아메리카였다. 300년간 유럽은 아메리카로부터 얻은 귀금속을 이용해 중국의 물품을 구입했다. 유럽은 대항해 시대를 거쳐 진 세계에 건설한 식민지에서 획득한 향료, 설탕, 담배 등을 교역하여 큰돈을 벌었다. 그러나 금과 은 그리고 노예야말로 무에서 유를 창출하는 핵심적 수단이었다.

한 학자는 1750년경 전 세계의 총생산량은 1,480억 달러였으며 그 중 아시아가 4/5를 기타 유럽 아프리카, 아메리카가 나머지 1/5를 산출했다고 추산한 바 있다. 그런데 19세기에 대역전이 가시화될 수 있었던 것을 유럽의 산업혁명을 통한 생산성의 향상만을 가지고 설명하긴 어렵다. 유럽이 전 세계적으로 식민지를 개척하고 여기서 산출된 물적, 인적자원들을 저가로 조달했던 것이 결정적인 역할을 했다. 그리고 식민지는 유럽상품의 새로운 시장의 역할을 했으며 시장의 확대로 상공업은 더 발전할 수 있었다. 근대유럽의 부상을 설명함에 있어 식민주의와 제국주의를 빼놓고 설명하기 어렵다.[12]

서구가 근대화하는 과정에서 저질러진 식민주의와 제국주의의 이면에는 분명 경제적 동기가 자리잡고 있었다. 아울러 서구가 농업과 카톨릭 중심의 전근대적 봉건사회를 탈피하여 보다 계몽된 근대사회로 발전했다는 진화론적 사고와 이념이 중요한 인식론적 동기가 되었다. 스스로 합리적으로 생각하고 행동할 수 있는 개인으로 발전했다는 자긍심, 이제 그러한 발전의 경험을 서구 밖의 전근대적 문명 세계에 전파해야 한다는 인종론적 사명감이 작동한 결과였다. 신에게 복종하는 집단이나 공동체에서 인간 개인중심의 세계로 먼저 변화했다는 서구인들의 우월감이 근대화론의 기저에 자리 잡고 있었다.

2.5. 고전적 자유주의, 민주주의 그리고 자본주의

근대화 과정의 역사적 종착역이라 할 수 있는 민주주의와 자본주의는 개인주의적 자유주의에 기반하고 있다. '최소 정부론'이나 '자유방임'으로 요약되는 19세기 자유주의는 사상적으로 17세기의 계몽주의 그리고 18세기의 공리주의에 영향을 받은 바 크다.

17세기에 태동되기 시작한 계몽주의 사조는 18세기에 영국과 프랑스로부터 유럽 전역에 퍼져나갔다. 계몽사상의 핵심은 인간의 이성이었다. 전근대적 사회는 봉건적 사회질서에 기반했고, 종교적 권위, 특권,

전통, 편견 그리고 미신에 사로잡혀 있었다고 보았다. 이에 계몽 사상가들은 인간의 이성을 기반으로 전근대적 어둠을 비판했다. 신의 권위에 의존한 중세적 질서를 인간 스스로의 사고능력에 의한 것으로 대체해야 한다고 보았다.

계몽주의 사조의 대표적인 것이 바로 사회계약론이었다. 인간의 자연권의 핵심은 자유와 평등 그리고 생존과 재산권이다. 이러한 고유의 권리는 침해되어서는 안 되며, 이러한 권리를 보호하기 위해 개인과 국가는 상호 계약적 관계가 된다. 홉스Thomas Hobbes는 국가라는 리바이어던Leviathan이 필요한 이유가 무정부 상태인 자연상태에서 개인의 권리를 보호하기 위함이라고 강조했다.[13] 나아가 로크John Locke는 이것이 침해되었을 때 개인은 국가에 저항할 권리를 가지고 있다고 주장했다.[14] 루소Jean Jacques Rousseau는 국가의 법은 인민의 의사를 반영한 '일반의지'에 따라 결정되어야 한다고 역설했다.[15] 따라서 사회계약론적 관점에서 왕권신수설에 입각한 군주의 전제적 지배는 용납될 수 없었다. 영국에서 1688년에 발생한 명예혁명이나 프랑스에서 1789년에 발생한 대혁명은 이러한 계몽주의 사조에 영향을 받은 사회적 변동이었다.

한편 공리주의Utilitarianism는 18세기 후반에 영국의 벤담Jeremy Bentham에 의해 이론적으로 정리가 이루어졌다. 공리란 이해당사자인 개인이나 공동체의 이익, 쾌락, 좋음, 행복을 산출하고 반면에 해악 고통, 악, 불행 등의 발생을 예방하는 것이다. 벤담은 인간의 행위의 기초가 기본적으로 개인의 이익과 쾌락 또는 기쁨의 추구에 있으며 이것이 윤리적으로 옳다고 보았다. 이에 '기쁨'을 증대시키는 것은 선한 것이고 반대로 '고통'을 증대시키는 것은 악한 것이다.[16]

벤담이 주장하는 공리의 원리는 '최대다수, 즉 사회 전체의 최대행복'이라는 말로 요약된다. 개인의 이익이 한 개인의 쾌락의 총합을 증가시키는 것이라고 할 경우 공동체의 이익이란 한 사회를 구성하는 개인들 이익의 총합이 증가하는 것이다. 따라서 공동체의 이익이 증가할 수 있는 방향으로 행동의 방향을 결정하는 것이 공리의 원칙이다.

공리주의는 사회전체의 이익의 증대를 궁극적인 목표로 하였지만 그 시작점은 개인의 이익이다. 공동체의 행복을 증진시키기 위해서는 부당한 방법으로 기득권을 획득한 소수 엘리트의 자유를 제한할 수도 있다고 보기는 했으나 기본적으로는 개인의 이익과 사회전체의 이익이 조화를 이룰 수 있도록 사회입법이 이루어져야 한다는 논리를 지향했다.

19세기에 영국에서 전성기를 맞이한 고전적 자유주의는 계몽주의와 공리주의의 이러한 지적 사조를 승계했다. 고전적 자유주의는 개인의 인권과 경제적 자유에 입각한 최소한의 법치국가를 주장했다. 자유주의의 특성 중 특히 중요한 것은 경제적 번영이 사회발전에 미치는 긍정적인 영향이다. 부유한 개인의 숫자가 증대하면 그 사회는 범죄도 감소하고 보다 안전한 사회로 발전한다는 것이다.[17]

경제적 자유라는 것은 개인이 자신의 세속적 이익을 추구하는 것이 도덕적으로나 윤리적으로 비난받지 않는다는 의미이다.[18] 따라서 국가의 부를 증가시킨다는 명분으로 정부가 시장에 일일이 간섭하는 것은 옳지 않다. 정부가 해야 할 일은 개인의 재산, 생명과 자유를 보장하는 것이고 그 이상의 간섭은 자제해야 한다. 단, 탐욕스러운 소수에 의해 시장의 질서가 위협을 받을 때만 이를 교정하기 위해서 개입하는 것이 정당화될 수 있다. 애덤 스미스는 개인이 자신이 이익을 추구하는데 충실하더라도 보이지 않는 손의 작동에 의해 사회 전체의 이익을 도모하는 결과가 도출될 것이라고 보았다.[19]

개인에 대한 자유주의의 시각은 현대 민주주의와 자본주의의 관계 형성에 지대한 영향을 미쳤다. 현대 자유 민주주의와 자본주의는 개인의 자유를 매개로 하여 형성되었다. 개인은 선택할 자유와 교환할 자유를 가지고 있다.[20] 이는 투표를 통해 정치적 상품을 거래하는 민주주의와 시장에서 상품을 교환하는 자본주의에서 공히 통용되는 원리이다.

공리주의의 영향을 받은 자유주의는 개인의 자유는 물론 평등 또는 분배의 문제에도 관심을 가지고 있다. 자유주의를 민주주의와 연결하는 고리가 공리주의이다. 자유와 평등이 상호 간에 균형을 이룰 수 있는 이유는 민주주의와 자본주의가 상호 보완하는 메커니즘 때문이다. 경제적 자유는 정치적 독재의 등장을 견제할 수 있다.[21] 경제적 자유가 확대되어 빈자들이 교육의 혜택을 받고 복지혜택을 향유하게 되면 평등이 제고되고 이는 결국 민주주의의 완성에도 기여하게 된다.

고전적 자유주의가 개인의 자유를 중시하는 논리가 역설적으로 민주주의 나아가 극단의 평등을 강조하는 사회주의의 이념의 등장에도 영향을 주었다는 점은 흥미롭다. 이는 당초 자유주의가 국가와 관제상인들이 정치적 동기를 가지고 결탁하는 중상주의를 비판하였기 때문이다. 19세기 자유주의의 자유방임적 논리는 왕과 귀족등 보수 기득권 계층에 대항하는 중산 부르주아 시민들의 경제적 자유를 옹호하는 것이었다.

이러한 원론에도 불구하고 자유주의의 개인주의적 얼개는 사회적 불평등을 유발하는 원인이 되었다는 비판에 직면할 수밖에 없었다. 시장에서의 자유로운 경쟁은 현실적으로 독점으로 귀결되는 경우가 많았다. 공급중심의 경제 논리는 재화를 창출할 수 있는 재능있는 엘리트 상공업자들에게 유리한 것이었다. 자유주의 논리에 힘입어 부르주아 계층들이 귀족들을 제치고 기득권으로 부상하게 되자 이들은 노동자들을 착취하는 주체가 되기도 했다.

자신들의 상업적 이익을 극대화하는데 익숙해진 이들은 결국 일반적인 시장을 넘어 보다 많은 이익을 보장하는 특별한 시장을 개척하는 경향도 나타났다. 18세기를 거쳐 19세기 들어 자본주의가 결국 전쟁과 밀접한 관계를 갖게 되었던 양상도 이러한 현실에 기인했다. 바야흐로 시장은 중산 부르주아 계층의 물질에 대한 세속적인 욕망이 폭발하는 장소가 되었다.

2.6. 자본주의의 진화와 전쟁

1648년 베스트팔렌 협약이 맺어지면서 국경으로 획정된 국민국가의 모습이 본격적으로 드러났다. 국민국가들이 영토를 넓히려고 했던 가장 중요한 이유는 토지의 산출력과 이에 부속된 노동력 때문이었다. 15세기부터 대항해 시대가 열려 상업의 발달이 가속화되었지만 여전히 농업은 중요한 산업이었다. 기본적으로 영토를 확보해야 강한 국가가 될 수 있었고 국가 간의 경쟁에서 승리할 수 있었다. 여전히 토지와 노동력은 자본을 축적하기 위한 중요한 요소였다.

그런데 농업만으로는 충분하지 않았다. 상업과 공업은 농업에 비해 더 높은 생산성을 가지고 있었다. 그리고 전쟁에 필요한 무기를 만들기 위해서는 산업의 발전이 병행되어야 했다. 자본주의가 발달한 국가들은 많은 경우 그렇지 못한 국가들에 비해 전쟁을 더 빈번하게 경험한 경향이 있었다. 유럽의 영국과 프랑스가 그랬고 현대에 와서는 미국이 그러했다. 역사적으로 자본주의 체제와 전쟁은 밀접한 상관관계를 가져왔다. 보통 자본주의 체제는 평화를 통해서 성장했지만, 전쟁에서의 승리를 통해 보다 획기적인 도약을 도모하곤 했다. 전쟁수행 능력의 보유는 성공적인 자본주의 국가로 발전하기 위한 핵심적 조건이 되었다.

일부 음모론자들은 자본가와 군부가 결탁하여 군산 복합체를 만들고 이들이 돈을 벌 목적으로 전쟁을 일으킨다고 주장한다. 이를 완전히 부정할 증거는 없지만 그렇다고 전적으로 수긍할 근거 역시 없다. 무엇보다도 무기를 만드는 기업의 규모가 평화적인 기업의 규모에 비해 너무 작다. 전쟁으로 인해 손해를 볼 기업의 규모가 이익을 볼 기업들의 그것보다 훨씬 더 크다. 그래서 전쟁을 일으키려고 로비를 벌이는 힘보다 평화를 지지하는 힘이 더 강하다. 전쟁이 있으리라고 예상하고 고가의 무기를 대량 재고로 축적해 놓을 수 있는 방산기업도 없다. 게다가 방산부문은 정부의 조달통제가 매우 강해 전체적인 수익률이 높지 않은 것으로 알려져 있으며 전쟁이 발발하면 사실상 국유화될 위험마저 있다. 방산기업들이 정치인과 짜고 무기를 팔기 위해 전쟁을 일으킨다는 식의 음모론적 가설은 사회과학적으로 그 적실성을 분석하는 것이 사실상 불가능하다.

그래서인지 미·소 간 냉전시기에는 자본주의 체제와 전쟁 간의 관계를 무관한 것으로 간주했다. 오히려 전 세계 프롤레타리아 공산혁명을 꿈꾸는 소련의 전쟁도발 가능성을 더 심각하게 여겼다. 자유진영 국가에서 자본주의는 평화를 공산주의는 전쟁을 추구하는 것으로 선전했다. 실제 소련은 1979년 아프간을 침공했고 미국은 베트남의 공산화를 막기 위해 참전했다.

그럼에도 불구하고 미·소 간 냉전이 끝나 공산주의 국가가 대거 몰락한 시점에서 역사적으로 돌이켜 보았을 때 자본주의와 전쟁이 상관관계를 갖는 경향을 완전히 부정하기는 어렵다. 여러 가지 이유 중에 우선 주목할 것은 자본주의의 막강한 생산력이다. 시장에 기반한 자본주의는 농업중심의 봉건주의나 계획경제 체제에 기반한 공산주의에 비해 탁월한 생산력을 보유했다. 17세기부터 19세기 걸쳐 상업혁명과 산업혁명이 전개되면서 서구는 농업에 기초한 중국보다 월등한 생산력을 가지게 되었고, 이를 기반으로 더 파괴적인 무기를 보유할 수 있었다.[22] 당초 화약을 발명한 것은 중국이었지만 이를 가공할 무기로 발전시킨 것은 유럽의 국가들이었다.

이러한 경향은 20세기에도 나타났다. 공산주의 소련은 미국과의 군비경쟁에서 패배하여 결국 1991년에 해체되고 말았는데 이는 결국 돈의 문제였다. 냉전의 중반기였던 1968년과 막바지였던 1985년 미국 국방비의 규모가 각각 GDP의 8.6%와 5.7% 정도였지만 소련은 이에 대응하기 위해 20% 이상을 지출해야 했다. 과도한 국방비 지출은 복지등 여타의 경제적 예산을 감축시켰고 결국 소련의 붕괴를 가져왔다.[23]

전쟁이 총력전의 양상을 띠면서 이러한 경향은 더 두드러졌다. 제2차 세계대전 당시 참전을 결심한 미국은 모든 민간산업을 전시산업으로 전환 시켰다. 미국은 무기대여법Lend and Lease Act을 통해 탱크, 항공기, 산박, 무기 등 각종 군수물자를 계획경제 방식으로 생산하여 영국을 비롯한 연합국 측에 공급했다. 1941년 3월 이 법에 의거 70억 달러가 승인된 것을 시발로 총 503억 달러가 사용되었으며 이 돈으로 연합군 군수품의 상당 부분을 제공했다. 미국의 이러한 여력이 가능했던 것은 이미 제1차 세계대전을 거치면서 미국의 자본주의적 생산력이 급성장했기 때문이었다. 전쟁 전 미국은 유럽국가로부터 37억 달러의 채무를 가지고 있었으나 전후에는 126억 달러의 채권국으로 변모해 있었다. 제1차 세계대전은 미국의 경제력 덕분에 승리했다고 해도 과언이 아니었다.[24]

둘째는 자본주의의 체제가 기술개발에 유리했기 때문이었다. 자본주의 체제하에서는 군사적 용도로 개발된 기술이 상업적으로 활용되기가 용이했다. 군사적 장비들은 보통 개발 초기 시장에서 민간의 수요가 없거나 기밀상의 이유로 판매가 금지되기 때문에 정부의 지원이 필요한 경우가 많다. 단기적으로 봐서는 생산이 불가능하고 장기적 안목에서 생산을 집행할 수밖에 없다. 이 경우 정부의 개입은 불가피하다. 따라서 손해를 무릅쓰고 정부는 군수기업에게 생산을 요구하고 그 손실을 개발비나 각종 혜택으로 보상한다. 이러한 이유로 군수산업은 순수하게 경제학적이라기보다는 정치경제학적 영역이다.

그런데 이렇게 개발된 기술들은 장기적으로 상업적 기술로 전환되는 경우가 많았다. 독일과 일본에서 총, 칼, 대포, 비행기를 만들던 기술이 민간에 적용되어 자동차 등 기계공업이 발달한 것도 그러한 경우였다. 나치 정권이 지배했던 독일, 그리고 군국주의를 경험한 일본은 국가주도하에 상공업을 발전시켰는데 특히 기반산업이라 불리는 중화학공업을 육성함에 있어서 정부의 지원은 매우 핵심적인 역할을 했다.

독일이 한때 세계의 공장이라 불리던 영국을 제치고 유럽 최고의 공업국가로 발전했던 데에는 프러시아 그리고 독일정부의 중상주의적 지원이 있었기 때문이었다. 20세기 들어 일본이 공업력과 군사력을 키울 수 있었던 것도 1930년대 본격화된 군국주의하에서 군벌, 관료 그리고 재벌 간의 삼각연합이 만들어져 전쟁의 산업화가 추진되었기 때문이었다.

현대에는 역으로 상업적 기술이 오히려 국방기술의 발달에 도움을 주는 경우도 많다. 미국이 소련과의 군비경쟁에서 승리할 수 있었던 결정적인 이유 중의 하나가 유도무기의 발전이었다. 이것이 가능했던 것은 초기에는 군사적 목적으로 개발된 반도체가 상업화에 성공하고 다시 상업적으로 개발된 반도체 기술이 군사적 용도로 사용되었기 때문이었다.[25] 따라서 자본주의는 다른 어느 체제보다도 군사적 기술과 상업적 기술간의 호환성을 높일 수 있다는 장점이 있다.

셋째로 전략적 전쟁 수행능력이 있어야 자본을 보호할 수 있다. 예컨대, 자본을 대여하거나 자원을 확보하는 과정에서 전쟁을 수행할 수 있는 능력은 필수적이다. 예컨대 운하, 항만, 도로와 같은 기반시설을 건설하기 위해 자금을 대여해주더라도 만일 수원국이 이를 국유화하면 투자금을 회수할 방법이 없다. 자본주의가 발전할수록 은행들은 일반적인 소비자은행보다는 투자은행으로 발전한다. 수익률이 높기 때문이다.

그런데 이런 산업적 전환이 가능하려면 투자금 회수 실패의 경우 이를 회수할 수 있는 수단이 필요한데 하나는 국제법에 의한 분쟁해결이고 다른 하나는 극단적으로는 전쟁 수행능력이다. 수에즈 운하나 파나마 운하 사건에서 보듯이 결국은 회수를 강제할 방법은 군사력이었다. 영국과 아르헨티나 간에 벌어진 포클랜드 전쟁도 마찬가지였다. 결국 이러한 분쟁을 궁극적으로 해결하기 위한 방법은 전쟁 수행능력이다. 자본주의 국가들이 자국의 자본적 이익을 굳건하게 지키기 위해서는 강력한 군사력을 보유하는 것이 불가피하다.

요컨대, 자본주의 국가가 더 공격적으로 전쟁을 일으킨다고 볼 수는 없다. 그보다는 자본주의 체제가 다른 체제에 비해 평화를 유지하거나 위기 시 군사적 대응을 수행할 수 있는 능력이 더 뛰어나다고 보는 것이 적절하다. 물론 자본주의 체제 중에도 국가 자본주의와 시장 자본주의는 어느 것이 더 이러한 능력이 뛰어난지 논쟁이 있을 수 있다. 그럼에도 불구하고 어떤 형태이든 시장에서 잉여가치를 보장하려는 자본주의 체제는 전쟁을 수행하기 위한 각종의 조건을 준비하는 데 있어 역사상 가장 효율적인 체제로 간주되어도 무방할 것이다.

2.7. 21세기의 근대화 이론

21세기 현재의 시점에서 보았을 때 근대화 이론이 예측한 대로 세상을 진화하거나 변화한 것일까? 이에 관한 논쟁이 가장 격렬하게 전개되었던 시점은 1991년 구 소련이 붕괴하고 프란시스 후쿠야마가 '역사의 종언'이라는 책을 출판했을 때였다. 이 책에서 후쿠야마는 자유주의에 입각한 민주주의와 자본주의가 인류가 만들어 낼 수 있는 마지막 역사적 단계라는 주장을 폈다.

이에 대해 다양한 비판이 쏟아졌다. 만일 근대화라는 것이 봉건적 전통사회를 벗어나 사회적 분화가 일어나며, 법에 의한 지배가 작동하고, 교양을 갖춘 시민들이 이성적 합리성을 바탕으로 정치과정에 참여하는 것을 골자로 하는 개념이라면, 사실 서구적 근대화만이 유일한 근대화의 경로라는 주장에는 한계가 있다.

이러한 관점에서 역사가 서구적 민주주의와 자본주의 모델로 수렴하지 않을 것이며 다양한 역사적 배경을 가진 문명들이 충돌하는 과정이 되풀이될 것이라는 주장이 제기되었다.[26] 비슷한 맥락에서 서구적 근대화만이 유일한 근대화의 경로가 아니며 유교적 근대화 같은 비서구적 근대화의 경로가 존재하고 있으며 또 새로운 경로의 대안적 근대화 모델이 존재하게 될 것이라는 주장도 등장했다.[27] 또 민주주의적 정치 체제에서 벌어지는 과도하고 무분별한 시민참여가 오히려 정치적 무질서와 비효율성을 가져오고 있다는 비판도 제기되었다.

이러한 공격에도 불구하고 서구적 근대화 모델이 현시점에서 가장 주류적인 것으로 간주되는 데는 큰 무리가 없어 보인다. 개인의 자유와 인권을 강조하고 이성과 합리성에 기초한 사회를 만들려 한다는 점에 다수의 사람들의 호응을 받고 있다. 국가에 개인이 종속되어야 한다는 공동체적이거나 집단적 가치보다는 반대로 국가가 개인의 이익을 보호하기 위해 존재하는 것이라는 자유주의적 가치가 더 인기를 끌 수밖에 없다. 물질적이고 세속적 가치에 대한 추앙도 더 확산되고 있다. 현대의 대중은 자본주의적 욕구에 대한 진솔한 표출을 원한다. 경제성장이 이루어졌을 때 비로소 교육과 복지의 혜택이 증가하며 인권과 환경의 보호가 보다 더 가능하다는 경험적 사례도 축적되고 있다.

다만 경제발전 초기 단계에 어떤 국가와 시장 간의 관계를 형성하는 것이 좋은가에 대한 논쟁은 현재도 진행 중이다. 경제개발 초기 단계에는 발전자원의 효과적인 분배를 위해, 그리고 경제발전 계획을 잘 만들고 추진하기 위해, 국가 또는 정부 그리고 우수한 관료 엘리트들의 역할이 중요하다.

그러나 경제발전이 성숙한 단계에 접어들고 성장이 지속가능하기 위해서는 자유와 재산권을 보장하는 사회적 제도가 스스로 작동하는 것이 필요하다. 국가가 자의적으로 발전자원을 배분하고 시장을 통제하거나 지도하는 것은 오히려 비효율과 나아가 정경유착과 부패를 낳을 수 있다.

근대화 이론이 역사상 유일한 발전적 패러다임이라고 볼 수는 없다. 여전히 다른 경로가 존재할 수 있다. 그럼에도 불구하고 이 패러다임이 가장 효율적이고 인기가 높은 이유는 선진국들 때문이다. 선도적 발전을 경험한 서구 및 미국은 대체로 근대화 이론에 입각하여 발전을 성취했고, 자유주의에 입각한 정치경제적 세계 질서를 이미 구축해 놓고 있기 때문이다.

특히 자본주의 모델은 역사상 가장 생산력과 효율성이 높은 경제체제임을 부정하기 어렵다. 다만 자본주의 모델의 큰 축을 이루고 있는 국가주도적 모델과 시장주도적 모델 간의 대립은 문명 간의 충돌이론과 결합하여 현재 미국과 중국 간의 체제 갈등으로 발전하고 있다. 21세기 초반에 우리는 러시아와 우크라이나 간의 전쟁을 목격했지만 보다 본격적인 충돌은 미국과 중국 간에 발생하는 대립과 경쟁 그리고 갈등에서 비롯될 가능성이 높다. 20세기가 자본주의과 공산주의 간의 충돌로 묘사되었다면 21세기의 시작은 시장 자본주의 대 국가 자본주의의 대결로 특징될 것이다.

03

산업 자본주의와 한국

3.1. 유교 자본주의는 있는가?

지리적으로 동아시아에 위치하고 있음에도 불구하고 한국은 근대화 이론의 관점에서 보았을 때 매우 적실성 있는 사례이다. 정치경제 발전론 분야에서 한국의 사례가 교과서에 많이 언급되는 이유는 근대화 이론의 예측이 문화 또는 문명적 배경과 관계없이 구현되고 있음을 보여주고 있기 때문이다. 근대화 이론은 서양 특히 영미적 경험을 바탕으로 이론화되었다는 한계를 가지고 있었다. 청교도적 문화나 해양에 둘러싸여 있는 지정학적이고 구조적인 요인으로 인해 일반화하기 어렵다고 보았다.

사실 1970년대 한국, 대만, 싱가포르 그리고 심지어 일본마저도 서구적 근대화 이론의 변형적 사례로 간주되는 경향이 있었다. 경제적 성장을 도모하였으나 이를 주도했던 권위주의 정권이 지속하며 민주화가 지연되는 동아시아적 사례로 여겨졌던 것이다. 현재 중국의 사례에서 보듯이 민주주의 없는 경제성장과 경제적 자유화, 또는 비자유주의적 권위주의와 국가 자본주의 같은 개념으로 간주되었다.

그런데 1987년 한국이 극적으로 민주화를 성취했다. 대만도 1996년 총통직선제 전환과 1997년의 개헌 그리고 2000년 민진당으로의 정권교체를 계기로 본격 민주화를 시작하여 21세기 현재 세계적으로 높은 수준의 민주주의를 시행하는 국가로 발전했다. 이로써 근대화 이론의 적실성은 역사적 그리고 문화적 차이에도 불구하고 일반화될 수 있는 것으로 재평가 되게 되었다.

사회과학 분야에서 행위자의 행동 동기가 외부에서 주입되는 것인지 아니면 역사적 경험에 의해 내부에서 자발적으로 생성되는 것인지에 관해 신제도주의 이론을 중심으로 논쟁이 있다.[1] 근대화 이론의 적실성이 시대와 공간을 불문하고 인정받는다는 것은 전자에 힘을 실어 주는 것으로 볼 수 있다. 근본적으로 인간은 자신의 이익을 추구하는 합리적 존재이며, 감성을 소유하고 있음에도 불구하고 이성적 판단을 하는 존재라고 보는 것이다. 그리고 이는 서양인과 동양인이 서로 다른 문명 속에서 성장하더라도 결과적으로 동일하다. 인간행동의 동기는 외부에서 투입되며, 인간은 이에 이성적 판단에 따라 행동을 결정하기 때문이다.

이러한 인식은 공동체 중심의 사회에서 개인중심적 사회로의 전환, 아울러 공동체나 국가에 종속된 무력한 개인보다는 개성과 창의성을 가진 자유로운 개인 그리고 국가전체보다는 개인의 재산과 생명 그리고 인권을 중시하는 자유주의로 연결되었다. 그래서 근대화 이론이 지향하는 발전의 최종점은 개인의 자유에 기반한 자본주의와 민주주의였다.

이러한 맥락에서 근대화 이론의 비판자들은 과연 유교적 전통에 오랫동안 노출되었던 중국이나 한국, 대만 등에 서구적 근대화 이론이 발전이론으로서 적용될 수 있을까 하는 의문을 제기했었다. 근대화 이론의 입장은 서양의 경우 봉건적 토지경제하에서 대규모 자본축적이 시작되었고, 이어 부르주아 계층이 주도한 상공업의 발달로 인해 자유주의적 근대화가 시작되었다는 것이었다.

그런데 동아시아에서는 봉건제적 경제의 시기도 부르주아 중심의 자유주의 혁명도 역사적으로 나타나지 않았다. 굳이 배링턴 무어Barrington Moore[2]의 분류를 따른다면 동아시아의 경우는 독일과 같은 우파독재(파시즘)나 러시아 같은 좌파독재(공산주의)에 의해 근대화의 경로로 진입했다고 볼 수 있었다. 영국, 프랑스 그리고 미국이 걸었던 주류적 경로, 즉 '민주주의와 자본주의' 경로는 적용될 수 없었다. 부르주아가 주도하는 자발적 경제성장과 자유주의와 민주주의의 발전은 동아시아에서 나타나지 않았다. 그래서 비판론자들은 대안적으로 동아시아 국가들의 경제적 발전요인을 가족에 기반한 유교적 공동체 문화에서 찾고자 했다. 동아시아의 근대화는 토지귀족과 엘리트 관료제가 주도한 위에서부터 아래로의 국가주도적 과정이었다는 것이다.

싱가포르의 리관유 수상이나 말레이시아의 마하티르 수상 등은 유교 등에 기반한 아시아의 문화가 서유럽의 그것과 다르며, 오히려 그 다름이 빠르고 안정적인 경제적 성장에 도움이 된다고 주장했다. 예컨대 가족에 기반한 유교적 문화는 위계적 질서를 바탕으로 사회적 안정을 도모하고, 무질서한 경쟁보다는 화합과 협력을 가능하게 한다는 것이다.[3] 그리고 개인보다는 국가 공동체의 번영을 우선하게 하여 계층 간의 균형잡인 번영을 이루게 한다고 강조했다. 따라서 경제적 발전이 성취되더라도 서구의 무질서한 자유 민주주의보다는 다소 권위주의적이지만 비자유주의적 민주주의 체제가 정당화되어도 무방하다고 보았다.

이러한 주장이 일부 지지를 얻고 있음에도 불구하고 이론적 차원에서 더 이상 적실하다고 보기 어렵게 된 사례가 바로 한국과 대만이다. 두 나라는 문명사적으로 유교권에 속하지만 21세기 현재 과거와는 달리 상대적으로 자유주의적인 정치경제적 제도를 운영하고 있기 때문이다.

한국과 대만의 자본주의는 영미적 근대화론과 맥락을 함께 한다기보다는 유교적 문화속에서 발달한 것이라는 소위 '유교 자본주의론'이 한 때 제기된 바 있다. 이러한 이론적 의견을 주도한 대표적인 학자가 하버드대학의 뚜웨이밍 교수였다.[4] 그는 일본, 한국, 대만, 싱가포르 등 '동아시아 4용'의 경제적 발전은 유교적 가치관에 기반한 자본주의에 기인한 것이라고 주장했다.

막스 베버Max Weber[5]는 근대화 이론의 관점에서 서구 자본주의와 청교도 문화 사이의 상관관계를 강조한 바 있다. 근검, 청빈, 근면 등을 강조하는 청교도의 종교적 신조가 카톨릭에 기초한 서구 중세의 봉건적 질서를 무너뜨리고 합리적인 자본주의를 가능케 했다고 주장했다. 막스 베버는 이러한 가치관에 반하는 유교적 문화 속에서는 자본주의가 발전할 수 없었다고 보았다.

그러나 1997년 발생한 아시아 금융위기의 중요한 원인이 정실 자본주의였고 이는 유교가 강조하는 가족주의 그리고 합리성을 결핍한 위계적 사회질서와도 깊은 관련이 있었다. 유교적 네트워크 시스템이 지인들 간의 사회적 신뢰를 구축하여 거래비용을 감축시키는 긍정적인 효과도 있었지만 이것이 이들 간의 부패로 타락하는 경향이 있었던 것도 사실이다. 서로 모르는 타인 간의 신뢰 교환은 거래비용을 낮추어 주지만, 혈연 및 지연을 중심으로 한 지인들 간의 배타적 신뢰 교환은 부정적인 효과가 더 많았다.[6] 합리성에 기반한 비판이나 공정한 경쟁이 이루어지지 않는 것은 결국 경제적 효율성을 하락시키는 부작용도 유발했다. 게다가 공동체의 미덕을 강조하는 경향은 결국 한 국가나 사회의 엘리트들에게 기득권을 선사하여 일반 개인이나 시민들의 사유가 발현하는 것을 억압하는 측면이 있었다.

'유교 자본주의론'은 동아시아의 자본주의 문화가 서구의 그것과는 다른 색깔을 가지고 있다는 점을 설명하는데 유용하다. 하지만 중요한 한계를 가지고 있다. 부정할 수 없는 것은 유교는 사농공상士農工商적 사회적 질서의 변경을 용납하지 않았으며, 이는 계층 간의 이동이나 사회의 변화 그리고 개인의 자유를 제약하는 요인이 되었다는 점이다. 이 점은 근대화 이론에서 매우 중요한 요소이다. 서구에서는 상공업에 종사하는 중산 시민 계층이 등장하여 토지 기반의 정치 기득권자인 왕과 귀족에 대항한 것이 사회변동의 중요한 원동력이었다. 이들은 의회 민주주의와 부르주아 혁명의 성공을 주도한 세력이 되었다. 경제적 부를 도구로 정치적 독재에 대항할 수 있었기 때문에 자본주의와 민주주의가 발전할 수 있었다.

중국을 비롯한 유교주의 국가들이 상공업을 계층적으로 억제한 이유는 계급적 우위를 점했던 사와 농의 사회 지배권을 보호하기 위한 목적에서였다. 이들은 공과 상이 부를 획득하여 자신들의 기득권에 도전하는 것을 허용하지 않았다. 시장에 대한 각종 인허가권을 국가가 장악하고 통제했다. 시장의 자율적인 자원분배 기능을 용납하지 않았다. 그리고 개인의 세속적이고 물질적인 이익의 추구를 비하했으며, 다른 한편으로는 물질적 이익의 혜택을 자신들이 독점하는 것을 이념적으로 정당화했다.

근대화 이론에 입각한 자본주의론은 단순히 자본축적에 관한 것이 아니다. 근대화론은 자본주의의 등장이 결국 사회정치적으로 자유주의와 민주주의를 시민들에게 선사하게 된 과정을 설명하는 것이다. 물론 개인중심적인 자유주의가 국가 중심주의보다 무조건 가치부여적인 것이라고 단정할 수는 없다. 그러나 한국, 대만, 싱가포르의 경우 경제성장이 서구적 교육제도와 경제제도 그리고 특히 한국의 경우 개신교를 비롯한 서구적 문화가 본격적으로 활성화되고 정착된 1960년대부터 시작되었다는 점에 주목할 필요가 있다. 이 시기부터 서구적 근대화 과정이 본격 시작되었다.

국가가 초기 경제성장 단계에서 선도적 역할을 수행했다는 점은 영국이나 프랑스도 예외는 아니었다.[7] 이러한 중상주의적 단계를 거쳐 일단 경제성장이 일어나자 부르주아 계층이 형성되었고 이들이 자유주의적 진화의 주역이 되었던 것이다. 동아시아에서도 초기 단계에는 국가가 핵심적 역할을 수행했지만, 일단 경제성장이 성숙되고 시민계층이 형성되자 이들이 자유주의와 민주주의 혁명의 주역이 되었다. 결국 영미적 근대화 경로와 유사한 과정이 지연되어 나타난 것이다.

요컨대, 동아시아의 경제성장은 유교적 문화가 퇴조하고 서구적 문화가 유입된 이후에 시작되었다. 동아시아의 자본주의는 제2차 세계대전 이후 서양의 체제를 답습하여 진행된 것이다. 전후 미국은 자유주의에 입각한 금융 및 무역 체제를 구축하였고 동아시아의 국가들은 여기에 참여할 것을 사실상 강요받았다. 달리 선택의 여지가 없었다. 이러한 국제제도에 참여하기 위해서는 자유주의적 모델에 따라 자국의 체제를 호환성 있게 정비할 수밖에 없었다.

유교문화론은 결과론적 설명에 과도하게 의존하고 선택적으로 근거자료를 채택하고 있다는 한계가 있다. 사실 이러한 문제는 막스 베버의 프로테스탄트 자본주의 발전론에서도 나타나고 있다. 다만 유교가 서양의 프로테스탄티즘과 마찬가지로 자본주의적 경제성장의 초기단계에 유용한 문화적 제도를 제공했다는 해석을 제공하는 것으로 충분하다. 유교 자본주의론이 근대화 이론의 가장 주류적 입장인 사회중심적 근대화 경로의 동아시아적 적실성을 완전하게 부정할 정도로 결정적인 논거를 제시한다고 보기는 어렵다.

3.2. 냉전과 한국 자본주의의 발전

한 나라의 경제발전 원인을 완벽하게 설명할 수 있는 이론은 없다. 사회과학계에서 일반적으로 논의되고 있는 지적 흐름을 볼 때, 먼저 구조 아니면 행위자를 중심으로 분석하는 방법과 국가 아니면 시장의 역할을 중심으로 설명하는 방법이 가장 많이 이루어지고 있다.

구조와 행위자 중심의 분석에서 구조란 거시적 국제정치경제 구조나 제도 또는 시스템을 가리킨다. 행위자란 개별국가나 그 안의 시장에서 활동하는 개인들을 지칭한다. 구조를 강조하는 시각은 전 세계적인 국제정세의 역학에 따라 특정 국가의 경제발전이 이루어지거나 몰락하는 현상이 발생한다고 본다. 따라서 개별국가가 자력으로 경제발전을 도모할 수 있는 여력은 매우 제한적일 수밖에 없다는 관점이다. 더 단순화해서 표현한다면 열심히 노력하는 것만으로는 경제적 성장을 달성할 수 없다는 것이다. 선진국이 전략적 판단에 따라 경제발전에 필요한 자원을 후발국에게 제공했을 때 비로소 경제성장이 이루어질 수 있을 뿐이라고 보는 입장이다. 극단적으로 일국의 발전에는 행운이 가장 필요하다는 주장도 가능하다.

행위자 중심의 이론들은 국제정세의 역학 관계에도 불구하고 개별국가가 세계적 발전의 흐름에 스스로 올라탈 수 있는 자발적 역량을 성취했을 때 비로소 경제성장이 가능하다고 보는 입장이다. 이 입장은 한 국가가 교육등 발전에 필요한 조건을 갖추기 위해 어떻게 준비되어야 하는지를 강조한다.

이러한 행위자 중심의 이론에서 주목하는 것이 국가와 시장이라는 두 가지 요소이다. 먼저 국가를 주된 발전의 행위자로 보는 시각은 국가가, 즉 정부가 발전자원을 시장과 사회에 분배하기 위한 정치경제적 역할을 효과적으로 수행하는 것이 중요하다고 본다. 반면 시장중심의 입장은 자원의 분배를 시장의 자율적 기능, 즉 시장 행위자들의 선택과 교환기능에 의해 자동적으로 이루어지도록 정부가 간섭하지 않는 것이 바람직하다는 것이다. 그리고 이 두 가지 입장에 대한 절충적 이론, 예컨대 신제도주의 경제학은 대체로 시장의 자율적인 기능의 보장에 중점을 두면서도 정부가 경제발전에 적합한 제도를 선제적으로 설계하고 운용하는 것이 중요하다는 입장을 강조한다.[8]

행위자 중심의 관점에 관해서는 다음 절에서 다루기로 하고 우선 한국의 경제성장을 가능케 한 구조적 요인에 관해 살펴보면 다음과 같다. 사실 대한민국의 경제성장은 매우 예외적인 사례로 꼽힐 수 있다. 동·서 진영 간 냉전에 의해 발생한 한국전쟁의 피해자이면서 동시에 그 이후에 미국과 소련 간 전개된 체제경쟁 속에서 자유진영의 국가들로부터 정치경제적 지원을 받아 경제발전에 성공한 사례라 할 수 있기 때문이다.

대한민국은 1945년 제2차 세계대전이 끝나고 북한과 분단된 채로 1948년 8월에 정부를 수립했다. 약 3년간 진행된 미군정 기간 동안 미국은 남한을 정치, 경제 산업적 측면에서 어떻게 처리할 것인가에 대해 많은 고민을 했던 것으로 보인다. 물론 하나는 확고했다. 미국은 제2차 세계대전 이후 독립한 신생국인 대한민국을 새로이 등장한 이념적 라이벌인 소련과의 경쟁에서 중요한 성공 사례로 활용하고자 했다. 당시 트루먼 대통령은 한반도를 민주주의와 공산주의가 대결하는 이념적 실험장으로 간주했다. 그리하여 남한이 공산주의에 대항하는 민주주의의 횃불이 되어야 한다고 주장했다.[9] 미국이 해방 후 남한에 원조를 제공하여 사회안정화와 경제성장 그리고 민주주의의 성공을 도모하려 했던 것은 미국의 이러한 이념적 의도 때문이었다.

그런데 문제는 경제산업적 방법에 관한 것이었다. 남한이 자립적인 성장을 달성하도록 도울 것인지, 아니면 일본을 중심으로 한 아시아 전체의 통합적 발전계획의 일부로 편입할 것인지에 관한 논쟁이 발생했다. 우선 미국의 외교를 담당하는 국무부 및 CIA의 입장과 냉전시기 군사정책을 집행하는 국방부 및 육군부의 입장이 달랐다.[10]

외교적 관점을 중시하는 국무부는 한국의 자립적 경제성장이 가능하다면 이를 도와야 한다는 입장이었다. 이와 관련하여 전후 마셜플랜을 책임지던 대통령 직속 기관인 미국경제 협조처, 즉 ECA: Economic Cooperation Administration은 남한에서 정부가 수립되면 미군이 철수해야 하고 남한이 스스로를 지킬 수 있도록 도와야 한다고 주장하기도 했다. 이것이 가능하다고 보았던 이유는 일본이 식민통치 기간 동안 한반도에 남겼던 공업적 기반 때문이었다. 이러한 산업적 자본을 남한이 활용한다면 자발적 경제성장이 가능하다고 본 것이다.

그러나 남한의 자립적 부흥계획은 국방부와 육군부의 반대로 좌절되었다. 1949년 중국이 공산화되자 미군은 아시아 전체를 대상으로 한 지역통합 전략을 구상했다. 일본과 인도를 중심으로 아시아의 경제산업 질서를 구축해야 한다고 주장했다. 따라서 남한은 일본의 경제산업권에 편입될 필요가 생겼다. 남한에 공업시설을 증설하는 것보다는 일본의 산업적 배후지대로 남는 것이 바람직하다고 보았다. 이러한 맥락에서 남한은 공업보다는 농업경제로 남아 식량자급을 풍족히 하여 사회적 안정화를 도모하는 것이 낫다고 보았다.

한국전쟁의 발발로 인해 ECA의 한국경제 자립계획은 무산화 되었다. 미국의 대한 원조는 군사원조 중심으로 재편되었고, 대한반도 정책의 핵심은 군사원조로 전환되었다. 1955년부터 1978년까지 대만과 남한이 미국으로부터 받은 군사적 지원은 총 90억 달러를 상회했다. 당시 남미와 아프리카 국가들이 받았던 금액이 32억 달러였던 것과 비교하면 현격하게 많은 금액이었다. 그리고 1954-1978년 동안 구소련이 개도국에게 경제원조 총액이 76억 달러였던 것과 비교해도 여전히 높은 금액이었다. 1955-1978년 동안 구소련이 개도국에게 보낸 군사적 지원 총액이 253억 불이었다는 것을 감안한다면 남한과 대만이 냉전의 정점에 해당하는 기간 동안 미국으로부터 상당히 많은 양의 군사원조를 획득하였음을 짐작할 수 있다.[11]

3.3. 냉전 체제와 박정희 정권의 역할

그렇다면 대한민국의 경이적인 경제성장은 냉전시기 미국의 이익을 위해 집행된 대규모 원조의 부수적이고 우연한 결과로 보아야 하는가? 만일 그렇다면 미국의 위성국가적 위치에 있었던 남미나 여타 지역의 국가들은 왜 막대한 원조에도 불구하고 경제적 성장을 성취하지 못했는가? 이러한 질문에 대한 답을 구하기 위해서는 행위자로서의 대한민국 특히 정부와 기업가 그리고 시민들의 역할을 분석해야 할 필요가 있다.

위에서도 보았듯이 한국전쟁 후 미국의 한국에 대한 입장은 거의 진적으로 군사안보적인 것이었다. 일본은 미국의 군사적 및 산업적 이익에 매우 중요한 나라였지만 남한은 중국과 소련 등 공산주의 세력의 남하를 봉쇄하는 군사적 기지의 성격이 더 강했다. 그런데 굴욕적인 일본 식민시대를 경험한 남한의 시민들과 정치 지도자들은 다시 일본에 부속되는 국가로 전락하기를 원하지 않았다. 자생적인 산업 체제를 육성하여 자립적인 나라로 성장하고자 끊임없이 노력했다.

상대적으로 박정희 대통령에 비해 덜 조명되었지만 이러한 노력은 이승만 정부 말기부터 이미 시작되었다. 사실 이승만이 얼마나 산업발전에 적극적이었던지에 관해서는 다소 논란이 있고 아직도 정확하게 규명되어야 할 사실들이 많다. 미국에서 교육을 받았던 이승만은 근본적으로 시장주의자였고 따라서 정부주도의 경제개발 계획에도 사회주의적이라며 부정적인 입장을 가지고 있었다.

당시 개발원조를 제공하던 UN이나 미국은 남한 정부가 경제개발 계획 등을 수립하여 보다 체계적으로 경제성장 프로그램을 추진할 것을 요구했다. 1952년 UN의 국제연합한국재건단UNKRA의 의뢰를 받은 미국 네이선Nathan협회는 경제부흥 5개년 계획을 제안했다. 또 1953년 대한원조지침 수립을 준비하던 미국 타스카Tasca 사절단은 남한의 재정 적자 보전 및 종합경제 부흥 3개년 계획을 수립하여 제공했다. 이어 전쟁이 끝나자 부흥부 전신인 기획처는 경제부흥 5개년 계획을 수립했다.

그러나 정부주도의 계획경제에 반감을 가지고 있던 이승만의 반대로 경제개발 계획은 실제로 추진되지 않았다. 다만 미국의 타스카 원조 계획에 의해 제공된 원조금 2억 5천 8백만 달러의 절반 이상을 사회간접자본과 기간산업에 투입하여 수입대체 산업화를 추진하는데 사용했다. 이승만은 수입대체 산업화가 성숙하면 자연스럽게 수출산업으로 전환할 수 있다고 보았던 것이다.

전후 사회적 안정성을 강조하던 미국은 원조금이 산업화 프로그램에 과도하게 투입되는 것에 동의하지 않았다. 그럼에도 불구하고 이승만정부는 약 10년간의 수입대체 산업화 기간을 거친 후 1950년대 후반기에 들어 점차 수출주도적 산업단계로 이전하는데 관심을 갖기 시작했다. 이를 위해 1960년에 경제개발 3개년 계획을 수립했고 이에 앞서 1955년에는 산업경제의 부흥을 계획하고 주도할 부흥부를 설치했다. 그리고 미국이 요구하던 대로 일본과의 외교관계를 개선하고 독일등에 요청하여 경제성장에 필요한 원조를 확보하고자 했다.

그러나 이승만 정부의 이러한 계획은 1960년 발생한 4.19 혁명으로 그가 대통령직에서 하야함으로써 지속되지 못했다. 이를 계승한 것은 1961년 쿠데타를 통해 집권한 박정희 정권이었다. 당초 박정희는 국내에 경제발전을 위해 필요한 발전자원 특히 금전적 자원이 충분히 있다고 판단했다. 지하금융에 묶여 있는 이것을 찾기만 한다면 세금으로 환수해서 정부가 재정집행을 늘려 산업을 육성할 수 있다고 보았다. 그래서 부정 축재자들을 처벌하는 등 이를 색출하기 위한 강력한 조치들을 집행했다.

그러나 결국 그런 자금은 없었다. 실제 국내에 경제발전을 도모할 자금은 충분하게 존재하지 않았다. 게다가 박정희 개인의 사상적 배경을 의심한 미국은 한국에 집행되던 원조를 줄이는 움직임까지 나타났다. 결국 박정희 군사정권은 1962년부터 산업정책의 전환을 모색했고 1963년 민정이양과 새 정부 수립을 계기로 수출주도적 산업화 정책을 추진하기에 이른다.

대한민국의 산업화를 가능케 한 것이 바로 박정희 정부하에서 이루어진 대외지향적 산업화 전략이었다. 냉전 체제하에서 미국은 소련과 체제경쟁을 해야 했다. 중요한 과제 중의 하나가 자신들의 위성국가들을 조속하게 경제적으로 성장시키는 작업이었다. 한국은 일본, 대만과 더불어 미국이 전략적으로 지원할 대상 중의 하나였다. 미국은 이들 국가에게 경제성장에 필요한 원조를 제공하고 자국의 거대한 시장에 진출할 수 있도록 허락했다.

박정희는 이승만처럼 일본을 뛰어넘어 미국과 직접 상대하려는 생각을 하지 않았다. 오히려 과거 자신의 만주군 시절에 구축한 네트워크를 활용하여 일본을 한국 산업화의 지원세력으로 이용하는 전략을 폈다. 일제 치하에서 성장했고 서구유학 경험이 없었던 박정희는 미국과 연결되는 인맥도 없었다. 그러나 궁극적으로 경제성장을 위해서는 미국의 지원이 필요하다는 점을 인지하고 있었고, 따라서 미국이 한국을 지원하도록 설득할 수 있는 정책을 폈다.

우선 1965년 일본과 국교를 수립하고 관계를 개선했다. 그리고 베트남 전쟁이 발생하자 한국군을 파견하여 미국과 혈명관계를 구축했다. 일본으로부터 약 7억 달러에 달하는 유·무상 차관을 도입하여 고속도로와 포항제철 등 기간산업 시설을 건설했다.[12] 이승만 정부가 추진했던 독일로부터의 원조도입도 성공적으로 추진했다. 그리고 무엇보다도 집권한 이후에 이승만 정부로부터 승계했던 수입대체 산업화 전략을 포기했다. 균형성장 이론과 수입대체 산업화에 기초한 소위 '내포적 공업화'론을 포기하고 불균형 성장이론과 수출경제 주도적 산업화 정책으로 전환했다.[13]

수입대체 산업화 정책은 수입에 의존하는 공업품의 국산화를 통해 산업화를 도모하는 전략이다. 보통 국내 산업의 보호를 위해 관세장벽을 세우는 등 자유로운 수입을 제한한다. 다만 단기적으로 국내 일자리가 증가하는 등의 효과가 있어 정치적으로 인기가 높을 수 있다. 그러나 장기적으로는 보호받은 국내산업의 수출 경쟁력이 약화되는 부작용이 있고, 기업들이 산업의 보호를 위해 정부에 로비를 벌이는 과정에서 정경유착이 발생할 소지도 크다. 따라서 수출주도 산업화 전략에 비해 반시장적인 정책으로 간주된다.

반면 수출주도적 산업화 정책은 미국이 선호하는 시장경제 체제와 호환성이 높았다. 해외로부터 자본과 기술등 생산재와 중간재를 도입하고 국내의 풍부한 양질의 노동력을 투입함으로써 부가가치를 창출하여 수출하는 전략이었다. 이 전략은 관세에 의존하기보다는 환율 같은 금융정책을 이용하고 개방적인 수출입 정책을 견지한다. 관세장벽 등을 이용하는 수입대체 산업화에 비해 상대적으로 친시장적인 방식이다.

이러한 친시장적 산업화 전략을 활용함으로써 박정희는 미국에 친미적인 이미지를 심을 수 있었다. 제2차 세계대전 동안 독일과 일본 등 국가 자본주의와 전쟁을 했고 그 후에는 소련이라는 사회주의 계획경제와 경쟁을 했던 미국은 이념적으로 자유 민주주의와 시장 자본주의를 확산하고자 매진했다. 박정희는 미국과 호환되는 자본주의 체제를 만들고 경제성장이 이루어지면 남한도 결국 자유 민주주의로 전환할 것이라는 가능성을 보여주며 설득했다.

이로써 박정희는 냉전구조 속에서 미국의 지원하에 초기 경제성장을 성공적으로 달성할 수 있었다. 미국은 친미적 신흥국가들에게 제공하는 일반 특혜관세Generalized System of Preference혜택을 부여하여 한국으로 하여금 상대적으로 낮은 관세를 내고 미국에 상품을 수출할 수 있도록 허락했다. 또한 개도국에게 차등적이고 특혜적인 대우를 규정한 권능조항Enabling Clause을 적용하여 GATT의 중요한 원칙 중의 하나인 무역당사국 상호 간 최혜국 대우 원칙을 미국에 제공하지 않은 채 미국 수출시 일방적으로 혜택을 누릴 수 있게 했다.

독일, 일본, 대만 그리고 한국은 미국의 소비자가 필요로 하는 소비재를 미국에 수출하고, 미국의 군수품과 달러를 사용하며, 군사안보적 보호와 협력을 상호 교환했다. 박정희는 민주주의적인 지도자는 아니었다. 비자유주의적이고 형식적인 민주주의를 운용했다. 그럼에도 불구하고 미국은 국제자본의 투자가 이루어질 수 있는 국내정치의 안정 그리고 공산세력의 남하를 저지할 수 있는 군사력을 담보할 수 있는 범위

내에서 박정희 정권을 지지했다.

비록 박정희 대통령에 대한 정치적 평가는 복합적이지만, 그럼에도 불구하고 경제성장의 측면에서는 긍정적인 평가가 지배적이다. 그 이유는 당시의 국제정세에 걸맞은 정치적 그리고 경제정책적 전환을 통해 적극적으로 선진 강대국의 이념적, 물적 지원을 획득했기 때문이다.

신고전파 경제학이든 케인지언주의든 경제성장을 도모하기 위해 필요한 요소로서 투자를 강조한다. 다만 그 투자의 주체를 민간의 자율에 맡길 것인지 아니면 국가가 주도할 것인지의 차이만 있을 뿐이다. 박정희정부는 투자를 위한 자본을 획득함에 있어 괄목할 만한 능력을 보여주었다. 1960년대 후반 베트남에 파병을 하거나 1970년대 중동에 건설인력을 송출한 것도 이러한 맥락에서 설명될 수 있다.

분명 남한은 냉전 체제의 희생자였음이 분명했다. 그러나 중요한 것은 이러한 불리한 여건을 유리한 조건으로 전환시키는 것이 국가의 역할이라고 한다면 1953년 '한미상호방위조약'을 얻어낸 이승만 그리고 경제성장에 필요한 자원을 미국, 일본, 독일로부터 성공적으로 획득한 박정희의 역할에 대해 긍정적인 평가를 아낄 이유가 없다. 이들은 한국전 후 미국의 입장에서 볼 때 단지 군사기지에 불과했던 남한을 일본과 경쟁할 수 있는 산업기지로 전환시키는데 결정적으로 기여한 정치지도자였다.

3.4. 한국 자본주의와 국가

경제성장의 초기단계가 성취된 박정희 정권하에서 자본주의는 어떻게 정의될 수 있을까? 이에 대한 가장 정확한 답은 중상주의적 성격의 국가 자본주의이다. 1987년 민주화를 거치고 1997년 아시아 금융위기를 거치면서 대한민국이 성숙한 자유 민주주의 그리고 시장 자본주의 체제로 탈바꿈했지만 그 이전까지의 모습은 자유주의적이지 못했다. 무엇보다도 개인보다는 국가의 이익이 강조되었다.

안보적으로 냉엄했던 냉전 기간 동안 경제성장의 초기단계를 경험한 한국은 자유주의적이기에는 여전히 여건이 녹록하지 않았다. 표면적으로는 자유 민주주의 체제였지만 국가의 힘이 시장과 사회를 억누르는 모습이었다. 냉전 체제하에서 공산세력과 직접 마주한 상황에서 불가피한 선택이었는지도 모른다. 그런데 적어도 경제발전 초기단계에 국가 자본주의적 전략은 성공적으로 작동했다. 나아가 결과적으로 근대화 이론이 주장했던 것처럼 경제성장이 일단 달성되자 자유로운 사회와 시장이 만들어졌고 이후 민주주의가 성취되었다.

한국의 경제성장 과정에서 발휘된 정부의 역할을 분석하는 학술적 시각은 다음과 같이 두 가지 부류이다. 경제성장에 있어서 정부의 역할을 강조하는 대표적인 이론은 발전국가론과 신제도주의 경제이론이다. 전자는 경제성장을 위한 정부의 정치행정적 역할을 조명하고 있다.[14] 후자는 신고전파 경제학의 관점에서 시장이 효율적으로 작동할 수 있도록 정부가 제도를 설치하고 운용하는 역할을 분석한다.[15]

먼저 발전국가론의 입장을 살펴보면 다음과 같다. 시장에 대한 정부의 간섭이나 개입을 강조하는 이유는 자율적 시장의 실패 가능성 때문이다. 시장의 독립성을 강조하는 고전파 및 신고전파 경제학의 입장은 수요공급 원리에 따라 시장의 가격이 자동으로 작동하도록 국가나 정부가 간섭하지 말라는 것이다. 그리고 경제운용의 시작점을 수요가 아니라 공급에서 찾는다. 세이의 법칙이 말해주듯이 시장에서 공급기능이 원활하게 작동하면 수요도 창출될 수 있기 때문이다.

그런데 현실에서는 이러한 수요와 공급의 자동 메커니즘이 잘 작동하지 않을 수 있다. 특히 자율적으로 작동할 수 있는 시장이 존재하지 않는 경제발전 초기 단계이거나 전쟁, 그리고 경제공황 이후의 상황일 경우에 그러하다. 이러한 상황을 극복하기 위해서는 시장에 대한 국가 특히 정부의 역할이 중요하다는 주장이 존 메이너드 케인즈John Maynard Keynes나 프리드리히 리스트Friedrich List등에 의해 주장된 바 있다.[16] 케인즈는 주로 경제학적 관점에서 반면에 리스트는 중상주의 정치경제학적 관점에서 각각 이러한 주장을 전개했다.

이 두 주장의 공통점은 시장의 자율기능이 완벽하지 않다고 보는 것이다. 수요와 공급 메커니즘이 자동으로 최적의 시장가격을 찾아 갈 수는 없으며 이를 위해서는 국가의 간섭이 필요하다고 본다. 그리고 시장의 공급기능만 강조할 경우 투자자의 자발적 의지에만 기댈 수밖에 없고, 위기감을 느끼는 소비자들이 지갑을 닫게 되면 공급→수요→공급의 선순환은 발생하기 어려워진다는 것이다.

이러한 문제를 해결하기 위해서는 정부의 시장개입이 불가피하다고 주장한다. 특히 경제성장 초기단계에 그러하다는 것이 국가 간섭론자들의 주장이다. 따라서 정부가 재정정책을 동원하여 거시적으로 수요를 창출하는 균형성장 정책을 펴거나 아니면 전후방 파급효과가 큰 전략산업에 자원을 집중 투자하는 불균형 성장정책을 동원할 필요가 있다.

그런데 이러한 국가개입을 시도하는 경우 중요한 정치적 조건이 있다. 국가의 강한 자율성state autonomy이다. 일반적으로 정치적 제도화의 수준이 높은 국가일수록 정책의 수립 및 집행과정을 사회로부터의 불필요한 영향력에 좌우되지 않도록 격리insulate하는 능력이 요구된다.[17] 특히 신생국가들의 경우 토착 기득권의 영향이 강해 국가가 이들 사회

세력의 이익추구 행위에 포획될 수 있다. 이를 방지하기 위해서는 정부나 의회가 후견주의clientelism에 의해 침해되지 않도록 하는 것이 중요하다.

또 하나는 정부의 능력이다. 남미를 연구한 종속이론가들은 동아시아의 국가들이 외부지향적인 경제성장을 도모하였음에도 불구하고 강대국에 종속되지 않고 성공적으로 경제성장을 도모할 수 있었던 이유를 '국가주도적 전략state-led strategy'에서 찾았다.[18] 구체적으로는 국가가 선택적으로 간섭할 수 있는 능력, 시장을 지도할 수 있는 능력 그리고 수출주도적 산업화 전략을 위주로 하면서도 전략산업 육성을 위해 적절하게 수입대체 산업화를 병행할 수 있는 능력이다. 국가가 성공적으로 시장에 간섭할 수 있다면 거래비용을 축소할 수 있어 효율적이라는 발상이다.

이와 같은 전략적 간섭을 국가가 시행하기 위해서는 국가의 능력이 필요하다. 구체적으로는 국가를 운용하는 정치 리더 및 관료의 능력이 중요하다. 동아시아의 경우 유교적 문화의 영향으로 고시를 통해 충원된 우수인재들이 민간부문보다는 정부 등 공적부문에 우선 충원되었다. 이들은 학연 및 지연으로 연결된 민간부문의 엘리트를 지휘하며 고도의 국가 자율성을 구사했다.

한편 보다 시장주의적 입장에서 시장에 대한 국가의 역할을 강조하는 이론은 내생적 성장이론과 신제도주의 이론이다. 내생적 성장이론은 신고전파 경제학의 가정에 기초해 있다. 당초 솔로우Robert M. Solow의 성장이론에 따르면 개방된 경제가 외국으로부터 더 많은 투자를 유치함으로써 성장을 이룰 수 있다는 것이었다. 여기서 중요한 것은 노동과 자본과 기술 혁신이 외생적 요소exogenous factor인데 이들이 원활하게 공급되기 위해서는 시장의 개방성이 중요하다는 것이다. 특히 기술혁신을 위해 그러하다. 노동과 자본은 초기에는 투입효과가 크지만 장기적으로는 체감이 발생한다. 이를 극복하기 위해서는 기술혁신이 필요하다고 본다.[19]

그런데 로머Paul M. Romer[20]는 수정주의적 관점에서 내생적endogenous 성장이론을 제시했다. 솔로우는 외생적 변수인 지식을 일종의 공공재로 취급했다. 결국 지식은 비용없이 획득되는 것이라고 본 것이다. 반면 로머는 기술혁신을 위한 지식은 많은 경우 사적인 기업에 의해 생산되어 확산되는 것이라고 보았다. 그래서 지식은 재산권의 일부가 되며 따라서 공짜가 아니다. 기술변화는 인적자원과 R&D에 대한 투자로 산출되는 것이다. 따라서 이를 촉진시킬 국가 차원의 정책이 중요하다고 주장한다.

이러한 관점에서 본다면 이러한 내적 성장요소를 만들어내는 역할을 정부가 적극적으로 수행하는 것이 중요하다. 특히 기술을 개발할 수 있는 인적자원을 육성하고 기술에 투자하는 정책을 집행하는 역할을 정부가 수행해야 한다.

신제도주의 경제학도 유사한 관심을 가지고 있지만 이 이론은 정책보다는 유형무형의 경제관련 제도를 만들어 내는 정부의 역할에 주목한다. 신제도주의에서 강조하는 성장지향적 경제제도는 사적 재산권의 허용, 대외지향성, 신분계급의 타파, 교육열, 효율적 공무원 제도 같은 것들이다. 이러한 제도가 어떤 성격을 가지고 어떻게 운용되는가에 따라 같은 시장경제라도 성취도가 다르게 나타난다는 것이다.[21]

이러한 제도를 설계하고 제도화하는 것이 정부의 역할이다. 앞에서 설명한 발전국가론처럼 국가가 시장에 직접 간섭하는 것이 아니고 제도를 친시장적으로 설계하고 집행하는 정부의 역할이 중요하다. 기본적으로 정부는 시장을 통솔하고 억압하는 존재가 아니라 시장이 독립적으로 잘 작동할 수 있도록 지원자의 역할을 하라는 것으로 이해할 수 있다.

한국의 압축적 경제성장 그리고 자본주의의 발전을 설명하는 과정에서 정부의 역할이 중요하게 언급되는 이유는 경제성장 단계별로 정부의 역할이 적절하게 변화했기 때문이다. 초기에는 발전국가적 역할을 그리고 경제성장이 성숙화되고 정치가 민주화된 이후에는 시장확대적market-augmenting 역할을 단계별로 잘 수행했기 때문이다. 이 두 가지 모델 중 하나만을 가지고 한국 경제발전에서 있어서 정부의 역할을 전적으로 설명할 수는 없다. 두 가지 특성이 모두 존재한다. 중요한 것은 정치경제적 성숙단계에 따라 정부의 역할을 전환하는 데 성공했다는 점이다.

초기에 존재했던 발전국가 모델은 정치적으로 권위주의 모델과 친화성을 가진다. 국가가 성장에 필요한 발전자원을 직접 할당allocation하기 때문이다. 자원분배 권한은 곧 국가의 권력이다. 국가가 권력을 과도하게 보유하면 정치도 권위주의화 한다. 반면 후반기에 나타났던 시장확대적 국가는 이러한 할당권한을 포기한 것이다.

국가가 이러한 권한을 내려놓게 되는 원인은 정치적 민주화이다. 권위주의 정부는 자본을 분배하지 않고 축적하며 소수의 효율적인 엘리트 시장행위자에게 몰아준다. 그리고 이러한 방식으로 창출된 지대rent를 시장에 제공하여 권력을 강화한다. 그러나 민주화가 되면서 이것이 불가능해지고 분배가 일어나며 형평이 제고된다. 발전자원은 시장행위자들이 경쟁을 통해 획득하는 요소가 된다. 여기서 요구되는 정부의 역할은 공정한 시장의 감시자이다.

한국의 경제는 이처럼 효율적인 국가 그리고 우수한 노동력을 바탕으로 단기간에 산업화를 성공적으로 달성했다. 그리고 거시적인 차원에서 볼 때 근대화 이론이 예측한 경로를 따랐다. 경제성장이 이루어진 결과 21세기 현재 한국은 가장 발전한 자유주의적 민주주의와 자본주의를 시행하고 있다. 그렇다면 보다 구체적으로 어떻게 자유주의적 사회가 빠르게 만개할 수 있었던 것일까?

3.5. 자유주의로의 대전환: 1987-1997

1987년 6월, 대한민국은 민주화를 맞이했다. 6.29선언을 통해 권위주의 정권을 유지하던 전두환 대통령은 대통령 직선제를 골자로 하는 개헌에 동의했다. 박정희 정권이 들어선 1961년 이후 한국은 권위주의적 정권에 의해 통치되었다. 1979년 10월 26일 발생한 박정희의 암살사건을 계기로 하여 전두환 정권이 들어섰고 또다시 7년 동안 권위주의가 연장되었다. 1987년의 민주화는 군부 권위주의 26년만에 벌어진 역사적 사건이었다.

권위주의 정권이 존재하는 기간 동안 한국은 민주주의 제도를 운영하기는 했으나 그 성격은 비자유주의적이었다. 개인은 국가의 부속물로 여겨졌고 따라서 개인의 자유는 상황에 따라 제약될 수 있었다. 경제성장이라는 성취가 없었다면 26년의 권위주의 통치는 정당화될 수 없었을 것이다. 이 기간 동안 경제적 발전의 기초가 마련되었고 발전국가적 중상주의를 통해 중화학 공업이 육성되었다. 그리고 강력한 군사력을 축적했다.

그러면 왜 한국의 시민들은 성공적인 경제성장의 성취에도 불구하고 권위주의 정부를 버리고 민주화를 택한 것일까? 가장 중요한 원인은 경제성장 과정에서 형성된 중산층의 자유추구 현상이 본격화했기 때문이었다. 이는 근대화 이론이 주장하는 것과 맥락을 같이 한다. 경제성장이 이루어지는 초기 과정에는 이들이 권위주의 정부를 지지했다. 국가의 질서를 수립하고 해외에서 자본을 유치하여 성공적으로 경제성장의 시동을 걸었기 때문이었다. 그런데 경제성장이 성숙화하자 중산층 시민들의 입장에 변화가 생겼다.

무엇보다도 자신의 재산권에 대한 집착이 발생했다. 존 로크가 지적한 대로 개인이 행사할 수 있는 재산권에 관련된 자유는 세 가지이다. 노동을 할 수 있는 신체의 자유, 자신이 축적한 물적 자산, 그리고 종교와 신념의 자유이다.[22] 경제적 성장이 진행됨에 따라 교육받고 재산을 축적한 중산층들은 이러한 재산권과 자유에 대한 관심이 증가했다. 권위주의 정부로부터 자신의 자산을 보호하려 했고, 신체적 억압을 회피하려 했다. 권위주의 정부는 국책사업의 진행을 명분으로 시장가보다 낮은 가격에 토지 등 자산을 수용하는 일이 빈번했다. 그리고 안보를 이유로 개인의 신체적 자유도 제한했다.

또 중요한 것은 경제성장 과정에서 종종 발생하는 불평등과 이에 따른 상대적 박탈감의 증가였다. 발전국가하에서 형성된 재벌 중심의 경제구조는 중산층과 노동자들에게 심리적인 박탈감을 주었다. 국내총생산 GDP는 성장했지만 이들이 느끼는 물질적 충족감은 그 상대적 강도가 미미했다. 박정희 정부 기간 동안 주된 문제는 경제성장을 웃도는 인플레이션이었다. 높은 경제성장률에도 불구하고 그보다 높은 인플레이션이 발생하여 중산층과 노동자들은 임금상승 효과를 체감하기 어려웠다.

전두환 정부 들어 안정화 정책의 도입으로 인플레이션 문제는 어느 정도 해소가 되었다. 그러나 이 정책의 일환으로 긴축정책을 도입하고 임금상승 억제정책을 펴자 재벌기업은 번창했으나 중산층과 노동자들의 체감 소득은 상승하지 않았다. 반면 이미 1980년대 초반에 진행된 중화학 공업 분야의 산업합리화 정책으로 인해 지원대상으로 선택된 재벌기업들은 시장에서 독점적 지위를 확고하게 하였고 막대한 정부의 보조를 받았다. 게다가 때마침 불어온 3저 효과, 즉 저달러(엔화 절상에 따른), 저금리, 저유가에 힘입어 수출은 급증했다. 그럼에도 불구하고 그 혜택이 아래로 흘러내리는 낙수효과는 발생하지 않았다. 이에 중산층과 노동자들의 정권에 대한 불만이 축적되었지만 안기부, 경찰, 군 같은 권위주의 정부의 강력한 억압장치로 인해 공개적인 표출은 불가능했다.

경제적 소득이 증가하면 시민들은 그에 걸맞은 사회적 지위를 획득하고자 한다.[23] 교육, 사치, 레저 등에 소득을 지출하는 것도 이러한 맥락이다. 그러나 경제성장 지상주의하에서 그리고 이어진 긴축정책 기조하에서 이러한 중산층의 욕구분출이 억제되었다. 게다가 중산층의 자유에 대한 관심이 물질적인 것에서 정치적인 것으로 확장되기 시작했다. 국가적 차원에서 물질적 풍요는 증가했으나 개인적 차원에서 상대적 박탈감 역시 증가했다. 그리고 이러한 불만을 자유롭게 표출할 수 있는 정치적 권리에 대한 관심이 증가했다.

중상주의적 발전국가의 최대 수혜자인 재벌들 역시 입장에 변화를 보였다. 그들은 여전히 정부의 지원을 필요로 했다. 그러나 국내시장보다 해외시장에 대한 의존도가 점차로 커지자 정부의 간섭에 피로를 느끼기 시작했다. 재벌기업들은 정부의 지원과 보호의 대가로 권위주의 정부에 막대한 규모의 준조세적 정치자금을 납부해야 했다. 그리고 정치인과 관료들로부터의 통제와 간섭에 염증을 느끼기 시작했다. 이건희 회장이 1995년 베이징 특파원들과의 간담회에서 "우리나라 정치는 4류, 관료와 행정조직은 3류, 기업은 2류다"라고 토로한 것도 이러한 분위기를 시사했던 것으로 볼 수 있다.

결국 재벌들은 해외시장 개척과 수출증대를 명분으로 해외투자를 늘렸고 대우그룹 같은 경우 '세계경영'이라는 구호하에 해외로의 진출을 확대했다. 국내보다 해외 금융기관에서 자금을 조달하기 시작했고 국민기업이라는 국가적 의무에서 벗어나고자 했다.

흥미로운 것은 과거 권위주의적 발전국가의 주역을 담당했던 국가관료들의 입장도 변화가 생겼다는 점이었다. 국가의 규모가 커지면서 부처별 이해관계의 분화가 생겼다. 관료조직이 더 이상 하나의 동일한 집단이 아니었다. 박정희 정부 초기에는 경제기획원의 영향력이 매우 컸다. 그러나 1970년대 중화학 공업화를 진행하면서 산업화 효율성의 문제를 두고 청와대에 반대의견을 개진했던 기획원의 입지는 상대적으로 약화되었다. 반면 공업화 자금을 마련하는 역할을 담당했던 재무부의 권한이 강화되었다.

그런데 전두환 정권이 들어서자 박정희 정권의 성장 위주 정책에 제동이 걸리고 안성 및 긴축에 힘이 실리면서 다시 경제기획원이 중심부처로 부상했다. 경제기획원은 공정거래제도를 입법하여 기존의 예산수립기능에 시장질서를 감독하는 기능을 추가했다. 시장 자본주의 시대의 핵심기관으로 탈바꿈한 것이다. 그리고 후일 김영삼 정부하에서는 재무부를 흡수하여 재정경제원으로 그리고 현재의 기획재정부로 확대개편되었다.

표면적으로는 반정부 시위를 주도한 학생운동과 재야세력이 권위주의 정부의 퇴진을 유발한 핵심요인으로 보이지만 그 이면에서는 이러한 사회적, 정치적 요인들이 작동했다. 1987년에 발생한 박종철군 고문치사건과 이한열군 사망이 6.29 선언의 직접적인 단초를 마련했지만 이러한 구조적 요인들이 중요한 역할을 했음을 간과할 수 없다.

민주화 이후에 정치적 혼란이 여러 번 발생했지만 시민들은 과거의 권위주의 정부로의 회귀를 주장하지 않았다. 그만큼 권위주의에 대한 환멸 그리고 민주주의 체제가 시민들에게 주는 만족감이 높았기 때문일 것이다. 민주주의하에서 이들은 인간이 세속적이고 물질적인 자유 이상의 가치 즉 질 높은 행복을 추구하고 있었다.

그 대표적인 예가 노태우 정부의 사례였다. 6.29 선언으로 탄생한 노태우 정부는 권위주의 정권 이후 탄생한 최초의 민주주의 정부라 할 수 있다. 많은 면에서 발전국가의 모습을 완전하게 탈피하지는 못했으나 민주주의적 요소를 도입하려 노력한 흔적이 강했다. 북방정책을 추진하여 러시아 및 중국 그리고 동유럽 국가들과의 수교를 추진할 근거를 마련했다. 국내적으로는 경제분야에 대한 정부의 간섭을 최소화하려 했고, 역대 정권 최초로 경제민주화를 시도했으며, 노사분규에도 개입하지 않았다.

다만 3저효과가 사라지고 1990년도부터 무역적자가 누적되자 다시 과거의 권위주의적이고 중상주의적 국가의 모습으로 회귀하는 한계를 보였다. 후반기 들어 정부의 산업정책이 강화되었고 노사분규에 대한 개입도 다시 본격화되었다. 결국 노태우 정부는 정권 말기에 과거 지지세력이었던 재벌로부터도 그리고 노동으로부터도 고립되어 위기 관리에 실패한 무력한 정부의 모습으로 퇴진했다.

노태우 정부를 뒤이은 김영삼 정부는 신경제정책을 추진함으로써 전반적으로 신자유주의적인 정책을 전개했다. 핵심은 경제적 자유화를 통한 경제적 민주화의 달성이었다. 시장에 자유를 부여하여 공정한 경쟁이 일어나는 것이 민주화의 지름길이라고 본 것이다. 예컨대 자유경제의 기초를 마련한다는 취지에서 금융실명제를 추진하여 정경유착의 고리를 제거함으로써 공정한 경쟁의 기초를 마련하려 했다.

이는 이전의 노태우 정부의 입장과 비교되었다. 노태우 정부는 경제적 민주화를 강조하면서 민주화를 통한 자유화를 견지했다. 시장에 형평을 먼저 부여해야 자유로운 경쟁이 발생할 수 있다고 본 것이다. 노태우 정부도 금융실명제를 추진한 바 있으나 중도에 좌절한 바 있는데, 그만큼 김영삼 정부는 경제자유화에 대한 강조가 강했다고 볼 수 있었다.

김영삼 정부는 소위 세계화 정책의 추진과 OECD 가입을 추진함으로써 가시적으로 경제적 자유화를 달성하고자 했다. 자유화를 지지하는 세계적 규범을 도입함으로써 시장의 자유화를 견인하고자 했다. 우선 기업에 부과되던 규제를 대폭 축소했다. 정부가 적정한 경쟁을 유지하기 위해 행사하던 시장진입 규제를 폐지함으로써 과도한 경쟁의 논란에도 불구하고 삼성의 자동차 산업의 진입을 허가했다. 규제완화는 김영삼 정부가 추진한 경제자유화 정책의 핵심적인 요소였다.

금융자유화는 김영삼 정부가 행정규제의 완화 그리고 경제구제화와 더불어 추진하던 궁극의 자유화 프로그램이었다. 1995년 들어 저축예금을 제외한 모든 금리를 자유화 했다. 금융기관에 대한 제조업 대출지도 비율도 폐지했다. 대기업의 여신한도 관리대상을 30대 기업에서 10대기업으로 축소했다. 그리고 1996년에는 투자금융 회사를 종합금융 회사로 전환시켜 총 30개의 종금사가 출범했다. 그리고 OECD 가입을 위해 자본이동 분야와 금융산업 분야의 개발일정을 본격 시작했다. 아울러 외국인 투자개방 확대 그리고 국내기업의 해외투자 진흥을 추진했다.

그러나 김영삼 정부의 금융자유화 정책은 1997년 금융위기 발생으로 인해 실패로 끝나고 말았다. 너무나 지나친 개방화 비율 때문이었을까? 그렇게 보기는 어렵다. OECD 가입 협상에서 한국은 '자본이동 자유화 규약' 및 '경상무역의 거래 자유화 규약'의 65%만을 수락했다. 가입 당시 회원국의 평균수준은 89%였다. 이는 멕시코나 체코 가입 당시보다 더 많은 양보를 얻어낸 것으로 평가되었다.

무엇이 잘못되었던 것일까? 물론 해외투기 자본의 문제도 있었을 것이다. 그러나 우리가 교훈으로 삼아야 할 해답은 시장의 건전성 감독 실패였다. 시장 자본주의를 지지할 규제국가를 구축하기 위해서는 발전국가가 운용하던 보호와 육성중심의 간섭적 규제를 폐지하고, 공정한 시장질서를 감독할 새로운 규제로 대체했어야 했다. 바로 이 점에서 실패가 있었다. 자유화를 맞이한 시장행위자들은 시장에 대한 감독이 소홀한 틈을 타 해외로부터 과도하게 자금을 도입하거나 해외에 투자를 감행했다.

실패의 한 예가 외환금융 미스매치Miss-match였다. 종금사들은 OECD 가입으로 인해 신용도가 올라가자 해외 금융기관으로부터 저리의 여신을 단기로 빌려와 해외에 높은 이자를 받고 장기로 대여했다. 그런데 아시아 금융위기가 발생하자 외국 금융기관들은 대금을 회수하기 시작했고 빌려준 자금을 회수하지 못한 국내 금융기관들은 국내에 보유한 외환으로 대여금을 반납해야 했다. 무역적자의 심화, 해외투자의 증가와 더불어 이처럼 해외로 빌려온 여신의 증가가 외환보유고를 잠식할 수 있었음에도 불구하고 정부의 빈약한 금융감독 시스템은 이를 인지하지 못했다. 자유화를 맞이한 대기업의 양적 확대는 급격하게 증가했고 부채비율 역시 팽창했는데 정부는 이를 감독하지 못했다.

1997년 발생한 금융위기는 한국에 매우 큰 사회경제적 충격을 가져다 주었지만 한국이 권위주의에서 자유 민주주의로 그리고 국가 자본주의 체제에서 시장 자본주의 체제로 전환되는 극적인 계기를 마련했다. 이 10년의 대전환기가 없었다면 한국에서 자유주의와 민주주의 발전은 훨씬 더 지연되었을 것이다. 자유주의적 세계경제 구조에 의해 강요된 자유화로 인해 그 속도가 가속화되었다. 그리고 근대화 이론이 예측한 바와 같이 민간과 시민이 정부를 대신해 사회의 주역을 담당하기 시작했다.

그러나 자유주의적 대전환의 그늘은 분명히 존재했다. 발전국가가 추진한 불균형 성장 정책하에서 만들어진 사회경제적 불평등의 구조는 자유화로 인해 더욱 심화되고 고착화되었다. 이 문제는 21세기 현재 대한민국이 겪고 있는 자본주의적 갈등의 핵심적인 요인으로 작동하고 있다.

3.6. 불평등 발전과 상대적 박탈감

21세기 한국 자본주의의 가장 근본적인 문제는 경제적 불평등과 상대적 박탈감의 심화이다. 한국은 경제성장과 더불어 경제적 불평등의 악화를 경험하고 있고 이 문제를 해결하지 못하고 있다.

불평등의 심화원인에 관해서는 여러 가지 해석이 있을 수 있다. 다만 근본적인 이유에 관해서만 요약하여 정리해보면 다음과 같다. 1953년 한국전쟁이 종료된 이후 정권들이 추진한 경제성장 정책은 전반적으로 노동보다는 자본의 이익 중심이었다. 시민과 노동자들의 복지중심보다는 국가와 산업의 발전에 초점이 맞추어졌다. 복지와 형평이 상대적으로 약하게 강조된 가장 큰 이유는 안보적 요인 때문이었다. 북한과의 체제경쟁에서 승리해야 했고 주변 강대국으로부터 안전을 보장해야 했다.

이를 위해서는 높은 수준의 국방비 지출이 필요했다. 한국의 복지예산과 국방예산의 규모를 비교해 보면 정책적 관심의 차이가 확연하게 나타난다. 1957년 총예산에서 복지예산이 차지하는 비율은 3.7%였던 반면 국방예산이 차지하는 비율은 32.0%에 달했다. 1971년에는 두 비율이 2.4%와 26%를 각각 차지했고 1981년도에도 5.9%와 28.0%를 차지했다.[24] 냉전이 끝나기 바로 전해인 1990년도 정부예산 중 복지부예산이 차지하는 비율은 4.2%였지만 국방비 예산은 24.2%였다. 금액상으로는 국방비가 5.76배였다.

1950년대 동안 이승만 정부는 공업화 전략으로 수입대체 산업화를 추진하면서도 시장주의적 공급중심의 경제정책을 전개했다. 일본이 남기고 간 적산자본을 활용하여 산업화를 추진했다. 그래서 인위적으로 금융을 낮은 이율로 제공했고, 수입대체 산업화를 위해 환율도 원화를 과대평가하여 낮은 수준으로 유지했다. 이승만 정부의 수입대체 산업화는 국가가 이끌었다기 보다는 민간에게 주도권을 넘겨 추진되었다. 소비재를 중심으로 진행된 이 전략을 통해 소수의 민간기업들은 사업발전상의 큰 혜택을 얻었다.

박정희 정부는 이승만 정부와는 달리 수출주도적 산업화 전략을 택했다. 수입대체 산업화에 비해 시장중심적이기는 했으나 정부의 수출전략산업에 대한 지원은 더 과감하고 선택적으로 정교해졌다. 과대평가되었던 환율을 수출에 유리하게 절하시켰으며 수출산업에 참여한 기업들에게 낮은 금리의 외화차관을 제공함으로써 중간재를 수입하는데 발생하는 부담을 감소시켜주었다.

금융상의 혜택은 더 파격적인 것이었다. 저축을 증대하기 위해 저금리정책 대신 고금리 정책을 폈다. 그러면서도 금융을 사용하는 기업들의 부담을 줄여주기 위해 대출금리는 낮게 유지했다. 소위 역금리 정책이었다. 이로 인해 발생하는 금융기관의 손실을 보전하기 위해 사실상 금융기관들을 국영화했고, 정부가 금융기관의 지속가능성을 담보했다. 이에 더하여 수출기업들에게 다양한 정책금융을 지원함으로써 소위 재벌기업들이 탄생할 수 있는 기반이 형성됐다.

박정희 정권의 2기라 할 수 있는 유신 체제 기간 동안에는 중화학공업화가 추진되었다. 1972년 시작된 이 정책의 핵심은 표면적으로는 자본재 생산을 위한 산업화의 심화였다. 싸고 질 좋은 노동에 의존한 경공업중심의 산업화는 부가가치를 제고하는데 한계가 있었다. 따라서 기계산업을 포함한 중화학 산업을 육성하여 자본재의 수입대체 산업화를 이루려고 했다.

그러나 중화학 공업화의 또 다른 목표는 군수산업의 육성이었다. 1969년 닉슨 독트린이 발표되고 주한미군의 철수가 가시화하자 방위산업을 육성하여 국방을 자립화할 필요성이 대두했다. 고도의 기술이 필요한 군수산업을 육성하기 위해 중화학 공업화를 추진한 것이다.

문제는 우리가 생산한 중화학 상품의 해외 수출시장이 없었다는 점이었다. 사업화의 전망에 회의적이었던 재벌기업들은 초기에 참여를 주저했으나, 정부는 1972년 8.3 사채동결 조치를 발령하여 대기업의 금융부담을 큰 폭으로 탕감해 줌으로써 참여의 동기를 부여했다. 이후 정부는 중화학 산업분야에 집중적으로 정책자금을 투입하여, 이 정책에 참여한 대기업들이 괄목하게 성장할 수 있는 계기를 마련해주었다.

1981년 전두환 정부는 박정희 정부의 성장위주 정책을 포기하고 시장 중심적인 경제안정화 그리고 개방화 정책을 전개했다. 그 일환으로 과잉투자에 따른 수익저하로 몸살을 앓고 있던 중화학 산업분야를 구조조정하는 산업합리화 정책을 추진했다. 중복투자 부문을 정리하고 가장 경쟁력이 있는 기업에게 독과점의 기회를 제공했다. 그리고 부실기업을 인수한 기업에게는 추가적인 정책자금을 지원했다.

전두환 정부의 경제안정화 정책은 표면적으로는 시장중심적이었으나 현실적으로 중상주의적 양상을 완전히 탈피하지 않았다. 정부의 시장간섭이 여전히 작동했다. 한 예로 공정거래제도에 경제력 집중 억제 조항을 삽입하여 이를 해소하기 위한 명분으로 시장에 개입했다. 그리고 대기업에 대한 여신관리도 유지되었다. 그럼에도 불구하고 재벌기업들은 이러한 개입의 대가에 순응하기만 한다면 정부가 제공하는 지대를 반대급부로 얻을 수 있었고, 이는 기업의 성장을 담보하는 가장 확실한 방법이었다.

이처럼 발전국가 기간을 경유하는 동안 한국의 경제구조는 대기업 또는 산업자본 중심으로 그 틀이 잡혀갔다. 전후방 파급효과가 큰 전략산업에 자원을 집중 투자하는 불균형 성장 정책은 결과적으로 경제산업적 불평등을 유발했다. 중산층 시민과 노동자들은 절대적 부의 증가에도 불구하고 폭발적으로 성장하는 재벌에 대해 상대적 박탈감을 느낄 수밖에 없었다.

만일 1987년 민주화가 이루어지고 난 후 노태우 정부가 경제적 민주화 정책을 성공적으로 추진했다면 그래서 분배와 형평의 문제가 해소되었다면 이 문제가 다소 누그러질 수 있었을지 모른다. 그러나 위에서도 보았듯이 1990년도부터 국내외 경기가 침체기에 들어서자 민주화 드라이브는 중단되고 과거 발전국가의 모습으로 회귀했다. 유럽에서 자유화의 전성기가 지나고 제2차 세계대전이 발발한 후 유행처럼 나타났던 복지국가가 우리나라에서는 등장하지 않았다.

경제적 분배와 형평이 개선되지 못한 상황에서 추진된 김영삼 정부의 경제자유화 정책은 오히려 불평등의 문제를 심화시켰다. 김영삼 정부하에서 분배는 핵심이슈도 아니었고, OECD 가입을 추진하면서 이에 대한 관심사는 더 멀어졌다. 발전국가하에서 독과점적 지위를 확고히 한 대기업들은 자유화를 빌어 그 지위를 더 강화할 수 있었다. 공정한 경쟁을 벌이기에 신규 참여자들은 힘이 부칠 수밖에 없었다. 정부는 시장을 감독하고 독점적 행위자를 적발하며 처벌할 수 있는 능력을 갖추는 데 실패했다.

1997년 금융위기를 극복하는 과정에서 김대중 정부는 이러한 문제를 보완하는 데 어느 정도 성공했다. IMF 체제하에 있었으므로 자유화와 개방화를 포함하는 시장주의적 구조개혁 요구를 거부할 수 있는 명분이 없었다. 그러나 이로 인해 결과적으로 불평등은 더욱 심화되는 결과를 낳았다. 무엇보다도 정부의 개입이 차단됨으로써 기업들은 강제적 고용의 유지 의무에서 벗어났다. 이전의 발전국가하에서는 기업들이 정부의 지원을 수혜하는 대가로 종신고용을 골자로 하는 가부장적 복지제도를 유지해야만 했었다.

그러나 발전국가가 시장주의적 규제국가로 전환되면서 이러한 원칙은 사라졌다. 정부와 기업 간의 관계는 주고받음이 없는, 그리고 제도를 운용하고 이를 준수하는 객관적인 것으로 재편되었다. 기업의 경영효율화를 위해서 고용시장의 유연화는 당연한 과제였다.

진보적 성격의 김대중 정부가 IMF 체제의 요구에 따라 시장주의적 정책을 펴자 이에 대한 불만이 표출되었고 노무현 정부의 출범은 그 결과라 볼 수 있었다. 노무현 정부는 정치경제적 측면에서 진보적 정책을 추진했다. 지역균형 정책을 폈고 노동당이 국회에 진입할 수 있도록 하는 등 친노동정책을 전개했다. 하지만 이미 30년 넘게 구조화된 불평등의 구조는 쉽게 개선될 수 없었다. 게다가 노동계층 사이에서도 대기업과 중소기업의 대립 그리고 정규직 노동자와 비정규직 노동자 간의 갈등으로 일관성 있는 노동정책을 펴는 것은 불가능했다.

2008년 미국발 금융위기가 발생하자 경제위기를 극복해야 한다는 여론이 부상하면서 다시 한번 분배와 형평을 개선하라는 사회적 요구는 관철될 수 없었다. 이명박 정부는 금융위기를 헤쳐나가기 위해서는 대기업의 선도적 역할이 중요하다고 보았다. 상위 대기업의 성과가 하위의 중소기업에게 흘러내려갈 것이라는 소위 낙수효과에 대한 기대를 가지고 있었다. 그러나 이러한 기대는 실현되지 않았다. 이미 대기업들은 싼 임금이나 시장 접근성을 좇아 중국이나 미국으로 투자를 확장했다. 그 결과 숫자상의 경제성장에도 불구하고 고용은 증가하지 않는 소위 '고용없는 성장'의 시대가 펼쳐졌다. 중산층과 노동자의 소득은 정체되는데, 대기업은 성장하는 현상이 나타났다.

박근혜 정부는 불평등 문제를 해결하지 못한 이명박 정부를 비판하며 경제민주화를 국정과제로 내걸었지만 취임 1년 만에 사실상 이 정책을 폐기했다. 여기에서 경제민주화는 노동의 힘을 강화하여 자본에 대응하게 하는 것이 아니라 자본의 힘을 통제하는 것에 초점을 맞추었다. 자본을 가진 대기업이 성장의 수익을 독점하지 말고 중소기업이나 피고용인들과 나누어 가지라는 것이었다.

경제민주화를 전환 시켜 내세운 창조경제는 지역별로 대기업이 선도역할을 하고 중소기업들이 생산 네트워크에 참여하는 구조였다. 이는 여론으로 하여금 오히려 정권과 대기업의 관계를 결탁의 구조로 인식하게 만드는 계기를 제공했다. 대통령의 창조경제 캠페인에 대기업이 참여하고 그 봉사에 대한 대가를 획득하는 구조가 만들어졌다. 삼성을 비롯한 대기업과 정권의 연계가 후일 박 대통령의 탄핵 사유로 지목된 것도 이러한 맥락이라 할 수 있었다.

문재인 정부가 '소득주도 성장론'을 제시한 것은 어찌 보면 당연한 귀결이라 할 수 있었다. 이는 케인즈주의자들이 제시한 임금주도 성장론에 기반한 것으로 가계의 임금과 소득을 늘리면 소비가 일어나 경제가 성장한다는 주장이다. 이전의 보수 정부가 주장했던 낙수효과는 발생하지 않았으므로, 오히려 분수효과를 도모해야 한다는 것이었다. 세계경제의 침체로 더 이상 수출주도의 외부지향적 성장정책은 작동하지 않을 것이라고 보았다. 신자유주의적 정책으로는 성장의 둔화 원인이 총수요 특히 내수와 소비를 진작시킬 수 없다는 논리였다. 그리하여 부유층에 대한 과세를 늘리고 이를 통해 저소득층을 위한 복지정책을 펴는 것으로 정책이 전환되어야 한다고 주장했다.

그러나 소득주도 성장 정책은 대체로 부정적인 평가를 받았다. 최저임금제 실시로 노동자들의 소득은 증가했지만 이것이 바로 수요의 증가로 연결되지는 않았다. 임금의 증가는 수출 대기업에게는 큰 부담이 아니었지만 중산층과 중소기업에게는 엄청난 부담으로 작용했고 그 결과 공급을 위한 투자도 크게 증가하지 않았다. 게다가 생산성의 향상을 동반하지 못한 임금의 상승은 한국경제에 부담으로 작용했을 뿐이라는 것이 이 정책에 대한 비판의 요지였다.[25]

보수적 성향의 윤석열 정부가 들어서면서 정부의 관심은 다시 대기업중심으로 전환되었고 결국 분배와 형평의 제고는 개선되지 못한 채 방치되었다. 특히 윤석열 정부 기간 동안 미국 바이든 행정부가 추진한 인플레 감축법과 반도체법의 영향으로 대기업의 미국투자는 증가한 반면 국내투자는 증가하지 않는다는 비판이 대두했다.

한강의 기적이 한국 자본주의의 성장을 증명하는 괄목할 현상이지만, 분배 없는 성장의 양상은 자본주의에 대한 비판을 증가시키고 있다는 우려를 낳고 있다. 민주주의가 성장하고 시민과 노동의 참여가 정치과정에 증가하고 있지만 이 문제의 해결은 구조적으로 요원해 보인다. 민주주의와 자본주의 간의 상승효과가 잘 나타나지 않는다.

오히려 포퓰리즘과 팬덤정치 현상의 발생으로 민주적 참여의 질은 저하하고[26] 이로써 '가진 소수'와 '못 가진 다수' 간의 갈등이 심화되는 전형적인 자유주의의 위기가 지속되고 있다. 민주주의가 오히려 자유적 자본주의 발전의 장애물이 되고, 민주주의의 확대가 과도하다는 비판이 한국의 자유주의적 정치경제 체제의 중요한 문제로 자리잡고 있다.

3.7. 자유주의와 민주주의의 갈등

한국에서 사회경제적 불평등의 심화는 정치적 양극화도 유발했다고 볼 수 있다. 한국에서 산업화의 성공과 경제성장은 다수의 노동자와 중산층을 만들어 냈지만 성장과 분배를 동시에 달성하는 진정한 의미의 발전을 이루어내지는 못했다.

그로 인해 발생하는 문제는 자유주의와 민주주의 간의 갈등이다. 역사적으로 보면 전자는 경쟁과 효율을 강조하는 부르주아 계층의 가치이며, 후자는 분배와 형평을 요구하는 노동과 서민의 가치이다. 그런데 빈부 간의 격차가 심화 되고, 대기업의 해외투자가 증가하며, 고용 없는 성장의 지속 그리고 문재인 정부가 추진한 소득주도 성장정책의 부진 때문인지 중산층이 서민화되는 양상마저 나타나고 있다.

개인의 자유를 강조하는 중산층 시민은 자본주의와 민주주의의 기본 요소이다. 재산과 교육을 받은 이들이 시장상품과 정치상품에 대한 이성적인 선택을 하고 교환함으로써 두 제도가 움직인다. 자유의 확대로 독점과 불균형이 심해지면 민주주의적 분배 요구의 증가로 이를 교정한다. 지나친 형평으로 시장의 효율이 저하되면 자유를 확대하여 이를 수정한다.

그런데 중산시민들의 숫자가 축소되면 두 제도 간의 선순환이 발생하지 못한다. 자유주의 체제가 유지되려면 소수의 자본가-다수의 중산층-소수의 서민으로 구성되는 계층구조가 바람직하다. 이 경우 중간계층이 사회의 극단적 양극화를 막아준다. 선거에서 중간계급을 설득하기 위해 정책이 중간으로 수렴한다. 이에 비해 가진 소수-못 가진 다수가 대립하는 양극적 계층구조는 정권이 교체될 때마다 극단적인 정책변경을 가져오고 정치적 불안정성이 증가한다.

양극화된 계층구조하에서는 자유주의적 국가의 한계가 발생한다. 소수의 자본세력이 자신의 이익을 성취하기 위해서는 가지지 못한 다수에게 억압력을 행사해야 할 수밖에 없다. 이 경우 마르크스주의자들이 주장하듯이 자유주의 국가는 자신의 본분을 잊고 다수 노동자들의 자유를 억압하는 보나파르트적 권위주의 국가로 변모할 수 있다. 반대로 공리주의적 원리, 즉 최대다수의 최대행복 원리를 따라 다수의 못 가진 자의 입장을 정부가 옹호하려 할 경우 가진 소수의 자유를 억압하는 국가의 반자본적 간섭이 불가피하다.

불균형 성장정책을 오랫동안 지속해온 한국은 이러한 자유주의의 딜레마를 경험하고 있다. 개인의 자유를 주장하는 시장자본주의 원리와, 분배와 형평을 강조하는 민주주의가 서로 충돌하고 있다. 사실 이러한 모습은 현대 자본주의의 전 세계적 현상이기도 하다.

이러한 자유주의적 형태의 자본주의가 가지고 있는 문제로 인해, 역설적으로 문제해결자로서의 정부의 간섭을 요청하는 국가 자본주의에 대한 향수가 발현하고 있다. 실제로 국가의 개입이 상수로 작동했던 발전국가하에서는 강제적으로나마 경제성장과 평등이 비교적 균형을 유지했다. 국가의 지원을 받은 사기업들은 그 대가로 고용을 유지하고 노동자들에게 복지를 제공했다. 그리하여 한국은 한때 성장과 분배를 동시에 달성한 성공사례가 되었다.

그러나 정부의 시장간섭이 철회되고 고용의 유연화가 추진된 1997년 금융위기 이후 경제성장이 더 이상 형평을 동반하지는 않았다. 기업은 중국 등 낮은 임금과 큰 시장이 있는 곳으로 투자를 늘렸고 국내의 고용은 크게 증가하지 않았다.[27] 대기업들은 기술집약적 고부가가치 산업을 중심으로 기업구조를 개편했다.

이러한 문제를 비판하며 국가의 산업적 간섭을 요청하는 목소리 그리고 복지를 제고하라는 아래로부터의 요구가 강화되었다. 그러나 이미 수출중심의 경제구조로 해외시장 의존도가 높은 한국의 상황에서 정부가 시장에 개입하는 것도 한계가 있다. 유일한 방법은 작지만 강한 정부를 표방하며 노동을 비롯한 사회 제집단에 대해 공정한 통솔력을 발휘하는 정부를 만드는 방법밖에 없다. 그러나 이에 대한 서민화된 다수의 민주주의적 반발은 더 증가할 수 있다.

자유라는 가치로 민주주의와 자본주의가 수렴하지 못하고 있다. 민주주의 논의에서 사회주의적 요구마저 증가하고 있다. 시민은 무책임한 대중으로 전락하고 자신들이 국가의 주인이라는 생각에 침몰하며 정치인들은 이를 부추긴다. 자격을 갖추진 못한 대중의 등장으로 엘리트는 소외되며 민주주의는 포퓰리즘이나 팬덤정치의 함정에 빠진다.

시민 대신 대중이 중심이 된 자본주의 역시 문제에 봉착했다. 한국 자본주의 논의에서 '어떤 자유주의인가'에 대한 합의는 도출되지 않고 있다. 트럼프 행정부가 들어선 이후 미국은 국수주의적 이념으로 급선회하고 노동자 계층은 포퓰리즘에 열풍에 휩싸이고 있다. 세속적 가치가 성스러운 가치를 과도하게 압도하여 자본주의 사회의 질적 성숙을 방해한다. 행복은 물질적일 뿐 질적이지 않다. 나의 행복과 사회적 행복의 우선순위를 정하지 못한다. 자유가 없는 자유주의는 이기적 개인주의일 뿐이다.

미국의 이러한 변화는 한국에도 영향을 줄 것이다. 한국에서는 30대 이하는 청년층이 급격하게 보수화 성향을 보이며 우파적 포퓰리즘으로 변화할 가능성을 나타내고 있다. 이들은 분배와 형평을 요구하는 노동자 및 서민의 민주주의적 요구를 비합리적 주장으로 치부하기도 한다. 청년세대는 경쟁이 정의롭다고 생각하며 기성세대의 형평에 대한 요구는 일종의 사회적 무임승차로 간주한다.

한국은 이념적으로 혼돈에 빠지고 있다. 자유주의와 국수적 보수주의가 결합된 미국의 모습을 모방하려는 시도는 젊은 세대를 중심으로 더 강화될 수도 있다. 반면에 평등한 사회의 구현을 여전히 꿈꾸는 세대는 사민주주의적 요소를 도입할 것을 모색한다. 성장과 평등을 균형 있게 달성하려는 자유주의적 민주주의 이념이 설 자리는 점점 더 좁아지고 있다.

한국에서 자유주의 모델은 지속가능할 것인가? 자유주의를 버리고 과거처럼 국가 자본주의 모델로 회귀해야 하는 것인가? 만일 자유주의적 자본주의와 민주주의를 유지해야 한다면 어떤 이유 때문일까? 우리의 다음 세대들을 위한 결정은 어떤 것일까? 이 문제에 대한 답을 구하기 위해서는 국내뿐만 아니라 우리를 둘러싼 국제적 요인들을 다시 살펴보아야 한다.

04

기술 자본주의와 민주주의

4.1. 기술 자본주의 대 금융 자본주의

인류는 역사적으로 네 차례의 산업혁명을 경험했다. 증기기관으로 대표되는 제1차 산업혁명은 1760년에서 1820년 사이 영국에서 진행된 기술혁신과 기계화된 제조공정으로의 전환이었다. 토머스 뉴커먼(1705년) 제임스 와트(1765년) 등이 증기기관을 만들었고, 리처드 아크라이트 등이 방적기를 발명하여 면방직 산업이 발전했다. 철강산업 분야에서는 숯 대신 석탄이 철의 제련에 사용되기 시작했다.

19세기 말부터 20세기 초반에 진행된 제2차 산업혁명은 기계분야 외에 전기, 화학, 석유, 철강 분야에서 진행된 기술혁신이었다. 토머스 에디슨, 니콜라 테슬라 등이 전기기술의 발전을 이끌었다. 증기기관이 교통 분야 등으로 사용영역이 확대되었고, 이 시기 영국보다 화학 등 기초 분야에 많은 투자를 감행했던 독일에서는 디젤 내연기관이 개발되었다. 또한 프레드릭 테일러에 의해 노동의 과학적 생산관리법이 개발되었고 이를 응용하여 헨리 포드가 자동차의 대량생산 체제를 고안했다.

1970년대부터 본격화되어 1995년경에 정점에 도달한 제3차 산업혁명은 아날로그 기술을 대체하는 소위 디지털 혁명이었다. 반도체가 본격 개발되었고, 제조업의 디지털화가 진행되었다. 컴퓨팅 파워의 증가, 인터넷 커뮤니케이션의 확산 그리고 3D 프린터의 등장으로 세계 각지의 공장이 네트워크로 연결되어 초국가적 메이커 스페이스Maker Space가 탄생했다. 이로 인해 기술개발과 생산의 거점이 분리되어 효율을 증가시키는 생산 네트워크 전략이 도입되었다. 아울러 환경 지속가능성을 염두에 두고 재생 가능한 에너지 기술도 발달했다.

21세기 들어 전개되는 제4차 산업혁명은 3차 혁명의 연속선상에 있다. 정보통신기술(ICT)의 기반 위에 7가지 분야 즉 빅데이터, 인공지능,

로봇공학, 사물 인터넷, 무인 운송기기, 3D 프린팅 그리고 나노기술 분야에서의 기술혁신이 진행되었다. 4차 혁명의 특징은 빅데이터를 통해 다양한 기술들이 통합되는 것이다. 그리하여 연결, 탈중앙화, 분권화, 공유 및 개방 등의 특성이 기술사회 곳곳에서 발현하고 있다.

20세기의 자유 민주주의와 자본주의 발달 현상은 이러한 산업혁명의 전개와 깊은 관련이 있다. 산업혁명으로 인해 중산층은 물론 대규모 노동계층이 형성되었고, 이들은 재산권을 보유하고 교육을 수혜한 계몽된 시민계층으로 성장했다. 산업혁명에 기반한 제조업의 발달은 한 국가의 경제적 성장과 더불어 정치적 성장을 도모하는 근대화 이론적 발전양상을 가져다 주었다.

당초 근대화 과정에서 상업혁명을 통해 본격적으로 진화를 시작한 자본주의 모델은 상공업 계층을 발달시켰고 이들은 토지 자본에 기반한 왕과 귀족에 대항하는 자유주의 혁명의 주동세력이 되었다. 이후 산업혁명으로 인해 중산계층과 더불어 노동계층이 확대하자 산업 자본주의와 더불어 민주주의가 전개되는 계기가 마련되었다. 그런데 한 가지 흥미로운 것은 상공업에 종사하던 부르주아 계층이 주도하던 19세기의 고전적 자유주의가 이후 왜 100년 이상 지속되지 못했는가 하는 점이다.

19세기 자유주의적 자본주의가 발달하면서 시장에서는 독점이 형성되고 국제적으로 제국주의가 팽창했다. 그리하여 독점화된 산업자본과 금융자본이 서로 연합하는 현상이 나타났다. 하나의 단적인 예가 미국의 J. P. 모건이다. 1910년대에 J. P. 모건은행은 대부자로서 미국의 중앙은행에 준하는 역할을 수행했고, 철도, 전화 가스, 전력 등 다양한 산업 분야에 투자를 주도했다.

만일 1929년 대공황이 발생하지 않았다면 20세기의 자본주의는 금융 자본주의의 시대로 기록될 수 있었을지도 모른다. 그러나 미국의 경우 대공황을 헤쳐나가기 위해 시어도어 루스벨트Theodore Roosevelt 대통령하에서 국가의 개입이 시작되어 독점 카르텔이 해체되고, 산업과 금융이 분리되며, 상업은행과 투자은행의 역할이 분리되었다. 아울러 두 차례의 세계대전을 겪으면서 노동자 계층이 병사로 전쟁에 참여하여 민주주의와 자본주의를 구하자 엘리트주의적 자유주의는 그 예봉이 꺾이고 말았다. 민주주의와 자본주의는 대중주의적 성격을 띠기 시작했다. 자유주의의 주역이었던 시민의 자리를 대중이 차지해갔다.

금융 자본주의의 양상이 다시 부상한 것은 1980년대 신자유주의 패러다임이 확산되고 1991년 구소련이 붕괴되어 냉전이 종료된 무렵이었다. 세계화의 진전으로 경제적 국경이 무너지고 생산 네트워크가 전 세계화 되면서 금융투자의 힘이 다시 강화되었다. 그리하여 1980년대 이후 전 세계 GDP에서 금융자산이 차지하는 비율이 3배 이상 증가했다. 주주의 이익을 우선시하는 주주 자본주의의 등장으로 금융의 투자, 합병, 경영권 획득등이 중요한 요소로 부상했다. 결국 20세기 후반 자본주의는 산업적 요소와 더불어 금융적 요소가 다시 강해지는 현상이 발생했다.

이어 21세기에 제4차 산업혁명이 본격화되자 자본주의적 생산에서 기술적 요소의 중요성이 두드러지게 부상했다. 경제성장 이론을 통해 노동, 자본 그리고 기술이라는 요소의 중요성은 이미 여러 차례 강조된 바 있다. 봉건시대에는 토지-노동-자본 간의 결합이 중요했다. 근대에 들어 산업화가 진행되자 노동-기술-자본 간의 연합으로 전환되었다. 생산재 중에서 특히 자본재의 중요성이 더 높아졌다.

그런데 21세기에 들어서자 기술과 자본 간의 양자연합이 더욱 두드러지게 부상했다. 생산재인 토지와 노동 그리고 이로 인해 산출된 상품은 국경이라는 요소에 의해 다양한 규제를 받는다. 반면에 자본재와 관련된 기술과 자본은 재산권 비용만 지불한다면 이러한 규제 없이 자유롭게 이동할 수 있었다.

1980년대 이후의 신자유주의 시대에 자본 특히 금융의 초국가적 이동성이 주목을 받았지만 21세기에 들어서는 여기에 기술이 더해졌다. 그리하여 기술 중심의 다국적 네트워크 기업이나 빅테크 기업이 대규모의 하드웨어로 구성된 전통적 제조기업의 영향력을 압도하기에 이르렀다. 20세기 중반까지만 하더라도 기술은 개방적 경제조건만 갖추면 외부로부터 무한정 공급되는 자본재의 한 구성요소에 불과했다. 그렇지만 이제는 더 이상 그렇지 않다. 기업에 의해 정부에 의해 의도적으로 산출되어야 하는 전략적 재화이자 자본이었다.

특히 제3차 산업혁명을 주도했던 디지털 정보통신 네트워크 기술이 발전을 거듭하여 인공지능과 블록체인blockchain기술로 진화하며 이러한 양상은 더욱 심화되었다. 그리고 기술이 금융과 결합하는 현상이 나타났다. 이로써 산업-금융 자본주의가 기술-금융 자본주의 조합으로 대체되고 있다. 이를 단적으로 보여주는 사례가 가상화폐cryptocurrency의 금융 산업화 그리고 새로운 기술에 대한 금융투자로 나타난 플랫폼 비즈니스의 확산이다.

4.2. 블록체인이 만들어낸 비트코인[1]

21세기 들어 나타난 자본주의의 특징은 기술과 금융 간의 결합이 두드러진다는 점이다. 20세기의 자본주의는 제조업과 금융 간의 결합이었다. 정보통신 혁명이 전개되면서 글로벌 네트워크 기업들이 등장했고 이를 매개로 양자 간의 융합이 가속화되었다. 글로벌 생산 네트워크는 전 세계의 지역적 여건에 따라 특화된 연구개발, 숙련노동, 단순노동을 네트워크 기술과 자본을 통해 연결함으로써 만들어졌다.

그런데 투자자의 입장에서 보면 자본이 이처럼 다양한 지역과 나라들의 국경을 이동하는 동안 환차손과 같은 다양한 위협에 노출되기 쉽다. 생산의 3요소 중 하나인 자본은 정부의 통제를 받지 않고 자유롭게 이동하려는 특성을 가지고 있는데, 이러한 필요를 만족시켜준 것이 바로 블록체인 기술이었고, 이것이 현실화된 것이 비트코인 등으로 대표되는 가상화폐였다.

블록체인 역시 인터넷 기반 시스템이다. 그러나 기존의 것과 차이점이 있다면 중앙서버-클라이언트 체제가 아니라는 점이다. 기존 체제는 중앙서버가 모든 연산을 수행하고 정보를 저장하며 클라이언트는 개별 컴퓨터를 통해 이에 접근한다. 따라서 중앙서버는 거대한 정부이자 정보의 창고이자 중개자이다. 반면 블록체인은 분산되고 독립적이며 개방적인 장부관리 및 분산원장distributed ledger 시스템이다.[2]

기존의 정보관리 시스템은 중앙집중적인 성격을 띠었다. 반면 블록체인은 "P2P", 즉 "peer to peer" 시스템이다.[3] 중앙서버 또는 중개자를 거칠 필요 없이 정보의 공급자와 소비자가 연결되는 것이 가능하다. 거래비용을 현격히 절약할 수 있다.[4] 기존의 체제에서도 이것이 불가능하지는 않았다. 그런데 문제는 이것이 신뢰를 담보하는 데 한계가 있다는 점이었다. 사용자 간 거래 및 공유되는 특정 파일의 내용의 진위는 물론 파일이 누구에 의해서 언제 업데이트 되었는지를 확인할 방법이 없었다.

블록체인은 개인과 개인의 거래에 있어서 신뢰가 부재하는 문제를 기술적으로 극복했다는 점에서 그 의미가 크다. 블록체인은 정보를 담고 있는 파일 블록이 체인으로 무한정 연결되는 알고리즘이다. 각각의 파일은 몇 번째 블록인지를 알려주는 순서 값, 블록이 생성된 시간 그리고 최신의 거래정보 그리고 이전 블록의 해시값 등을 담고 있다. 비트코인의 경우 개별블록은 최대 1MB까지 확장될 수 있고, 데이터 저장을 위해 총 1,048,479-bit 정도가 사용될 수 있다.[5] 블록은 생성이 되는 순간 중앙서버가 아닌 해당 프로그램을 설치하는 개별 컴퓨터에 복사본으로 모두 저장이 되며, 새로운 블록이 생성되면 이를 기존의 블록에 연결한다.

구블록과 신블록은 서로 연결되어 있어 체인이라는 개념이 성립한다. 2번 블록에 1번 블록의 고유한 값을 삽입하여 1번 블록과 연결될 수 있도록 해준다. 이전 블록의 해시값(입력값)을 입력하면, 새로운 해시값이 해시함수를 통해 만들어진다. 변경된 새로운 정보를 담은 블록은 이전 블록의 해시값(입력값)을 공급받고 여기에 새로이 발생한 거래정보 그리고 이상의 데이터를 정해진 길이의 문자열로 만들기 위한 논스nonce 등을 소화하여 새로운 블록의 고유한 해시값을 만들어낸다.[6]

따라서 축적된 정보, 예컨대 거래정보는 하나의 블록이 아니라 여러 개의 블록에 나누어 저장되어 있으므로 특정인이 정보를 왜곡하는 것은 불가능하다. 만일 최근 생성된 블록의 정보를 변경하고자 한다면, 체인으로 묶인 그 이전의 블록들의 고유값 모두를 변경해야만 하는데, 이것은 기술적으로 불가능한 것으로 평가된다. 왜냐하면, 블록이 저장된 모든 개별 컴퓨터에 접속하여 블록을 수정하는 것이 불가능하기 때문이다. 뿐만 아니라, 하나의 블록을 해킹하기 위해서는 새로운 블록이 생기기 이전에 기존의 블록체인 모두에 접근해야 하는데, 이러한 시간적인 제약으로 인해 현재의 기술로 블록체인을 해킹하는 것은 사실상 불가능하다.

더불어 블록체인은 거래기록의 보안을 제고하는 방법으로 공개키 암호화 기술을 적용하고 있다. 예컨대 비트코인의 경우 개인키를 함수를 통해 전환시킨 공개키를 병행 운용하여 개인이 자신의 고유한 정보를 보호할 수 있는 암호화 기술을 응용함으로써 거래의 보안성과 신뢰성을 제고하고 있다. 공개키는 개인키에 함수를 적용하여 만들 수 있지만, 역으로 공개키를 가지고 개인키를 유추하는 것은 현재로서는 기술적으로 불가능하다. 따라서 자신의 개인키를 철저하게 보안만 한다면 자신에 대한 정보는 거의 100% 보안할 수 있으며 설령 다른 사람이 조회를 했을 경우 이 또한 블록에 기록될 것이므로 본인이 그 사실을 기록을 통해 인지할 수 있다.

블록체인의 또 다른 핵심요소는 자발적 참여 메커니즘을 가지고 있다는 점이다. 앞서 언급한 바와 같이 블록체인은 중앙서버가 아니라 개별 노드에 수많은 동일 복사본을 저장하는 소위 분산원장 장치에 기반하고 있다. 그렇다면 개별 참여자에게 블록체인 네트워크에 가입하여 개별 노드를 운용할 동기를 어떻게 부여할 수 있을까?

중앙서버 방식은 데이터를 취합하고 관리하는 수수료를 획득하는 정부나 기업이 운영을 한다. 반면에 블록체인은 이러한 중앙동력이 부재하다. 게다가 실제로 새로운 블록을 만드는 일은 고도의 연산이 필요한 작업이다. 소위 "작업증명proof of work"이라는 과정이다. 그렇다면 어떻게 자발적으로 노드들이 참여할 수 있게 할 수 있을까?

작업증명은 기존의 해시값에 연결된 새로운 블록에 가장 최근의 거래내역을 포함시키고 여기에 "논스"라는 특정한 숫자를 투입하면서도 새 블록의 해시값이 특정된 목푯값과 같거나 혹은 적은 값으로 도출되게 하는 과정이다.[7] 블록의 내용을 이러한 특정한 목푯값에 도달하게 하기 위해서는 서로 다른 논스 값을 일일이 대입하는 방법밖에 없다. 이 과정은 매우 많은 연산을 필요로 한다.

그런데 블록체인이 요구하는 것이 바로 이러한 자발적 봉사 또는 참여이다. 블록체인은 이처럼 자발적으로 노력을 투입하는 참여자는 시스템에 거짓 정보를 주입하기 보다는 진실을 반영하고 보호할 것이라는 가정에 입각하고 있다.[8] 그래서 블록 만들기 경쟁의 승자를 가리는 방법 중 하나로, 참여자들이 얼마나 많은 노력을 투입했는가에 대한 평가가 반영된다. 만일 두 그룹이 서로 다른 최신의 블록을 만들고 각각의 논스 값을 발견하는 경우 비트코인의 경우엔 누적된 블록들의 체인이 더 긴 블록에게 우선권을 부여하는 프로토콜을 운영하고 있을 정도이다. 이는 정직하게 먼저 블록을 만들어가는 노드가 뒤늦게 부정직한 블록으로 공격을 시도하는 노드보다 다수를 점할 수밖에 없다고 보기 때문이다.

이처럼 블록체인은 새로운 블록을 생성하는 노력을 더 많이 투입한 노드에게 인센티브를 제공하는 시스템을 가지고 있다. 그래서 비트코인은 새로운 블록을 형성하는 노드에게 코인을 보상으로 제공한다. 보상이 커지면 커질수록 참여는 경쟁으로 발전한다. 따라서, 작업증명을 하고 블록체인을 만들어가는 작업은 무조건적인 이타주의적 행동이 아니라 자신의 이익도 만족시키는 "효과적 이기주의effective altruism"의 양상이기도 하다.[9]

수많은 노드는 블록을 생성하는 권리를 얻기 위해 경쟁하며 그 자격을 얻기 위해 블록을 저장하는 네트워크에 참여하고 그 결과 보상을 얻는다고 볼 수 있다. 정보를 담은 파일 블록이 만들어지면 블록체인 네트워크에 가입한 모든 컴퓨터에 전파되고 개별 노드는 자신이 가지고 있는 이전 블록과 비교하여 진본이 확인되면 이를 저장하는 소위 블록 동기화Block Synchronization를 통해 동일한 복사본을 저장하게 된다. 이 과정을 마치고 나면 노드들은 다시 자발적으로 새로운 블록을 만드는 작업에 착수한다.

블록체인의 이러한 신뢰, 분산, 경쟁, 참여, 민주적인 메커니즘을 이용하여 상업적으로 응용한 예가 바로 비트코인이다. 동산 및 부동산 등의 거래정보와 내역을 공적으로 인증하는 정부의 개입 없이 직접 거래하는 것이 가능해진다. 경우에 따라서는 과세가 되지도 않는다. 나아가 자본의 국제적 이동에도 세부 내역이 노출되지 않아 규제를 피하는 것도 가능하다.

블록체인 기술에 기반한 암호화폐는 제4차 산업혁명 시대에 기술과 금융이 결합되고 있음을 단적으로 보여주는 사례이다. 제3차 산업혁명에 기반한 글로벌 생산 네트워크만 하더라도 물자와 자본의 이동이 정부의 간섭에 취약한 양상을 보여주었다. 그러나 비트코인은 기술을 활용하여 이를 회피할 수 있는 가능성을 개척했다는 점에 의미가 있다. 이 점은 디지털 기술의 한계를 뛰어넘는 것이다.

4.3. 블록체인 민주주의

블록체인 기술은 정보통신 및 디지털 기술이 어떻게 사회적 민주성을 제고할 수 있는지 보여주는 사례이기도 하다. 블록체인은 상부보다는 하부, 그리고 소수보다는 다수에 더 많은 권한을 부여하는 민주성을 내포하고 있다는 점에서 주목을 받는다. 블록체인에서 가장 우려되는 문제 중의 하나는 동시에 두 개의 블록이 만들어질 수 있다는 점이다.

이 경우 어느 블록이 최종 선택되는가 하는 것은 비트코인의 경우처럼 긴 블록을 선호하는 방법 외에도 다수의 지지를 받은 블록을 선호하는 합의적 방법이 있다. 만일 온전한 정보를 담고 있는 진짜 2번 블록이 만들어지는 상황에서 오류정보를 가지고 있는 또 다른 2번이 동시에 만들어진다면 51%의 다수의 노드, 즉 개인 컴퓨터가 더 먼저 더 많이 수용한 블록을 진짜 2번으로 판정하고 이를 수용하는 메커니즘이다. 참여한 노드의 숫자가 많으면 다수의 컴퓨팅 능력이 특정 소수 컴퓨터의 연산능력을 초과하므로 소수가 함부로 거짓 블록을 만들 수 없기 때문이다.

이러한 민주주의적 속성으로 인해 블록체인은 참여와 평등을 가장 적절하게 구현할 수 있는 기술이라는 점에서 사회과학계의 주목을 받았다. 민주주의적 속성의 거버넌스 개념이 확산되게 된 데에는 20세기 말 급격하게 발전을 보인 인터넷 서비스가 큰 역할을 했다. 인터넷의 발전으로 인해 국가에 의한 정보독점이 어려워졌으며, 이는 국가와 민간부문 간의 정보공유로 이어졌다. 과거 정부중심의 모델은 국가가 민간부문에 비해 더 많은 정보를 보유할 수 있다는 점에서 정부의 우위를 가능게 했다. 그런데 정보화의 발달로 인해 이러한 상황이 역전될 가능성이 등장했다.

그럼에도 불구하고 민간의 대정부 우위가 생각보다 쉽게 정착될 수는 없었다. 정부와 관료들은 더 효율적인 행정 서비스를 시민들에게 제공한다는 명분하에 전자 거버넌스e-governance 정책을 추진했다. 고성능 슈퍼컴퓨터의 등장과 빅데이터 기술의 발전 등에 힘입어 많은 정부들이 중앙집중적으로 정보를 관리할 수 있는 역량을 획득해 갔다. 특히 9·11 사태 이후 테러리즘을 제압한다는 명분으로 민주적인 선진국가에서도 시민개인에 대한 정보를 정부가 수집하고 필요에 따라 가공하는 것이 일반화되기 시작했다.

오늘날 블록체인이 주목을 받는 것은 초기의 전자정부 모델에서 나타났던 중앙집중적인 전자 거버넌스가 가지고 있는 반시민적이며 반민주적인 요소를 이 기술이 극복할 수 있게 해줄 가능성 때문이다. 블록체인 기술은 정보의 관리를 분산적으로 관리하면서도 전자 거버넌스의 효율성을 그대로 유지하는 것이 가능하다. 그러면서도 개인의 프라이버시를 이상적으로 유지해주며 동시에 정부와 개인 간 그리고 개인과 개인 간 신뢰를 부식시키지 않는다는 장점이 있다.[10]

개인과 개인 간의 신뢰를 제도화하기 위해 그동안 개인들은 정부에 의존할 수밖에 없었다. 이러한 양상은 신뢰와 같은 사회적 자본이 취약한 나라에서 더욱 단적으로 나타난다. 정부는 예컨대 개인 간의 거래를 공증해준다는 명분과 시장의 질서를 담보한다는 명분으로 자신의 입지를 공고화한다.

그런데 블록체인 기술의 등장으로 인해 시민들은 제3자 특히 정부의 중개와 보증 없이도 합의에 도달하고 계약을 성사시킬 수 있게 되었다. 시민 개인들은 신뢰를 주고받기 위한 규칙을 준수함으로써 과거 중앙집중적 형태의 조직들이 노정한 투명성의 부재, 부패, 정부에 의한 부당한 강제 등의 문제를 극복할 수 있게 되었다. 블록체인 기술을 통해 개별 시민들은 스스로 자발적 신뢰망 위에, 정부의 간섭 없이 공적 그리고 사적 서비스를 만끽할 수 있게 된 것이다.[11]

더욱이 주목할 것은 블록체인 기술을 통해 시민들이 정부가 제공하는 서비스를 사생활 침해 없이 향유할 수 있게 되었다는 점이다. 위에서 언급했듯이 블록체인 기술은 개인 간 거래에 있어서 계약을 성사시킬 때, 정부의 공증을 요청할 필요가 없게 해주었다. 이에 따라, 정부의 중개와 여기에 따르는 개인정보의 노출이 더 이상 필요하지 않게 되었다. 과거 정부가 시민에게 시혜하던 각종 서비스를 시민의 자발적 참여로 획득하고 수혜할 수 있게 된 것이다.[12] 시민들로 하여금 정부의 신세를 덜 지게 해주는 새로운 거버넌스의 등장은 정부와 민간부문 간의 권력균형을 가능케 하므로 민주주의적 관점에서 매우 고무적이라 하지 않을 수 없다.

블록체인 기술을 통한 새로운 형태의 전자 거버넌스는 과거 중앙집중형 전자 거버넌스보다 시민들의 자발적인 참여가 국가운영의 더욱 중요한 요소가 된다. 한 예로 보안성이 탁월한 블록체인 기술을 도입하면 광범위한 규모의 온라인 선거를 실행하고, 여기에 대한 보안성을 확보하는 것이 가능해진다. 기존의 전자 거버넌스에서도 온라인 선거에 대한 논의가 진행된 바 있었으나 신뢰의 한계를 극복하지 못했다.

익명성의 문제, 신뢰의 결여 문제, 중복성의 문제, 안정성의 문제 등은 온라인 투표를 저해하는 요소들이었다. 이 때문에, 당초에 인터넷이 숙의와 참여를 확대해 줄 것이라는 기대가 충족되지 못했다. 뿐만 아니라, 일반적으로 모집단의 크기가 커지면 집단행동을 유도하기 위한 비용이 증가한다고 평가되는데,[13] 보안이 완벽하지 않은 온라인 투표는 오도된 집단행동을 유발할 수 있다는 비판에도 직면하게 되었다.[14] 이러한 온라인 투표에서 나타날 수 있는 직접민주주의방식의 일탈 가능성에 대한 우려, 거래비용의 확대등 문제를 블록체인 기술이 해소할 수 있을 것으로 기대된다.[15]

시민의 참여가 과연 민주주의의 질적 향상을 보장하는가에 관해서는 논란의 여지가 있기는 하지만 그 필요성에 관해서는 대체적인 동의가 이루어진 상태이다. 참여 민주주의, 심의 민주주의, 결사체 민주주의 등의 개념은 시민의 참여가 민주주의의 발전을 도모하는 긍정적인 요소임을 주장한다.[16] 이를 위해 필요한 것이 시민세력의 조직화인데 이것이 오프라인 세상에서는 비용이 많이 드는 일이지만 온라인상에서는 훨씬 수월하게 진행될 수 있다. 온라인상에서 무비용, 실시간, 비밀, 직접 투표가 가능해진다면 직접 민주주의의 이상이 구현되는 전기가 마련될 것이다.[17] 블록체인은 직접·비밀 투표를 가능케 하는 혁신적인 신뢰의 기술이라 할 수 있다.

직접 민주주의가 좋은 것인지 아니면 간접 민주주의가 더 좋은 것인지 논란이 종결되지 않았다. 하지만 간접 민주주의 시스템을 유지한다 하더라도 직접민주주의적 장치들이 신뢰 있게 작동할 수 있다면 민주주의의 질적 개선에 기여할 수 있다. 오늘날 간접 민주주의 제도의 가장 큰 문제는 시민과 그들의 대표인 정당 나아가 의회의 주인-대리인 문제이다. 시민들의 요구를 그들의 대표가 충실하게 국사에 반영하기보다는 정치인 자신들의 이익을 앞세우는 문제이다.[18] 많은 나라에서 의회나 공적 기관에 대한 국민의 신뢰는 낮은 수준이다. 게다가 전문적인 정책의제에 대한 입법가들의 전문성이 부족하여 이들의 결정을 신뢰할 수 없다는 문제도 있다. 이러한 문제를 예방하거나 해결하기 위해서는 시민들이 직접 민주주의적 방법을 통해 자신들의 의견을 직접 표명할 수 있는 방법이 마련되어야 한다.

블록체인 기술은 이러한 문제를 해결할 수 있게 해준다는 점에서 그 의의가 매우 크다.[19] 기존의 메인서버·중앙집중형 서버 중심의 인터넷 체제에 비해 훨씬 신뢰도가 높고 비용도 저렴하고, 익명성도 높다. 블록체인에 의한 스마트 투표는 직접·숙의 민주주의를 가능케 하는 핵심적 기술이 될 수 있다. 비용을 이유로 주요한 정책들을 충분한 여론조사나 숙의 없이 국회가 결정하게 하는 것 보다 시민의 의견을 수렴하여 정책 결정에 활용할 수 있다. 이 과정에서 개인들이 자신의 실명에 기반하여 스스로 의견을 직접적으로 피력할 수 있는 가능성은 증가하지만, 오히려 공권력이 개인의 프라이버시를 침범하는 것은 더욱 어려워진다.

블록체인 기술 중심의 전자 거버넌스가 형성된다면 여기에서 국가의 역할을 어떻게 조정될 것인가? 현재 이 문제에 관해서는 두 가지의 입장이 존재한다. 하나는 블록체인에 기반한 분산된 거버넌스는 국가의 해체를 의미하기보다는 보다 나은 거버넌스를 만드는 것을 의미한다는 입장이다. 그래서 조정자로서의 국가의 역할이 중요해진다는 것이다.

다른 하나는 결국 국가가 극도로 축소되거나 사라질 수도 있다는 입장이다. 국가의 법적 강제에 의거하기 보다는 합의에 입각한 계약이 완벽하게 이루어질 경우 시민들에게 국가는 결국 쓸모없는 존재가 된다고 보는 시각이다. 시민들이 국가의 정책과 행동에 대한 승낙을 요청할 필요가 없어지게 되면 결국 국가의 역할은 축소될 수밖에 없다는 것이다.[20] 궁극적으로 사회는 수학적인 알고리즘과 자유시장의 원칙에 의해 움직이는 자급적인 체제로 변할 것이다. 암호와 기술의 발달이 시민의 자유와 프라이버시를 보장함으로써 시민이 국가를 견제할 수 있는 힘은 더욱 공고해 진다는 입장이다.

이처럼 다소 상반된 두 가지의 입장 중 어느 것이 결정적으로 옳다고는 볼 수 없지만, 블록체인 기술 중심의 거버넌스가 개발된다면 시민의 정부에 대한 대항력이 증대될 수 있다. 시민들이 정책 결정 과정에 참여하는 것이 확대되어 소위 상향식 정책결정 현상이 분명해질 것이고, 중앙집중적 조정이 무력화되며 경제의 정치에 대한 우위가 확고해질 것이다. 또한, 암호화 기술의 발달은 시민의 자유와 프라이버시를 강화할 것이고, 독립적인 이익집단 간의 전 세계적 수평적인 네트워크의 발달은 중앙집권화되고 위계적인 정부의 구조를 무력화할 것이다.[21]

블록체인의 "스마트 컨트랙트" 기술은 작은 정부에 기반한 좋은 거버넌스를 만드는 핵심적인 기술이다.[22] 여기에서 의미하는 작은 정부는 단순히 공무원의 숫자가 적다는 의미만은 아니다. 그보다는 세금을 적게 걷고, 관치경제 부문의 크기가 작으며, 정부의 개입이 적어 경제 자유도가 높고, 시민사회의 참여가 가능하고 민주적이며, 투명도가 높은 정부를 의미한다. 이를 위해서는 사회가 국가의 정책 결정 및 집행과정에 기술적으로 개입할 수 있는 역량이 필요하다. 신뢰를 중심으로 한 풍부한 사회적 자본, 국가정책 결정에 참여할 수 있는 역량 그리고 이를 가능하게 하는 기술이 필요하다. 이러한 점에서 블록체인은 단순히 ICT 기술이 아니라 민주적 거버넌스를 구축할 수 있는 사회적 기술이다.

4.4. IT 빅테크 플랫폼 비즈니스

제3차 산업혁명에서 제4차 산업혁명으로 전환하는 과정에서 가장 눈에 띄는 현상 중의 하나가 블록체인 기술 등을 구사하는 빅테크 기업들의 등장이다. 빅테크란 첨단 정보통신 기술과 플랫폼 비즈니스를 결합하여 온라인상에서 다양한 형태의 서비스를 제공하는 대규모의 IT 기업들을 지칭한다. MAGA(Microsoft Apple, Alphabet-Google, Amazon), FAANG (Meta-Facebook, Apple, Amazaon, Netflix, Alphabet-Goolge), Magnificient 7(Apple, Microsoft, Alphabet-Google, Amazaon, Tesla, Nvidia, Meta-Facebook) 같은 용어에 포함된 기업들이 대표적인 빅테크 기업들로 대부분 미국에 기반을 두고 있다. 우리나라에도 빅테크 기업이 있는데 네이버, 카카오, LINE, 쿠팡, 배달의 민족 등을 들 수 있다.

빅테크 기업들은 온라인 서비스를 바탕으로 가입 회원을 확보하고 IT 기술을 이용함으로써 이들과 고객으로부터 빅데이터에 기반한 정보를 수집하고 가공하여 제공하는 유무상의 서비스를 제공한다. 사업영역은 매우 다양하다. 전자상거래, SNS, 검색엔진, 금융, 제조업 등 거의 전 분야를 포함한다.

빅테크 기업들이 활용하는 플랫폼 비즈니스의 핵심은 소위 양면 시장Two-Sided Market이라는 개념이다.[23] 기존 산업의 기반이 되는 단면시장은 판매자가 구매자를 직접 상대하는 반면, 양면 시장은 플랫폼 내에서 다양한 판매자와 구매자가 다양하게 거래를 한다. 물론 이러한 양면 시장의 개념은 신문사의 광고나 교차로 같은 모델에서도 존재한다. 독자들에게 저렴한 가격으로 콘텐츠를 제공하여 거래 서비스를 도모하고 그 대가로 광고료를 지급받는 것이다.

그런데 빅테크는 온라인 플랫폼을 구축하고 이를 통해 네트워크 효과를 증폭시킨다. IT 기술의 발달 그리고 최근에는 AI 기술을 가미한 검색기술의 발달로 인해 플랫폼에 참여하고자 하는 독자의 수가 폭발적으로 증가하고, 이에 비례하여 이들에게 자사 제품을 노출시키려는 제조사의 광고 욕구도 강화된다. 이에 플랫폼 비즈니스는 중계 수수료, 구독료, 광고료, 라이센싱, 아이템 판매 등을 통해 수익을 올리게 된다.

그런데 주목할 점은 이러한 빅테크 기업들의 정치이념적 지향성이다. 대체적으로는 진보적 성향을 보였다. 미국의 경우 전통적으로 민주당과 밀착되는 경향을 보여주었고, 한국의 경우도 민주당 계열과 정치적 친화성이 나타나곤 했다. 그 이유는 당초 빅테크가 스몰테크로 시작할 당시 주류의 대기업이나 제조업 회사보다 비주류적이었고 산업의 변방에서 시작되었기 때문이다. 이들 구성원들은 인종적으로도 다양했고, 낙태나 동성애 문제 등에서 비주류적이고 진보적인 시각을 가지고 있었다. 진보적 정당들은 보수적 정당에 비해 노조 문제에 대해 관용적이었지만 테크기업들은 무노조기업인 경우가 많아 별로 영향을 받지 않았다.

다만 2024년 미국 대선에서 아마존, 테슬라 등 일부 빅테크 기업들이 공화당의 트럼프를 지지한 것은 민주당이 더 이상 스몰테크가 아니게 커버린 이들 빅테크 기업들을 견제하기 시작한 것과 관련이 있었다. 실리콘밸리의 이기주의에 민주당이 회의를 느끼게 되었다는 점도 관련이 있는 듯하다.[24]

바이든 행정부는 백만장자들의 미실현 자본이득에 대한 새로운 세금을 구상하고 있었다. 노동조직의 활성화를 독려했고 반독점 사안과 관련하여 테크기업들을 주목하기 시작했다. 비트코인도 과거에는 가난한 투자자들의 대안이었을지는 몰라도 이제는 부자들의 부를 확대하기 위한 수단으로 전락하고 말았다. 게다가 사회치안, 트렌스젠더 권리 강화, 교육의 낙후 등의 문제에 대해 이제 기득권층이 되어 버린 빅테크는 민주당과 다른 소리를 내는 경향이 나타나기 시작했다.

그럼에도 불구하고 빅테크가 제공하는 플랫폼에 참여하는 구성원들의 정치이념적 성향은 여전히 진보적인 특성을 보여주며 이것이 민주주의에도 영향을 미치고 있다. 가장 주목할 현상은 IT와 네트워크 기술이 촉발한 정치과정에 대한 대중적 참여의 폭발적 증가와 질적 변화이다.

당초 19세기의 자유주의는 의회 중심의 민주주의의 성격이 강했고 따라서 엘리트적 요소가 강했다. 참여의 주체는 교육과 재산을 보유한 부르주아 계층의 시민이었다. 이때까지만 하더라도 민주주의라는 용어는 다소 선동적이고 과격한 평등주의자(leveller)라는 의미마저 내포하고 있었다. 그런데 제1차 세계대전이 끝나고 대공황을 경험하면서 발전의 열매에 대한 평등한 분배 요구가 증가하기 시작했다. 세수입을 관세에 의존하던 미국에서 타이타닉호 사건 발생 이듬해인 1913년에 부유층을 대상으로 한 소득세가 도입되었다.

자유주의에 대한 해석도 변화하기 시작했다. 19세기의 자유주의는 작은 국가와 시장과 사회의 자유방임을 강조하는 우파적 성격이 강했다. 반면에 20세기 초반의 자유주의는 분배를 위한 국가의 개입을 요구는 진보좌파적 성격이 강했다. 그리하여 북구를 중심으로 유럽에서는 사회적 자유주의 또는 사회적 민주주의가, 미국에서는 소위 뉴딜 자유주의가 등장했다. 평등과 인권을 중시하는 새자유주의New Liberalism 패러다임은 이미 영국의 토마스 그린 등을 중심으로 19세기 말에 제시되기 시작했다.[25]

자유주의의 민주주의화는 정치적 참여를 시도하는 주체의 변화를 가져왔다. 더 이상 중산시민들만이 주인공이 아니었다. 노동자들과 서민들의 참여가 증가했다. 이는 민주주의 국가와 파시스트 국가가 다르지 않았다. 전자에서는 경제적 민주주의 논리도 등장했다. 경제적 불평등은 정치적 불평등을 유발하는 단초가 된다고 보고 가지지 못한 이들에게 복지가 제공되어 스스로 자유를 찾을 수 있게 국가가 도와주어야 한다는 입장이었다.[26] 이들에게 교육과 의료 등의 혜택이 주어지지 않는다면 이들은 스스로 자유를 획득할 수 있는 권리가 박탈당할 수밖에 없다는 것이다.

따라서 정부는 부유층에게서 세금을 기여받아 경제적으로 소외당한 이들이 정규적인 사회의 구성원이 되도록 도와야 한다고 보았다. 18세기에는 중산 부르주아 계층이 시민권을 획득하여 왕과 귀족 등 토지기반의 기득권을 견제하는 세력으로 성장했다. 이에 비해 19세기 후반부터는 노동자들에게도 정치적 참여권이 부여되고 20세기에는 이들에게 사회권[27]이 부여되어 복지국가가 수립되었다.

제1차 세계대전과 제2차 세계대전 사이의 공황기를 극복하는 또 다른 정치적 패러다임은 포퓰리즘에 기반한 파시즘Facism이었다. 중부유럽의 독일과 남부의 이탈리아 그리고 스페인에서는 국가주의와 코포라티즘을 결합한 극우파적 파시즘이 등장했다.[28] 파시즘 역시 참여를 강조했는데 여기에서 참여의 주체는 국민folks이었다. 국민이란 국가공동체의 일원을 의미했다. 국가는 유기체적 존재였고 상하 간의 위계가 분명한 조직이었다. 국민은 국가의 하부를 구성하는 기간 세력이었다. 코포라티즘corporatism은 이들을 잘 조직화하여 이들의 의견을 수렴해서 국가에 전달하고 국가는 이들을 가부장적으로 보호해야 한다는 이론이었다.

사회적 민주주의와 포퓰리스트적 파시즘의 결과는 대중의 참여 폭발이었다. 사회적 민주주의의 확대된 시민 그리고 파시즘하에서의 국민은 대중이라는 개념으로 수렴되었다.[29] 이처럼 20세기 전반기에 발아한 대중 민주주의는 20세기 후반 들어 꽃을 피우게 되었는데 이를 가능하게 한 결정적인 요소가 바로 IT 기술의 발전이었다. 제1, 2차 산업혁명으로 인해 공장제 노동이 확산되어 노동자들의 정치참여가 촉진되는 결과를 낳았듯이 IT 기술로 촉발된 제3, 4차 산업혁명으로 인해 시민, 노동자, 서민 그리고 변화 지향적 젊은 계층까지 참여하는 대중 민주주의가 만개하게 되었다.

4.5. 기술이 촉진한 대중 민주주의

자본주의와 민주주의는 생각보다 평화로운 공존이 쉽지 않은 제도이다. 앞에서도 언급했듯이 양자간에 고전적인 긴장이 존재한다. 경제 발전의 측면에서 효율이 높아 가장 인기를 누리는 자유주의적 민주주의와 자본주의의 조합은 특히 운영이 까다로운 제도이다. 이 조합의 성공적 운용을 위해서는 한 가지 전제가 작동해야 한다. 이성적 판단과 합리적 선택의 능력을 가진 시민으로서의 개인이 존재해야 한다. 그리고 이 개인은 자유주의와 공리주의적 이념을 수용하는 것이 바람직하다.

개인은 자신의 이익을 성실하게 최대한 추구하되 국가공동체 다수의 이익, 즉 타인의 이익도 존중하는 태도를 가지고 있어야 한다. 그리고 절충주의라는 비판에도 불구하고 여기서 언급하는 이익은 물질적이고 양적인 측면 외에도 질적인 측면까지 고려하는 것일 필요가 있다. 밀이 주장했듯이 타인의 행복을 나의 행복의 일환으로 간주할 수 있어야 한다.[30]

이것은 민주주의와 자본주의를 매개하는 개인, 즉 시민이 그 사회의 엘리트로서 역할해야 함을 의미하는 것이다. 의회를 중심으로 한 대의민주주의제의 엘리트적 요소는 일반 서민이나 대중의 참여를 탐탁하게 여기지 않는다는 비판에 취약하다. 그런데 시장 자본주의는 자본투자의 효율성이 높을 수는 있지만 독점과 불평등의 심화 같은 문제가 발생할 여지가 있어 분배와 형평 등 민주주의적 요소로 보완되어야 한다.

문제는 이처럼 민주주의적 요소가 강화될 경우 정치참여 주체의 범위가 시민을 넘어 대중 나아가 노동자 및 서민으로 확대된다는 점이다. 결국 법적 제도적 측면의 민주주의에 집중하는 것을 넘어 참여 민주주의나 사회 민주주의로 확대·심화된다. 개인이 자유의 확대를 자발적으로 추구할 수 있도록 국가가 지원해야 한다는 적극적 자유주의의 입장이 더욱 부각되는 것이다.

이러한 소위 민주주의의 심화 현상에 대응하기 위해서는 자본주의의 성격도 변화시켜야 한다. 시민이나 대중의 형평 및 분배 요구에 부응하기 위해 자본주의에 사회주의적 요소가 도입되는 경향도 나타난다. 복지제도의 강화가 한 예이다. 슘페터Joseph Schumpeter가 민주주의와 자본주의는 발전을 거듭할수록 사회주의적 요소를 흡수할 수밖에 없다고 지적한 것도 이러한 맥락이다.[31]

산업혁명의 진화는 민주주의의 발전과 확대를 가져다주었다. 정보통신 혁명은 21세기 중동에서 발생한 '재스민 혁명: 아랍의 봄'의 원동력이 되었다. 2010년 튀니지에서 발생한 시민들의 민주화 혁명을 정부가 탄압하는 장면들이 페이스북, 유튜브, 트위터 등 인터넷 매체를 통해 이웃 국가와 전 세계에 전파되었다. 튀니지의 민주화 혁명은 이집트의 호스니 무바라크 정권과 리비아의 무아마르 카다피 정권의 붕괴를 가져왔으며 예멘 등으로도 전파되었다. 재스민 혁명은 단순히 시민혁명을 넘어 대중혁명으로 확대된 양상을 단적으로 보여주었다.

그런데 민주적 참여의 확대에 대해 반드시 긍정적인 평가만 허락되는 것은 아니다. 디지털 정보통신 기술과 블록체인 기술의 발달로 인해 새로운 유형의 디지털 시민이 등장하기 시작했다. 문제는 이 새로운 유형의 시민들이 자유주의적 이념을 결여한 존재들일 수 있다는 점이었다.

에스토니아의 사례를 보자. 이 나라의 정부는 블록체인에 기반한 새로운 전자 거버넌스e-governance를 통해 시민의 자발적인 참여를 활성화하려 했다. 하지만, 결과적으로 민주주의가 주요한 안건으로 등장하기보다는 그리고 시민사회가 성숙화하기보다는, 다분히 "소비자 시민

customer citizen 중심적인 사회"로 대체되어가는 경향만 나타났다는 우려가 대두했다. 다시 말해, 합리적 정치행위자로서의 시민이 자유주의적 정치의식을 결여한 비정치적 개인apolitical individual으로 대체되었다는 것이다. 뿐만 아니라, 정치적인 기관들이 "소비자 혹은 손님을 위한 기관agency of the consumer or customer"으로 자리매김하는 현상도 나타났다. 결과적으로, 소비자 시민은 정치적인 행위자의 본분을 망각했고 시민의 권리는 개인의 생활방식lifestyle에 불과할 뿐이었다고 비판되었다.[32]

자유라는 개념에 대한 권리는 주장하지만 책임은 회피하는 현상은 발틱국가인 에스토니아에만 한정된 현상이 아니다. 사실 이는 시민 민주주의를 대체하는 대중 민주주의의 한 양상이다. 대중은 특별한 재능이나 소양을 결여한 채 평범한 삶에 만족하며 엘리트의 전문성을 무시하고 자신들이 생각하고 믿는 바를 절대시한다.[33] 소셜미디어는 획일화된 지식을 전파하고, 이를 접한 대중은 다양한 의견에 대한 접근을 회피한 채 이를 맹신한다. 정보통신 기술의 발달은 시민의 대중화를 촉진시킨 주된 원인이 되었다.

이는 당초의 예상과 다른 결과였다. 대의 민주주의의 엘리트적 배타성으로 인해 대중은 참여가 배제되고 엘리트적 시민에게만 접근이 허락되는 현상은 민주주의의 발달을 저해하는 것으로 여겨졌다. 그리하여 인터넷이라는 무한의 세계에서 대중이 자유롭게 정보와 의견을 교환하고 토론한다면 정치적 참여의 확대는 물론 민주적 숙의도 활성화될 수 있을 것으로 보았다.

보수적 엘리트들이 거부하는 진보적 개념들, 예컨대 성평등, 성소수자의 문제, 분배, 인종, 낙태 등의 문제를 대중의 힘을 빌어 정규적인 정치적 의제로 올려놓을 수 있었다. 그리고 정치 분야와 경제 분야의 엘리트들이 결탁하는지 감시할 수도 있게 되었다. 나아가 다양한 계층과 집단이 모여 의회 밖에서도 심도 있는 논의를 하고 합의를 도출하여 정책에 반영할 수 있는 희망도 보았다. 예컨대, 원전이나 방폐장을 어디에 설치할지와 같은 문제들은 숙의 민주주의를 통해 발전적인 대안을 마련할 수 있었다.

이처럼 참여 민주주의와 심의 민주주의라는 개념의 등장과 정보통신기술의 발전은 우리로 하여금 민주주의의 양적 팽창보다는 질적인 개선을 가져다줄 것이라는 기대를 갖게 해주었다. 그런데 21세기 들어 소셜미디어나 인공지능 기술의 발달이 과연 민주주의의 작동에 긍정적인 결과만을 가져다주고 있는지에 대한 의문을 갖게 하는 현상이 나타났다. 포퓰리즘populism과 팬덤fandom정치가 그 대표적인 예이다.

포퓰리즘은 개혁을 추구하는 소수의 비주류적인 엘리트들이 대중 또는 서민이나 노동자들의 지지를 획득하여 주류엘리트에 도전하고 궁극적으로 정권획득을 시도하는 정치적 전략이다. 정치적 이데올로기가 아니어서 좌우를 불문하고 결합하여 나타날 수 있다. 중요한 것은 대부분의 포퓰리즘은 두 가지의 특성을 공유하고 있다는 점이다. 반의회주의와 민족주의이다.

포퓰리즘, 즉 대중영합주의는 우선 자유 민주주의 체제의 핵심개념인 의회 중심주의를 거부한다. 의회는 시민들이 선출한 엘리트들이 정치적 숙의를 하는 곳이다. 그런데 포퓰리스트들은 의회를 매개로 엘리트들이 결탁하여 인민이나 서민의 의사에 반하는 결정을 내리는 장치로 간주한다. 그렇다고 의회를 폐지하자는 것은 아니다. 의회가 스스로 자율적인 결정을 도출하기보다는 대중의 명령을 수렴하여 법제화시키는 데에 집중해야 한다고 보는 것이다.

문제는 엘리트를 인정하는 시민에 비해 반엘리트적 속성을 갖는 대중the public이나 인민the people의 태도가 민주주의를 사실상 포퓰리즘으로 전락시킬 수 있다는 점이다. 민주주의와 포퓰리즘의 차이는 매우 근소하다. 그러나 포퓰리즘은 민주주의의 한 종류로 간주될 수 없다. 대중 다수의 힘을 빌어 소수의 이익을 배제하거나 무시할 수 있다는 점에서 반자유주의적이고 반민주적이다. 자유주의가 강조하는 공정한 경쟁의 가치는 평등을 제고하라는 획일적인 대중의 요구에 무시되기 십상이다. 대중이나 인민이 원하는 것이면 무조건적으로 국가의 정책으로 구현하려는 직업으로서의 정치인만이 요구될 뿐이다.

포퓰리즘이 좌파적 입장에만 서는 것은 아니다.[34] 극우적 국가사회주의national socialism와 결합하기도 한다. 파시즘과 나치즘에서도 나타났듯이 주로 자산을 보유한 중산층을 지지 기반으로 삼고 서민과 노동자를 통제의 대상으로 상정하기도 한다. 그리고 가부장적인 복지혜택을 국민들에게 제공하기도 한다. 또 다른 한편에서는 미국의 트럼프 대통령 집권 전후에 나타났듯이 보수적 정당과 노동자가 연합하기도 한다.

그러나 중요한 것은 이와 같은 좌우파적 변형에도 불구하고 핵심 메커니즘은 동일하다. 대중이나 서민 및 노동자의 견해를 중시하며 이들의 의견을 수렴하여 상부로 전달한다.[35] 아래로부터의 의견을 최종 전달받은 국가의 상층부 지도자들은 무소불위의 권력으로 이를 집행할 권한을 갖는다. 이들은 인민 또는 대중의 명령이라는 명분으로 의회나 관료제를 압도한다. 포퓰리즘이 종종 권위주의 독재화될 수 있는 이유가 여기에 있다.

포퓰리즘의 또 다른 핵심요소는 민족주의이다. 민족의 생존을 위해 국제화된 자본이나 외국인 노동세력을 축출해야 한다는 논리를 종종 주장한다. 파시즘과 나치즘은 자국민 중심적이었으며 인종주의적이었다. 예컨대 독일 나치즘의 대중은 국가라는 집단에 종속되어야 한다는 기관적 국가주의organic statism를 강조했다. 따라서 노동이든 자본이든 그 지향점은 개별 국민국가였다. 이들의 국제적 연대는 반국가적 운동이라는 점에서 부정되었다.

21세기에 들어서도 포퓰리즘과 민족주의의 결합은 보다 극명하게 나타났다. 한국의 문재인 정권과 미국의 트럼프 정권이 바로 그 예라 할 수 있다. 우선 트럼프의 경우 백인 노동자들의 박탈감을 파고들었다. 트럼프는 미국 내 일자리의 감소가 미국 제조업의 대 중국 의존도 심화 그리고 이민 노동자의 증가와 밀접한 관계가 있다는 논리를 전개했다. 세계화가 가속화하면서 미국의 중국 내 제조업에 대한 투자가 증가했는데 이제 이를 역전시켜 제조업 시설을 미국의 영토로 다시 불러들여야 한다는 주장으로 중동부지역 노동자들의 지지를 획득했다.

문재인 정부의 경우는 북한과의 관계개선을 통해 미국과 일본에 대한 정치안보적 의존도를 낮추려는 의도를 가지고 있었다. 자신의 지지기반인 노동자와 서민의 지지를 획득하기 위해 반일·친중적 노선을 택했다. 이는 중산계층과 상류계층의 친일·친미적 성향에 반하는 것이었다. 트럼프의 포퓰리스트적 정향이 경제적 이유에 주로 기인한 것이었다고 한다면 문재인의 경우는 정치적이고 안보적 측면이 더 강했다. 경제적인 측면에서 소득주도 성장론을 표방하면서도 제조업의 대 중국의존도가 증가하는 현상에 대해서는 교정하려는 노력을 크게 보이지 않았다.

포퓰리즘과 더불어 민주주의의 대중화를 유발하는 새로운 현상이 팬덤정치이다. 이른바 '팬덤fandom정치' 또는 '정치화된 팬덤' 현상이다. 포퓰리즘은 대중영합주의적 정치지도자에 초점을 맞춘 반면, 팬덤정치는 포퓰리스트적 정치지도자를 만들어내고 심지어 조종하는 대중의 조직화된 힘에 초점을 맞춘다. 팬덤정치에서 상정하는 대중이나 열성 지지자는 특정 정치인을 맹목적으로 추동하고 지지하며 보호하고, 자신들이 추종하는 정치인을 공격하는 자들을 응징하기도 한다.

'정치화된 팬덤politicized fandom'에 있어서 팬 대상에 가지는 강한 감정적 헌신은 정치학자들이 생산적인 시민 참여에 필요하다고 보는 냉철한 이성과는 정반대의 성격을 갖는다.[36] 정치화된 팬덤은 대중문화 영역에서 볼 수 있는 일반 팬덤과 달리 분노와 희망 등의 특정 정서적 지향이 두드러지게 나타난다. 일반 팬덤은 주로 '팬-팬 대상' 또는 '동료 팬 커뮤니티 내부'에서 정서적 충전affective charge이 이뤄진다.

이에 비해 팬덤이 정치화될 때 팬들의 정서적 투자는 사회를 변화시키고자 하는 열망으로 구성되어 '외향적 방향성'을 띤다. 즉, 정치화된 팬덤은 자연스럽게 외부로 관심을 돌리며 정치적 행동을 추구한다.[37] 이때 팬덤이 보이는 특징은 공동체나 심지어 집단의식을 형성하는 '팬 커뮤니티fan community'를 구성한다는 점이다.

더 나아가 정치화된 팬덤은 주장contestation을 내세운다. 팬 커뮤니티는 인식된 불의에 맞서고 더 넓은 사회적 관계를 변화시키기 위해 '대표하고 있다는 주장의 순환'을 통해 정치화를 도모한다.[38] 따라서 팬덤이 정치화될수록 보다 넓은 사회의 측면에 개입하고 도전하는 방식으로 외부를 향한다. 이때 정치화된 팬덤은 사회정치적 변화를 향한 특정한 비전을 의도적이고 집단적으로 추구함으로써 유지된다.[39]

정치화된 팬덤이 시민이나 대중의 참여를 추동한다는 점에서 민주주의의 발전을 가져올 수도 있지만, 민주주의와 결합하지 않을 때 오히려 정치과정을 훼손할 위험이 있다. 팬덤의 행동 수준이 폐쇄적 진영정치에 머물며 자신이 지지하는 정치인과 반대 위치에 있는 정치 집단과의 호혜성으로 확장되지 않는다면, 전체주의 정치 또는 권위주의 정치로 귀결될 가능성이 있다. 따라서 팬덤정치가 가진 '재가공, 전복, 생산, 정치적 주체성 형성의 힘'은 민주적으로 성숙해질 필요가 있다.[40]

뉴미디어 기술의 발전으로 인해 정치인과 지지자 사이의 팬덤 관계 형성이 더욱 강화되고 있다. 소셜미디어로 무장하여 자율적 주체성을 가지고 연대하는 개인들에 의해 포퓰리즘적 사회운동이 만들어질 수 있다. 실제로 정치인들은 대중문화의 연예인처럼 유권자와 소통하기 위해 이미지를 형성하는 작업을 블로그·페이스북·유튜브 등 소셜미디어를 통해 활발히 전개하고 있다.[41] 뉴미디어의 기술 발전은 정치인-유권자의 소통 방식을 대중문화 영역 내 팬-연예인의 소통 방식으로 전환했다. 이때 팬덤정치 현상으로의 전환 과정을 주도한 세력은, 자율적 주체성을 가진 개인들을 연대시켜 특정 정치인을 중심으로 일종의 사회운동을 일으킨 '소수의 뉴미디어New Media' 세력이라 할 수 있다.

전통 미디어는 특정 편집진이 주도하여 대규모의 중앙 집중화된 정치 콘텐츠를 생산하는 특징이 있었다. 반면 뉴미디어 플랫폼은 정치 정보를 수용하는 개인들이 직접 콘텐츠를 수정·처리·편집·증폭·저장·배포한다는 점에서, 정치적 의사소통의 새로운 기능을 유발한다.[42] 즉, 뉴미디어 플랫폼을 활용하는 시민은 정치의 주체이자 주 대상으로 변화했으며, 정치효능감이 향상됐다. 여기서 정치효능감이란 개인이 정치 영역에서 영향력을 발휘할 수 있다는 정치적 자신감 또는 효과성을 의미한다.[43]

뉴미디어 플랫폼이 정치효능감을 강화하여 시민의 참여 욕구를 만족시키는 방식은 '정치적 의제 설정'으로 드러난다. 그동안 제도권 정치 영역이 담당하던 의제 설정의 권한이 시민에게 전이됐고, 오히려 정부가 뉴미디어 플랫폼 내 개인이 생산하는 정치적 의제에 반응하는 현상이 나타났다.

그런데 뉴미디어 플랫폼은 다수의 개인이 시공간에 구애받지 않고 소통한다는 특성상, 거짓된 정보를 분별하기 어렵기에 소통의 질적 수준이 저하되는 한계가 있다.[44] 나아가 제도 언론과 달리 '반엘리트적 담론과 다른 대중에 대한 배타성 및 비판을 쉽게 유통할 수 있다'라는 점에서 대중 주도적이라 할 수 있다.[45] 그리고 뉴미디어 플랫폼에서 정보를 수용하고 생산하는 개인들의 정치 성향은 특정 인물 중심의 정치로 귀결될 가능성이 크다.

한국에서 문재인 정부 시기 '국민주권 시대'를 앞세우며 국민의 직접적인 정치 참여를 독려하는 분위기 속에서 팬덤정치가 확산된 바 있다. 문재인 정부를 거치면서 포퓰리즘을 넘어 문재인 팬덤 그리고 이재명의 개딸 현상 등으로 변화해왔다. 한국의 시민 참여적 정치가 포퓰리즘을 거쳐 팬덤정치 현상으로 전환된 것이다.

포퓰리즘이나 팬덤정치는 대중 그리고 열성 지지자 중심적이라는 공통점이 있다. 그럼에도 불구하고, 포퓰리즘은 포퓰리스트적 정치 지도자에 중점을 둔 공급 중심의 정치현상인 반면, 팬덤정치는 대중과 지지자들이 요구하는 수요 측면demand side이 강하다는 점에서 중요한 차이가 있다. 따라서 시민 참여에 대한 열망이 높아진 오늘날에는 수요자들이 반드시 정치지도자들의 일방적 리더십에 의존하지 않을 수도 있다. 오히려 이들이 정치 지도자를 도구적으로 활용하여 자신들의 정치적 의사를 표명하고 자신들이 원하는 정치와 정책을 도출하고자 할 수도 있다. 그리하여 소셜미디어로 무장한 채 자율적 주체성을 가진 개인들의 연대에 의해 수요적 차원에서 팬덤정치가 발생할 수 있는 것이다.[46]

4.6. 기술은 어떻게 자유 민주주의와 자본주의를 위협하는가?[47]

블록체인뿐만 아니라 제4차 산업혁명의 핵심인 인공지능 기술의 발전은 정치 분야에 매우 중요한 변화를 초래할 것이다. 현대 민주주의의 근간인 대의 민주주의가 도전을 받고 포퓰리즘의 위협에 직면할 것이다. 기술의 발전으로 국민들이 직접 투표하여 입법과 행정에 대한 결정을 내릴 수 있는 기술적 환경이 마련되면서 개인의 직접적인 정치참여가 촉진될 것이다.

고대 아테네에서 직접 민주주의가 실현되었듯이 기술의 발전은 대의 민주주의를 넘어 개인이 직접적으로 정치적 의사결정에 참여할 수 있게 해 직접 민주주의의 실현 욕구를 증대시킬 것이다. 제4차 산업혁명 기술의 발전은 국민들의 정치참여 행태가 간접적이기보다는 직접적으로 변화하도록 유도할 가능성이 높다. 또 다른 한편으로는 디지털 기술을 이용하여 정권에 유리하게 여론을 조작하는 것과 같이 디지털 독재 현상이 발생할 가능성도 존재한다.[48]

디지털 기술의 발전과 민주주의를 결합한 새로운 정치적 의사결정 형태인 디지털크라시Digitalcracy, 즉 디지크라시Digicracy가 등장하면서 기존의 거대 정당의 존립 기반도 위협받을 가능성이 부상했다.[49] 현대 민주주의가 당면하는 문제 중의 하나가 의회에 대한 신뢰의 하락이다. 국민에 의해 선출되었음에도 불구하고 의원들은 유권자의 이익을 대변하기보다는 자신의 이익을 도모하는 대리인 문제이나 유력 유권자와 대리인이 부정한 거래를 통해 사익을 도모하는 후견주의clientelism의 문제가 발생하고 있다. 이에 유권자들은 정당이나 의회를 거치지 않고 자신들의 견해를 직접 정책과정에 전달하고자 하는 욕구를 갖게 된다. 정당과 의회의 주요 역할 중 하나가 바로 정치적 대표를 선발하는 것인데, 디지털 기술의 발전으로 직접 민주주의가 활성화된다면 선출직의 중요도가 낮아지게 된다. 이에 따라 기존의 정치 과정에서 정당과 의회가 점유했던 독점적 지위가 흔들리게 될 수 있다.[50]

정치 과정에서 발생하는 모든 의사결정이 합리적이고 객관적인 것은 아니며, 때로는 정치적 이해관계에 따라 비합리적인 결정이 발생하기도 한다. 이러한 정치적 의사결정의 비합리성 문제를 극복하는 대안으로 인공지능 기술을 활용한 의사결정이 주목받고 있다. 인공지능 기술을 활용하게 되면 보다 합리적이고 객관적인 의사결정을 내릴 수 있으며, 향후에는 인공지능 로봇이 정치인을 대신하여 의회 활동을 담당할지도 모른다.[51]

그렇다면, 과연 정보기술과 인공지능 기술을 활용한 정치적 의사결정이 기존의 민주정치적 의사결정 과정에서 발생하는 문제를 해결할 대안이 될 수 있을까? 기술을 활용하게 되면 객관적이고 과학적인 증거를 기반으로 의사결정을 내릴 수 있기에 의사결정의 정당성 확보에 유리하며, 무엇보다도 국민들의 수용성이 제고될 것으로 전망되기는 한다.

하지만 갈등 요소가 많아 이해관계가 첨예하게 대립하거나 가치에 의한 판단이 필요한 사안에 대해서는 여전히 한계를 노정할 것이다. AI에게 인간에 대한 결정을 내리게 하는 것은 윤리적 문제마저 수반한다.

디지털 디바이드digital divide처럼 정보수용의 비대칭 현상은 온라인 포퓰리즘을 유발할 수도 있다. 게다가 정치인들이 중요한 결정을 여론조사에 의존하듯이 자신들의 책임회피 수단으로 사용할 개연성도 있다. 물론 인공지능 기술이 고도화되면서 인공지능이 가치 판단까지 가능하게 될 수도 있지만, 인공지능이 어떤 기준에 따라 가치를 판단하고 결정을 내릴 것인지를 어떻게 정할 것인지, 인공지능의 판단에 대한 책임은 누가 질 것인지 등에 대한 문제도 함께 고려돼야 한다.

합리적 무지rational ignorance현상도 우려되는 문제이다.[52] 민주 체제에서 시민은 투표할 정책에 대해 제대로 이해하지도 않고 투표를 하는 경향이 나타난다. 학습에 투입되는 비용에 비해 자신에게 돌아올 이익이 크지 않다고 보기 때문이다. 정당과 의회를 없애거나 이들을 거치지 않고 직접 정책결정 과정에 참여하는 것이 일견 비용을 절약하는 방안처럼 보이지만 오히려 거시적으로 더 큰 비용을 유발할 수도 있다.

요컨대 중산시민 계층의 위축으로 인한 정치사회적 양극화 현상이 이미 심각한 현 상황에서 제4차 산업혁명은 민주주의의 위기를 더욱 심화시킬 수 있을 것으로 우려된다. 제4차 산업혁명 시대에는 직접 민주주의와 대의 민주주의 모델 간의 대립이 더욱 심화될 것이다.

한편, 제4차 산업혁명 시대에는 지능정보 기술과 전통적인 산업이 결합하여 새로운 산업들이 등장할 것이다.[53] 제4차 산업혁명을 주도할 기술들은 기술 자체에 대한 산업뿐만 아니라 다른 분야와의 융합을 통해 새로운 산업의 창출을 가능하게 할 것이다.[54] 그러나 그로 인해 산업구조의 갈등도 초래할 수 있다. 새로운 산업의 등장은 기존 산업과 신산업 간의 갈등을 발생시킬 수 있기 때문이다. 제4차 산업혁명은 거의 모든 산업 분야의 경쟁력을 변화시킬 수 있을 만큼 큰 변화를 초래

할 것으로 예상된다.[55]

제4차 산업혁명은 모든 것이 연결된 초연결성Hyper-connectivity을 특징으로 하기에 경쟁의 지리적 경계도 소멸되어 글로벌 경쟁이 심화된다. 인터넷과 플랫폼 서비스의 발전으로 많은 산업들이 글로벌 경쟁에 노출되면서 글로벌 경쟁력을 갖춘 산업은 살아남고, 갖추지 못한 산업은 도태될 것으로 전망된다.[56]

산업구조의 변화는 노동 및 일자리 변화에도 영향을 준다. 새로운 산업의 등장으로 인한 산업구조의 변화 및 기존 산업과의 갈등은 새로운 일자리 창출과 기존 산업의 쇠퇴로 인한 일자리 감소로 이어진다. 물론 제4차 산업혁명 시대의 노동시장에 대한 긍정적 전망도 있다. 기술의 발달로 생산성이 향상되면서 새로운 산업분야가 창출되고, 새롭게 생겨난 산업 분야에 대한 추가적인 노동 수요가 발생할 수 있다는 것이다.[57]

그럼에도 불구하고 엔터테인먼트 등 창조산업 분야가 활성화되지 않는 한 제조업 부문에서 상당수의 일자리가 감소할 가능성이 크다.[58] 최근 미국의 사례에서도 보듯이 제조업이 쇠락하면 글로벌 공급망에서 배제되는 현상이 발생할 수 있을 뿐만 아니라 블루칼라 노동자 계급의 몰락으로 인해 계층 간 불평등이 심화될 가능성도 높아진다.

제레미 리프킨Jeremy Rifkin이 노동의 종말The End of Work에서 지적한 바와 같이[59] 노동이 없는 세계는 고되고 정신없는 반복적인 작업으로부터 인간이 해방되는 시발점일 수도 있다. 특히 제조와 서비스 제공 과정에서 AI와 기계가 인간의 노동을 대체하는 것은 불가피해 보인다. 칼 프레이Carl B. Frey는 제4차 산업혁명으로 현재 일자리의 47%가 사라질 수 있으며 단순 노동의 중간 난이도 일자리는 사라지고 저숙련

저부가 일자리와 고숙련 고부가 일자리로 일자리의 양극화 현상이 나타나게 될 것으로 전망한 바 있다.[60]

기술의 발전은 숙련된 노동자 혹은 전문가를 필요로 하기 때문에 비교적 반복적인 업무를 담당하던 중산층 노동자들이 기계로 대체되면서 노동 양극화 현상이 나타나고, 이로 인해 불평등은 심화되며 중산층은 몰락할 가능성이 높다. 노동방식과 노동의 형태 역시 변화할 것으로 보이는데, 양질의 일자리는 사라지고 상용직에 비해 일용직 노동이 증가하고 전문성을 중심으로 한 단기 고용이 증가할 것으로 전망된다. 기업의 입장에서는 반복적인 업무를 수행하는 노동자들을 기계나 로봇으로 대체함으로써 노동에 소요되는 비용을 줄이고자 할 수 있다.

그러나 노동의 양극화는 불평등을 심화시키고 중산층을 몰락시켜 경제구조에 위협을 가할 수 있기 때문에 일자리의 감소 속도를 조절하여 피해를 최소화할 필요가 있다. 게다가 디지털 기술에 기반을 둔 공유경제 역시 일자리 감소에 영향을 미칠 수 있다. 기존의 경제학은 자원의 희소성을 전제로 하였지만, 새로운 디지털 시대의 자원은 데이터, 정보, 재능, 기술 등으로 확장되고 공유경제, 플랫폼 기업의 등장과 발전으로 희소성의 프레임이 약화되고 있다.[61] 예컨대 택시의 희소성은 우버Uber의 등장으로 상쇄될 수 있다.

정보화 혁명에 이은 제4차 산업혁명의 전개가 우리 사회와 경제에 던져주는 가장 중심적인 화두는 불평등 확대 및 중산층의 붕괴 문제에 관한 것이다. 물론 정보화와 인공지능의 확산이 과연 일자리를 축소하는가 아니면 확대하는가의 문제에 관해서는 아직 논란의 여지가 분명하게 존재한다. 그러나 인공지능 기술의 발전은 주로 고소득 및 전문직 일자리를 대체하는 것은 물론 중산층과 서민 다수의 노동직도 축소시킬 가능성이 높아지고 있다. 게다가 인구가 감소하고 3D 직종에 대한 회피의 증가, 그리고 노동자 복지제도의 향상으로 인해 노동 공급의 감소도 예상된다.

결과적으로 인공지능을 주축으로 하는 제4차 산업혁명으로부터 안전한 계층은 막대한 자본을 소유하거나 인공지능을 기술적으로 통제할 수 있는 초기술전문직 밖에 없다는 결론에 도달하게 된다. 기존의 복지제도를 대체하는 기본소득 제도UBI: Universal Basic Income가 보편화될 경우, 중산층 및 노동계층의 붕괴와 실종은 더욱 가속화될 수 있다. 이들은 기본소득에 의존하는, 시민의 권리를 포기한, 정치경제적으로 무의미한 존재로 추락할 될 수도 있다. 이 두 계층은 중간 시민계층을 구성하여 민주주의와 자본주의를 이끌어 가는 두 바퀴와 같은 존재이다. 따라서 이들의 붕괴는 민주주의는 물론 새로운 자본주의 모델에 대한 새로운 논의를 요구하게 될 것이다.

우리가 가장 우려할 시나리오는 정보를 독점한 국가와 인공지능을 통솔하는 초자본 간의 결탁 현상이, 또는 국가마저 통제할 능력이 있는 초자본의 등장이, 시민계층과 노동계층의 붕괴 현상과 결합하는 것이다. 이러한 결합 현상은 16세기 이래 발전해 온 자유주의적 근대 자본주의 체제의 근본적인 변화를 유발할 수 있다는 점에서 시사하는 바가 크다. 후쿠야마의 저서 '역사의 종언'62에서 주장하던 자유주의적 민주주의와 자본주의가 역사 진화의 최종단계가 되기는커녕 심각하게 붕괴되는 현상이 전개될 수도 있다.

민주주의와 자본주의의 결합은 현존하는 가장 이상적인 정치경제적 조합이지만 권위주의나 공산주의 체제와 마찬가지로 기득권 세력의 등장을 방지하기는 어렵다는 문제를 가지고 있다. 만일 기술이라는 세력이 자본이라는 기득권 세력을 견제할 수 있다면 바람직 하지만 양자가 결탁한다면 여기에서 파생하는 영향력을 물리치기에는 심지어 국가조차도 어려울 것이다. 크고 작은 기득권 세력들이 자신들만의 이기적인 이익을 추구할 경우 편협한 이익추구로 인한 부작용의 사회화 그리고 기득권세력에 의한 일종의 수탈 현상이 발생할 수 있는데[63] 이를 억제할 방법이 혁명이나 전쟁 말고는 마땅하지 않을 수도 있다.

과연 제4차 산업혁명 시대에는 제도화된 국가와 시장을 대신하여 누가 신뢰를 담보해줄 수 있을 것인가 하는 문제도 중요하다. 국가의 정치적 권위일까 아니면 교환의 자유가 제도적으로 담보된 시장일까? 이 두 가지 모두 아닐 수 있다는 것이 문제이다. 블록체인 같은 새로운 기술이 대안으로 떠오르고 있지만, 루나 디지털 화폐 스캔들에서도 보듯이 아직은 전 세계의 모든 시민이 의존하기에는 문제가 많다. 당초 블록체인은 관료화된 국가권력 그리고 시장을 장악한 거대자본을 대신해서 시민들이 자발적으로 신뢰를 보증하는 기술 플랫폼을 만든다는 의미에서 주목받았다.

그러나 사유화된 기술은 언제든 강자의 무기가 되어 약자를 위협할 가능성이 있다. 그리고 이 기술이 국가권력이나 자본의 힘과 결탁할 가능성 역시 간과할 수 없다. 만일 국가가 약화되고 제도화된 시장의 질서가 붕괴된다면, 탐욕화 된 기술의 만행을 제어할 존재마저 없게 될 것이다.

4.7. 강한 국가의 부활

신자유주의적 패러다임이 전성기를 구가하던 1990년대, 새로운 형태의 사회 민주주의를 도입함으로써 시장 중심주의의 문제를 극복하자는 주장이 등장했다. 앤서니 기든스[64]가 제시했던 소위 '제3의 길' 관점이다. 자본가와 노동계급의 구분은 더 이상 의미가 없고 중간계층 시민이라는 개념으로 정치와 경제의 관점이 수렴되어야 한다는 주장이다. 나아가 좌파와 우파의 구분을 넘어 실용적 관점에서 국가와 시장 그리고 사회의 관계를 모색해야 한다는 것이었다. '제3의 길' 주장은 영국의 토니 블레어, 프랑스의 조스팽, 독일의 슈뢰더 그리고 한국의 김대중 정부에 직간접적으로 영향을 주었다.

'제3의 길' 논지는 1980년대 등장한 거버넌스 이론의 정착에도 크게 영향을 주었다. 전통적으로 좌파와 우파적 관점은 시장에 대해 의미있는 국가의 역할을 주문했다. 좌파적 입장에서는 국가가 시민들이 원하는 복지를 제공하기 위하여 시장에 간섭해야 하다는 관점에서 큰 국가를, 우파적 입장에서는 국가가 시장질서를 감독하거나 아니면 산업육성을 위해 시장을 통솔해야 한다는 관점에서 덜 간섭하지만, 강한 국가를 상정했다. 그러나 '제3의 길' 관점은 국가와 시장이 상황에 따라 융통성있게 파트너십을 구사해야 한다고 주장했다. 그리고 이러한 관계를 설정함에 있어 시민사회의 역할이 중요하다고 보았다.

그렇다면 제4차 산업혁명의 시대에도 이러한 '제3의 길' 패러다임은 유효한 것인가? 특히 작지만 강한 국가 역할 대신 국가와 시장 간의 공생이 더 바람직한 미래인가? 그러나 그렇지 않을 것 같다. 이제 '제3의 길'의 시대가 종료되어 새로운 길을 모색해야 할 것으로 보인다.

신자유주의가 본격화된 1980년대부터 미국발 금융위기가 발생한 2008년의 기간 동안 전체적으로 시장과 사회에 대한 국가의 역할은 전반적으로 약하거나 간접적인 것이 바람직하다는 입장이 지배적이었다. 작은 국가를 상정한 신자유주의도 그렇고 국가와 사회 그리고 시장 간의 파트너십을 강조한 거버넌스 패러다임에서도 그러했다.

그러나 이제 이러한 제한적 국가의 역할이 불가피하게 종료될 가능성이 높아지고 있다. 그 원인은 우선 신냉전 구조의 등장과 기술 패권주의의 발흥 때문이다. 그리고 경제적 불평등의 심화에 따른 신자유주의적 사조에 대한 저항의 증가 때문이다.

당초 제4차 산업혁명의 영향으로 인해 국가의 역할이 제한되고 약해질 것으로 예상되었다. 기술의 발달은 심지어 개별국가의 소멸을 불러올 것 같았다. 한때 국민, 영토, 주권으로 구성된 국민국가나 개별국가의 형태가 아닌 누구나 자신이 원하는 국가를 선택할 수 있다는 가상국가 논의도 진행된 바 있다. 또한 기존에 국가가 담당하던 국민의 신분 증명, 개인정보 관리 등의 역할을 기술이 대체할 수 있게 되면서 국가가 반드시 국민, 영토, 주권을 중심으로 구성되어야 하는 것은 아니라는 주장도 제기된 바 있다.[65]

그러나 2014년 남중국해에서 미국과 중국 간의 갈등이 심화된 것을 기점으로 소위 신냉전적 구조가 형성되기 시작했다. 이는 그간 이루어졌던 미·중 관계의 개선이 기대했던 결과에 역행하는 것이었다. 1978년 중국이 개혁개방을 선언하고 1979년 양국이 국교를 수립한 이후 정치적으로는 밀월관계가 그리고 경제적으로는 중국이 세계의 공장으로 성장하여 상호보완적인 공급망production chain이 형성되었다. 제4차 산업혁명은 이러한 현상을 더욱 가속화시킬 것으로 예측되었었다.

하지만 신냉전 구조의 형성은 오히려 기술과 시장에 대한 국가의 통제력을 강화시키는 방향으로 변화를 유도하고 있다. 미국의 경우 인플레이션 감축법이나 반도체법에서도 보듯이 생산 원자재와 기술 그리고 투자자본에 대한 국가의 통제와 간섭은 현격하게 강화되는 추세이다. 제4차 산업혁명으로 인해 국가의 역할이 감소할 수도 반대로 강화할 수도 있는 유동적인 상황이었는데 안보라는 외부적 요소의 등장으로 인해 강화하는 방향으로 정리될 가능성이 높아진 것으로 보인다.

따라서 이제 제4차 산업혁명 시대에 적합한 국가의 역할을 논의할 필요가 있다. 제4차 산업혁명이라는 새로운 흐름은 법·제도, 정치, 사회, 문화, 윤리, 교육 등 다양한 분야에서 새로운 이슈를 발생시킬 것이기 때문에 국가가 이러한 이슈들에 어떻게 대응할 것인지는 중요한 문제이다.[66] 세계의 여러 국가들은 이미 지난 산업혁명을 통해 새로운 흐름에 선도적으로 대처하지 않는다면 경쟁력을 확보하기 어렵다는 사실을 경험했다. 따라서 국가들은 제4차 산업혁명이라는 새로운 변화에 선두주자가 되어 국가의 경쟁력을 확보하고자 노력할 것으로 전망되며, 새로운 기술을 중심으로 한 국가 간 경쟁이 심화될 수 있다.

아울러 국가 차원에서 기술이라는 요소에 관심을 기울이는 이유는 군사기술의 혁신을 통한 안보 딜레마의 해결 가능성 때문이기도 하다.[67] 제2차 세계대전 이후 패권국으로 등장한 미국과 소련의 양극 체제에서도, 소련의 붕괴 이후 미국의 단극 체제에서도, 패권국은 군사력을 가장 중요한 국익 제고의 수단으로 간주했다. 자신의 가치와 질서를 국제질서에 투사하여 주변국의 지지와 협력을 이끌어내고 적대 세력의 공격을 억제하는 전통적이고 공격적인 현실주의 정책을 추진했다.[68]

제4차 산업혁명 기술의 발전은 군사기술의 첨단화를 통해 전투능력을 향상시켜 줄 수 있다. 현재의 국민국가, 개별국가의 형태가 향후에도 유지된다면, 각 국가는 자신들의 안보를 위해 새로운 기술을 군사기술에 적극 활용하여 국가의 군사력을 향상시키고 다른 국가에 비해 경쟁우위를 확보하려 할 것이다. 그 과정에서 국가는 전쟁 발생 시 자국의 국민을 전쟁인력으로 활용하기보다는 발전된 군사기술과 군사로봇을 이용하여 전쟁을 치르고자 할 수 있으며, 군사로봇이 전쟁 시 용병으로 활용될 가능성도 존재한다.

아울러 제4차 산업혁명 시대에는 다양한 분야에서의 디지털화가 진행됨에 따라 국가와 국민에 관한 많은 정보가 모두 데이터화되기 때문에 국가는 이러한 데이터의 보안 및 관리를 위해 개입해야 할 필요성이 증가하고 있다. 또한, 사이버 공간에서의 사이버 공격 및 위협의 발생 가능성이 증대되기에 국가의 사이버 안보 대응 역량을 향상시켜 국가안보를 견고히 하고, 국가적인 사이버 위협에 대응할 수 있는 인재 양성을 위해 힘써야 한다.

경제적 차원에서도 새로운 변화가 목격된다. 1980년대부터 본격화된 소위 시장 중심의 세계화globalization의 추세가 한풀 꺾이는 양상이 목격된 것이다. 국제사회가 2001년의 9·11 사태, 2008년의 금융위기, 코로나 팬데믹을 경험하면서 정부가 저금리 정책을 유도하거나 시장에 재정을 투입하여 개입하려는 움직임이 미국을 중심으로 나타났다. 경제학계에서 신고전파 종합이나 뉴케인지언 이론이 부상한 것도 이러한 맥락이었다.

게다가 미국과 중국 간의 갈등에 기반을 둔 신냉전 체제의 등장, 그리고 우크라이나와 러시아 간의 국경분쟁을 경험하면서 개별국가 및 정부의 존재감이 강화되고 국경이 다시 살아나며 세계화 시대에 국제사회를 이끌던 국제레짐이 약화되는 현상이 나타나고 있다. 다시 말해, 제4차 산업혁명의 발전이 평화의 시기가 아니라 갈등과 전쟁의 시기와 중첩될 가능성이 높아지고 있다는 것이다.

만에 하나 이러한 방향으로 국제정세가 전개된다면, 제4차 산업혁명에 영향을 받은 기술 자본주의의 미래 방향성을 예측할 때 기존과는 다른 시나리오가 전개될 가능성을 염두에 두어야 한다. 무엇보다도 갈등구조에서 살아남으려는 노력의 일환으로 정부의 힘이나 존재감이 다시 강해질 수도 있다. 나아가 국가가 제4차 산업혁명의 기술을 시장과 사회를 통솔하고 심지어 통제하는 방향으로 사용할 가능성도 높아질 수 있다.

이러한 경우에는 제4차 산업혁명 기술이 개인과 사회의 복지 향상과는 거리가 먼 방향으로 작동할 수 있다. 예컨대, 국제레짐을 약화시키고 국회 및 정치 분야의 토론 기능과 시민의 참여를 억압하며, 정부의 중앙권력 집중을 심화시킬 수 있다. 인공지능을 군사 기술에 이용함에 따라 인간윤리의 문제를 간과하게 될 수 있으며, 국가안보를 이유로 정보에 대한 국가의 통제를 강화시켜 소위 '빅 브라더Big Brother' 현상을 심화시킬 수도 있다.

제4차 산업혁명 기술이 인류사회에 긍정적 또는 부정적 영향을 줄 가능성은 양방향 모두 존재한다. 자유주의 국가들에서는 개인의 자유를 증진하는 방향으로 기술이 사용될 가능성이 높지만, 특히 비자유주의illiberal 국가에서는 반대의 방향으로 기술이 악용될 가능성을 배제할 수 없다. 그러나 이러한 개별국가의 의지 외에도 신냉전과 같은 전 세계적 구조의 변화 역시 이 방향성에 영향을 줄 가능성이 높다.

기술 자본주의 시대에 국가와 시장 그리고 사회의 관계는 어떤 모습이 되어야 할까? 제3의 길 패러다임이 제시하듯 시민 사회 중심의 국가-사회관계가 형성되는 것이 바람직하겠으나 그것이 지속가능할 것인지에 대해서는 면밀한 분석이 필요하다. 앞에서도 논의하였듯이 불평등이 심화되어 중간의 시민계층이 축소될 가능성도 농후하다 이 경우 불균형해소를 위한 국가의 사회 개입 가능성은 증가할 것이다. 대중이 지배하는 민주주의 체제는 자유보다는 평등의 가치에 편향될 것이다. 시장 자본주의가 사회주의적 압력으로 인해 국가 자본주의로 선회할 유혹도 생길 것이다.

게다가 신냉전 구조의 형성에 따른 안보적 요소의 등장이 국가의 역할을 강화시키는 방향으로 작동할 가능성도 배제할 수 없다. 기술이라는 요소는 국가의 내부적 그리고 외부적 안보와 밀접한 관련성을 가지고 있다. 역사적으로 전쟁이라는 요소가 기득권의 해체를 유발할 수도 있지만 국가의 시장과 사회에 대한 지배력 강화로 이어질 수도 있다. 기술이라는 요소가 국가와 사회의 관계에 긍정적인 영향을 줄 수 있도록 유도하기 위해서는 세계정세 변화에 대한 면밀한 검토와 개선방안에 대한 철학적, 정책적 모색을 도모해야 한다. 어떤 긍정적 효과가 자동적으로 형성되어 나타날 것이라는 기대는 아직 너무 성급해 보인다. 우리가 통제할 수 없는 구조적 변화가 가시화되고 있기 때문이다.

05

자본주의 전쟁: 국가와 시장 중 누가 기술을 더 잘 개발할 수 있는가?

5.1. 국가 자본주의의 도전

어떤 자본주의 체제가 제4차 산업혁명과 관련된 주요 기술들을 더 잘 개발할 수 있을까? 이 질문이 향후 전개될 자본주의 국가들 간의 경쟁에서 핵심 주제가 될 것이다. 구소련과 미국 간에 전개된 냉전에서 미국이 승리할 수 있었던 이유 중의 하나가 결국 미국의 앞선 반도체 기술이었다. 폐쇄적인 소련은 자유롭고 개방적인 미국을 이길 수 없었다. 인센티브 제도가 없는 소련의 사회주의 경제 체제는 창의적인 기술 개발자들을 보존할 수 없었다. 시장 자본주의 체제를 가지고 있던 미국에서는 민간분야에서 선도적인 기술들이 만들어졌다. 물론 정부도 기술 개발을 위한 연구비를 지원했다. 그러나 이를 이용해 민간이 개발한 기술이 국가 전체에 돌려주는 혜택은 더 컸다.

구소련의 사회주의 체제는 미국의 자본주의 체제를 이길 수 없었다. 효율도 떨어졌지만 창의성이 더 문제였다. 기술개발에 투입될 수 있는 자금도 미미했다. 그렇다면 같은 공산주의 국가인 중국의 경우도 그러할까?

그런데 중국은 전형적인 사회주의 경제 체제를 갖고 있지 않다는 점에서 구소련과 다르다. 중국의 경제 체제는 사회주의 시장경제socialist market economy 체제라 불린다. 그런데 근본적으로는 여전히 사회주의이다. 정부가 경제를 계획하여 운영하고, 금융이나 기간산업에 관련한 주요 기업들은 국가가 직접 경영한다.[1]

국가가 사유재산에 대한 최종 통제권도 가지고 있다. 물론 개인이 아파트나 부동산을 소유한다. 그러나 엄밀하게는 토지 사용권과 건물에 대한 소유권을 보유하는 것이다. 개인의 사용권은 그 기간을 연장할 수 있다. 그러나 유사시 정부는 이를 개인으로부터 회수할 수 있다.[2]

기업은 어떨까? 중국에는 수많은 해외기업들이 투자를 하고 있다. 그러나 이 기업들은 대부분 중앙정부나 지방정부와 합작을 하고 있다. 사업의 수익을 국가에 환원시키기 위해서이다. 그러니까 개인의 사유재산이든 기업이든 종국적으로는 중국정부의 통제가 가능하다. 단지 표면적으로 열려있어 보일 뿐이다.

사회주의 시장경제 체제도 일부 자본주의적 성격이 있다. 사회주의는 생산수단을 국가나 사회가 보유하고 자본주의는 개인이 소유한다. 중국에서도 개인이나 외국자본이 동산 및 부동산을 일부라도 소유하고 있으니 자본주의적 요소가 있다고 볼 수 있다. 그러나 자유주의적인 시장 자본주의는 아니다. 국가가 시장을 통제하는 국가 자본주의이다.

어떤 면에서 보면 나치 독일의 국가 사회주의National Socialism와 유사하다. 중국은 좌파적인 반면 나치 독일은 우파적이다. 그렇지만 둘 다 '사회주의적'이라는 공통점이 있다. 개인의 자유보다는 국가집단이나 공동체의 번영이 더 중요하다. 개인은 국가로부터 위계적 통제를 받고 기업은 정부로부터 자금을 지원받으며 심지어 소유권의 통제를 받는다. 그리고 창출된 이익은 국가 전체를 위해 환원된다. 생산수단에 대한 국가의 통제도 가능하다. 이런 점에서 사회주의적이다.

그런데 이를 자본주의적 관점에서 본다면 국가 자본주의이다. 국가 자본주의는 국가가 자본에 대한 통제를 독점적으로 시행하는 경제 체제이다. 국가 자본주의는 공산주의 국가에서도 그리고 극우적 권위주의 국가에서도 나타난다. 사회주의 단계에서 최종적인 공산주의 단계로 이전하기 위해 프롤레타리아에 의한 국가독점 자본주의가 전개된다. 또 파시스트적이거나 비자유주의적 권위주의 국가도 국민경제를 관리하기 위해 생산수단에 대한 직접적 통제를 한다. 이 경우 좌우 이념의 구분

없이 국가 자본주의가 나타난다:

이러한 국가독점 자본주의는 자본주의의 효율성과 사회주의의 공공성을 겸비하여 빠른 시일 내에 자본축적을 이루어내기도 한다. 국가의 시장 통제력이 강해 외부로부터의 자본침입에도 대항하기 유리하다. 항상 그런 것은 아니지만 국가주도로 성장의 결실을 분배하여 불평등에 대한 불만을 억제하기도 유리하다. 물론, 장기적으로는 국가나 독재자가 발전자원의 분배를 주도하고 시장경쟁을 억압하여 부패가 발생하고 계층 간 불평등이 심화되어 경제효율이 저하하는 문제가 빈번하다.

그럼에도 불구하고 이 방식은 경제발전의 초기 단계에서 산업적 도약을 성취하기 위해서 매우 유용하게 사용되는 사례가 많다. 우리나라도 이러한 사례로 꼽힌다. 후기 공업화 국가론의 주역인 독일, 발전국가를 성공적으로 운용한 우리나라, 대만, 싱가포르, 심지어 전전 일본도 이런 국가 자본주의 경험을 가지고 있다.[3]

21세기 들어 제4차 산업혁명 기술이 국가 발전의 중요한 요소가 되자 이를 개발하기 위해 국가의 역할이 다시 강조되고 있다. 20세기 말 신자유주의 시대에는 투자자본을 조달하는 금융의 중요성이 주목을 받았지만 AI가 핵심기술로 등장하면서 금융 이상으로 기술의 중요성이 부각되었다. 이로 인해 부상한 질문이 국가 자본주의와 시장 자본주의 중 어느 체제가 첨단기술 개발을 더 잘 할 수 있는가 하는 것이었다. 중국과 미국간 대립의 핵심은 현재 바로 이 문제이다.

미국은 자유주의적인 시장 자본주의의 틀이 견고한 나라이지만 바이든 정부나 트럼프 정부가 들어서면서 산업육성이나 기술개발을 위한 시장 개입을 강화하고 있다. 국가 자본주의는 아니지만 일부 그러한 요소를 서슴없이 도입했다. 2001년 9·11 사태와 2000-2002년 닷컴버블 붕괴 이후 반복적으로 저금리 정책을 유지했다. 이 점에서는 공급 중심적이고 시장주의적이다. 그러나 채권을 발행하여 여기서 조성된 자금으로 부실은행을 구제하거나 재정지출을 통해 첨단기업을 미국으로 유치하기 위한 보조금으로 사용하고 일자리를 창출한다. 이 점에서 본다면 시장 간섭주의적 요소도 일부 존재한다.

21세기에는 확실히 국가 자본주의적 색채가 전 세계적으로 다시 나타나고 있다. 시장 자본주의를 주로 하되 국가의 시장개입을 전략적으로 시행한다. 제2차 세계대전 후 서유럽 국가들은 너도나도 자본주의 경제와 사회주의 경제의 요소가 공존하는 혼합경제 모델을 도입했었다. 자본주의를 근간으로 하되 주요 기간산업의 국유화 그리고 국가 의료보험 같은 사회주의적 요소를 도입했다. 1980년대부터 신우파적 패러다임이 확산하자 국가의 시장간섭 축소가 유행처럼 퍼졌었다. 그런데 21세기 들어 금융위기를 극복하고 전략산업을 육성함에 있어 시장개입이 다시 유행처럼 부상하고 있다. 그 결과 '강하고 전략적으로 간섭적'인 국가의 모습이 나타나고 있다.

20세기 신자유주의 패러다임의 유행에도 불구하고 국가 자본주의를 전 세계적으로 유행시킨 장본인은 중국이다. 1978년 개혁개방 정책 이후 놀라운 속도의 경제발전을 이루어 내며 미국과 양극 체제를 구축한 비결을 여기에서 찾고 있다. 서방은 중국이 경제발전을 이룩하면 자유주의국가로 전환할 것으로 기대했으나 시진핑 집권 이후 정반대의 방향으로 중국은 진화하고 있다. 시장에 대한 국가의 통제는 더욱 강해진다. 경제에 대한 정치의 우위 그리고 시장에 대한 국가의 지배는 더 확고해졌다.

중국의 국가 자본주의 모델을 총체적으로 보여주는 사례가 일대일로一帶一路정책이다. 이 정책은 단순히 국토개발 정책이 아니다. 중국식 사회주의 시장경제 체제의 강점을 실물적으로 전 세계에 파급시키기 위한 전략이다. 이를 통해 자유 민주주의보다는 중국의 공산당원 중심의 인민 민주주의가 그리고 시장 자본주의보다는 국가 자본주의가 개발도상국에게 더 효과적임을 홍보하려는 전략이다.

5.2. 일대일로一帶一路

중국의 일대일로 정책은 중국식 국가 자본주의의 주요 구성요소이다. 정부가 국영기업을 통해 국가의 핵심적 산업 및 경제자원을 통제하며 고용을 창출하는 중상주의적 발전전략이다. 또 민영기업을 통제하여 전략산업에 간섭하며 국부펀드를 운영하여 국가의 이익을 창출한다. 중국이 국가 자본주의를 도입하는 이유는 빠른 경제성장을 위해서는 자본주의 경제 체제가 필요하지만, 시장이 과도하게 성장할 경우 자본이 정치적 권력에 도전할 수 있기 때문이다. 국가 자본주의의 목적은 경제성장과 더불어 국가의 정치적 권력의 확대이다.[4]

시진핑이 추진하고 있는 이 정책은 기존의 정치 지도자들이 추진하던 발전전략과 비교해도 국가 자본주의적 성격을 좀 더 강하게 내포하고 있다. 덩샤오핑의 개혁개방은 마오쩌둥 시기에 대한 대항적인 인식에서 비롯되었다. 3세대 지도자인 장쩌민 시기의 '사회주의 시장경제'와 '삼개대표론'은 탈냉전 이후 확대된 개혁개방이 초래한 사회경제적 모순을 해결하기 위한 타협이었다. 그리고 후진타오의 통치이념인 과학적 발전관과 '조화사회'는 지역간, 산업간, 도농간의 사회경제적 불균형을 해소하기 위한 이념적 대응이었다.[5] 5세대 지도자인 시진핑이 제시하고 있는 중국의 꿈, 신형대국 관계, 그리고 일대일로 역시 중국의 사회적 과제 해결이라는 과제를 목표하고 있다.

그런데 시진핑 체제의 일대일로 정책을 분석해보면 다소 수동적이고 규범적이었던 과거 중국의 태도와는 구별되는 양상이 나타난다. 시진핑 체제는 당내 권력구조, 영도소조 및 중앙 행정기구의 개편을 통해 중앙 집권적인 통치기반을 강화하고 있다는 지적이다. 단순히 경제발전 전략이 아니라 정치적이고 안보적인 요소마저 복합적으로 내포하고 있다.[6]

첫째, 일대일로 구상은 중국 중심의 경제협력 기반을 구축하는 경제발전 전략이다. 궁극적으로 일대일로는 무역시장 확대, 에너지와 천연자원 확보를 통해 경제발전을 지속하기 위한 외부지향적 경제전략이라는 함의를 가진다. 둘째, 일대일로는 1990년대 후반부터 중국정부가 추진하고 있는 서북지역에 대한 지역개발의 연장선상에 있다. 일대일로를 통해 지역 간, 산업 간, 도농 간의 경제사회적 불균형을 해소하고 산업구조 조정을 촉진하는 수단이다. 셋째, 일대일로 구상은 지역안보 전략이다. 경제적인 관여를 수단으로 주변지역의 불안정을 안정적으로 관리하고, 부상하는 중국의 영향력을 확대하기 위한 개입전략으로 작동하고 있다. 지역안보는 일대일로의 핵심 전략이다. 마지막으로 일대일로는 중국 공산당 일당지배의 정당성을 강화하기 위한 국내정치 전략이다. 실크로드라는 영예로운 역사적 중국의 공산을 복원함으로써 중국 공산당 통치의 정당성을 문명사적 중국으로 확대하려는 것이다.

이처럼 일대일로 전략은 국내외의 정치적 요소와 경제발전적 요소를 동시에 내포하고 있다. 단순히 주변국과의 평화로운 공존을 상정한 정책이라고 보기 어렵다. 상기하였듯이 중상주의적이고 공격적인 요소마저 가지고 있다. 이러한 양상은 유럽과 아시아에서 전개되고 있는 일대일로 정책의 모습을 비교해 보면 인지할 수 있다.

유럽지역에서 나타난 일대일로 정책의 모습은 항구와 철도 등 사회

간접 자본에 대한 투자에 초점을 맞추고 있다. 중국정부가 직접 나서 자본투자를 선도하며 국가 자본주의적 전략의 강점을 유럽에 적극 홍보하려 했다. 이에 과거 사회주의적 체제의 경험을 가지고 있던 중동부 지역의 유럽국가들은 긍정적으로 호응하는 모습을 보여주었다. 이는 선진국을 따라잡기 위한 중진국들의 전형적인 전략이라 할 수 있다.

반면 한국과 일본 등 동아시아 지역에서는 이러한 양상이 보여지지 않는다. 일대일로 전략은 동북삼성 지역에서 단절된 채 한국이나 일본과 연결되지 않고 있다. 이는 한국과 일본이 중국과는 달리 더 이상 국가 자본주의 전략을 운용하지 않고 있기 때문이다. 미국과 이념적으로 밀접한 관계를 유지해온 이 두 나라는 경제적으로 시장 자본주의를 그리고 정치적으로 자유 민주주의를 지향하고 있다. 게다가 경제적 발전 단계의 초기과정을 마무리했다.

북한 역시도 중국의 일대일로 정책을 적극 받아들이지 않는 모습이다. 이에 대해 정확한 이유는 알려지지 않고 있지만 중국의 영향력이 북한내에 확대되는 것을 경계하기 때문인 것으로 추측된다. 김정은이 대표적인 친중파로 알려진 자신의 고모부 장성택을 처형한 것은 북한의 중국에 대한 경계심을 보여주는 사건이었다.

정치경제적 이데올로기의 관점에서 보았을 때 중국의 일대일로 정책은 자유주의 진영의 국가들과 협조적인 관계를 공고화하는데 한계가 있다. 국가주도로 경제성장의 이륙take-off 단계를 도모하고 있는 중동부 유럽의 국가들과는 어느 정도 협력적 관계를 유지할 수 있을지 모른다. 하지만 시장 자본주의와 자유 민주주의를 표방하는 EU의 정체성에 비추어 볼 때 이 역시 장기적으로 지속되기에는 한계가 있다. 이러한 가설은 사드의 한국 배치를 둘러싸고 벌어진 중국과 한국 간의 경제적 갈등 특히 중국이 한국에 대해 행한 무역보복의 행태를 볼 때도 설득력이 있다. 이에 앞서 일본과 유럽의 국가들을 대상으로 행한 무역보복 조치 역시 중국의 국가 자본주의적 성격을 극명하게 보여주었다.

일대일로 구상은 부상하는 중국이 지역질서를 재편하는 시험대가 될 것이다. 그러나 일대일로의 성과는 물론 부상하는 중국의 역내 역할과 위상은 미국과 주변국이 어떻게 여기에 대응하는지에 따라 결정될 것이다. 동중국해와 남중국해의 영토문제가 첨예화되는 가운데 일대일로 구상이 포용적 관여를 통해 협력적 지역질서를 증진할지 아니면 갈등적 팽창으로 대립적 지역질서를 형성할지 귀추가 주목된다.

한반도는 현재까지 공식화된 일대일로 구상에서 제외됨으로써 일대일로를 통한 협력방안에 대한 논의는 구체적으로 이루어지지 않고 있다. 더구나 사드문제와 북핵문제 그리고 북러 간 군사동맹의 강화로 한반도 정세의 불확실성이 확대되는 가운데 미국의 중국 때리기 전략이 강화되면서 한중협력이 위기를 맞고 있다. 중국의 영향력이 확대되고 중국주도의 지역질서가 재편되는 가운데 우리의 경제적 이익을 확대하고 북핵 문제 해결을 위한 대안모색의 필요성이 증대하고 있다.

5.3. 중국의 국가 자본주의와 빅테크

한편 중국 정부는 일대일로 사업과 더불어 디지털 플랫폼 사업에 대해 전략적 지원과 규제를 번갈아 시행하고 있다. 민간의 참여가 두드러진 빅테크 분야도 중국정부의 국가 자본주의 전략, 즉 시장의 보호와 육성이 엄연하게 작동하고 있는 영역이다. 중국정부는 2000년대 초반에는 이베이, 아마존, 구글 같은 미국의 플랫폼을 차단하여 텐센트, 알리바바, 바이트댄스, 메이퇀, 징둥, 바이두, 앤트그룹, 핀둬둬, 넷이즈, 콰

이서우 같은 자국의 빅테크 기업들이 정착할 수 있도록 기반을 조성했다. 2015년부터는 벤처투자를 활성화하고 창업을 지원하는 정책을 폈다. 디지털기술 분야에 대한 규제를 완화하고 R&D를 활성화시켰다.

그런데 빅테크 기업이 급성장하고 이것이 사회경제적 불평등의 한 원인으로 지목되자 중국정부는 2020년부터 독과점 규제를 강화했다. 금융관리 감독도 더 철저하게 하기 시작했다. 당초 2008년 시행된 반독점법은 외국의 기업들이 인수 합병 등을 통해 중국의 국내시장에 영향을 주는 것을 예방하기 위한 수단이었다. 그러던 것이 2020년부터 중국 국내기업을 대상으로 집행되기 시작했다. 알리바바의 자회사인 앤트그룹의 IPO가 중단되고 메이톽, 징둥, 바이두 같은 기업들에 과징금이 부과되기 시작했다. 이로 인해 알리바바의 주가가 70%나 추락하는 일이 발생했다.

빅테크에 대한 규제가 완화되기 시작한 것은 2023년부터이다. 중국의 제조업이 한계에 봉착하자 빅테크를 경제성장의 핵심세력으로 보기 시작했다. 하지만 중국 정부의 간섭이 사라진 것은 아니다. 방식이 변화한 것으로 보아야 한다. 한 예가 중국정부가 행사하는 황금주이다. 황금주는 1% 정도의 사업지분으로 기업의 경영에 배타적인 권리를 행사할 수 있는 '특별경영주'이다.[7] 이 방식이 시작된 것은 2015년경인데 정부가 1%의 주식과 이사직을 확보하여 스타트업에 간섭을 할 수 있는 장치를 마련했다. 그 후 대표적인 빅테크 기업에도 이러한 방식을 확대 적용하기 시작했다. 독점규제보다는 경영간섭이라는 방식으로 전환한 것이다.

국가 자본주의는 국내시장과 전략기업에 대한 보호와 육성을 골자로 한다. 이런 면에서 보면 플랫폼 기업이나 주요 빅테크 기업을 육성하는 중국의 전략은 국가 자본주의 방식에 매우 충실하다고 볼 수 있다. 예컨대 지속적인 투자가 필요한 제조업 및 인공지능 기술에 대해서는 지원정책을 강화해 왔다. 특히 미·중 간 반도체 전쟁이 시작되자 고성능 반도체 개발을 위한 정부의 지원에 더욱 박차를 가했다. 바이두, 알리바바 그리고 틱톡의 모기업인 바이트댄스도 자체 AI 칩을 개발하기 시작했다. 정부와 민간의 투자가 동시에 이루어져야 하는 빅테크 분야에서 이러한 민관 간의 협조가 두드러지게 전개되고 있다.

메타버스나 데이터 보안분야에서도 예외가 아닌데 이처럼 데이터 주권과 안보적 시각에서 국가차원의 전략적 접근이 이루어지고 있다. 고객정보 같은 데이터가 해외로 이전될 경우 정부의 보안평가를 받아야 하고 빅테크 기업의 해외상장도 정부의 허가가 있어야만 가능하다.

중국정부가 컴퓨팅, 데이터 및 AI 산업을 육성하기 위해 2022년부터 시작한 소위 '동수서산東數西算' 정책은 디지털 산업의 일대일로 정책이라 할 만하다. 동수서산이란 중국 동부지역의 데이터를 서쪽으로 보내 가공한다는 의미이다. 동쪽은 발전되고 인구가 많은 반면, 서쪽은 저발전 되었으나 데이터 산업에 필요한 재생 에너지가 풍부한 곳이다. 이 정책에 다르면 8개 지역을 국가 컴퓨팅 허브로 지정하고 10개의 국가급 데이터 센터를 구축하는 것이다. 의도적으로 컴퓨팅 허브 중 절반인 4개는 발전지역에 그리고 4개는 저발전지역에 설치한다.[8]

이 정책을 보면 중국정부가 지역 간 계층 간 불평등 문제가 사회불안의 위협요인이 되고 있는 현실을 정책에 반영하고 있음을 알 수 있다. 2020년부터는 공동부유, 반독점을 명분 삼아 빅테크 기업의 규제를 강화하고 데이터 사업의 활성화보다는 데이터 안보 및 주권을 강화하는 정책에 힘을 쏟았다. 예컨대 핀테크, 뉴스 및 콘텐츠 플랫폼, 게임

등 서비스 분야에는 정부의 규제를 강화하는 경향을 보였다. 반면 데이터 센터, AI, 반도체, 자율주행, 메타버스 등 빅테크 분야에서는 민간의 참여를 적극 장려했다. 정부의 판단에 따라 분야별로 개입과 규제의 정도를 유연하게 조절하는 것이다.

디지털 경제를 비롯한 빅테크 분야는 중국 정부가 집중적으로 육성하려 하는 분야이다. 일대일로가 전통적인 제조업과 건설업에 금융지원을 결합한 것이라면 동수서산 정책은 빅테크 산업과 정부의 지원을 결합한 것이다. 2023년경 중국 GDP에서 디지털 경제가 차지하는 비중은 40%에 육박하는데 이는 이전 10년간 두 배 정도 확대된 것이다.

중국이 경제와 산업전반에 걸쳐 국가 자본주의 전략을 시행하고 이를 통해 급격한 성장을 이루고 있음은 자명하다. 요컨대 미국과의 경쟁에서 안보적 요소가 있는 분야는 검열과 규제를 강화하되 육성이 필요한 핵심기술 분야에서는 정부의 민간에 대한 지원이 지속적으로 확장하고 있다. 그렇다면 문제는 자유 민주주의와 결합된 시장 자본주의와 권위주의와 연결된 국가 자본주의 중 어느 조합이 더 기술을 효과적으로 더 잘 개발할 수 있는가의 문제가 될 것이다. 이것이야말로 21세기 기술 자본주의 시대의 중요한 화두이다.

5.4. 권위주의의 기술 자본주의적 한계

국가 자본주의 체제는 첨단기술을 개발하는데 어느 정도 효율적인 것일까? 2024년 현재 전 세계 20개 빅테크 기업 중 미국이 15개 유럽이 2개 그리고 아시아가 3개를 보유하고 있다. 이들의 시가총액 합계는 20조 달러가 넘는다. 전체 글로벌 증시 시총의 18%에 달한다. 톱10기업 중 미국기업이 8개를 차지한다. 빅테크가 아니더라도 전 세계 시가

총액 10위 기업을 살펴보면 8개 정도가 미국기업이고 2개가 비미국기업이다.[9]

한편, 2024년 현재 기업가치가 10억 달러 이상인 비상장 스타트업을 일컫는 유니콘 기업 중 절반 이상이 미국기업이다. 이렇게 보면 일단 빅테크 분야에 있어서 미국의 경쟁력은 월등하며 그 저력의 근본은 시장 자본주의 체제에 있다고 할 수 있다. 미국을 제외한다면 단일 국가로 중국이 두드러진다. 사실 신생기업 중 미래가치를 보유한 국가들이 중국에서 탄생하고 있기는 하다. 중국이 부상하는 이유를 살펴보면 거대한 내수시장을 보유하고 있기 때문이기도 하지만 중요한 것은 중국정부의 전략적인 지원이라 할 수 있다. 국가 자본주의 체제하에서 정부가 소유 및 경영에 간섭을 시행하고 국내산업을 보호하고 육성한다. 그런데 21세기 들어 중국의 이러한 국가주도적 중상주의 전략을 목격한 자유주의 진영의 국가들도 국가 자본주의적 전략을 차용하기 시작했다. 흥미로운 것은 그 대표적인 국가가 미국이다.

미국은 전통적으로 국립과학재단NSF이나 국립보건원NIH 등을 활용하여 기초과학 및 생명과학 분야의 민간연구 개발사업을 지원해 오고 있다. 이처럼 정부가 민간분야의 R&D사업을 지원하는 방식은 국가의 시장에 대한 간섭을 최소화하고 있는 시장 자본주의 국가에서도 일반적으로 시행되고 있다. 그런데 바이든 정부는 이러한 수준을 뛰어넘어 산업에 대한 직접적 간섭을 시도하는 양상을 보여주었는데 그 예가 인플레이션 감축법Inflation Reduction Act과 반도체 및 과학법Chips and Science Act같은 것들이다.[10]

인플레이션 감축법은 바이든 행정부가 표명한 '발전적 재건 Build Back Better'에 포함되는 미국 가족법American Families Act의 수정안이다.

반도체 및 과학법은 미국이 기술패권 경쟁에서 우위를 확보하기 위해 반도체 등 첨단기술에 대한 연구개발 확대를 도모하는 법안이다. 전통적으로 미국 정부의 산업 지원 방식은 간접적인 성격을 가지고 있었으나 이 두 가지 법안에서 나타난 양상은 다소 중상주의적이며 심지어 WTO의 제재를 받을 수도 있을 정도의 직접적인 지원을 구사하고 있다.

인플레이션 감축법은 2022년 발생한 인플레이션을 해결하기 위해 정부가 에너지 안보 및 기후변화 대응, 의료보험 보조금 확대 및 서부지역 가뭄 피해 지원 등에 4,370억 달러를 지출하고 약값 개혁, 법인세 15% 적용, 자사주 매입에 대한 1% 소비세 부과, 기타세금 증세를 통해 7,370달러의 유동성을 흡수하는 내용을 가지고 있었다. 이로써 예산 지출보다 수입이 큰 3,000억 달러 규모의 흑자를 달성함으로써 인플레이션 감축에 도움을 준다는 취지였다.

그런데 실제로는 이 법을 근거로 미국이 보호무역을 시행함으로써 불공정 무역을 유발하고 있다. 특히 이 법은 에너지 안보 및 기후변화 대응분야에서 많은 문제를 야기한 바 있다. 북미산 생산품에 대한 세액을 공제하고 보조금을 지급하며, 중국산 광물과 이차전지의 수입을 차단했다. 미국의 이러한 불공정 무역행위는 유럽, 일본, 한국 등 핵심 동맹국의 반발을 샀다. 예컨대 유럽의 경우 EU가 역내에서 생산된 제품에게만 세제 등의 혜택을 부여하는 핵심원자재법과 탄소배출 거래제도를 활성화한 탄소국경 조정 제도CBAM: Carbon Border Adjustment Mechanism를 발표하며 저항에 나섰다. 미국의 IRA는 인플레이션을 억제한다는 선한 의도를 표면에 내세우면서도 실제로는 자국의 전략산업을 육성하는 중상주의적 전략의 면모를 내포하고 있었다.

반도체 및 과학법은 기술패권 경쟁에서 우위를 확보하기 위해 반도체 제조업 및 공급망 강화, 첨단기술에 대한 연구개발 확대 등을 규정하는 등 산업적 지원의 요소를 공개적으로 노정했다. 반도체 R&D 및 제조, 인력 양성에 527억 달러(약 69조 원)의 지원금을 제공하고, 첨단 시설과 정비투자에 대한 25% 세액공제를 제공하여 10년간 240억 달러의 효과를 유발한다는 내용이었다.

또 하나 특기할 점은 '반도체 생산 지원에 관한 법안Chip for America'이 2021년 국방수권법에 포함되어 통과되었다는 점이다. 반도체 제조 및 첨단 패키징 제도 프로그램 등 R&D 지원 말고도 국방산업에 필요한 반도체 기술 제작 및 인력교육을 위한 반도체 연구허브 조성에 20억 달러를 배정했다. 즉 반도체 문제를 국가의 안보라는 시각에서 보았던 것이다.

미국이 구소련과의 냉전에서 승리할 수 있었던 이유 중의 하나가 정밀 유도무기에 필요한 반도체를 미국이 개발하고 생산할 수 있었기 때문이었다.[11] 그런데 이제 미국은 반도체를 설계는 하지만 생산을 한국, 대만 그리고 중국에 의존하고 있다는 점에서 안보상의 절박감을 느끼고 있다. 이를 해소하기 위해 미국기업뿐만 아니라 해외기업에게 까지도 지원금을 제공하여 미국 내에서 반도체를 생산하도록 유도하고자 했다. 반도체 생산의 자급자족을 이루려는 것이다.

반도체, 2차전지 등 첨단산업의 육성을 위해 국가 자본주의적 전략이 얼마나 효과를 발휘할지는 미지수이다. 시장 자본주의적 방식과 국가 자본주의적 방식 중 어느 것이 효율적인지 판단하는 것은 산업발전의 성숙도와 관련이 있다. 산업화의 이륙단계를 마무리하고 도약 및 성숙단계를 시도하는 중국의 경우 중상주의적 전략은 효과적인 방법이었다.

그럼에도 불구하고 이것이 지속가능한지에 관해서는 다소 논란이 있다. 핵심은 정치적 리스크이다. 국가 자본주의의 권력적 속성은 상업과 산업에 대한 정치적 통제의 행사이다. 시장이 국가에 도전하는 것을 경계하여 이를 용납하지 않는다. 기업의 번성은 정부의 통제범위 내에서만 이루어져야 한다. 생산수단의 사유화로 인해 국가의 통제가 붕괴하면 안된다고 믿는다.

단적인 예가 알리바바 그룹의 CEO 마윈이었다.[12] 그는 중국 최초의 온라인 상거래 플랫폼 기업 알리바바 그룹의 창업자이기도 하다. 알리바바 그룹은 핀테크 분야의 전자 결제 서비스, 클라우드 컴퓨팅, QR 코드 전자결제 등을 선보인 혁신적 기업이었다. 중국의 기술혁명을 주도하는 최고의 혁신가 중 한 명으로 지목되던 그는 2019년 돌연 경영일선에서 은퇴했다. 그 이유에 대해서는 설이 분분하지만 중국 정부에 대한 그의 비판적 태도가 발단이 되었다는 것이 중설이다. 알리바바 그룹 중 앤트파이낸셜을 성장시켜 민간주도의 은행업을 시도했는데 이것이 중국이 경제 당국과 충돌을 빚은 것으로 알려졌다. 앤트파이낸셜은 빅데이터 기술을 이용 고객의 신용관리와 대출사업을 출범하려 했다. 그러나 고객정보는 중국 정부가 국가 안보차원에서 규제를 철저하게 시행하는 분야였다. 민간 주도의 사업추진에 장애를 느낀 마윈의 비판이 정부의 심기를 건드린 것으로 전해졌다.

장기적으로 중국 정부의 강압적이고 규제적 정책으로 인해 중국을 떠나는 인재와 자본가가 증가하는 것은 자유라는 맥락에서 불가피한 일일 것이다. 최상위의 인재들이 해외로 유출되고 있어 AI나 사이버 보안 분야의 취약성이 노출되고 있다. 시진핑 체제의 전제주의적 통제가 심화되자 중국 내에서의 각종 규제에 피로감을 느낀 인재들이 자유로운 해외에서 성공의 기회를 모색하고 있다. 물론 트럼프 행정부 들어 이러한 추세가 변할 것이라는 보도도 있었으나 그 이전인 2022년의 경우 중국을 떠난 중국인의 수는 유입된 인구보다 31만 명이 더 많았다. 이러한 추세는 2023년에도 더욱 증가했다. 해외 유학을 경험한 기술인력들의 사이에서 이러한 경향이 두드러지게 나타나고 있다.[13]

자유 민주주의와 시장 자본주의가 상호 발전적 효과를 주고받을 수 있는 이유는 개방적인 사회구조와 인권에 대한 존중 때문이다. 그리고 개인의 능력에 대한 세속적 보상이 이루어지기 때문이다. 이처럼 자유롭고 개방적인 사회와 시장이 존재하면 우수한 인재와 자본은 모여들 수밖에 없다. 자유주의자들이 지적하듯이 행복의 물질적 측면뿐만 아니라 질적인 측면도 중요하다. 초기에는 물질적 만족이 가장 큰 행복을 주지만 일단 부를 성취하고 나면 인간은 그에 걸맞은 사회적 지위와 대우를 원하게 된다.[14] 자유주의적 체제는 이러한 보상을 시민들에게 제공할 수 있는 최상의 제도이다.

트럼프 행정부 2기부터 분위기가 바뀌고 있지만, 자유주의적 민주주의와 자본주의 체제를 운용하고 있는 미국은 전 세계에서 인재와 부를 가장 강력하게 흡수하는 국가이다. 미국 빅테크 기업들은 중국, 이스라엘, 인도의 브레인들을 흡수하고 있다. 엔비디아의 젠슨 황 CEO는 대만 출신이다. 이 회사 임직원 3만 명의 출신대학에는 이스라엘 테크니온 공대와 텔아비즈 대학 출신이 가장 다수로, 스탠포드 공대 출신의 2배가 넘는 것으로 알려졌다. 구글의 CEO 순다르 피차이, 마이크로 소프트의 CEO 사티아 나델라, IBM의 CEO 샨타누 나라옌 어도비는 모두 인도계 브레인들이다. 실리콘밸리에서 인도계는 전체인력의 30% 정도에 달한다고 한다.

궁극적으로 자유주의적인 체제가 경직되고 비자유주의적인 국가 자본주의 체제에 비해 두뇌와 자본을 흡수하기 유리하여 빅테크 산업이

성장하는 훨씬 유리한 여건을 마련하고 있다. 물론 중국의 사례에서도 보듯이 제4차 산업혁명과 관련된 기술을 개발하는 초기 단계에서 정부의 효과적인 간섭은 발전전략으로서 유효한 것으로 보인다. 그러나 지속가능성과 기술 패권이라는 관점에서 본다면 여전히 자유 민주주의적인 체제가 유리한 것으로 판단된다.

5.5. 자본주의와 민주주의 중 어느 것의 문제인가?

이 책과 일부 유사한 문제의식을 가진 마틴 울프Martin Wolf는 그의 저서에서 시장경제와 자유 민주주의가 공존하기 어려운 이유를 네 가지로 지적했다.[15] 엘리트의 신뢰 상실, 포퓰리즘과 권위주의의 부상, 진실에 대한 신뢰의 상실 그리고 시민들 간 합리적 토론의 부재가 그것이다. 누차 지적했지만 자본주의와 민주주의 간의 자유주의적 조합은 매우 예외적인 조건에서만 성립이 가능하다. 이 조합의 성공에 관한 낙관론은 고전적 자유주의의 전성기인 19세기에도 그리고 20세기 중반까지도 소수에 불과했다. 예외적으로 낙관론이 재차 부상한 것은 신우파적 개혁이 시작된 1980년대부터였다.

그런데 과연 이러한 정치경제 체제의 부조화 문제가 단순히 자유주의적 조합에 국한된 문제일까? 다시 말해 비자유주의적 권위주의 체제와 국가 자본주의 간의 조합에는 문제가 없다는 것일까? 단언컨대 그렇지 않다. 비자유주의 체제하에서는 정확한 통계나 공개적 비판이 가능하지 않아 표면화되지 않을 뿐이다. 부패는 제도화되어 여론이 문제화하기 어렵다.

예컨대 중국의 경우 권위주의적 정치 체제와 국가 자본주의는 갈등과 긴장의 양상을 노정하고 있다. 시진핑 주석이 2021년 8월 열린 중앙재정 위원회에서 '전체 인민의 정신과 물질생활이 모두 부유한 것' 즉, 공동부유共同富裕를 주장한 것도 이러한 이유에서였다. 권위주의와 국가 자본주의가 만들어 낸 경제적 불평등, 권력의 집중 그리고 부정부패등이 21세기 중국이 당면한 심각한 사회문제들이다.

그렇다면 민주주의와 자본주의 간 갈등 및 긴장의 원인 제공자는 누구인가? 답은 바로 자본주의 그 자체이다. 시장 자본주의든 국가 자본주의든 자본주의는 정치 체제의 불안정을 유발한다. 그 이유는 현실적으로 경제적 불평등 나아가 정치사회적 불평등을 유발하는 경향이 있기 때문이다. 민주주의가 자본주의의 문제를 일으키는 주범이 아니다. 오히려 자본주의가 민주주의를 상처내고 있다.

20세기에 민주주의가 전 세계적으로 확산되었던 이유는 19세기 자유주의적 자본주의의 팽창과 관련이 깊다. 고전적 자유주의 시대에 발생한 각종 문제들 예컨대, 식민주의, 제국주의, 경제적 불평등 등의 문제를 해소하라는 요구가 민주주의의 확산을 불러왔다. 특히 서구 자본주의 국가들의 국내사회적 문제가 매우 심각했다. 19세기 말부터 본격화된 불평등한 사회경제 구조는 서구사회에 큰 상처를 남겼다.

미국의 경우 이 시기(남북전쟁 이후 1865년부터 철도 버블경제가 꺼졌던 1893년까지)는 마크 트웨인과 찰스 D. 워너의 소설 제목을 따 '도금시대The Gilded Age'로 불리었다. 겉으로는 황금시대처럼 보였던 이 기간 중 미국은 공장제 대량생산 체제로 진입했고 이와 더불어 철도와 철강 등 산업기반 시설이 대규모로 조성되었다. 이 과정에 참여한 이들은 큰 부를 획득했으나 대부분의 사람들은 그 혜택에서 소외되어 있었다. 게다가 이들을 견제하고 통제할 법적제도적 장치들도 제대로 작동하지 않았다.

이를 단적으로 보여준 인물이 바로 철도사업가 굴드Jason Jay Gould였다. 그는 악덕 자본가를 일컫는 '강도남작Robber Baron'으로 불렸다. 금과 밀을 사재기하여 돈을 벌었다. 자신의 영향력을 확대하고자 그랜트Ulysses S. Grant 대통령의 처남이나 국무장관 등 유력정치인을 통해 로비를 벌이고 법망을 피해 다니며 경제질서를 무너뜨렸다. 그가 벌인 금투기는 1869년 9월 경제공황을 유발하는 한 원인이 되었다. 이처럼 부당한 방법으로 부를 획득한 부유층들은 호화로운 생활을 벌였고 부유층들끼리 그리고 심지어 현금이 고갈된 유럽의 귀족들과 통혼하여 부와 명예를 축적했다.

연방정부의 통제에서도 사실상 벗어나 있던 이들에게 철퇴를 가한 주역은 이들이 정치적으로 지지하던 공화당 행정부였다. 1890년 미국에서 입법된 셔먼법Sherman Antitrust Act은 도금시대적 자본주의의 문제를 교정하려는 국가차원의 시도였다. 공화당의 상원의원이었던 존 셔먼John Sherman에 의해 발의된 이 법은 자유경쟁 규칙을 강제하고 불공정 독점을 금지하는 내용을 가지고 있었다. 이 법안은 입법 후 잠시 비활성화 되었었으나 1902년 같은 공화당 출신의 26대 대통령이었던 시어도어 루스벨트Theodore Roosevelt에 의해 부활 되었다.

그는 이 법을 활용하여 1902년부터 경제민주화를 추진했다. 한편으로 석탄노조의 파업에 엄정 대응하면서도 노동권의 확대를 도왔다. 다른 한편으로 철도, 철강, 석유, 전신분야의 대기업business conglomerates들이 형성한 트러스트, 즉 독과점 구조를 강제적으로 분할하여 '트러스트 파괴자'라는 별명을 얻었다. 이처럼 도금시대적 자본주의를 과감하게 개혁한 주체는 바로 자유 민주주의 이념에 입각한 정부, 크게는 국가였다. 1933년부터 뉴딜정책을 추진하여 대공황의 극복을 주도한 것은 프랭클린 루스벨트Franklin D. Roosevelt 대통령이 이끄는 민주당 행정부였다. 비록 당은 달랐지만 자유 민주주의 이념에 입각한 국가가 나서서 고장난 자본주의를 수선하고 정상화시켰다.

한편, 1917년 러시아에서 발생한 혁명도 서구의 자본가들에게 경각심을 불러일으켰다. 2월 혁명을 통해 니콜라이 2세가 폐위되어 300년 이상 이어져 오던 로마노프 왕조와 러시아 제국이 일순간에 사라졌다. 같은 해 10월 혁명을 통해 세계최초의 노동자 국가가 탄생했다. 이로써 지주들의 토지는 국가에 몰수되었고, 은행은 국가은행으로 통합되었으며, 생산과 분배는 시장대신 국가에 의해 이루어졌다.

이를 목격한 서방의 자유주의 국가들은 양차대전에 참여하여 전쟁의 승리에 기여한 서민·노동자들에게 정치사회적 보상을 할 수밖에 없었다. 한때 시장 자본주의 체제의 역외자로 분류되었던 이들에게 사회권social right[16]을 부여하여 국가의 정규적인 구성원으로 신분을 보장해주었다. 국가통합을 유지하기 위해 불가피한 일이었다.

1945년 2차대전이 종료하며 서유럽에 등장한 복지국가는 교육, 의료, 산업 등 전 분야에서 국민들에게 고르게 복지혜택을 제공했다. 기존의 자유주의 시장경제 체제에 케인즈주의적 수요 중심주의를 도입하여, 민간부문과 더불어 국가가 간섭하는 공공부문이 공존하는 혼합경제체제the mixed economy system를 수립했다. 과도하게 자유주의적 원리에 치중했던 자본주의 체제가 유발한 문제를 해결하기 위해 민주주의 원리가 동원된 것이다.

그런데 1991년 미·소 간 냉전이 끝나고 신우파적 패러다임의 확산에 힘입어 시장 근본주의가 다시 세를 확대했다. 시장 자본주의가 파죽지세로 성장했지만, 민주주의가 이를 견제하기엔 역부족인 상황으로 흘러갔다. 불평등 상황에 박탈감을 느낀 서민과 노동자들은 자신들을 대표하여 문제를 해결해 줄 것이라고 믿었던 자유주의 엘리트들에 대한 신뢰를 상실했다. 자신들이 자본주의 체제에서 소외되었다고 느끼게 되었고 결국 그들의 요구를 들어줄 포퓰리스트적 지도자를 찾기 시작했다. 이렇게 민주주의가 오작동하기 시작하자 자본주의의 결함이 다시 수면으로 부상하고 있다. 자유 민주주의든, 심지어 사회주의 국가의 인민 민주주의든, 성장하는 자본주의의 힘을 통제하기 버거워지고 있다. 기술과 자본이 결합된 기술 자본주의 시대에 이러한 문제는 더 심각해질 것이다.

시장경제를 옹호하는 입장은 자본주의를 옹호하고 이 제도의 오류를 부정하려고 한다. 이를 인정하는 것은 곧 마르크시즘에 동의하는 것으로 받아들여지기 때문이다. 특히 냉전이 극에 달했던 20세기 중반에 자본주의적 원죄론을 언급하는 것은 곧 사회주의나 공산주의를 옹호하는 것으로 간주되었다. 그러나 애덤 스미스, 뱅자맹 콩스탕, 데이비드 리카도, 알렉시스 드 토크빌 그리고 존 스튜어트 밀 같은 자유주의 옹호론자들이 먼저 이 문제를 인지하고 우려했음을 상기할 필요가 있다.

자유주의자들, 예컨대 애덤 스미스는 인간이 자신의 이기적이고 세속적인 이익을 추구하는 것이 죄가 아니면 정당한 것이고 오히려 사회의 부를 증가시키기 위한 첩경이며, 물질적으로 부유한 사회가 그렇지 않은 사회보다 더 계몽된 사회라고 강조했다.[17] 개인과 사회가 세속적으로 부유한 상황으로 진화하는 것이 결과적으로 도덕이나 윤리적으로도 발전된 사회로 가는 방법이라는 확신이 그에게 있었다. 성직자, 왕, 귀족만 계몽되고 그렇지 못한 제3의 계급들이 가난과 무지한 상태에 있는다면 그 사회는 범죄와 윤리적 타락에서 벗어날 수 없다고 보았다.

그런데 자유주의자들이 우려한 점이 하나 있었다. 개인들에게 세속적 욕망의 추구를 정당화 해주는 것이 가져올지도 모를 파국이었다. 근대 이전의 기독교와 근대의 기독교는 인격신론theism과 이신론deism으로 나뉜다.[18] 전자는 하나님이 인간사 하나하나에 모두 개입한다고 보는 관점인 반면, 후자는 하나님이 기본적인 세상의 섭리를 만드셨고 인간과 자연은 그에 따라 행동하고 변화할 뿐이라는 시각이다. 후자는 근대들어 자연과학이 발달하면서 계몽된 시민들 사이에 공유되었다. 이러한 인식은 인간의 이성적 판단능력 그리고 합리적 선택능력을 전제로 한다.

그런데 문제는 과연 얼마나 많은 사람들이 계층에 상관없이 이러한 능력을 보유할 수 있는가 하는 비관론이었다. 예컨대 카를 마르크스와 마찬가지로 노동가치설을 신봉한 애덤 스미스적 관점에서 본다면 재산이란 타인의 노동에 대한 지배력이다.[19] 이러한 지배권력을 왕이나 귀족 또는 국가가 아닌 일반인들에게 부여하는 것은 상당한 사회적 위험을 수반한다. 게다가 밀의 경우처럼 자유를 사회적 권력의 간섭으로 부터의 자유라고 정의할 경우 그 우려는 더 커진다. 그래서 대의정부가 성공하려면 분별력 있는 소수the instructed minority가 선거에 선출되어야만 한다.[20] 현대에도 쉽지 않은 일이다.

사실 계몽주의자나 자유주의자들만큼 개인에게 신체, 재산, 이념적 자유를 허락하는 것이 어떤 위험을 가져올지 심각하게 걱정한 지식인은 없었을 것이다. 특히 물질적 이익추구의 자유가 가져올 이득보다 그것이 가져올 혼란에 대해 많은 염려를 가지고 있었다. 자유주의적인 자본주의가 잘 작동하기 위해서는 개인의 윤리적이고 도덕적 역량이 준비되어 있어야 했다.

자유주의자들은 이 문제를 해결하기 위해 두 가지 전제를 생각했다. 하나는 개인의 윤리도덕적 역량이고, 다른 하나는 정부의 규제능력이다.[21] 즉 정부의 규제를 제거하고 욕구의 집합체인 시장을 자유화할 경우 소수의 탐욕스러운 존재에 의해서 시장의 질서가 무너질 때, 국가가 즉시 개입하여 제도를 위반한 자를 처벌할 수 있어야 한다.

자본주의 경제 체제를 도입해서 부가 축적이 되면 생길 수 있는 사회와 시장의 혼란 문제는 단지 자유주의 체제만의 문제가 아니다. 국가자본주의 체제에서도 동일하게, 어쩌면 더 심하게 발생한다. 카를 마르크스가 궁극적으로 비판하려 했던 것은 자본주의였지 자유주의 자체는 아니었을 것이다. 그가 꿈꾸었던 무정부적 공산사회도 자유주의적 일면을 보여준다. 자본주의가 생산수단을 보유한 자본이 그렇지 못한 노동을 착취하도록 조장하는 국가, 즉 자본가의 도구로서의 국가는 결국 소멸해야 한다고 보았다.

그러면 자본주의가 유발하는 문제들을 해결하는 방식은 어떤 것이 있을까? 민주주의만으로 충분하지 못하다면 말이다. 가급적 시장과 사회가 자율적으로 해결할 수 있도록 정부가 제도를 설계하고 운영하는 방법과 정부가 직접 규제하는 것 중 어느 것이 더 효과적일까? 자유주의적 민주주의 체제는 전자를, 비자유주의적 권위주의 체제는 후자를 선호한다. 민주주의 체제는 시민 개인적 자유를 허락하므로 당연히 국가의 간섭을 최소화하려 한다. 반면 권위주의 체제는 국가의 이익을 우선시해 개인의 정치경제적 자유를 제약하므로 정부의 통제를 선호한다.

우리는 현재 발생하고 있는 자본주의와 민주주의 간의 긴장을 분석함에 있어서 민주주의의 책임만을 강조해서는 안된다. 자본주의 그 자체의 문제에 초점을 맞추어야 한다. 자본주의의 문제의 핵심은 근본적으로 경제적 불평등으로 귀결된다. 자본주의에 대한 문제의식에 있어 자유주의자인 애덤 스미스와 공산주의자인 카를 마르크스는 놀랄 만큼 공통점을 보여준 바 있다. 두 사람 모두 노동가치설의 입장에 서 있었다. 사유재산 제도의 탄생으로 인해 법과 제도가 만들어졌으며, 국가는 자본가 지배계급을 옹호하고, 노동계급을 억압 또는 착취한다고 보았다. 그리고 시장의 독점과 계층적 불평등의 문제를 해결해야 한다고 보았다.[22]

19세기 자유주의가 결국 많은 경제사회적 문제를 유발했는데 이중 핵심은 마르크스가 지적한 대로 불평등 문제였다. 제2차 세계대전 후 이 문제를 해결하기 위해 자유주의 진영에서는 혼합경제 모델에 입각한 복지국가가 등장했다. 사회주의 진영에서는 공산주의 모델을 도입했다. 그러나 사회주의 체제는 1991년 구소련의 붕괴가 보여주듯 문제 해결에 실패했고 공산주의 모델은 지속가능하지도 못했다.

공산주의 모델의 몰락 이후 자유주의 진영에서는 시장 자본주의가 더 번성했고 사회주의 진영에서는 중국을 중심으로 사회주의적 시장경제로 불리는 국가 자본주의 모델을 도입했다. 결국 자본주의 모델이 양 체제에서 모두 도입된 것이다. 1980년대부터 신자유주의 패러다임의 확산과 더불어 분배보다는 경제성장에 더 매진한 두 자본주의 체제는 21세기 들어 공동의 문제에 봉착하기에 이르렀다. 무엇보다도 경제적 불평등의 심화문제였다.

자본주의적 불평등의 문제에 관해 피케티Thomas Piketty는 비판적인 견해를 내놓았다.[23] 경제성장이 성숙단계에 이르면 분배가 개선된다는 쿠즈네츠의 가설은 지지되기 어렵다고 주장한다. 미국을 제외하고 대부분의 나라의 경우 소득 불평등보다 자산 불평등이 더 심각한 문제이다. 자본소득의 증가율이 경제성장률보다 높은 경향을 보인다. 세습된 부가 불평등의 주요한 원인이다. 각자의 재능에 의해 획득된 부보다 세습된

부의 사회 계층적 영향력이 더 크다면 그 사회는 부정적인 측면이 많은 사회라 할 수 있다. 경제적 불평등은 정치사회적 양극화에도 지대한 영향을 끼치며 이는 다시 경제성장에 부정적 영향을 미친다.[24]

21세기 자본주의의 핵심 화두는 기술을 이용한 경제의 성장 그리고 사회경제적 불평등이다. 이 문제를 해결하기 위해 지식인들은 두 가지의 접근법을 택하고 있다. 하나는 민주주의 되살리기 그리고 다른 하나는 효과적이고 능력 있는 정부 만들기이다. 사실 이 문제는 두 가지가 아니라 하나의 통합된 문제일 수 있다. 민주주의는 상부정치 체제이고 정부는 정치 체제의 하부 제도이다.

그러나 여기서 민주주의를 어떻게 개혁할 것인가의 문제를 다시 논하지는 않을 것이다. 이 문제에 관해서는 이미 다른 훌륭한 저작들이 있다. 여기서는 그보다는 구체적으로 어떤 국가를 만들 것인가의 문제에 초점을 맞추고자 한다. 여기서 국가의 의미는 국경을 기반으로 한 국민국가 또는 '나라'라는 의미, 국가와 시장 간의 관계, 정치적 자원을 관리하는 제도와 이를 움직이는 사람들, 그리고 좁은 의미에서 행정부 등을 기본 요소로 하여 복합적인 의미를 갖는다. 굳이 이 중 하나씩 국가의 의미를 일일이 설명하고 대입한다면 많은 논의가 필요하다. 그러나 이에 관한 나의 다른 저작이 있으므로 여기에서 다시 되풀이하지는 않을 것이다.[25]

그렇다면 국가라는 개념을 화두로 삼아 21세기 자본주의의 과제, 즉 기술을 이용한 경제의 성장 그리고 사회경제적 불평등의 심화 문제의 해결을 도모하려면 우리는 어떤 시도를 해야 할 것인가? 아마도 해답은 무엇보다도 강한 또는 역량있는 국가 만들기일 것이다. 자본주의가 유발한 사회경제적 문제의 해결을 더 이상 민주주의 체제에만 맡길 수 없다. 민주주의 체제에게 자본주의의 문제를 해결하라고 요구하는 것은 무책임하다. 민주주의는 문제 해결에 있어 단기적 효율성이 높은 제도가 아니다. 중국 같은 나라는 베이징 컨센서스[26]에 입각한 자신들의 비자유주의적인 정치 체제가 자본주의의 문제에 더 신속하게 대응할 수 있다고 여긴다.

따라서 우리가 지금 필요로 하는 것은 자유 민주주의 체제의 구체적 행위자인 국가 특히 강하고 역량있는 국가이다. 비자유주의적 권위주의 체제하에서 강한 국가의 의미는 억압적 국가이다. 그러나 자유 민주주의 체제하에서 강한 국가는 다른 의미이다. 사회 전체의 공익을 객관적으로 정의하고 집행할 수 있는 국가이다. 외부의 사회적 영향력에 휘둘리지 않고 객관적으로 정책을 수립하고 집행하는 국가이다.

강한 국가를 만들기 위해서 자유주의적 민주주의 체제가 유리한 것인지 아니면 비자유주의적 권위주의 체제가 유리한 것인지에 관한 논란은 현재 진행형이다. 21세기 기술 자본주의 시대에 자유주의 진영과 비자유주의 진영 모두 국가나 정부에 문제의 해결을 의존하고 있다. 20세기 말 신자유주의 패러다임의 확산 그리고 거버넌스 이론의 등장으로 사라질 것 같던 국가의 개념이 21세기 초에 다시 부활하고 있다. 이는 미국과 중국 간의 대립현장에서도 예외가 아니다

5.6. 미 · 중 갈등: 세력균형, 세력전이 그리고 패권국가

중국이 경제적으로 성장하면 서구적인 자유 민주주의 국가가 될 것이라고 봤던 중국 개방론자들의 예측은 영원히 오류로 남을지도 모른다. 중국인의 무의식에 축적된 중앙집권적 유교주의 문명의 기억은 서구가 쉽사리 제거하기 어려울 수 있다. 중국은 이미 기원전 221년에

진秦나라에 의해 통일국가를 이루었다. 시황제는 중앙집권적 국가를 건설했다. 군현제를 도입하여 지방을 군과 현으로 나누고 황제가 임명한 관리를 파견해서 다스렸다. 화폐와 도량형을 통일하여 사회문화적 통일을 기했다. 중앙집권제는 관료제에 의해 지지되었다. 수나라 시대에 이르러 관료 등용을 위한 과거제의 초기 모습이 나타났고 당나라에 들어서는 시험형태의 과거제도가 운영되었다(기원후 621년).

이에 비해 서구 유럽의 역사는 분권적이었다. 서구 최초의 통일제국이었던 로마는 기원전 200년경 이탈리아 반도를 통일하고 13대 황제였던 트라야누스Traianus시대(기원후 117년)에 이르러 중부유럽과 북아프리카에 이르는 통일제국을 건설했다. 그러다가 395년에 동·서로마로 분리되었고, 서로마는 476년에 게르만의 침략으로, 동로마는 1453년 오스만에 의해 콘스탄티노플이 함락되며 몰락했다. 중세가 막을 내리자 1648년에 베스트팔렌Westphalia 조약이 등장하면서 유럽은 국경을 중심으로 한 다수의 국민국가 체제로 돌입했다. 다시 본격적인 통합론이 등장하면서 유럽국가들의 연합체인 EU가 수립된 것은 20세기 말에 이르러서였다.

그러나 통일의 역사를 가진 중국은 근대화 시기를 거치며 분열과 경쟁을 통해 단련된 서구에 무릎을 꿇었다. 세상의 중심中華이라는 의식을 가지고 기원전부터 존재하던 중국은 주변의 국가들을 오랑캐의 나라로 간주하며 조공을 받을 대상으로 삼았다. 하지만 1840년 영국과 청나라가 벌인 아편전쟁에서 패해 상하이를 점령당하고 불평등한 난징조약을 체결하여 홍콩을 할양해야 했다.

17세기까지는 중국이 유럽을 앞섰지만 18세기 중반부터 서구에 역전을 당했다. 유럽은 석탄을 이용하는 증기기관을 만드는 등 공업을 발전시켰고 신대륙에서 각종 발전자원을 획득해 들여왔다. 이에 비해 중국은 화약, 나침반, 활판인쇄술을 발명했던 저력에도 불구하고 과학을 산업화하지 못했고, 새로운 세계에 대한 호기심도 포기했다. 명나라 정화의 함대는 60대가 넘었고 137미터에 달하는 거함을 보유했으며 1492년 콜럼버스나 1497년 바스코 다 가마의 항해보다 먼저 인도양을 거쳐 아프리카에 도달했지만 7차 원정을 끝으로 막을 내렸다. 이후 명나라는 외국과의 교역을 중단하고 해금海禁정책을 내려 고립주의에 들어갔다.

근대화 이론은 오래된 역사도 문화도 물질적이고 세속적인 사회조건을 변경함으로써 서구적 문명으로 변화될 수 있다고 상정한다. 그러나 중국의 역사의 길이는 아직 근대화론적 변화를 수용하기엔 너무 길다. 중국의 주변에 위치했던 한국이나 대만은 서구적 근대화를 큰 저항없이 수용했다. 두 나라는 중국의 유교적 문화의 영향권에 오래 존재했었지만 그것을 보존해야 한다는 역사적 집착은 중국처럼 강하지 않았다.

역사문화적 관점에서 본다면 중국의 궁극적인 목표는 유교적 중화주의의 부활이다. 1840년 아편전쟁의 치욕을 200년 내에 극복하고자 하는 의도가 보인다. 궁극적으로 중국중심의 세계 질서로 재편하는 것이 목적이다. 도광양회韜光養晦는 자신을 드러내지 않고 인내하며 때를 기다리며 실력을 기른다는 의미이다. 미국을 이용해 그럴 실력을 기르려 했을 뿐이지 미국패권적 세계 질서에 순응하겠다는 뜻은 아니다.

미국이 서구세계를 기반으로 패권을 추구하듯이 중국은 일단 동아시아 지역에서 패권을 확보하고 싶어한다. 따라서 한국, 대만, 일본은 중국이 아직도 가지고 있을지 모를 과거 조공질서의 기억이 두렵다. 특히 한국의 경우 식민지배를 했던 일본에 대한 적대감이 아직도 강함에도 불구하고, 중국적 문명으로 회귀할 의사는 전혀 가지고 있지 않다. 젊은 세대로 갈수록 개인의 자유를 보장하고 인권에 관심이 높은 서구적 민주주의에 대한 친화성이 더 강하다.

그런데 전 세계적으로 중국의 지위가 달라지고 있고, 한국, 대만 그리고 일본이 중국을 보는 시각도 변화해야 할 시점에 도달했다. 21세기 들어 중국은 더 이상 한국, 대만, 일본의 중간재 수출대상 국가로 남아 있지 않게 되었다. 첨단기술을 기반으로 한 자본재 생산국으로 발전하여 이제 경제적으로 군사적으로 미국을 위협하고 있다. 한국의 경우 과거 중국은 한국의 최대 교역국이었으며 흑자국이었다. 그러나 2024년경부터 이러한 상황에 변화가 생겼다. 2003년 이래 중국은 한국의 최대 수출 대상국이었다. 2018년에는 대중 수출액이 대미 수출액의 2배가 넘었었다. 그러나 대중·대미 간 수출의 차이는 점점 더 축소되어 2024년 52억 3천 500만 달러로 2003년 이후 가장 적은 폭을 기록했다.

게다가 미국이 우리의 최대 무역수지 흑자국이 된 반면 대중국무역에서 2023년부터 적자를 기록하기 시작했다. 2023년 대중국 무역수지 적자규모는 180억 달러였고 2024년에는 68억 달러였다. 반면 2023년 대미국무역수지는 445억 달러 그리고 2024년에는 557억 달러로 흑자가 증가했다. 한국의 무역에 있어서 중국과 미국의 기여도가 역전되는 추세를 보이기 시작한 것이다.

이러한 변화는 미국과 중국 간 관계의 냉각화 추세와 결합하여 한중 및 한미관계에 새로운 질문을 던져주고 있다. 안보와 경제적 번영을 위한 강대국 외교관계의 이원화가 종료될 가능성이 보이기 시작했다. 미국의 대중국 수입규제 및 기술수출 규제정책이 한국의 안보와 경제에 직접 영향을 주기 시작했다.

이러한 경제적 여건의 변화로 인해 한국, 대만 그리고 일본은 미국에 더 적극적으로 밀착할 동기를 갖게 되었다. 중국이 주장하는 제1 도련선은 한국과 대만을 자신의 영토적 영향력 내에 편입시키고 있다. 이는 1950년 1월 발표되어 한국전쟁의 도화선이 되었던 애치슨 라인과 많은 부분 겹친다. 제2 도련선은 일본과 남태평양의 마리아나군도 그리고 괌까지 포함한다. 만일 중국의 야욕이 제2 도련선까지 확장된다면 미국과의 영토적 분쟁이 불가피하고, 제1 도련선이 유지된다면 상당한 수준이 긴장 관계가 조성될 수 있다. 그렇다면 과연 중국은 그럴 의도를 가지고 있을 것일까?

아직 확정적인 대답을 제시할 수는 없지만 남중국해에 대한 중국의 독점적 지배권을 미국이 용납하지 않고 있다는 점에서 제1 도련선 이내에서 미·중 간 갈등이 발생할 가능성은 상대적으로 높다. 다만 직접적으로 충돌할 것인가 아니면 대리인을 시켜 분쟁이 발생할 것인가의 문제가 남아 있다.

한때 한반도에서 중국과 미국의 사주를 받는 북한과 남한이 충돌할 가능성이 높았다. 그러나 우크라이나 참전을 계기로 북한과 러시아가 밀착하는 것으로 보면 북한도 남한도 직접적인 충돌을 회피하려 할 가능성이 높다. 김정은은 북한의 영토내에서 중국의 영향력이 증가하는 하는 것을 예방하고자 하고 러시아 역시 중국이 북한은 물론 남한에 대해 영향력을 증대시키는 것을 원치 않는다. 미국이 중국의 한반도 진출을 반대할 것임은 언급할 필요도 없다.

중국의 대만에 대한 지배력 확대 야욕은 더 직접적이다. 시진핑의 3연임 그리고 장기집권을 정당화하기 위해서 대만에 대한 지배가 필요하다. 게다가 홍콩 및 마카오 흡수에 이어 대만까지 점령함으로써 하나의 중국을 회복하겠다는 공산당 정부의 의욕은 시간 문제일 뿐 너무나 분명한 듯하다. 이러한 목표는 시진핑 이후의 지도자들도 쉽게 포기하지 못할 것이다.

그렇다면 이러한 중국의 야욕을 미국이 용납할 것인가? 미국은 중국의 동아시아 패권 장악에 동의할 것인가? 2025년 트럼프 행정부가 출범하면서 이 질문이 다시 부상한 것은 기업가적 대통령의 고립주의적 외교정책 가능성 때문이다. 트럼프는 유럽이나 동아시아 국가들의 안보를 위해 미국이 비용을 지출할 필요가 없다고 주장한다. 해외에 나가 있는 기업뿐만 아니라 파견된 군인들도 미국이 영토 내로 불러들여야 한다고 역설한다. 그렇다면 미국은 동아시아와 유럽에서의 철수를 단행할 가능성이 높은 것인가?

사실 트럼프는 미국이 자신의 군사적 패권 덕택에 경제적 이득을 취하고 있음을 의도적으로 은폐하고 있다. 막대한 재정적자와 무역적자 그리고 경제회생을 위한 양적완화 및 저금리 정책에도 불구하고 달러가 강세를 유지할 수 있는 이유는 기본적으로 군사적 패권 때문이다. 패권이 미국에 있기 때문에 달러가 안전자산으로 간주되었고 전 세계의 자금이 미국으로 모여들었다. 미국의 달러가 전 세계 최고의 기축통화로 인정받을 수 있는 것은 경제적인 이유 이상으로 군사적 패권의 영향력 때문이다. 달러가 기축통화인 이상 미국은 외환위기에 봉착할 가능성도 없다.

미국은 2001년 9·11 사태 이후 경기부양을 위해 저금리 및 양적완화 정책을 폈다. 채권을 발행하여 국내외에 판매하고 이를 통해 조성된 자금을 다시 경기회복을 위한 지원금으로 투입했다. 그 후 코로나 팬데믹이 진정되고 경기가 다소 안정되자 2022년 하반기부터 그동안 풀려 나간 유동성을 회수하기 위해 미국 연준은 양적긴축 정책으로 선회했다. 반인플레이션 정책의 일환으로 고금리 정책으로 전환했으며 그 결과 미국 달러에 대한 수요가 증가하여 달러강세가 나타났다. 전 세계에서 나홀로 호황을 누리는 미국으로 투자자금이 몰렸고 달러 강세는 더 심화되는 현상이 발생했다.

그런데 달러 강세는 미국상품의 수출 경쟁력을 약화시켰다. 그 결과 무역수지 적자가 증가했다. 경기부양을 위해 재정지출을 증대한 결과 이미 국가채무도 증가한 상태였다. 이러한 현상은 바이든 정부 말기까지 지속되었다. 미국의 재정상황을 고려한다면 달러가 약세로 전환될 수 있음에도 불구하고 실제로는 2024년 말 현재 유로, 엔, 위안화에 비해 강세를 유지했다. 주가도 상승했다. 이처럼 소위 '미국 예외주의'가 가능할 수 있었던 것은 정치적인 요인 때문이었다. 달러 기축통화의 지위는 경제적 요인이 아니라 상당 부분 정치적 패권에 의해 조성된 것이다. 즉, 정치안보적 현상이었다.

트럼프 집권 후 시행된 보편관세 부과정책으로 미국의 무역적자가 개선될지는 미지수이다. 오히려 수입물가를 자극하여 인플레이션을 유발한다면 금리는 다시 상승하고 미국채 가격은 하락할 것이다. 이 경우 미·중 관계 경색 이후 지속적으로 감소하던 중국 보유 미국국채의 양은 더 감소할 것이다. 트럼프 행정부의 보편관세 정책에 중국이 대응할 수 있는 방법은 위안화의 절하와 미국채 투매이다. 위안화의 절하는 증가한 관세효과를 상쇄할 수 있고 미국채의 매각은 채권가격의 하락을 유발하여 금리를 상승시키는 효과를 발휘할 것이다. 이 경우 미국경제는 버블이 심화된 채 수입품 가격이 상승하여 일반 시민들의 소비 여력은 감소하고 계층 간 양극화는 심화할 가능성이 높다.

바이든 정부와 트럼프 정부는 방식의 차이만 있을 뿐 미국 중심주의를 강력하게 추진해왔다. 상호주의 같은 WTO의 주요 원칙들은 미국에 의해 무시되었다. 트럼프 정부는 파리기후 협약도 탈퇴했다. 이는 미국이 미어샤이머John Mearsheimer교수가 지적한 공격적 현실주의[27] 입장을 지향하고 있음을 보여주는 것이다.

미·중 간의 관계가 밀월일 때는 자유주의적 제도주의의 입장이 견지되었다. 국제기구의 힘이 강했고 미국도 중국도 그 제도의 일원으로 동등하게 참여하여 대화했다. 그러나 이러한 자유주의적 국제관계는 양국관계가 긴장 상태로 전환되고 동아시아의 패권국으로 비상하려는 중국의 의지가 확인되면서 더 이상 지지되지 않게 되었다.

현실주의 국제정치 이론은 국제관계가 무정부 상태라고 상정한다. 국가들 간의 관계를 조율할 초국가적 권위는 존재하지 않는다. 이 상황에서 개별국가들은 자신의 생존을 최우선으로 간주한다. 경제적 상호의존은 오히려 자신의 취약점이 될 수 있다고 상정한다. 특히 강대국들은 자신의 힘을 극대화시켜 국제 체제를 지배하려 한다. 자신이 패권을 행사할 수 있도록 강해지고자 하며 나아가 경쟁국이 그러한 위치에 도달하지 못하도록 막으려 한다. 이러한 관점에서 미국의 정책은 일반적인 현실주의를 넘어 공격적 현실주의 입장을 가지고 있다.[28]

중국도 공격적 현실주의 입장에서 예외는 아니다. 적어도 자신이 역사적으로 위계적 지배를 행사했던 동아시아 지역에서 이는 분명하게 나타난다. 역사적으로 일본이 자신에게 도전하는 것을 용납하지 않았고, 이제는 이 지역에 대한 미국의 지배가 엷어진다면 그 틈을 차지하겠다는 의지가 확고하다. 이는 중국의 입장에서 본다면 너무나 당연한 것일지 모른다.

7세기 중엽 삼국통일 과정에서 당나라는 신라가 주도 세력이 되도록 개입했다. 자신과 영토적으로 가까운 백제나 고구려보다 상대적으로 멀리 있는 신라를 지원했다. 임진왜란 당시 일본이 조선을 정벌하려 하자 명나라는 원군을 파견하여 이를 좌절시켰다. 제2차 세계대전 중 중국의 국민당 정부는 일본에 항쟁하는 임시정부를 지원했다. 한국전쟁 당시에 중공은 미국이 한반도를 독점하는 것을 차단하고자 지원군을 파견하고 전쟁 이후에도 병력을 주둔시켰다. 최근에 와서는 1992년 한중수교 이후 조성된 경제적 협력과정에서 한국이 중국 시장을 이용하여 도약의 기회를 마련했다는 인식을 바탕으로 한국 정부와 기업에 대한 간섭적 영향력을 행사해 왔다.

현실주의적 시각에서 볼 때, 1945년 갑자기 등장하여 고작 80년간 한반도의 주요 행위자 역할을 해오고 있는 미국의 기득권을 중국이 영구적으로 존중할 것이라고 가정하는 것은 적실성이 약하다. 미국에게는 하와이가 본토를 방어하기 위해 지정학적으로 중요한 섬이고 하와이를 방어하기 위해서는 일본이 중요한 곳이다. 한반도는 일본을 보호하기 위한 전초기지이다.

마찬가지로 중국의 입장에서 볼 때 한반도는 해양세력이 대륙으로 진출하기 위한 교두보이다. 이는 러시아가 보는 한반도와 비교할 바가 아니다. 푸틴은 북·러관계를 강화하여 매킨더Halford Mackinder가 언급한 소위 심장지대Heartland를 둘러싸고 있는 림랜드Rimland에 진출하려 하고 있지만, 동시베리아와 한반도는 여전히 지정학적으로 주축지역에서 벗어나 있다.[29]

동아시아에서 한반도를 중심으로 형성되고 있는 북·중·러 대 한·미·일의 동맹구도는 미국과 중국이 추구하고 있는 지역 패권경쟁의 성격이 강하다. 한·미·일이 지향하는 가치동맹은 자유라는 가치를 중심으로 하여 비자유주의적 북·중·러에 대항하는 것이다. 그런데 이러한 맥락에서 자유는 종종 영어로 liberty보다는 freedom의 의미로 받아들여진다. 전자는 국가나 타인에 의한 억압에서 해방된 상태를 의미하며 자신은 물론 타인의 자유에 대한 존중과 배려를 강조한다. 반면, 후자는 자유를 구현하고자 하는 행위자 개인의 의지와 힘에 초점을 맞춘다.

자유의 의미에 대한 해석상의 혼선은 국내정치에도 상당한 영향을 주고 있다. 진보주의적 견해들은 1980년대부터 시작된 신자유주의적 개혁의 결과 사회경제적 불평등이 심화되었고, 이로 인해 국내정치적 불안정도 심화되고 있다고 주장한다. 이들은 자유가치 동맹을 이러한 국내적 불안정의 요인들을 제거하기보다는 방치하는 국가들의 모임으로 간주한다.

자유라는 가치에 대한 맹목적 추종이 규범적이지 못하고 불공정한 사회적 현상을 유발한다는 인식이 한·미·일의 국내사회에서도 형성되고 있고, 이는 이념적 갈등에서 자유주의 진영에 불리한 요소로 작동하고 있다. 한국의 경우 2024년 12월 윤석열 대통령에 대한 야당의 제1차 탄핵소추안은 "가치외교라는 미명하에 북한, 중국, 러시아를 적대시하고 일본 중심의 기이한 외교정책을 고집했다"라고 적시한 바 있다. 제2차 탄핵소추안에서는 삭제되기는 했지만 이러한 문구는 한국 내 일부 진보좌파 세력들이 요구하는 미국과 일본 중심의 가치외교 탈피 주장과 유사한 맥락이다.

자신의 계엄선포를 정당화하기 위해 2024년 12월 12일 발표한 담화에서 윤석열 대통령은 부정선거, 중국의 안보적 간섭 그리고 좌익용공 세력의 척결을 위해 결단을 내릴 수밖에 없었다고 주장한 바 있다.

자유가치 동맹국가들 내부의 균열은 비자유주의 진영이 비집고 들어갈 수 있는 틈을 제공한다. 물론 북·중·러 간 비자유주의 동맹 간에도 균열은 있다. 특히 북·러 간의 군사적 밀착에 대해 중국은 불편해하고 있으며 북한 역시 중국의 영향력이 한반도에서 확대되는 것에 불안을 느끼고 있다. 게다가 중국의 경우 날로 심화되는 빈부 간 격차는 심각한 정치불안 요소이기도 하다.

그러나 비자유주의 진영에서는 권위주의적인 국가가 힘으로 이러한 불만을 억누를 수 있다. 반면 다양한 사회적 의견이 공론화될 수 있는 자유주의 진영에서 이러한 문제들은 표면적으로 더 증폭되어 나타난다. 결국 이러한 약점에 대응하기 위해서는 자유주의 진영도 국가나 정부의 사회에 대한 통제력을 강화시킬 수밖에 없게 될 것이다. 미국에서도 트럼프 행정부의 등장과 더불어 이러한 양상은 이미 나타나고 있다. 비자유주의 진영에 대항하기 위해 강한 국가의 역할이 다시 조명될 것이다. 여기에서 강한 국가는 국제적뿐만 아니라 국내적으로도 강한 것을 의미한다. 국내적 질서를 수립할 수 있는 능력을 보유한 국가이다.

강한 국가에 대한 선호는 21세기 기술 자본주의 시대에도 여전히 유효할 것이다. 기술개발을 담당하는 인재들에 대한 정부의 간섭을 최소화하되 국민국가 차원에서 기술을 보호하고 기술개발을 지원하는 국가가 요구될 것이다. 1980년대 신자유주의의 확산에 따른 세계화 조류와 다른 점은 국경이 다시 부활한다는 것이다. 그리고 기술 자본주의의 발전에서 소외된 노동인력들을 돌보기 위한 정부의 뉴케인지언적 정책도 더욱 강화될 가능성이 높다.

그러나 이것이 1940년대 등장한 복지국가처럼 사민주의적이거나 심지어 사회주의적인 요소를 내포할 것이라고 장담할 수는 없다. 자유자본주의의 역동성을 회복하는 수준에서 국가의 개입을 한정할 것이다. 그럼에도 불구하고 결국 국가의 시대가 다시 도래할 것이다. 기술 자본주의가 유발할 문제들을 민주주의 정치 체제를 통해 감당하기 위해서는 가급적 작으면서도 반드시 역량있는 정부와 국가가 요구될 수밖에 없다.

5.7. BRICs의 도전

이분법적으로 본다면 1940년대부터 1980년대까지 냉전시기의 대립 구도는 자본주의 진영과 사회주의 또는 공산주의 진영 간의 대결이라고 묘사하는 것이 적절하다. 민주주의라는 개념만으로는 체제 간의 본질적 차이를 충분히 차별화하기 부족하다. 20세기 들어 세계적으로 민주주의 제도가 도입되거나 확산된 이유는 크게 두 가지였다. 우선 19세기 고전적 자유주의 시대가 남긴 여러 가지 사회경제적 문제를 해결하려는 노력의 일환이었다. 또 하나는 전제적 왕정 그리고 나치즘과 같은 파시즘에 대한 거부감 때문이었다. 독재정권이 시민이나 인민의 의사에 반해 전쟁을 일으켰다는 당시의 여론을 반영한 것이었다.

그 결과 우파진영에서는 자유주의와 민주주의가 혼합된 자유 민주주의가, 좌파진영에서는 사민주의 나아가 사회주의적 인민 민주주의가 등장했다. 그리고 양 진영 모두 민주주의나 공화국이라는 단어를 국가 호칭에 포함하는 경우가 많았다. 구소련의 경우 소비에트 사회주의 공화국 연맹이라는 국호를, 중국은 중화인민 공화국을, 북한은 조선 인민 민주주의 공화국이라는 용어를 국호에 사용했다. 독일이나 우리나라도 영문식 국호에 공화국이라는 단어를 사용하고 있다.

냉전 기간 중의 이념 진영 간 대립을 살펴보려면 정치 체제뿐만 아니라 아울러 경제 체제를 비교분석하는 것이 필요하다. 자유주의 진영은 자본주의 경제 체제를 공산주의 진영은 사회주의 체제를 운용했다. 자본주의는 생산수단의 개인적 소유를, 반면 사회주의는 이에 대한 사회적 또는 국가적 소유를 지향한다. 자본주의와 사회주의의 중간 지점을 추구하는 국가들 예컨대 북구와 독일의 경우 정치 체제적으로 사회민주주의social democracy라는 용어를 사용하면서, 경제 체제적으로는 사회적 시장경제social market economy나 사회적 자본주의social capitalism라는 용어를 사용했다. 여기서 사회적social이라는 단어는 공동체를 가리키는 것으로, 자유라는 단어가 개인individual을 단위로 하는 것에 대비되는 개념이다. 그리고 사회주의socialist나 공산주의communist라는 단어는 공동체를 넘어 집단이라는 의미가 강하여 사회적social이라는 용어와 구분된다.

한편 1991년 냉전이 종료된 이후의 진영 간 대립을 묘사하는 것은 자유주의적 민주주의, 즉 자유 민주주의 대 비자유주의적 권위주의라는 정치 체제적 용어가 가장 적절하다. 공산주의 몰락 이후 거의 전 세계 국가들이 생산단계별 잉여가치의 존재와 생산수단의 사적소유를 인정하는 자본주의적 요소를 적극 흡수했다. 일찍이 슘페터는 자본주의가 사회주의적으로 변화할 것이라고 예측했지만[30] 정반대의 현상이 나타난 것이다. 양 진영 모두 방향성이 문제였지 모두 자본주의화 했다.

그래서 경제 체제적인 측면에서 볼 때는 자유시장 자본주의와 국가 자본주의라는 용어가 적합하다. 시장 자본주의와 국가 자본주의 진영을 대표하는 국가는 각각 미국과 중국이다. 시장 자본주의 진영은 자유라는 가치를 신봉하는 국가들로 미국과 영국, EU, 일본, 한국 그리고 대만 등을 포함한다. 국제기구적 측면에서는 경제 선진국들의 모임인 G7이 가장 대표적이다.

이에 대비하여 비자유주의적 권위주의 및 국가 자본주의 체제 국가들의 연합체로 가장 대표적인 것은 상하이 협력기구Shanghai Cooperation Organization이다. SCO는 1996년 4월 러시아, 중국, 카자흐스탄, 키르키스탄, 타지키스탄 등 5개국이 결성한 상하이 파이브에서 기원한다. 2001년 상하이 정상회담에서 우즈베키스탄이 가입했고 명칭도 상하이 협력기구로 개칭되었다. 그 후 벨라루스, 이란, 인도와 파키스탄 등이 가입했다. 전반적인 성격은 경제적으로 자본주의적 발전단계가 낮고 정치적으로 자유 민주주의를 선호하지 않은 국가들을 중국과 러시아가 규합하여 만든 정치경제안보 협의체이다.

특이한 것은 이 기구가 유라시아의 안전보장을 추구하는 목적을 표방하고 있다는 점이다. 테러리즘, 분리주의, 극단주의를 3대 악으로 규정하여 공동 대응한다는 명분으로 국내외적 안보를 중요한 이슈로 다루고 있다. 이로 인해 북대서양조약 기구 NATO에 대응하기 위한 바르샤바 조약과 유사한 성격을 갖는 것으로 보는 시각도 있다.

SCO가 안보중심의 논의를 하는 조직이라 한다면, 유사한 성격의 경제적 조직은 BRICS이다. 2001년 골드만 삭스가 브라질, 러시아, 인도, 중국을 21세기 중반까지 세계 경제를 주도할 잠재력을 가진 국가로 지칭하면서 시작되었다. 2006년에 국제협력기구로 출범했고 2010년 남아프리카 공화국이 참여하여 BRICS로 불리게 되었다. 2024년에 이집트, 에티오피아, 이란, 아랍에미리트가 새로이 참여했고 2025년에 인도네시아가 합류했다.

2009년부터 매년 정상회담을 개최하고 있는 BRICS의 성격은 G7으로 대표되는 선진국 진영에 경제적으로 대항할 역량이 있는 개발도상국 블록이라는 점에서 SCO와 차별화된다. SCO에 비해 경제적 역량이 풍부한 국가들의 연합이다. 실제로 이들 국가들은 각자의 지역에서 맹주의 위치를 가지고 있다고 해도 과언이 아니다. 그리하여 EAEU(유라시아 경제연합), SAARC(남아시아지역협력연합), ASEAN＋China FTA, MERCOSUR(남미공동시장), SACU(남아프리카관세동맹) 등을 통해 강한 영향력을 행사하고 있다. 따라서 BRICS를 통해 이들 기구들이 제도적으로 연결될 수 있는 여지도 크다.

경제 이념적 성격은 다소 애매하다. 브라질, 인도, 남아공은 국가자본주의 체제는 아니지만 완전한 시장 자본주의 체제로 발전했다고 보기는 어렵다. 정치적으로도 다소 비자유주의적인 형식적 민주주의나 권위주의를 지향하는 나라들이 다수를 차지한다. 정치안보적 성격은 강하지 않다. 미국과의 관계가 긴밀한 인도와 브라질이 이를 거부하고 있고 중국도 BRICS를 통해 미국발 제제의 회피방안을 논의하고자 하는 러시아의 의도에 동의하지 않고 있다.

BRICS의 기구적 성격은, 기존 회원국이나 참여를 타진하고 있는 사우디아라비아나 튀르키예 등에서도 보듯이, 자원이나 시장의 규모 등에서 충분한 성장 잠재력을 가지고 있으나 이를 개발하기 위해 강력한 국가의 리더십을 정당화할 필요가 있는 나라들의 연합이라는 점이다. G7처럼 자유주의적인 형태의 민주주의나 자본주의 체제를 운용하기보다는 다소 권위주의적이라 하더라도 정부가 발전자원을 할당할 수 있는 능력을 보유하고 이를 정당화하고자 하는 나라들이다. 강력한 국가의 리더십을 통해 시장을 통솔하여 경제적 도약을 모색하고자 한다. 실제로 BRICS는 2014년 자체적으로 신개발은행(NDB)를 출범시켜 개발도상국의 인프라 건설 투자사업지원을 위한 320억 달러를 투자한 바 있다. 또한 IMF의 대안성격인 1,000억 달러 규모의 긴급유동성기제Contingent Reserve Arrangement도 운용하고 있다.[31]

인도와 브라질은 과거에 비해 BRICS에 대한 참여의 강도를 약화하고 있는 경향을 보이고 있다. 그럼에도 불구하고 2020년대에 들어서자 BRICS는 중국과 러시아를 중심으로 미국이 주도하는 국제 경제 질서에 대안을 제시하려는 움직임을 보이고 있다. 이 중 가장 주목할 것은 탈달러 경제블록의 출범 시도이다. 미국 달러화를 사용하지 않는 무역블록을 탄생시키는 것이다. 현재 무역 결제는 서방이 관리하는 SWIFT(국제은행간 통신협회)네트워크를 통해 이루어지고 있는데 BRICS는 이를 대체할 수 있는 지불 체제를 만들어 달러에 대한 의존도를 낮추는 방안을 모색하고 있다.

이러한 시도가 성공을 거둘 수 있을지는 미지수이다. 트럼프 대통령은 BRICS가 이를 본격화할 경우 100% 관세를 부과하여 대응할 것이라고 공언한 바 있다. 그럼에도 불구하고 BRICS 등의 국가가 달러 체제에 대항할 수 있는 대안 체제를 모색하려는 시도는 계속될 것이다. 이러한 예측이 가능한 이유는 미국 내와 해외에서 통용되는 달러의 양이 많음에도 불구하고 달러의 강세가 유지되는 현상에 대한 신뢰가 어느 순간에는 붕괴될 수 있기 때문이다. 전 세계로 반출된 미국의 달러는 각국의 외환보유고, 채권 및 지하금융적 비축자산의 형태로 보존되고 있다. 만일 어느 순간 미국경제에 문제가 발생하여 달러의 본격적인 가치하락이 시작된다면 해외에서 보유되고 있는 달러가 시장에 급격하게 방출될 것이고 이는 달러의 하락을 더욱 부채질할 것이다.

바이든 행정부도 이러한 점을 인식하여 금리를 높게 유지하면서도 채권가격의 하락을 예방할 수 있는 방안을 모색했었다. 2022년부터 연준은 점차로 기준금리를 상승시켰다. 2022년 초 0.25%였던 것이 2024년 8월에는 5.5%에 달했다. 바이든 정부 마지막 시기인 2024년 9월에 들어서야 금리가 4% 대로 하락하기 시작했다. 바이든 정부 후반기에 들어 연준은 그간 경기부양을 위해 사용했던 양적완화Quantitative easing 대신에 점진적 양적축소Quantitative tapering를 넘어 양적긴축 Quantitative tightening 기조로 전환했다.

그러자 엘런Janet Yellen 재무부 장관은 2024년 양적 축소정책에 따른 유동성 축소로 인해 경기가 하강하는 효과를 예방하기 위해 경기부양 목적의 단기채를 대거 발행했다. 보통 정부는 재정적자에 대응하기 위해 장기국채를 발행하여 세수부족을 보충한다. 다년에 걸쳐 세입을 준비할 수 있기 때문이다. 그런데 바이든 정부의 경우 2024년 대선을 앞두고 이자가 상대적으로 저렴한 단기채를 발행하여 재정적자에 대응했다. 이로써 2025년 만기가 도래하는 미국채의 규모가 약 3조 달러에 달할 것으로 추산되며 단기채를 금리가 높은 장기채로 전환하기 위해서는 추가적인 비용이 요구될 것이다.

그런데 문제는 트럼프 행정부 들어 정부의 단기채 발행도, 연준이 시중의 현금 유동성 흡수를 위해 시중은행에 국채를 매각하고 현금을 빌려 쓰는 소위 역레포Reverse REPO 메커니즘도 더 이상 작동하기 어려워졌다는 점이었다. 2024년 말 현재 역레포 잔고가 과도하게 축소되었고 연준의 은행 지급준비금이 감소했기 때문이다. 이를 타개하기 위해서는 금리를 인하하던지(지준율을 낮게 유지하기 위해) 양적축소의 규모도 감소시킬 필요가 생겼다.

트럼프 행정부는 대규모 감세를 공약했으므로 정부의 수입이 축소될 경우 이를 보충하기 위해 채권을 발행해야만 했다. 금리가 낮아야 발행 채권을 높은 가격에 판매할 수 있었다. 그리고 해외에서 미국으로 유입된 달러가 증권이나 채권에 투자되어야 했다. 보통 장기적 자산투자의 수단은 장기 국채나 금과 은이다. 그런데 미국의 입장에서는 보유량이 제한적인 금과 은에 투자되어 가격을 상승시키는 것보다는 국채에 투자되는 것이 바람직했다.

바로 이 지점에서 BRICS와 미국의 입장에 차이가 생겼다. 탈달러의 기회를 모색하고 있던 BRICS 특히 인도나 중국은 금이나 은에 대한 선호가 높았다. 그리고 중국은 트럼프 1기 때부터 이미 미국 국채 보유량을 축소하기 시작했고 그 경향은 2022년부터 더욱 본격화했다. 2024년 현재 중국의 미국채 보유량은 2013년 대비 42% 이상 감소했으며 2009년 이후 최저수준이었다. 반면 영국이나 일본의 미국채 보유량은 증가했다.

트럼프 행정부 2기는 1기 때와는 달리 가상화폐에 대한 정부규제를 완화하여 이에 대한 투자를 늘리겠다고 공언했다. 그 이유에 관하여 여러 가지 해석이 있는데 그중 하나가 가상화폐를 미국으로 불러들여 정부자산으로 보유하고 금과 은 대신 채권과 더불어 투자대상으로 삼으려 한다는 것이다. 트럼프의 대선공약에는 비트코인의 가격이 상승하면 이를 매각하여 정부의 부채를 상환하는 수단으로도 사용하겠다는 주장도 있었다. 또 달러와 직접적 호환성을 갖는 스테이블 코인도 육성하고자 했다. 예컨대 USDT같은 코인은 판매대금을 주로 미국국채에 투자한다. 이는 달러의 태환수단으로 금과 은대신 가상화폐를 활용하겠다는 트럼프 행정부의 의도로 해석되었다.

요컨대, 2025년 초 현재 미국 정부의 점증하는 부채 그리고 개선되지 않는 무역수지로 인해, 그동안 예외적으로 유지되었던 강달러 현상과 미국만의 나홀로 주식호황이 언제까지 지속될 것인지에 대해서는 논란이 분분했다. 이러한 불확실성으로 인해 BRICS를 중심으로 달러에 대한 대안을 찾으려는 노력은 확산될 수밖에 없었다.

BRICS회원국이 후보국가들까지 포함하여 11개 국가로 확장될 경우 전 세계 GDP에서 이들이 차지하는 비중은 구매력 기준으로 36%를 초과한다. 게다가 회원국들은 세계 원유공급의 43%를 차지한다. 이처럼 에너지와 천연자원의 수출 비중이 높고 경제발전 단계상 노동집약적 제조업의 비중도 높기 때문에 달러 변동의 불확실성은 교역상 매우 큰 장애요인이 되곤 했다. 이를 해결하기 위해서 위안화 같은 회원국의 통화를 결제통화로 사용하는 방안과 금이나 은을 활용하는 방안 등이 논의되었다. 가상화폐도 대안이 될 수는 있지만 중국의 경우 비트코인 등이 주력 화폐로 부상하는 것을 정치적으로 억제하고 있어 본격적인 실현가능성은 다소 회의적이라는 전망이 우세했다.

BRICS의 등장에 대응하는 미국의 방식은 상당히 정치적이었다. 트럼프 1기 이후 MAGA로 표명되는 미국 우선주의를 구현하는 방법은 경제적인 것에 국한되지 않았다. 중국과 EU 등 다른 국가들의 희생을 담보로 자국의 발전을 도모하는 소위 '불황 수출하기' 전략을 지속했다.[32] 실제로 미국은 2001년 이후 경기회복을 위한 양적 완화정책을 추진하면서도 기축통화인 달러를 보유하려는 교역대상국 덕분에 달러의 폭락을 방지할 수 있었다. 게다가 상품생산을 해외로 아웃소싱한 후 저렴하게 수입함으로써 인플레이션을 억제할 수 있었다. 이 과정에서 축적된 발전자원의 여력을 IT나 AI 등에 투자하여 신산업을 일구었고 나홀로 호황을 구가했다. 그 결과 미국경제의 수축기는 짧은 대신 확장기는 길어지는 예외적 현상이 발생했다.

만일 이처럼 강대국의 경제적 부담이 타국에 전가되는 현상이 지속된다면 1930년대 말 나치 히틀러 정권이 전쟁을 준비하게 되었던 불행한 세계역사가 되풀이될 수도 있다. 1933년 집권한 히틀러는 불황 타개를 위해 수입품에 관세를 부과하는 등 내수촉진 정책을 추진했다. 군수산업 육성 및 아우토반 구축 등의 사업을 국가주도로 전개했다. 결국 1930년대 후반에는 재정위기에 빠지게 되었고, 이를 해결할 수 있는 유일한 방법은 채권국을 상대로 전쟁을 일으켜 점령을 하거나 점령국의 은행을 털어 금을 확보하는 것이었다.

역사적으로 금본위제에서도 나타났듯이 절대적인 기축통화의 존재는 종국에 상대 개별국가들로 하여금 자국경제의 보호를 위해 중상주의에 매진토록 하는 부작용을 유발할 수 있다. 게다가 물가나 환율조절수단으로서의 기축통화가 아니라 금이나 은 같은 제한된 자원의 과점을 위한 경쟁이 발생할 수도 있다. 그 결과는 경제전쟁 나아가 군사적 전쟁이다.

미국이 도전세력을 더 성장하지 못하게 막음으로써 자국만의 경제호황을 유도하는 불황수출 전략은 공격적 현실주의의 한 단면이다. 경쟁국의 성장을 방해하는 전략은 이미 바이든 정부에 의해 본격화되었다. 중국, 북한 등 적대국에 대한 AI 반도체 수출통제 조치가 한 예이다. 만일 트럼프 정부가 중국 등에 대해 대규모 관세를 부과할 경우 그 피해를 입는 국가들은 결국 경제발전에 장애를 경험하게 될 것이다. 이는 해당국들의 불만을 야기할 것이고, 종국에는 경제적 및 군사적 형태의 저항을 불러일으킬 것이다.

2023년 현재 미국은 우크라이나에 800억 달러 이상을 지원했다. 이는 분명 엄청난 지출이며 러시아의 국력을 소진시켜 미국에 대항할 여력을 축소시키는 효과를 가져올 수도 있다. 게다가 EU국가들의 국방비 지출을 증가시켜 결국 NATO 내에서 미국의 부담을 줄여주는 효과도 기대된다.

그런데 문제는 미국의 이러한 공격적 현실주의 전략이 종국에는

BRICS진영의 단결 그리고 미국에 대한 반감의 증가로 귀결될 수 있다는 점이다. 2022년 발발한 우크라이나 전쟁은 BRICS 국가들 특히 러시아와 중국이 연합할 동기를 부여했다. 러시아의 대유럽 가스 수출이 단절되자 중국과 인도에 대한 수출이 증가했다. 러시아에 무역제제가 가해지자 중국은 러시아에 자동차 수출을 증가시켰다. 이에 착안하여 트럼프 대통령은 우크라이나 전쟁을 종결하는 과정에서 러시아에게 호의를 제공하고 그 대신 러시아와 중국 간의 밀착을 다소 완화하고자 했다. 그러나 이러한 전략의 성공 여부는 러시아에게 미국이 제공할 수 있는 보상의 크기에 달려 있을 수밖에 없어 성공 여부를 예단하기 어렵다.

한편 트럼프 행정부의 미국 우선주의가 과도하게 진행되면 자유진영 내의 결집도 크게 장담하기 어려울 수 있다. 1929년 대공황이 시작되자 미국은 관세를 동원하여 전후 호황기에 늘어난 해외수입을 억제함으로써 경제위기를 수습하려 했다. 1930년 입법된 스무트-홀리 관세법은 외국산 제품에 최고 400%의 고율관세를 부과하는 것을 가능하게 했다. 이에 우방국인 프랑스와 영국 등이 보복관세를 부과했고 미국의 수출에도 타격을 주었다. 패전국이었던 독일에서는 심화된 경제공황으로 인해 나치 정권이 들어섰고, 경제공황을 타개하기 위해 보호무역적 중상주의 정책을 강력히 전개했다. 그 결과 세계교역이 급격하게 감소했고, 이로 인해 본격적으로 대공황이 연장되었다는 비난을 받기에 이르렀다.[33]

이처럼 관세로 인한 우방국 간의 갈등발생은 미국 측 진영의 약점을 노출하여 BRICS 국가 중 일부가 극단적인 선택을 하게 하는 원인을 제공할 수도 있다. 경제적인 차원에서 양진영 간의 전쟁은 이미 시작되었다고 볼 수 있으며, 미국의 공격적 현실주의 전략은 경제에서 시작되고 있다. 반대로 패권국인 미국에 대해 중국과 같은 도전국이 세력전이를 본격적으로 시도할 것이라고 예측할 수도 있다. 그리고 갈등상황에 봉착한 양국이 투키디데스의 함정에 빠져 전면적인 전쟁에 휘말릴 수도 있다.[34]

전쟁의 발발 원인을 도출함에 있어 군사안보적인 요소만을 고려하는 것으로는 불충분하다. 이러한 물리적 요인은 최후의 요인일 수 있다. 이외에도 이념적 요소가 원인일 수 있다. 한국전쟁의 원인은 자본주의 진영과 공산주의 진영 간의 체제 간 충돌이라는 측면이 강했다. 그러나 왜 미국과 구소련 간에 전쟁이 발발하지 않았는가를 생각해보면 이념적 차이만으로 세계대전이 발발한다고 단정하기는 어렵다. 물론 핵무기라는 요인 때문에 전쟁이 결국 발생하지 않았다는 시각도 있다.

전쟁으로 인해 얻을 수 있는 경제적 이익에 대한 구체적인 확증이 없을 경우 강대국 간의 전쟁은 실제로 발발하기 어렵다. 이 점을 고려하면 위에서 보았듯이 독일이 왜 제2차 세계대전을 일으켰는지 이해할 수 있다. 히틀러에게 전쟁은 레벤스라움Lebensraum, 즉 생존공간을 확보하기 위한 궁극의 수단이었다. 제1차 세계대전 역시 경제적 요인이 중요했다. 신흥강국 독일은 뒤늦게 제국주의적 식민지 쟁탈전에 뛰어들었다. 이미 주요 지역은 산업화와 해외진출을 먼저 시작한 영국과 프랑스의 차지였다. 이러한 상황을 반전시킬 수 있는 것은 급성장한 공업력을 기반으로 전쟁을 일으켜 선발국들이 차지했던 식민지를 탈취하는 것뿐이었다.

항상 그러한 것은 아니지만 전쟁의 경제적 동기는 매우 중요함에도 불구하고 이면에 교묘히 숨겨져 있기 일쑤이고 음모론적이어서 영원히 규명되지 않기도 한다. 그러나 만일 중국과 미국이 각각 포함된 진영

간에 전쟁이 발발한다면, 자본주의 체제와 관련한 경제적 동기가 없이 시작되기는 거의 불가능할 것이다.

5.8. 자본주의의 시장 확대 욕구

노동가치설과 유물론에 기반했던 고전파 경제학자들이나 마르크스주의자들의 주장을 국제정치경제적 관점에 비교해 보면서 갖게 되는 하나의 질문은 '자본주의는 왜 시장을 팽창시키는 욕구를 가지고 있는 것일까?'하는 것이다. 고전파 경제학자들은 자본주의가 시장의 확장을 추구하는 것을 긍정적으로 보았으나, 마르크스주의자들은 이것이 식민주의나 제국주의로 귀결한다며 비판했다. 자본주의를 대체하는 체제로 마르크스는 공산주의적 사회주의를 제안했는데 사회주의의 특징은 자본생산과정에서 발생한 이익을 전적으로 노동자의 복지에 투입하는 것이었다. 이에 비해 자본주의는 자본재와 같은 불변자본에 더 투자하는 것을 조장한다. 예컨대 기계를 더 도입한다던지 해서 산출되는 이익의 양과 효율을 증가시키는 것이다.

이처럼 자본주의와 사회주의는 경제운용의 지향점이 달랐나. 세2차 세계대전 후 전개된 자본주의와 사회주의 진영 간의 경쟁이 생각보다 짧은 시간에 종료되었던 이유도 여기에 있었다. 인간의 이익추구 욕구를 간과하다보니 경제 체제로서 사회주의는 자본주의의 생산효율을 앞지를 수 없었다. 사실 자본주의 체제의 높은 생산효율 그리고 자본의 재축적 효율을 이길 수 있는 체제는 아직까지 없다. 이는 총력전 성격의 전쟁에도 영향을 미친다. 자본주의 체제가 사회주의 체제보다 더 전쟁 준비를 잘할 수 있다.

앞에서 언급했듯이 국제정치학자들은 미국과 구소련 간에 전쟁이 발발하지 않은 이유로 양진영이 대규모로 보유한 핵무기 때문이라고 주장하기도 한다.[35] 상당히 설득력이 있는 주장이지만 근본적인 해답은 아니다. 돌이켜보건대 사회주의 진영이 무력을 동원한 전 세계의 공산화를 주장했지만 이는 그다지 가능한 시나리오가 아니었다. 전쟁을 지속할 수 있는 자원을 마련하고 공급하는 능력에 있어서 미국의 자본주의 체제는 구소련의 사회주의 체제를 구조적으로 앞서 있었다. 단지 무력혁명 역량을 보유하고자 하는 공산주의 국가들의 노력이 과도하게 포장되어 선전되었을 뿐이었다.

냉전이 절정에 달했던 1980년 후반경 구소련은 국민총생산GNP의 최소 13-15%를 국방비로 지출한 것으로 추정되었다.[36] 냉전 기간 동안 최정점기에는 국민총생산의 25%에 달했다는 관측도 있다. 정부전체예산 대비로는 약 20%를 지출했다. 미국 역시 1980년대 레이건 행정부하에서 GDP대비 6%정도를 군사비를 지출했는데, 1985년에는 약 3,000억 달러에 달했다. 정부 전체예산 대비 비율로 볼 때는 소련의 절반 정도였지만 절대적인 양은 더 많았다. 결국 군사비 부담이 경제 능력에 비해 과도했던 구소련은 미국이 주도한 군비경쟁에 지속적으로 대응할 수 없었다. 노동력의 약 1/5이 군사관련직에서 일했던 만큼 막대한 군사비 지출은 여타 경제활동에 영향을 주었다.

중국과 같은 사회주의 국가가 1978년 개혁개방 정책을 표방하며 점차로 자본주의적 요소를 도입함으로써 사회주의 시장경제 체제를 수립한 것도 이러한 사실과 관련이 있다. 국가 간 경쟁에서 자본주의 경제체제만큼 효율적인 체제는 존재하지 않는다. 오늘날 전 세계가 시장 자본주의와 국가 자본주의 체제로 재편된 이유도 여기에 있다. 2024년 현재 국방비 규모는 1위인 미국이 9,160억 달러(GDP 대비 3.4%)를 2위인 중국은 2,960억 달러(1.7%)를 국방비로 지출하고 있다. 3위인 러시아는 1,300억 달러(6.3%)였다.

여기에서 문제가 되는 것이 자본주의의 시장 확대 욕구 문제이다. 자본주의 체제인 이상 시장 자본주의나 국가 자본주의 체제 모두 이를 보유하고 있고 결국 양자는 충돌할 개연성이 높다. 공산주의 체제의 확대욕구가 이념적이고 정치적이었던 것이라면 자본주의 체제의 그것은 경제적이며 세속적인 본질을 가지고 있다.

제2차 세계대전의 경우에도 보았듯이 독일의 히틀러는 독일의 지속적 발전을 위해 생존공간의 확대를 추구했다. 제1차 세계대전의 발발을 독일이 주도했던 것도 식민지경쟁에서 영국과 프랑스 등에 선두를 상실한 것에 대한 절박함 때문이었다.

자본주의 체제의 확대 욕구에 대해 고전파 경제학자들이나 마르크스주의자들 모두 유사한 해석을 내놓고 있다는 점은 흥미롭다. '수확 체감의 법칙', '이윤률 하락의 법칙' 등이 그것이다. 자본주의를 보는 시각이 대척점에 있음에도 양자 간에 유사점이 발견되는 이유는 19세기 당시 경제를 보는 시각이 유물론적이고 노동가치 중심적이었기 때문이다.

고전파 경제학자였던 토머스 멜서스Thomas Malthus나 데이비드 리카도David Ricardo가 제시한 '수확체감의 법칙'은 특정 생산요소의 투입을 지속적으로 증가시켜도 그와 비례하여 생산물이 산출되지 않는 것을 가리킨다. 예컨대 농지에서 생산하는 소출물의 양을 증대시키기 위해서는 투입되는 토지의 양을 확대하거나 노동력의 양을 증대해야 한다. 그러나 토지와 노동을 투입한 것과 정비례하여 수익물이 증가하지는 않는다. 그 이유는 농업 생산량을 증대시키는데 발생하는 비용 역시 증가하고 이 비용이 증가한 생산물로 인한 이익을 상쇄하기 때문이다.

이를 극복하기 위해서는 투입되는 자본재 예컨대 기술을 향상시키거나 이것이 여의치 않다면 아주 획기적으로 낮은 비용으로 토지와 노동력을 획득하여 투입하는 것이다. 16세기 들어 본격 전개된 대항해 시대에 서구제국이 해외 식민지를 개척하여 무역을 확대한 것도 이러한 맥락에서 이해할 수 있다.

애덤 스미스가 식민주의나 제국주의를 옹호한 것은 아니었다. 그러나 그는 개방된 시장과 자유로운 교역을 옹호했다. 무역은 각국의 시장을 확대해주어 분업과 교환의 이익을 증대시키며, 노동의 생산성을 향상시켜 생산을 증대시킨다고 주장했다.[37] 궁극적으로 무역의 확대는 시민들의 소비수준 향상에 기여한다.

그런데 여기서 언급한 저렴한 토지와 노동력의 획득이 가능한 손쉬운 방법은 식민지 개척이었다. 식민지는 비옥한 토지와 노동력을 거의 무료로 제공해주었다. 자국내에서 토지와 노동의 비용이 상승할 경우 이를 극복할 수 있는 방법은 자본재의 투입을 늘리는 방법밖에 없다. 그런데 이는 자본이 많이 소요된다. 그리고 기술혁신도 쉽지 않으며 적기에 이루어진다는 보장이 없다. 반면 식민지의 토지와 노동은 새로운 자본재 투입 없이도 획득이 가능했다.

물론 무역에 필요한 항해장비와 기술 그리고 인력이 필요했다. 그러나 식민지에서 산출되는 상품이 가져다주는 이익은 이를 상쇄하고도 남았다. 근대화 과정에서 서구열강이 식민지 개발을 계몽과 포교라는 차원에서 전개한 이유가 여기에 있었다. 흥미롭게도 자유주의자였던 밀도 식민지 예찬론자였다. 그는 식민지가 식민모국의 무역을 위한 수출시장의 역할을 할 수 있고, 또한 저렴한 가격으로 원자재를 공급할 수 있으며, 과잉인구와 자본을 수출하여 빈민을 감소시킬 수 있다고 주장

했다.[38]

오늘날에는 FTA와 같은 평화적인 방법으로 시장과 무역을 확대한다. 그러나 역사적으로 본다면 이는 평화 시에 유지되는 예외적인 방법이다. 오히려 시장확대의 전통적인 방식은 무력과 경제력을 앞세워 타국을 점령하는 것이었다.

마르크시스트들은 '이윤률 체감의 법칙'이라는 개념을 제시한다. 상품의 가격 P는 고정자본(CC)과 가변자본(VC) 그리고 잉여가치의 합이다. 자본주의 시장에서는 경쟁이 불가피하고 그 경쟁은 본질적으로 가격경쟁이다. 품질이 동일하다고 할 경우 가격이 저렴한 제품의 수요가 높다. 이때 자본가인 생산자는 가급적 낮은 가격으로 제품을 생산하면서도 자신이 취할 이익은 증가시키려고 할 것이다. 손쉬운 방법은 새로운 설비를 들이거나 첨단 기술을 개발하는 것보다는 가변자본 예컨대 임금을 축소하는 것이다. 그런데 이처럼 임금을 착취하면 노동자의 가처분소득이 감소하고 이는 결국 상품구매력의 감소 나아가 수요의 감소 결국 생산의 감소로 이어진다고 마르크스는 주장했다. 경제공황 및 불황을 설명하는 이론이다.

이러한 주장은 마르크시스트적 제국주의론으로 연결되었다. 가장 대표적인 논자는 홉슨J.A. Hobson이다. 그는 19세기 자본주의의 문제를 과잉생산, 지소비, 그리고 자본가의 과잉저축이라고 보았다. 자본가들이 과잉 생산된 상품을 소비하고 축적된 자본을 식민지 투자로 해소하기 위해 제국주의를 부추겼다는 것이다.[39]

자본주의 시장 확대 욕구론은 그 주체가 국가 지도자들 자체에 머물지 않는다는 점에서 더 파괴력이 있다. 홉슨은 제국주의적 팽창을 통해 이익을 얻는 산업 및 금융자본가나 식민지의 간부들이 국가의 정치

세력과 결탁한다고 보았다. 레닌Vladimir Lenin은 대자본가뿐만 아니라 소자본가들까지도 제국주의에 동조했던 이유를 설명하고 있다. 그는 국내 경쟁에서 도태된 소기업들이 식민지 시장에 진출하여 사업을 확대할 기회를 얻었다고 주장했다. 결국 제국주의를 통해 대자본뿐만 아니라 유럽의 하층계급 시민들 심지어 노동자들도 그 혜택을 누릴 수 있었다고 보았다. 이는 서구 제국내에서의 계층갈등을 누그러뜨리는 효과를 가져왔는데 영국에서 프롤레타리아 계급혁명이 발생하지 않은 이유도 여기에 있다고 보았다. 해외 진출과 그에 따른 전쟁으로 국내사회의 안정이 도모되는 효과까지 가져왔다는 것이다.[40]

이러한 맥락에서 자본주의는 결국 해외시장 진출을 위한 팽창을 추구했고, 이는 해외에서 강대국들 간의 충돌의 원인이 되었다. 19세기 초에 시작된 100년간의 평화 기간 동안 상대적으로 유럽에서 강대국들 간의 대규모 전쟁은 발생하지 않았다. 식민지 경쟁에 뒤쳐졌던 프로이센이 오스트리아와 프랑스를 대상으로 전쟁을 치렀지만 오래가지 않았다. 오히려 이 시기에 미국, 인도, 중국 그리고 아프리카에서 약소국에 대한 제국주의적 침략이 전개되었다.

1945년 이후 전 세계는 80년간의 평화를 만끽했지만 이제 전 세계는 19세기처럼 다시 한번의 큰 전쟁과 갈등을 경험하는 단계로 이전하고 있는지 모른다. 시장 자본주의 진영과 국가 자본주의 진영은 자신들의 경제를 성장시키기 위한 동력을 자신들의 영토 밖에서 찾으려 하고 있다. 러시아가 우크라이나를 침공한 것이 그렇고 중국이 대만합병을 주장하는 것이 그러하다. 자유주의 진영의 미국 트럼프 대통령이 그린란드와 카나다의 합병을 제안하고 파나마 운하의 반환을 요구하는 것도 19세기의 기준에서 본다면 그리 의외의 사건은 아닐지도 모른다.

5.9. 불가피한 전쟁: 나토NATO와 유엔UN 체제

2025년 미국 트럼프 행정부의 출범으로 인해 자유 자본주의 진영과 국가 자본주의 진영 간의 갈등이 수면 위로 부상했다. 트럼프 대통령은 자신의 2기에는 중국에서 수입되는 물품에 관세를 부과하겠다고 공언했고 취임 즉시 20%의 관세부과를 실행했다. 전임 바이든 대통령도 인플레이션법과 반도체법을 동원하여 중국에 대해 공격적인 산업통상 정책을 전개했는데 새 대통령하에서 그 추세는 더 강화되었다. 21세기 들어 미국 역시 자국 산업의 보호와 육성이라는 중상주의적 어젠다를 점차로 도입하는 경향을 보여주고 있는 것이다.

미국의 이러한 태도에 대한 중국의 반응은 배신감 그 자체였다. 미국은 코비드 팬데믹이 진정되던 2022년 초까지 경기부양을 위한 양적완화 정책과 저금리 정책을 펼치면서도 자국의 통화가치를 유지하고 인플레이션을 통제하는 데 성공했다. 이는 중국과 동아시아 개도국들이 소비재를 저가에 미국 시장에 공급해주었고 1998년과 2008년 금융위기를 계기로 각국의 달러보유고가 증가했기 때문이었다.

그러나 미국은 2022년 들어 점차로 고금리 정책으로 전환하고, 공격적인 리쇼어링reshoring 정책과 국내시장 보호정책을 추진하며, 구글 등 세계적 플랫폼 기업들의 해외시장 진출 지원, 그리고 셰일 에너지 수출을 직극 장려했다. 이러한 미국 자본주의의 중상주의화 경향은 국가 자본주의 진영의 반발을 강화시키는 것은 물론이고, 자유 자본주의 진영 내에서도 분열과 갈등을 유발하고 있다. 세계경찰 역할에 피로감을 느끼고 있는 미국은 이기적 미국 우선주의에 매진하고 있다.

칸트가 주장하는 영구평화론41이나 국제정치에서 논하는 민주주의 평화론은 세계 각국이 민의를 존중하는 공화정이나 자유 민주주의 정체를 운용하고 있음을 전제로 한다. 이러한 논리가 상정하는 것은 두 가지 가정이다. 자유주의적인 상황에서 다수의 여론은 전쟁보다는 평화를 선호할 것이며, 또한 민주주의 체제만이 자본주의의 건전성을 담보할 수 있다는 점이다. 자유주의 체제의 장점은 경제적 권력이 정치적 독재의 등장을 막아준다는 점에 있지만, 동시에 역으로 정치적인 민주주의 세력이 시장에서의 독점을 차단할 수 있다는 것이기도 하다.

그런데 국가 자본주의 진영은 물론 자유 자본주의 진영에서마저도 포퓰리즘과 팬덤정치로 인해 민주주의가 오작동하고 중상주의적 정책이 유행처럼 도입되기 시작했다. 이는 자본주의를 견제할 민주주의적 장치가 작동하지 못할 수 있음을 의미하는 것이다. 이러한 상황에서 우리가 상정할 수 있는 세계적 차원의 갈등 시나리오는 대략 두 가지이다. 하나는 동아시아에서 다른 하나는 동유럽에서 시작될 수 있는 자본주의 진영 간의 충돌이다.

20세기에도 국가 간에 크고 작은 충돌은 빈번하게 있었다. 이라크나 아프가니스탄에서 그랬듯이 강대국이 약소국을 침범한 경우도 있었다. 베트남에서는 약소국이 강대국 미국을 상대로 승전했다. 그럼에도 불구하고 이러한 군사적 충돌이 강대국 간의 세계대전으로 비화하지 않은 것은 구조적인 조건이 미흡했기 때문이었다. 냉전 시기에는 미국과 구소련이 실질적인 전쟁에 돌입할 수 없었다. 소련의 사회주의 체제는 자본주의와 경쟁하기엔 역부족이었고, 양자 모두 핵무기의 사용으로 인한 공멸의 가능성이 두려웠다.

그러나 이제 자본주의 체제 간 갈등이라는 구조적 조건이 성숙 되면서 강대국들과 이들을 둘러싼 진영들 간의 충돌 가능성은 훨씬 더 높아졌다. 그 가능성이 가장 가시적으로 나타나고 있는 곳이 동중국해와 남중국해이다. 우선 동중국해에서는 일본명 센카쿠 열도, 중국명 댜오위다오의 영유권을 두고 중국, 타이완과 일본이 영유권 분쟁을 벌이고 있다. 남중국해에서는 대표적으로 파라셀 군도, 스프래틀리 군도, 스카보러 암초, 메이클즈필드 뱅크(천퇴)를 놓고 중국을 위시하여 대만, 베트남, 필리핀, 말레이시아, 브루나이가 분쟁을 벌이고 있다. 그 외에도 한국과 일본이 독도를 두고 잠재적 분쟁상태에 있으며 최근에는 서해 한중잠정조치수역에 무단으로 대규모 구조물을 설치하여 한·중 간 분쟁이 시작될 조짐을 보이고 있다.

이러한 영토적 분쟁은 영토경계 그 자체를 문제시하는 것도 있지만, 해당지역에 매장되어 있을 각종 지하자원에 대한 분쟁의 성격도 크다. 분쟁 당사자들이 모두 산업화 단계에 있어 자원에 대한 수요가 증가 추세이다.

흥미로운 것은 이 지역에서 직접적인 영토분쟁의 당사자는 아니지만 중요한 행위자인 미국의 역할이다. 중국을 상대하는 나머지의 국가들은 물리적 분쟁시 미국의 군사력에 의존할 수밖에 없는 상황이다. 미국 역시 중국이 이 지역의 패권세력으로 등극하는 것을 막기 위해 직간접적으로 개입하고 있다. 만일 중국이 제1 도련선을 넘어 일본-사이판-괌-인도네시아를 연결하는 제2 도련선까지 확장한다면 미국과의 물리적 충돌은 불가피하다.

다만 동중국해와는 달리 남중국해에서 중국에 대항하여 미국이 가용할 수 있는 현실적 수단이 없다는 것은 실제적 제약이다. 미국은 2015년 이래 '항행의 자유작전FONOP: Freedom of Navigation Operation'을 실행한 바 있다. 가장 주목할 것이 2017년 구축함 듀이함을 스프래틀리 군도 내 미스치프 암초Mischief Reef에 중국이 설치한 인공시설 인접

6해리 지점을 통과시킨 것이었다. 과거처럼 단순히 통과한 것을 넘어 지그재그 항해를 시도하고 해상인명 구조훈련도 실시했다. 이는 이 지역에서 중국의 배타적 주권이 없음을 주장하려는 행동이었고 그 지역의 바다는 중국의 영해가 아니라 공해라는 메시지였다.[42]

그러나 이러한 군사적 행동에도 불구하고 미국이 중국의 일방적인 인공도서 건설 및 군사기지화를 막을 수 있는 현실적 수단은 없다. 이를 제지할 경제적 수단도 마땅치 않다. 트럼프 대통령은 1기 시절 TPP에서 탈퇴함으로써 동남아 국가들이 미국에 의존하여 이 문제를 논의할 수 있는 하나의 수단을 거부해버렸다. 그가 2기에 어떤 정책을 선보일지는 모르지만 이전과 크게 다를 것으로 보이지는 않는다. 심지어 동유럽에서 러시아의 확장을 용인하고 남중국해에서 중국의 지배권을 어느 정도 받아들이며 대신 미국은 그린란드, 캐나다, 파나마로의 영향력을 확대하는 방안을 추구할 가능성도 있다.

한편 대만, 일본 그리고 한국도 일부 관련이 되어 있는 동중국해의 상황은 다소 다르다. 중국이 대만을 영토적으로 점령하려는 진정한 의도에 대해서는 세 가지 측면에서 분석이 가능하다. 하나의 중국을 실현하겠다는 정치이념적인 측면, 대만해협에 대한 실질적 지배를 구현하겠다는 지정학적 측면, 그리고 세계 첨단의 반도체 기술을 보유하고 있는 대만을 차지하겠다는 기술 자본주의적 측면이다. 그러나 이 중 어느 것이 가장 절박한 이유인지 확정하기는 어렵다.

남중국해보다 동중국해 지역에서의 갈등은 이 지역에서의 충돌이 한반도 나아가 일본에까지 영향을 줄 수 있다는 점에서 우리에게 더 심각하다. 남중국해 지역에 비해 동중국해에서의 분쟁은 국가 자본주의 진영 대 자유 자본주의 진영 간의 충돌로 비화할 가능성이 더 높다. 만에 하나 중국이 대만과 전쟁을 하게 된다면 중국과 영토상으로도 가깝고 분쟁을 겪고 있는 일본은 거의 자동적으로 개입하게 될 것이다. 남한 역시 주둔하고 있는 주한미군으로 인해 직간접적으로 개입하게 될 것이다. 중국은 북한으로 하여금 군사적 행동을 포함하여 중국을 지원하도록 요구할 것이다. 러시아 역시 미국보다는 중국에 유리한 행동을 취할 가능성이 농후하다.

주목할 것은 한반도로 양안갈등 문제가 전이 될 경우 현재 남북한 관계를 군사적으로 규정하고 있는 UN 체제와 유럽과 러시아 간의 군사적 관계를 정의하고 있는 NATO가 연결될 가능성이 있다는 점이다. 한국전 이후 지금까지 남한, 북한, 일본 그리고 중국의 안보적 관계는 UN 체제가 여전히 유효하다. 1953년 체결된 정전협정은 중국군, 북한군 그리고 UN군이 서명했다. 협정의 정식명칭은 '국제연합군 총사령관을 일방으로 하고 조선인민군 최고사령관 및 중국인민지원군 사령원을 다른 일방으로 하는 한국 군사 정전에 관한 협정'이다.[43]

이러한 이유로 현재 한반도에서 주한미군 사령관은 UN군 사령관과 한미연합 사령관을 겸하고 있고 한국군은 한미연합 사령부의 일원으로 작전에 임하고 있다. 다만 대한민국은 UN군 사령부의 회원국이 아니다. 한국전 휴전협정에 이승만 대통령이 반대하여 UN군 사령부 회원국으로 포함되지 않았다.

1994년 UN사무총장이 밝혔듯이 UN군 사령부는 유엔 안전보장 이사회나 사무총장의 통제를 전혀 받지 않으며, 유엔이 아니라 미국의 권한 하에 있다. UN의 산하조직이나 기구가 아니다. 일본은 한국전 당사국이 아니지만, 1957년 UN군 사령부가 일본에서 한국으로 이전됨에 따라 일본에 UN군 후방부 사령부가 설치되어 있다. 만일 한반도에서 전쟁이 발발할 경우 주일미군은 물론 이와 연관된 일본의 개입은 거의 자동적이다.

2000년대까지 UN군은 주한미군에 의해 운용되는 명목상 조직처럼 보였지만 2014년부터 UN사 재활성화UNC Revitalization 프로그램을 통해 지속적으로 인력, 조직, 기능 등을 확대해오고 있다. 2019년에는 문재인 정부와 협의 없이 독일군 연락장교를 파견받으려 했으나 한국의 반대로 무산되기도 했다. 윤석열 정부 들어 독일은 정식회원국이 되었다.

미국이 한국에 존재하는 UN사를 확대하려는 이유에 대해서는 여러 가지 설명이 존재한다. 그러나 핵심은 미국의 대중국 전략과 관련이 있는 것으로 보인다. 만일 한국이 전시 작전권을 미군으로부터 환수하더라도 회원국으로 가입한다면 미군은 UN사를 통해 한국군 통제가 가능하다. 만일 미국이 중국과 전쟁을 하게 되면 이에 UN군 사령부가 주체가 되어 회원국 군대를 통합적으로 지휘하여 대응할 수도 있다.

UN군 사령부는 한국전쟁 당시 미국의 주도로 설립된 최초이자 마지막 국제 연합군이었다. 한국전 발발 후 소집된 안전보장 이사회에서 소련과 유고슬라비아가 기권함으로써 UN의 이름하에 군사적 지원을 할 수 있는 근거가 마련됐다. 소련은 대만 대신 중국(당시 중공)이 안보리에 참여해야 한다며 안보리를 보이콧하던 중이었다. UN평화유지군이 여러 차례 조직된 적은 있지만 UN군 사령부는 중립적인 평화유지군과는 성격이 아예 다르다. 한국전의 UN군 사령부는 공산주의의 확장을 저지하기 위해 미국의 주도로 조직된 국제연합군이며 그 특성은 여전히 유효하다.

이러한 특성으로 인해 미국과 중국 간의 갈등이 첨예화되기 시작한 2010년 중반부터 주한 UN군 사령부의 존재가 다시 부상하기 시작했다.

적어도 정전협정 체제가 존속하는 한 UN군 사령부가 남한에 존재할 근거가 있다. 그리고 이는 다시 미군이 남한에 주둔할 수 있는 명분이 되고 있다. 미국과 한국이 정전협정을 평화협정으로 대체하는데 주저하는 이유가 여기에 있다. 평화협정이 맺어지면 UN군과 미군의 주둔 명분이 현저하게 부식된다.

UN군 사령부의 존재가 한국의 방위에 기여하는 면은 분명히 있다. 북한이나 중국의 입장에서 본다면 남한에 주둔하고 있는 미군은 UN국제군의 성격을 가지고 있다. 현재 UN사에 가입한 회원국은 전투파병 16개국 중 14개국, 의료지원단 파견 6개국 중 4개국 등 총 18개국에 달한다. 그만큼 대항하여 군사적 집단행동을 도모할 수 있는 국가의 숫자가 많아 중국이나 북한에 부담을 준다. UN사는 한반도 유사시 안보리의 별도 결의 없이도 회원국의 전력을 자동으로 투입할 수 있는 군사적 제도이다.

그러나 우려가 되는 면도 있다. 동북아지역의 안보 상황에 따라 UN군 재활성화 프로그램으로 인해 UN군의 역할이 '평시정전협정관리'와 '유사시 전력제공'이라는 본래의 임무를 벗어나 확대될 수 있다. UN사의 작전구역이 한반도를 넘어 아시아 태평양 등 주변 지역으로 확장되어 정의될 경우 한국군이 이에 자동으로 개입하게 되는 결과가 발생할 가능성이 높아진다. 중국이 북한이나 러시아와 군사적 협력을 강화할 경우 미국은 단순히 한미일 삼각동맹의 차원이 아니라 UN군 차원에서 군사협력을 도모할 가능성도 있다.

유엔사 재활성화 작업에 과거 문재인 정부는 강력하게 반대했고 박근혜 정부는 소극적으로 대응했던 이유도 바로 이러한 우려 때문이었다. 이러한 맥락에서 볼 때 트럼프 행정부의 출범은 UN사가 주둔하고 있는 한국에 큰 부담으로 작용할 수 있다. 미·중 간의 갈등은 심화하고 있고 중국의 팽창을 봉쇄하는데 소요되는 비용은 한국, 일본, 대만 등에 전가하려는 압력은 증가할 것이다.

한편 한반도에서 발생하고 있는 UN사 체제의 확장이 유럽에서의 NATO 체제와 연결될 개연성도 전개되고 있다. 양 군사 체제 간의 연결고리는 북한과 러시아의 군사적 밀착이다. 북한은 경제적 측면에서 중국으로부터 원유 등은 공급받으면서도 전적으로 중국의 영향력하에 편입되는 것은 저항해왔다. 예컨대 중국의 일대일로 정책도 압록강과 두만강 국경에서 멈춘 채 북한 내부로 침투하지 못했다. 오히려 중국과의 관계 개선을 도모하던 문재인 정부가 일대일로에 대응하는 차원에서 철도 등을 연결하는 방안을 모색했지만 북한을 통과하는 교통망은 추진되지 못했다.

중국을 경계하는 김정은의 이러한 의도는 장성택의 처형으로 분명하게 표출되었다. 장성택은 중국과의 연결을 두껍게 하고 중국식 모델을 답습하여 북한의 경제개발을 추진하려 했던 것으로 알려져 있다. 그러나 북한이 중국식 개혁개방을 답습할 경우 김씨 일가 체제의 붕괴가 발생할 가능성이 농후해져 김정은은 이에 동의하지 않은 것으로 파악된다.

한편, 2024년 말 북한이 우크라이나에 러시아 지원병력을 파견한 것은 과거처럼 중국과 러시아를 상대로 등거리 외교를 펼치려는 시도로도 볼 수 있다. 특히 구소련 붕괴 이후 옐친이 조소동맹 조약을 승계하지 않았었는데 금번 파병을 통해 북러 간의 관계를 군사적 동맹관계로 까지 승격시켰다는데 의미를 부여할 수 있다. 북한과 중국 간에 체결된 '조중 우호협력 및 상호원조조약' 제2조는 북중 양국 간 상호 자동 군사개입을 규정하고 있다. 조중 우호조약은 이미 군사적 동맹 요소를 포함하고 있다.

2024년 6월 19일 김정은과 푸틴 사이에 체결된 '포괄적 전략 동반자 관계에 관한 조약'은 쌍방 중 어느 일방이 무력침공을 받아 전쟁상태에 처할 경우 자기가 보유하고 있는 수단으로 군사적 및 기타원조를 제공한다는 내용이 포함되었다. 군사적 동맹의 가능성을 열어 놓은 것이다.44

우크라이나 전선에 러시아가 북한군을 투입한 것은 한반도의 한 구성세력인 북한이 군사적으로 유럽에 진출했다는 상징적 의미가 있다. 이는 한국에게도 중요한 시사점을 제공하고 있다. 미국은 북러 간 관계를 예로 들면서 한반도 이외의 지역에서 전쟁이 전개될 경우 미군과 더불어 한국군과 일본군의 전투병력이 참여할 것을 요청할 수 있는 간접적인 명분이 생긴 것이다. 남한 역시 우크라이나에 우회적으로 포탄 및 원조를 제공하고 있고 폴란드를 비롯한 유럽의 국가들에게 탱크, 자주포, 미사일 등 군수물자를 수출하고 있다. 남북한 간의 군사적 대결이 이미 유럽으로 확장된 것이 현실이다. 2024년을 기점으로 한반도 군사력의 전 세계적 투사가 시작된 것이며 이는 점차 확대될 것이다.

이는 남한이나 북한 당사자가 원하든 않는 이미 한반도 전장의 세계화가 시작되었다는 것을 의미한다. 한반도의 UN 체제가 유럽의 NATO와 연결되는 것은 시간문제이다. 이미 NATO는 주적으로 러시아 뿐만 아니라 러시아와 상하이 협력기구로 연결되어 있는 중국도 상정하고 있다. NATO 회원국들은 2024년 7월 10일 발표한 공동성명에서 중국을 우크라이나 전쟁을 수행하는 러시아의 '결정적인 조력자'로 규정한 바 있다. 중국은 러시아가 필요로 하는 각종 군수물자를 제공하며, 석유와 가스를 수입하여 전쟁에 필요한 재원을 마련하도록 도와주었다고 비난받았다. 아울러 NATO 정상회담에 윤석열 대통령이 참여한 것을 두고 미국 국무부는 'NATO와 한국의 협력이 공동의 이익에 부합한다'며 환영의 뜻을 표명했다.[45]

향후 러시아가 우크라이나와의 전쟁 이후 NATO 회원국들을 대상으로 영토확장 전쟁을 지속할지에 대해서는 아직 예단하기 어렵다. 우크라이나는 러시아의 입장에서 볼 때 자국을 방어하기 위한 전략적 요충지이고, 다수의 러시아인들의 거주지이며, 식량생산기지이고, 크름반도라는 흑해의 항구 제공지이며, 그리고 중동부 유럽으로 향하는 다수의 파이프 라인의 경유지이다. 이에 버금가는 이득을 러시아에게 제공하는 나라가 있다면 중장기적으로 러시아의 추가적인 침공을 배제하기는 어려울 것으로 보인다.

러시아는 자국의 에너지 수출이 없이는 지탱할 수 없는 경제구조를 가지고 있다. 러시아의 에너지 산업은 GDP의 24%, 수출의 60%, 재정의 50%를 차지한다.[46] 우크라이나 침공 전인 2021년 현재 러시아가 공급하는 천연가스가 EU 소비량의 40%를 차지했으나 2024년에는 15%로 감소했다. 현재 러시아에서 유럽으로 향하는 가스 파이프 라인의 경로는 크게 4개이다. 우크라이나 관통 가스관, 발트해를 거쳐 독일로 가는 노르트스트림, 벨라루스-폴라드를 거치는 야말-유럽, 흑해를 관통하여 튀르키예와 불가리아로 가는 튀르크스트림이다. 이 중 현재 작동하는 것은 튀르크스트림 뿐이다.

2024년 말 현재 러시아의 대중국 가스 수출은 2023년 대비 40% 증가했다. 대유럽 수출보다 많다.[47] 만일 러시아 가스의 유럽 수출이 회복되지 않는다면 러시아 경제회복의 차질이 불가피하다. 만일 미국이

유럽에서 군사적으로 철수한다면 러시아는 유럽으로의 진출을 멈추지 않을 것이다. 우크라이나 전쟁으로 인해 EU는 러시아에 대해 공포감을 가지기 시작했고, 러시아가 에너지 판매 대금으로 유럽을 침공할 준비를 할 가능성을 경계하고 있다. 러시아의 유럽으로의 진출은 군사적인 수단이 동원될 개연성이 높다. 나치의 국가 자본주의 체제가 전쟁을 통해 자원과 자금을 획득하여 숨쉴 공간을 찾으려 했던 상황과 유사하다. 미국이 유럽에게 미국산 셰일가스를 구입할 것을 요구하듯이 절박한 러시아도 유사한 지렛대를 가지려 할 것이다.

한편, 또 다른 개연성은 중동에서의 갈등이 유럽으로 파급되는 것이다. 아직은 중동에서 수니파와 시아파 진영 간의 분열이 지속되고 있지만, 이스라엘과 아랍-페르시아 간 대립이 첨예화함으로써 이슬람 진영이 반서방세력으로 결집할 가능성도 완전히 배제할 수 없다. 여기에서 튀르키예의 행보가 중요할 것이다. 튀르키예가 EU가입을 완전히 단념하고 NATO의 대 러시아 봉쇄전선에도 소극적으로 참여한다면, 러시아는 상하이 협력기구에 참여하는 이슬람 국가들 그리고 중국과 연합하여 이스라엘을 지원하는 미국 및 유럽진영과 대결할 의도를 갖게 될 것이다.

요컨대, 동아시아와 유럽지역에서 두 개의 대립적인 자본주의 진영 간의 갈등구도가 서서히 완성되고 있다는 점을 우리가 경계할 필요가 있다. 그리고 우리나라도 이 중 어느 진영에든 참여를 해야만 하는 것이 불가피한 상황으로 치닫고 있다. 과거처럼 경제는 중국, 안보는 미국이라는 전략적 모호성에 기반한 외교가 점점 더 어려워지고 있다.

인도처럼 양진영에 모두 참여하고 있는 예외적인 경우가 있기는 하다. 인도는 미국의 인도-태평양 전략의 핵심 안보 협의 기구인 QUAD

(미국, 인도, 호주, 일본)에 참여하면서도 러시아 및 중국과 함께 BRICS와 SCO에도 참여하고 있다. 그러나 이러한 양다리 전략이 가능한 이유는 인도의 지정학적 특이성과 더불어 핵보유를 기반으로 한 군사력, 방대한 시장, 풍부한 인력 등의 요소가 존재하기 때문이다.

그러나 우리에게는 이러한 선택의 여지가 사라지고 있다. 짧게 존재했던 미·중 간 밀월기간은 이제 종료했다. 우리는 인도와 같은 양다리 전략을 취할 조건이 불비하다. 국내시장은 자급자족이 불가능하고, 수출입에 필요한 해상수송로를 보호하고 강대국을 상대로 중립을 유지할 군사력도 제한적이며, 기술적으로도 중국과의 격차가 급격히 줄어들고 있다. 핵무기도 보유하지 못하고 있다.

어느 한 진영에 참여한다고 해서 모든 문제가 해결되고 안정적인 상황으로 정착된다는 보장이 없다는 점이 우려스럽다. 미국마저 자비로운 패권자의 역할을 포기하고 있다. 자유 자본주의 진영과 국가 자본주의 진영 간의 충돌의 소용돌이 앞에서 이제 생존을 위해 우리는 어떤 선택을 해야 할 것인가? 국제정치와 경제를 분리하는 우리의 전략은 앞으로도 지속가능한 것인가? 이 문제에 대한 심층적인 고민이 필요하다.

5.10. 어떤 국가를 만들어야 하는가?

견제되지 않는 자본주의는 전쟁의 유혹에 휘말리기 쉽다. 민주주의는 더 이상 자본주의를 통제하지 못한다. 20세기 후반 냉전이 종료되고 난 후 사회주의가 무너지자 자본주의는 경쟁을 의식할 이념적 라이벌을 상실했다. 자본주의가 실패하면 결국 공산주의적 사회주의에 의해 타도될 것이라는 공포에서 벗어나자 자본주의의 팽창 욕망은 거칠 것이 없어졌다. 시장 자본주의를 지탱한 자유주의는 자유에 대한 책임은 결여한 채 이익을 추구할 권리의 확대를 향해 매진했다. 시장의 효율을 향상한다는 명분이 항상 우선순위였다.

자본주의가 사회적 발전을 가져다줄 것이지만 불균형을 초래할 것이라는 슘페터의 주장[48]은 옳았다. 그러나 자본주의가 사회주의에 의해 대체될 것이라던 그의 예언은 구현되지 않았다. 제4차 산업혁명을 경험하면서 자본주의는 더욱 번창할 것이고 더욱 강력해질 것이다. 반면 민주주의라는 정치 체제는 자본주의 경제 체제를 개혁할 여력이 없다. 오히려 자본은 민주주의의 작동을 훼손할 수 있는 힘을 가지고 있다. 게다가 기술 자본주의 시대에 재산권을 가진 책임있는 시민의 숫자는 줄어들 가능성이 높다. 만일 이런 일이 벌어진다면 자유 민주주의는 위축될 것이고, 대중이 시민을 대체하면 민주주의의 질은 더 낮아질 것이다.

문제는 이러한 국내적 위험에서 끝나지 않는다는 점이다. 민주주의로 견제되지 않는 자본주의는 전쟁의 함정에 빠질 가능성이 높아진다. 민주주의적으로 책임있는 정부는 전쟁을 회피하고 평화와 상업에 매진한 가능성이 높다는 영구평화론류의 가설[49]은 경험적으로도 적실성이 있다. 시민들이 주권자로 역할하는 공화주의 국가는 전쟁을 통해 이득을 얻고자 하는 소수의 욕구를 민주주의적으로 억제할 수 있다. 따라서 민주주의가 제대로 작동하지 않는다는 것은 평화의 가능성은 낮아지고 전쟁 발발의 개연성은 높아진다는 것을 의미한다.

이제 우리에게 남겨진 과제는 두 가지이다. 하나는 민주주의가 제대로 작동하지 않을 경우 자본주의의 방종을 견제할 수 있는 최후의 수단은 무엇인가 하는 문제이다. 다른 하나는 어떤 종류의 자본주의를 택하고 발전시켜야 할 것인가의 문제이다. 전자는 방법의 문제이고 후자는 선택의 문제이다. 무엇하나 명쾌한 해결책은 없어 보인다. 전자의 문제에 대한 해답은 최선이 아니라 차선의 방법일 수밖에 없다. 그리고 후자의 경우 우리가 할 수 있는 선택이라기보다는 주어진 선택일 가능성이 높다.

여기에서 중요한 점은 수단을 강구하고 선택을 주도할 주체가 무엇이 되어야 하는가의 문제이다. 이 일을 막연하게 민주주의적 결정에 맡길 수 있는 것일까? 민주주의라는 제도가 이를 감당할 수 있는 것인가?

우리는 자유 민주주의적 국가에 다시 희망을 걸 수밖에 없다. 역사적으로 분석해보면 근대국가가 형성되는 과정에서 근대적 경제가 성장했다. 근대적 경제, 즉 자본주의는 근대국가의 운용에 필요한 경제적 자원을 제공하던 제도였다. 국가가 경제를 지배했다. 국가는 단순히 행정부 이상이었다. 법적이고 정치적인 최상위의 당위적 존재였다. 그런데 이것이 중상주의라는 비판을 받자 20세기 들어서 민주주의라는 제도를 통해 견제받기 시작했던 것이다.

20세기의 민주주의는 시민의 힘civic power에 기반했다. 주권자인 시민이 국가를 압도했다. 자유주의적 국가의 사명은 개인의 자유와 재산과 생명을 보호하는 것이었다. 국가의 약화는 민주주의와 자본주의의 번성을 허락했지만 21세기들어 자본주의의 구조적 권력은 민주주의의 견제를 벗어날 만큼 강해졌다. 더욱 우려가 되는 것은 자본의 집중에 의한 불균형이 심화되었다는 점이다.

2022년 조사에 따르면 소득상 하위 50% 대비 상위 10% 인구의 소득배율은 미국이 17배, 한국과 중국이 14배, 유럽국가들이 10배 이하였다. 스웨덴의 경우 6배 정도였다. 자산 불평등은 더 심했다. 미국의 상위 10% 부유층의 자산은 하위 50%의 236배였다. 독일은 89.3배, 프랑스 60.8배였다. 한국·중국·일본의 경우 50-52배였고 스웨덴의 경우도

49.7배였다.[50]

이처럼 불평등이 심해진 시기를 학계에서는 1980년대로 보고 있다. 다소 논란이 있지만 미국의 경우 2023년 현재 소득 불평등 정도는 1980년대의 2배 이상으로 보고 있다. 예컨대 레이건 행정부 이전의 소득세 최고세율은 70% 선이었는데 1980년대 들어 28%로 하락했다. 시장 중심주의의 힘이 자본에게 유리한 방향으로 작동한 결과로 보고 있다.[51]

요컨대 자본이 자신의 이익을 극대화할 수 있도록 정치제도에 영향을 미치고 있다. 1929년 대공황 이전의 상황과 유사하다. 이제 민주주의마저 시장 견제 임무에 부족함을 보이기 시작한다면 국가와 민주주의 제도가 연합하는 방법 외에는 없다. 자유 민주주의 제도에 기반한 국가에게 자본주의의 건전성과 지속가능성을 회복시키는 일을 맡겨야 한다. 그렇다면 자유 민주주의적 국가의 조건은 어떤 것이 되어야 하는가? 다음의 마지막 장에서 이 문제에 대해 숙의하는 기회를 가져보도록 하자.

06

기술 자본주의 시대의 자유 민주주의 국가 만들기

6.1. 어떤 자유 민주주의인가?

당초 보수주의가 토지에 기반한 권력, 즉 왕과 귀족들의 이념이었다면 자유주의는 상공업을 영위하던 중산 부르주아 계층의 이념이다. 자유주의는 계층적으로 중간계급의 이념이었던 관계로 위로는 보수주의와 아래로는 노동자 계층 중심의 사회주의와 결합하기도 하여 다양한 이념적 색깔을 낸다. 18세기 이래 영국을 비롯한 서구사회의 주류 이념을 자리 잡은 이 도발적이고 논란 많은 이념은 21세기 현재까지 개념적으로 진화하고 전 세계로 확산되어 다양한 의미를 표방하고 있다.

다소 단순화하여 정리하건대, 현대에 있어서 자유주의라는 용어는 대략 세 가지의 의미로 사용되고 있다. 첫 번째 의미는 자유지상주의libertarian적 자유주의이다. 개인의 자유를 최우선적으로 강조하며 이를 가급적 최대로 보장하는 것이다. 18-19세기의 고전적 자유주의와 20세기의 신자유주의classical liberalism 패러다임이 비교적 이런 개념을 추구했다. 특히 신자유주의에서 자유는 영어로 liberty보다는 freedom을 의미하는 경향이 있다. 외부로부터의 방해 없이 자신의 의지를 관철하는 힘과 능력을 강조한다. 1980년대 들어 신자유주의는 신보수주의와 결합하여 신우파New Right개념을 형성했다. 미국이나 영국의 경우 자유지상주의는 대체로 보수주의 이념과 결합하는 경향을 보인다.

두 번째 의미는 민주주의적 자유주의이다. 이것은 자유와 평등이라는 가치 사이의 균형을 추구한다. 자유주의는 공리주의와 결합하여 세속적 가치를 그리고 개인의 자유와 더불어 사회적 형평을 강조하는 개념으로도 발전했다. 자유주의는 개인의 자유를 강조하지만 공리주의는 이러한 권리의 다수적 확대를 강조한다. '최대다수 최대행복'이라는 공리주의의 원칙은 다수가 행복을 향유하는 것이 가장 정의롭다고 간주한다. 19세기 들어 자유주의와 공리주의가 결합하면서 인간이 추구하는 쾌락은 양적인 것 외에 질적인 것이 중요하다는 입장으로도 발전했다. 나의 행복 못지않게 타인의 행복을 인정하는 것도 질적으로 높은 쾌락이다.[1] 오늘날 자유 민주주의라는 용어가 가장 일반적으로 지향하는 개념이기도 하다.

세 번째 의미는 사회 민주주의적 관점의 자유주의이다. 고전적 자유주의 시대에 첨예한 시장경쟁과 독점 그리고 사회적 빈부격차의 심화가 오히려 개인의 자유를 침해한다는 비판이 일었다. 그리하여 자유주의의 본질에 대한 재평가가 이루어졌다. 고전적 자유주의는 자유로운 사람의 숫자가 증가하면 자연스럽게 평등이 달성된다는 입장이었다. 이에 반해 수정주의적 입장은 평등한 사회가 먼저 만들어져야 비로소 자유가 확산될 수 있다는 관점이다. 자유의 확대를 위한 평등한 사회적 조건은 국가의 개입에 의해 조성될 수 있다. 19세기 후반기에 이를 고전적 자유주의에 대비하여 새자유주의New Liberalism라 불렀다. 20세기 들어 북유럽을 중심으로 사회 민주주의 정권이 들어서고 제2차 세계대전이 끝난 후 복지국가가 수립되면서 사민주의적 자유주의가 본격 확산되었다.

이러한 이론적 분류를 바탕으로 정리해보면, 현재 우리나라에는 크게 세 가지 종류의 정치경제적 이념 구도가 경쟁한다고 볼 수 있다. 하나는 자유 민주주의와 결합된 자유시장 자본주의이다. 또 다른 하나는 사회 민주주의와 결합된 사회적 자본주의이다. 마지막은 비자유주의적 민주주의와 결합된 시장(국가가 아니라) 자본주의이다.

자유주의를 지지하는 진영은 대체로 한국의 대기업 중심의 경제성장이 매우 성공적이었으며, 우리가 성취한 민주주의에 대한 자긍심도 강하다. 세속적 가치에 대한 관심도 매우 높다. 대외적으로는 미국과 일본에 우호적이며, 중국과 북한에 대한 경계심이 강하다. 경제적으로는 중산층 이상이며, 연령상으로 젊은 20-30대의 청년층인 경우가 많다. 자유와 평등 사이의 균형을 추구하지만 그래도 전반적으로 전자에 대한 관심이 더 강하다. 따라서 공정한 경쟁 그리고 효율을 강조하고, 기득권의 특권의식에 대한 부정적 인식이 강하다. 아울러 무조건적인 평등의식이나 과도한 분배에 대한 저항감도 가지고 있다.

사민주의 진영은 한국의 민주주의적 성취를 자랑스러워 하지만 지금보다는 시민이나 대중의 참여가 더욱 확대되어야 한다고 생각한다. 경제적으로 대기업 재벌 중심의 경제 체제에 문제를 제기하며, 정치적 뿐만 아니라 경제적 민주화가 진행될 필요가 있다는 입장이다. 그래서 경쟁과 효율보다는 형평과 분배에 더 관심이 많다. 대외적으로는 사회주의의 경험이 있는 러시아, 중국과 관계가 어느 정도 유지될 필요가 있다는 입장이고, 민족주의적인 차원에서 북한과의 우애적 공존을 희망한다. 자신들의 대학재학 중 또는 졸업 무렵 1997년 아시아 금융위기와 2008년 미국발 금융위기를 경험한 40-50대 중장년층에서 이러한 경향이 다소 두드러지게 목격된다.

흥미로운 것은 세 번째 유형이다. 과거 권위주의적이었던 박정희, 전두환 정부가 성취한 경제적 성공에 대한 향수가 아직도 남아 있다. 혼란스러운 자유 민주주의보다는 카리스마적인 지도자와 관료 엘리트들이 일사분란하게 나라를 운영하는 것이 경제에도 바람직하다는 인식이 강하다. 그리고 대외적으로 미국과 일본에 우호적이고 북한에 대해 적대적인 보수적 입장을 가지고 있다. 경제적 차원에서는 자유주의적 시장 자본주의를 지지한다. 과거 국가 자본주의 단계를 경험하고 지지하기도 했지만 국가 자본주의가 유발하는 정경유착과 같은 문제점 역시 잘 인식하고 있다. 정치경제적으로 대척점에 있는 자유주의 진영과 연합하여 좌우 이념의 차원에서 사민주의 진영에 맞서는 경향을 보인다. 연령상으로 60대 이상의 노년층의 선호도가 높다.

여기서 돌아보아야 할 것이 우리의 이념적 복잡성이다. 압축적 경제성장과 1991년도까지 진행된 지정학적 냉전의 기억 때문에 우리 사회에는 두 가지 종류의 이념 분류가 있다. 하나는 정치경제적 차원에서 보수와 진보가 있다. 여기에서 보수는 구체적으로 두 개의 종류로 나뉜다. 보수적 국가주의자와 중도우파적 시장주의자들이다. 진보는 사민주의자를이 주를 이룬다. 또 다른 하나는 안보이념적 차원의 두 진영인 우파와 좌파이다.

단순화해서 본다면 보수는 우파와 결합하고, 진보는 좌파와 연합하는 경향을 보인다. 이러한 조합을 결정하는 것은 무엇보다도 안보적 인식이다. 쉽게 말하면 우리나라의 경우 한·미·일 진영과 북·러·중 진영 중 어느 것을 선호하는가가 낙태, 성소수자, 인종 같은 정치사회적 이슈에 대한 입장보다 이념 성향 결정에 훨씬 더 영향을 준다.

이러한 이념적 대립 구도하에서 나타나는 진영 간 헤쳐모임의 양상은 매우 흥미롭다. 우리나라의 자유주의-보수적 비자유주의 연합은 전체적으로 미국과 일본이 구사하고 있는 자유 민주주의와 시장 자본주의 진영에 친화성을 표출한다. 반면에 사민주의 진영은 사회주의적 이념에 대한 향수를 여전히 간직하고 있다. 그리고 개인보다는 사회 집단 간 평등을 제고하기 위한 국가의 간섭을 옹호한다. 그래서인지 흥미롭게도 중국 등 국가 자본주의 제도를 운용하는 사회주의 국가진영에 종종 우호적인 성향을 보이기도 한다.[2]

논리상으로는 우리나라의 비자유주의 진영이 국가 자본주의를 운용하고 있는 중국이나 러시아 등에 친화적 태도를 보일 수도 있을 것 같지만 실제로는 오히려 이들을 적대시 한다. 보수 대 진보의 구도보다는 우파 대 좌파의 대립에 더 민감하기 때문이다. 공산주의와 좌파에 대한 반대를 표명하는 자유주의-보수적 비자유주의 연합이 시장자본주의와 미국에 대한 지지를 매개로 연합한다.

반면 사회 민주주의가 개인주의와 자유주의적 속성을 가지고 있음에도 불구하고, 이들이 중국과 같은 사회주의적 국가 자본주의 진영에 대한 거부감이 크지 않은 이유는 개인의 생활공간인 국가나 공동체에 대한 관심 때문일 것이다. 고전적 자유주의에서도 국가의 존재를 중시하지만, 그 역할은 개인의 재산과 생명을 보호하는 것에 집중하는 국가이다. 그런데 사민주의적 국가는 보다 적극적인 국가의 역할을 주문한다. 사회적 평등을 제고하기 위해서 또는 국가의 산업적 발전을 도모하기 위해서 정부가 때로는 강력하게 시장에 간섭해야 한다고 주장한다. 일부 사민주의 이론가들이 과거 사회주의 국가들에 우호적인 시각을 가졌던 것도 이러한 맥락이었다.

이상의 논의를 정리해보면 앞에서 지적한 세 가지의 정치경제적 이념적 구도는 우리나라에서 현재 두 가지로 단순화될 수 있다. 보수 우파적 자유주의와 진보 좌파적 사민주의 진영 간의 대립이다. 사실 자유주의와 사민주의는 같은 이념적 뿌리에서 분화했다. 공산혁명이 발생한 러시아와 인접한 유럽에서는 공산주의가 좌파를, 자유주의가 중도우파를 상징했다. 사민주의는 이 사이에서 좌파적 중도에 위치한 개념이었으나 폭력적 혁명을 동원하는 공산주의를 반대하며 온건한 사회주의를 모색했다. 시장의 국가간섭으로부터의 해방, 즉 자유방임을 표방하는 고전적 자유주의와는 다른 자유주의를 추구했던 것이다.

19세기의 고전적 자유주의나 20세기의 신자유주의Neo-liberalism는 개인의 자유, 효율, 경쟁의 가치를 중시한다. 개인의 자유를 극대화하고 국가의 간섭을 최소화하는 소극적 자유주의이기도 하다. 이에 비판적이었던 19세기의 새자유주의New liberalism는 분배와 형평을 강조했다. 이 수정적 자유주의를 주장한 이가 앞에서 언급했던 홉하우스Leonard Hobhouse와 그린T.H. Green 같은 사람들이었다. 이들은 개인이 적극적으로 자유를 영위하기 위해서는 교육, 복지, 의료부문에서 국가의 도움이 필요하다고 역설했다.

그래서 후자인 새자유주의와 적극적[3] 자유주의의 입장은 사민주의(사회 민주주의와 사회적 자본주의)와 연결되고, 나아가 사회주의나 공산주의와 이론적 친화성이 있다는 지적을 받는다. 19세기 영국에서 등장한 파비안Fabian 사회주의, 리카디안Ricardian 사회주의 그리고 기독교 사회주의도 새자유주의와 일부 이념적 연결성을 보여준 바 있었다. 물론 이 입장 역시 개인의 자유를 우선시한다는 점에서, 그리고 국가가 시장을 대체할 수 없다고 본다는 점에서 마르크시스트 사회주의와는 다르다. 그럼에도 국가의 사회와 시장에 대한 개입을 옹호한다는 점에서 방법론적인 공감대가 있는 것으로 보인다.

영국이나 유럽에서 (보수)자유주의와 사민주의가 보여주는 이념적 차이가 미국에서는 공화당이 지지하는 자유지상주의libertarianism와 민주당이 지지하는 자유주의liberalism로 바뀌어 나타난다. 그래서 미국의 자유주의 개념은 유럽의 사민주의와 유사한 색깔이 되고, 자유지상주의는 영국에서 (보수)자유주의로 치환될 수 있다.

냉전이 붕괴되기 이전에는 자유주의 진영과 공산주의 진영 간의 대립이 치열했으므로 자유주의와 사민주의 진영은 우파-중도파 간 연합을 형성할 수 있었다. 이러한 연합이 가능할 수 있었던 이유는 개인의 방임적 자유를 강조하는 자유 민주주의와 개인이 속해 있는 공동체의 이익을 우선시하는 사회 민주주의의 차이에도 불구하고 시장원리가 작동하는 자본주의적 경제 체제를 운용하고 있었기 때문이었다.

그런데 공산주의 진영이 몰락하고 공산주의가 사회주의적 시장경제 socialist market economy나 국가 자본주의로 변화하자 사정이 달라졌다. 사회적 시장경제social market economy 또는 사회적 자본주의social capitalism를 운용하는 사민주의 진영과 후기 공산주의 진영이 좌파적 사회주의 연합을 형성하고, 미국주도의 자유주의 진영은 고립되는 현상이 나타났다.

트럼프 2기 정부가 출범하면서 이러한 분열은 분명하게 나타났다. 미국은 자유 민주주의를 넘어 보수적 자유지상주의로 전환하고 사민주의적 요소를 보유한 유럽이나 캐나다 등과 차별화를 시도하고 있다. 미국의 자유주의는 분배, 평등, 박애 같은 새자유주의적 요소가 약해지고 경쟁, 효율, 자립등 신자유주의적 요인들을 강조하고 있다. 그래서 자유의 의미가 liberty보다는 freedom으로 번역되고 있다.

21세기 들어 미국의 일극적 패권이 다시 강화되는 시점에서 우리가 만일 미국과 이념적으로 결을 함께하게 된다면 우리가 추구하는 자유주의는 19세기의 고전적 자유주의나 20세기 말의 신자유주의적인 모습이 될 것이다. 반면에, 사회주의적 요소가 가미된 새자유주의를 선호하게 된다면 미국과 이념적 거리는 멀어지고 EU나 상대적으로 사회주의적 요소를 내포한 중국 등에 접근하는 결과가 나타날 것이다.

우리 사회가 지금 이념적으로 혼란스러운 이유는 짧은 자본주의 역사의 길이 때문이다. 빈부 간의 격차가 심화되고, 경제가 정부의 통제로부터 독립하려는 기운이 강하며, 나아가 시장의 힘이 국가나 사회를 압도할 조짐이 보이는 선진적 단계로 가고 있기 때문이다. 그래서 우리 내부의 이념 구도상 자유 시장 자본주의 진영과 국가 자본주의 진영 중 어느 쪽에 속하거나 가까이 지내야 하는지 논란이 지속적으로 발생하고 있다.

그럼에도 불구하고 이제 현실은 더 이상 과거와 같이 전략적 모호성을 추구하기가 점점 곤란해지고 있다. 미국과 중국 간의 경쟁적 갈등은 점점 더 격화될 것이며 양국은 우리에게 이념적 색깔을 더 분명히 할 것을 요구할 것이다. 자유 시장 자본주의와 국가 자본주의 진영 간의 대립 속에서 우리도 어느 한쪽을 선택할 것을 요구받게 될 것이다.

물론 경제적 실리의 관점에서 중국이나 러시아와도 최대한 우호적인 관계를 유지해야 함은 당연하다. 중국은 여전히 우리에게 미국과 더불어 최대의 수출시장이다. 러시아는 우리가 필요로 하는 에너지 자원을 풍부하게 제공할 수 있는 나라이다. 장차 북극항로가 활성화된다면 우리도 이를 적극적으로 활용할 수 있다. 그리고 무엇보다도 두 나라 모두 북한에게 정치경제적 영향력을 행사할 수 있는 존재이다.

그럼에도 불구하고 비자유주의적이고 국가 자본주의적인 두 국가들과 교류하기 위해서 우리나라의 이념적 색깔을 그 방향으로 전환할 수는 없다. 실리적으로나 이념적으로 우리에게 도움이 되지 않는다. 앞으로 우리에게 필요한 전략은 전략적 모호성이 아니라 전략적 이중성일 것이다. 중국 러시아 등과 교역 관계는 유지하면서도 우리의 정치이념의 색깔은 자유주의적인 것으로 확고히 할 필요가 있다.

경험적 연구에서도 우리나라 국민들은 중국보다 미국을 협력 대상으로 인식하는 경향이 뚜렷하다. 2000년대 들어 중국은 우리의 최고 교역대상으로 부상했고, 양국은 2015년 12월 자유무역 협정을 체결했다. 김대중, 노무현, 문재인 정부를 거치면서 한중관계는 경제 및 문화 분야의 교류를 바탕으로 긴밀한 관계를 구축했다.

그럼에도 '반중정서'가 확산하는 등 우리 시민들의 대 중국 이미지는 전반적으로 하락하는 추세이다. 한국인의 대중국 호감도는 2002년 66.0%에서 2021년 22%로 하락했다. 2015년 잠시 61%로 회복한 적은 있지만 하락 추세를 되돌리지는 못했다. 러시아에 대한 인식보다도 부정적이다. 우리가 중국을 경쟁대상에서 경계대상으로 인식하는 정도는 2007년 31%에서 2021년 51.8%로 증가했다. 그리고 한·중·일·러 4강 중 미국만을 유일하게 협력 대상으로 인식하고 있다.[4]

연령별로 볼 때 우리 나라의 40-50대는 이념적으로 진보적 성향을 보인다. 이들은 소위 'X세대'와 '88만원 세대'이다. 2차 베이비붐 세대에 해당하는 X세대는 출생연도를 기준으로 1960년대 후반 그리고 1970년대생을 주축으로 한다. 그 뒤를 잇는 1980년대생(1979-1989년생)들은 소위 88만원 세대이다. 이들은 주로 1990년대에 금융위기를 전후하여 대학을 다니거나 취업을 했다. 이후 미국발 금융위기가 발생한 2008년까지 청년으로서 경제적 혼란기를 경험했다. 2007년 당시 20대의 비정규직 임금이 월 88만원이었다.

X세대와 88만원 세대들은 2008년 이후 '고용없는 성장'기를 목격하며 자본주의 체제에 대한 비판적 시각을 갖게 되었다. 2002년 한-일 월드컵 당시 발생한 '효선·미선 압사사고'를 통해 나타났듯이 미국에 대한 반감도 상당히 강하게 느꼈던 세대이다. 이 사건을 소재로 만들어진 노래 'Fucking USA'는 당시 우리 사회에 팽배했던 반미 감정을 반영한 것이다.

그런데 이들 이후의 20-30대를 주축으로 하는 소위 MZ세대들의 이념분포는 매우 다르다. 1980년대부터 2000년 사이에 태어난 M세대와 1990년대 중반에서 2000년대 초반에 출생한 Z세대들의 성향은 매우 자유추구적이고 상대적으로 보수적이다. 금융위기를 극복하고 대한민국이 제2의 도약을 이루어낸 2000년대에 사회화 과정을 경험했다. 해외에서 여행, 체류 및 교육경험이 풍부하여 미국을 중심으로 한 서구적 가치를 일찍이 흡수했다. 조기 영어교육의 혜택을 수혜한 세대이다.

2024년 현재 20대(13.96%)와 30대(14.82%)는 40대(17.85%)나 50대(19.59%)에 비해 인구분포가 낮다. 그러나 우리나라의 미래전략을 작성함에 있어서 이들의 이념적 성향은 숫자 이상으로 중요하다. 우리나라 인구의 전반이 그러하지만 특히 이들 세대는 자유주의적 성향이 강하여 중국 등 비자유주의적 국가의 영향력에 동화되는 것에 대한 반감도 대체로 강하다. 이들은 2014년 홍콩에서 발생한 우산 혁명이 중국에 의해 강압적으로 좌절되고 홍콩이 중국화하는 현상을 목격했다.

6.2. 사민주의적 대안의 평가

사실 우리에게 이념적 선택의 여지가 있는지 의문이다. 이념적 분열과 계층 간 불평등의 심화를 치유하기 위해서는 사민주의적 대안을 선택해야 한다는 주장도 일견 설득력이 있다. 그러나 이는 현실적으로 우리가 취하기 불가능한 대안이 되고 있다.

우리는 동아시아 금융위기가 발생한 1997년 이후 빈부 간의 격차 심화 그리고 발전국가적 고성장기의 저임금 정책과 산업구조 조정과정에서 발생한 노동자들의 피해를 교정하고 보상하기 위해 사민주의적 정책을 도입한 바 있다. 김대중 정부에 이어 노무현 정부 그리고 문재인 정부를 거치면서 소득 분배정책과 사회경제적 약자들을 위한 복지

정책을 확대했다.

그럼에도 불구하고 이러한 복지정책이 경제발전을 촉진시켰다는 경험적 증거는 충분하지 않다. 당초 북유럽 국가들이 시행한 사민주의적 정책이 영미권을 비롯한 다른 서구국가들의 주목을 받았던 이유는 복지의 증진이 경제의 안정적 성장에 기여한 바가 컸기 때문이었다.

신고전파 경제학과는 달리 케인즈주의 경제학은 부자들의 큰 소비보다는 일반 노동자들의 작은 소비가 다른 소비를 일으키는 승수효과, 즉 연쇄적 파급력이 더 크다고 주장한다. 만일 이 주장이 사실이라면 일반 노동자들에게 더 많은 임금을 지급하는 것이 소수 자본가나 고용주들의 사치적 소비에 의존하는 것보다 총체적 파급효과가 더 클 것이다. 이는 결과적으로 GDP의 세 가지 측면인 생산, 소득, 지출을 증대시켜 경제성장을 유발하는데 더 유리하다.

케인즈의 수요중심적 경제이론은 스웨덴의 비그프로스Ernst Wigfross를 비롯한 당시 북유럽의 많은 지식인들도 이미 논의하고 있던 아이디어였다. 평등을 강조하는 바이킹 문화를 보존해온 북유럽인들은 19세기 고전적 자유주의가 가져온 불평등의 문제를 극복할 대안을 모색했다. 1938년 스웨덴은 사민당의 주도하에 잘츠요바덴Saltsjobaden 협약을 체결했다. 노동자연합LO과 경영자연합SAF 간에 이루어진 이 협약을 통해 노동자들은 자신들의 고용과 복지를 보장받는 대신 자본가와 경영자의 재산권과 권리를 인정하는 대타협을 했다.[5]

북유럽의 복지국가 모델은 노동자들에게 시장에서 제공할 수 있는 수준 이상의 임금을 국가개입을 통해 제공하고 이를 통해 수요를 자극함으로써 국가의 경제성장을 도모하는 체제이다. 국가가 산업의 발전을 위해 기업에 재정적 및 행정적 지원을 제공하는 것에 초점을 맞추는 방식인 리스트Friedrich List적이고 발전국가적인 접근이 아니었다. 대신 노동자들에게 최고의 복지수단인 일자리를 제공하는 것이 핵심이었다. 이러한 복지국가 모델의 성공 덕분에 1980년대까지 스웨덴을 비롯한 북유럽 국가들은 안정적인 노사관계를 기반으로 경제성장을 구가할 수 있었다.

그러면 우리나라도 김대중 정부 이후 이러한 복지국가적 모델을 도입함으로써 긍정적인 경제성과를 도출했다고 볼 수 있는가? 이 질문에 대한 답은 유보적이다. 물론 아예 시도를 안 한 것보다는 나았겠지만 사민주의 모델이 우리가 추구할 대안임을 확신할 만한 수준은 아니다. 그 이유는 다음과 같다.

첫째, 스웨덴식 복지국가를 제도적으로 모방할 수는 있었어도 이것의 기본 얼개라 할 수 있는 렌-마이드너Rehn-Meidner모델을 답습하기 어려웠다. 이 모델의 핵심은 동일노동(동일 산업분야)-동일임금이다. 예컨대, 자동차 회사의 노조들이 가입해 있는 금속산업 부문의 노동자들은 회사의 크기나 지명도에 상관없이 동일한 임금을 받는다. 따라서 전반적으로 대기업 노동자들의 경우 임금은 수준이 낮아지고 중소기업은 높아진다. 수출 대기업들은 상대적으로 낮은 임금을 통해 국제 경쟁력을 확보한다. 만일 이러한 수준의 임금을 지급할 정도의 생산성 등 경쟁력을 확보하지 못하는 회사는 가차없이 파산된다. 해고된 노동자들과 회사는 대기업에 흡수되거나 재교육을 통해 다른 직장으로 전환된다. 이른바 적극적 노동정책이다.

여기서 핵심은 엄밀성이다. 온정주의가 배제된다. 경쟁력을 확보하지 못한 중소기업이 파산하여 경쟁력을 갖춘 수출 대기업에 흡수되거나 해고되는 현실을 받아들여야 한다. 고용 체제의 유연성이 높다. 발전국가적 성장기에 정부의 지원을 받은 대기업이 가부장적 종신고용제도를 유지했었던 우리의 산업문화에서 용인하기 쉽지 않다. 대기업 노동자들의 임금이 중소기업의 그것보다 높은 것이 당연한 것으로 인정되는 것도 현실이다. 경쟁력을 상실한 중소기업이 파산하여 대기업에 흡수되는 상황도 정서적으로 받아들이기 어렵다.

둘째, 우리와는 노동문화가 전혀 달랐다. 스웨덴 모델의 또 하나 핵심은 포괄적 조직encompassing organization이론이라는 것이다. 올슨M. Olson이 지적한 바와 같이 북유럽이 안정적인 노사관계를 유지할 수 있었던 이유는 산업별로 그리고 전국단위로 노동조합이 조직화되었기 때문이었다.[6] 이처럼 조직화의 규모가 클 경우 노조지도부가 집단행동을 유발하기 위해서는 높은 거래비용을 감수해야 한다. 다수의 구성원을 설득하기 어려워 비용이 많이 들기 때문이다. 따라서 파업 등을 유도하는데 신중할 수밖에 없으며, 결과적으로 파업의 빈도가 낮아진다. 반면, 포괄적 조직화의 정도가 낮은 영미의 경우 파업 유도 비용이 적기 때문에 회사별로, 지역별로 빈번하게 쟁의가 발생했다. 이는 결국 산업관계의 불안정화 그리고 산업 경쟁력의 악화로 귀결했다. 1970년대 강성노조로 인해 종종 경제가 마비되었던 영국병의 한 원인이었다.

북유럽에서 포괄적 조직화나 렌-마이드너 모델이 작동할 수 있었던 근본적 이유는 노동자들의 계급적 연대의식이었다. 노동자 연대의식은 사회주의 이념의 핵심이다. 노동자 계층 내에 형성된 연대의식으로 인해 대기업과 중소기업 간 그리고 정규직과 비정규직 간에 차별이 적거나 없다. 이에 비해 사회주의가 문화적으로나 이념적으로 생소했던 우리에게 노동자들 간의 수평적 연대는 잘 성립하지 않았다. 오히려 유교적 계급문화의 기억이 남아 노동자들 간에도 연령과 기업 규모에 따라 계급이 형성되고 차별화하는 경향이 나타났다.

셋째, 공산주의적 사회주의 국가의 이론들이 우리나라에 도입된 사민주의에 부정적인 영향을 끼친 것으로 보인다. 예컨대, 마르크스-레닌주의나 주체사상 같은 사회주의적 이론들이 우리나라 정치에 어느 정도의 영향력을 행사하고 있는지에 대해서는 논란이 있다. 그럼에도 불구하고 1980년대와 1990년대 우리나라의 민주화 과정에 적극 참여했던 학생 및 노동운동권 세대의 사회화 과정에 이러한 사회주의 사상이 다소 영향을 미쳤을 가능성을 완전히 배제할 수는 없을 것 같다.[7]

1991년 구소련의 붕괴 이후 사회주의 이론에 대한 지식인들의 관심은 축소되었으나 다른 한편으로는 서울을 넘어 호남 등 지방으로까지 확산되는 경향도 나타났다. 학생운동 세력은 1993년 전대협을 해체하고, 이어 조직력과 투쟁력을 강화한 학생운동 단체인 한총련을 결성했다. 1987년 민주화 2년 후인 1989년에는 전국교직원 노동조합이 결성되었고, 1995년에는 전국민주노동조합총연맹, 즉 민노총이 결성되었다.

이러한 조류에 맞물려 사회주의 이론을 흡수한 진보진영의 청년지도자들이 제도권 정치로 진출을 모색했고, 1998년 김대중 정부의 출범과 뒤이은 노무현 정부의 출범을 계기로 386 학생 운동권 정치가 본격화되었다. 물론 이들이 진보진영을 모두 장악했다고 볼 수는 없다. 예컨대 주사파적 신념이 한국 사회에서 21세기에도 여전히 강한지는 의문이다. 실제 전대협의 해체와 더불어 서울지역에서는 주사파의 영향력이 크게 약화된 것으로 알려졌다. 그럼에도 불구하고 1980년대 이후 학생운동권에서 마르크스-레닌주의와 더불어 주체사상론 등이 한국형 사회주의론의 형성에 일부나마 영향을 주었음을 부인하기는 어려울 것 같다.[8]

남한에서 사회주의적 지식인과 정치인들이 이론적 연대의 대상으로 삼은 것이 사민주의였다. 유럽에서 사민주의는 폭력혁명을 불사하는 볼셰비키적 공산주의와 단절했음에도 불구하고, 인간이 노동할 권리를 강조하는 사회주의적 이념을 여전히 내포하고 있었다. 진보적 정당을 통해 사민주의와 사회주의 사상이 동거하게 되면서 우리나라의 사민주의는 개인과 그가 사는 공동체에 대한 관심보다 민족이라는 가치를 강조하는 예외적 변형이 일어났다.[9] 민족, 탄압받는 노동자 그리고 착취하는 자본가 등의 개념이 흡수되면서 그 안에 온정주의와 감성주의가 유입되었다. 심지어 북구 사민주의가 가장 경계하던 폭력적 계급투쟁의 필요성마저 언급되었다.

그런데 사회주의와 사민주의는 근본적인 차이점이 있다. 앞에서 지적했듯이 전체주의적 사회주의와는 달리 사민주의는 개인주의와 자유주의적 요소를 내포하고 있다. 개인은 매우 합리적이고 이성적인 개인이다. 그런데 고전적 자유주의의 일부를 차지했던 공리주의 이론의 원칙, 즉 '최대다수 최대행복'론이 확대되어 존재한다. 공리주의는 19세기 자유주의가 평등이라는 요소를 흡수하게 만든 연결고리이다. 그래서 역설적이지만 개인뿐만 아니라 그가 속한 사회공동체의 구성원 모두의 행복을 지향한다는 주장도 가능해진다. 자유주의와 민주주의가 결합할 수 있는 이유이다.

한편 20세기 초반 고전적 자유주의의 문제를 치유하려 평등의 요소를 강조하면서 등장한 이념이 파시즘과 사민주의였다. 유기체적 국가론organic statism에 기반한 파시즘과 나치즘은 한 덩어리 집단으로서의 민족 공동체를 지향했다. 위계질서에 의한 위로부터의 평등을 조성하고자 했다. 이에 비해 사민주의는 개인과 개인으로 구성된 공동체를 제시했다. 위계적이 아닌 수평적인 그리고 아래로부터의 평등을 상정했다. 북유럽 국가들이 같은 시기 스페인, 이탈리아, 독일 등에서 나타난 파시즘을 거부한 이유도 여기에 있었다.

우리가 정확하게 인식해야 할 점은 북유럽식 복지국가 모델을 어느 국가나 도입할 수 있는 간단한 제도가 아니라는 사실이다. 공동체주의나 집단주의적 원리만으로는 작동하지 않는다. 고도의 민주주의적 시민교육이 필요하다. 예컨대 남성과 여성이 동일하게 노동시장에서 경쟁할 수 있는 동일수준의 임금과 사회 서비스가 제공되어야 한다. 이는 개인이 평등하게 자유를 영위할 수 있도록 하기 위한 배려이다. 개인주의적이고 물질주의적이며 세속주의적인 가치를 인정해야 성립하는 모델이다. 이성적이고 합리적인 시민의 존재는 당연한 요소이다. 노동자의 연대의식도 이런 맥락에서 이해되어야 한다. 노동자 개개인이 평등하게 자유롭다는 것이다. 이들이 누리는 자유의 극대화를 위해 국가가 시장과 산업에 개입하는 것이다.

아울러 사민주의와 공산주의적 사회주의의 차이점은 노동자가 또 다른 개인인 자본가들을 적대시하지 말아야 한다는 점이다. 소득 불평등지수는 낮지만 스웨덴에도 상장기업 시가총액의 10% 정도를 점하는 발렌베리Wallenberg 같은 재벌기업들이 있다. 그럼에도 사민주의는 노동자와 자본가의 타협적 공생을 강조한다. 자본가의 재산권을 인정한다.

한편, 사민주의 모델이 21세기에도 경쟁력이 있는지에 대해서는 냉철하게 살펴볼 필요가 있다. 스웨덴의 경우 GDP에서 제조업이 차지하는 비중이 26%가 넘는다. 그런데 제조업의 경쟁력인 이전 같지 않다. 21세기 들어 경제 성장률은 2~3% 정도이다. 핵심 제조기업이 스웨덴을 떠났다. 대표적인 자동차 기업인 볼보와 사브는 해외로 매각되었다. IKEA 같은 기업은 무거운 세금을 피해 외국으로 본사를 이전했다.

문제는 제3차 산업혁명과 더불어 전개된 네트워크 경제의 효과가 복지국가 모델의 위협이 되고 있다는 점이다. 자본과 기술개발과 생산이 분리된 네트워크 경제의 등장으로 강하고 비싼 노동을 회피하는 경향이 증가했다. 저렴하고 양질의 노동력을 제공할 수 있는 제조업 국가들이 아시아 지역을 중심으로 새로이 등장하면서 더 이상 스웨덴에서의 생산을 고집할 이유가 줄어들고 있다.

북유럽 지역의 강한 노동은 여전히 자본에게 부담스러운 대상이다. 1976년 스웨덴의 노동조합은 회사의 수익 일부를 '임노동자 기금'으로 적립하여 이 기금으로 회사의 지분을 사들이는 소위 민간기업의 사회화 캠페인을 시도했었다. 이는 기업의 엄청난 반발을 불러일으켰고 노동조합과 동조하여 이 법안을 추진했던 사민당은 실각했고 결국 기금 징수는 중지된 바 있다.

우리에게도 강한 노동은 신경쓰이는 존재이다. 흥미로운 것은 노동조합조직율이 13%에 불과한데도 노조 조직률이 71%인 스웨덴에 버금가게 노동이 강하다는 인식을 만들어낸다. 비결은 소수이지만 정치이념적으로 결집화되어 있기 때문이다. 투쟁성도 강하다. 포괄적 노동조직이 존재하지 않는 상황에서 소수의 노조가 극도로 결집하여 과대대표된 목소리를 표출한다. 그리고 정치권은 이를 노동계 전체의 목소리로 받아들인다. 물론 강한 노조와 타협하는 대기업의 문제도 있다. 그러나 우리의 합리적이지 못한 노사문화가 책임을 면하기는 어렵다. 예컨대 무노동 무임금의 원칙이 잘 지켜지지 않는다. 파업기간 중의 임금손실을 생산격려금이라는 명분으로 보상을 하는 경우도 있다. 이를 요구하는 노조도 그리고 지급하는 회사도 무원칙하다.

오히려 올슨M. Olson이 한 때 산업 관계의 불안정 사례로 지목했던 미국은 21세기 들어 유연한 노동시장을 바탕으로 산업 경쟁력을 향상시켰다. 약한 노동과 이민을 통해 신규 유입되는 풍부한 노동력은 미국 경제의 강점으로 자리 잡았다. 2008년 금융위기를 기점으로 신자유주의가 막을 내릴 것으로 예측했지만 미국의 자유주의적 경쟁력은 오히려 강화되었다. 특히 불황수출 전략을 통해 산업관계에 상대적으로 영향을 덜 받는 IT와 AI 등 첨단분야에 투자해 성과를 거두었다.

북유럽식 사민주의 모델을 폄하할 이유는 없다. 복지국가 모델은 스웨덴을 비롯한 북유럽 국가에 최적화된 제도이다. 국제 경쟁력의 근간이며 여전히 스웨덴의 국가 경쟁력은 세계 최상위권이다. 문제는 이 모델을 어느 국가나 모방할 수 있는 것이 아니라는 사실이다. 우리 사회에는 복지제도를 강화해야 한다는 여론은 있지는 그 비용을 지불할 각자의 용의는 적다. 2020년의 경우 우리의 공공 사회복지 지출 규모는 GDP대비 14.4%이다. 스웨덴은 25.9%, 덴마크는 29.3%이다. 프랑스는 34.9%에 달한다. 이웃 나라 일본은 24.8%이고 자유주의 원조국이라 할 수 있는 미국도 24.5%이다.[10] 그런데 이 비율을 증가시킬 의지와 합의가 우리에게 있는지 의문이다.

김대중 정부 이래 진보정권들은 복지국가의 산출 측면을 답습하려 했고 그 결과 적으나마 우리나라에서도 복지국가의 모습이 나타났다. 그러나 생산 메커니즘은 도입하지 못했다. 따라서 엄밀하게 말하면 우리는 북유럽의 복지제도를 도입한 것이지 복지국가를 수립한 것이 아니다. 지금의 산업관계 문화나 네트워크 경제의 발전으로 인해 우리는 북유럽식 복지국가를 만들 수 없을지 모른다. 이러한 현실을 인정해야 한다.

양극화와 불평등의 시대에 미국식 자유주의는 우리에게 걸맞지 않고 북유럽식 사민주의가 적합하다는 주장에 일방적으로 동의하기는 어렵다. 오히려 1945년 이래 미국의 영향력하에서 서구화를 진행해 온 우리는 사민주의보다 자유주의적 제도에 더 적응해왔다고 봐야 한다. 자본주의의 문화나 비형식적 경제제도를 고려하지 않고 제도를 도입하는 시도는 시행착오가 크다.

사실 우리 한국의 경우 현재 가장 심각하게 문제가 되는 것은 평균적으로 49.4-55세에 은퇴하는 짧은 노동 기간과,[11] 과거 발전국가 시대의 유산인 연공서열식 임금제도의 영향이다. 노동인력의 교육에 투자되는 기간이 상대적으로 길어 취업 연령이 늦지만 가파르게 상승하는 임금의 부담으로 인해 기업들이 50세 이전에 해고를 단행하는 관행이 고착화하고 있다.

이를 교정하기 위해서는 연공서열에 의한 임금상승 폭을 줄이고 고용 기간을 늘리는 방안이 강구되어야 한다. 그러나 정년이 연장될 경우 임금피크제 등의 영향으로 연장자의 임금이 줄어들고 청년실업률을 증가시킬 가능성이 있어 세대 간 그리고 노사 간 사회적 합의가 필요하다. 이러한 관점에서 볼 때 우리 노동시장의 핵심적인 문제는 무엇보다도 고용 기간의 연장이다. 이 문제에 대해 사민주의 국가들에서는 일자리 나누기로, 미국과 같은 자유주의적 국가에서는 고용시장의 유연화로 대응했다.

따라서 우리의 핵심과제는 과거 비자유주의적 발전국가 시대의 연공서열 시스템과 호봉제에 입각한 노동시장을 개혁하는 것이다. 위계적이었던 노동시장 문화를 보다 수평적인 것으로 전환시킬 필요가 있다. 본질은 비자유주의 대 자유주의적 노동구조의 문제이지 자유주의적 성격을 공히 내포하고 있는 사민주의 대 자유 민주주의 간의 대립문제가 아니다.

그런데 우리가 노동 기간의 연장 및 노동시장의 유연화에 대응하기 위해 가장 효율적으로 택할 수 있는 대안도 사민주의보다는 자유주의 또는 자유 민주주의의 틀 안에서 찾을 수 있을 것이다. 다만 이를 바탕으로 일부 변형을 시도하는 것은 가능하다. 계층 간 격차를 완화하기 위해 일부 사민주의적 요소를 도입할 수 있다. 예컨대 무상교육이나 급식의 확대나 선별적(보편적이 아니라) 복지 지원금의 제공 같은 것들이다.

또 미국의 바이든과 트럼프 대통령이 추진하듯이 우리도 전략산업의 육성을 위해 부분적으로 국가 자본주의적 전략을 도입하는 것도 가능하다. 그럼에도 불구하고 우리는 근본적으로 자유주의적 국가로 발전해왔다. 따라서 자유주의라는 이념적 범주 안에서 국가 시스템을 정비하고 여기에 부분적으로 변형을 시도하는 것이 불가피하다.

그렇다면 실용주의적 탈이념화는 가능한 대안인가? 이는 사회과학적 관점에서 볼 때 이는 다소 바람직하지 못한 대안이다. 우리 사회가 이념적으로 혼란스러운 이유가 바로 일관성 없는 이념교육의 폐해에서 비롯된 것이다. 정치와 경제는 분리되는 것이 좋지만 이 두 체제의 이념적 기반은 동일한 것이 좋다. 만일 정치를 떠받치는 기반과 경제를 지탱하는 이념이 불일치하면 사회적 혼란이 발생한다. 시장 자본주의는 자유 민주주의와 한 덩어리가 되는 것이 좋다. 양자는 자유롭고 합리적인 시민 개인을 구성단위로 한다. 합리적 선택을 할 수 있는 개인이 정치적 상품과 경제적 상품을 선택하고 교환한다. 한쪽에서 독재적이거나 독점적 세력이 등장하면 이를 다른 한쪽에서 이를 견제한다.

이에 비해 사회 민주주의는 경제적 결과물에 대한 분배를 시행하는 사회적 시장경제와 결합하는 것이 좋다. 자유주의가 경쟁과 효율을 중시하는 것과는 달리 사민주의는 정치와 경제 모두 평등과 분배를 더 강조한다. 정치와 경제 모두에서 승자적 세력이 등장하는 것을 방지하려 한다. 개인주의가 여전히 강하지만 수평적 사회공동체에 대한 배려도 크다.

사회적 자본주의도 자유시장의 요소가 있다. 스웨덴의 복지국가도 시장경제에 기반한다. 소득세는 높지만 재산권을 존중한다. 그런데 사회적 시장경제 모델이 시장경제에 기반하면서도 개인과 공동체의 조화 그리고 계층 간 평등을 강조하므로 여기에 미국식 자유 민주주의 모델을 도입하면 제도적 불일치가 발생할 가능성이 높다. 북유럽이나 독일 등 사민주의적 요소가 강한 국가들이 비례대표제를 적극적으로 도입하는 이유는 바로 이런 사회집단 간 정치참여의 기회를 평등하게 유지하기 위함이다.

우리나라의 경우 정치 체제는 의회주의적 자유 민주주의를 운용하고 경제는 복지국가적 요소를 도입하려 했다. 소선거구제와 비례대표제가 결합 된 1인 2표제를 운용하는 이유도 여기에 있다. 그 결과 정치적으로 위성 정당이 난무하는 의회 민주주의가 등장했다. 시장에서는 해외투자를 빌미로 자본의 국외 탈출이 전개되고 있다. 기업은 자본에 대해 공격적인 친노동세력을 피해 국내생산은 늘리지 않고 해외 생산을 늘려왔다. 이익은 가급적 법인세가 높은 국내로 과실 송금하지 않는다. 세율이 낮은 해외 생산지에서 세금을 내고 상당 부분은 현지에 재투자를 위해 유보금으로 남겨둔다. 그 결과 고용없는 성장을 거쳐 이제 고용없는 저성장의 단계로 진입하고 있다. 제6공화국 헌법은 한계를 노정하고 있는지 모른다.

탈이념이 불가능하다는 것은 아니다. 그러나 그 결과는 지금과 같은 정치경제적 혼란의 지속이다. 하나의 이념으로 통일할 필요가 있으며 이는 새로이 씌여질 제7공화국 헌법에 반영되어야 할 것이다.

이상의 논의를 정리해보면 다음과 같다. 우리가 선택하고 싶은 것이라기보다는 선택할 수밖에 없는 이념의 색깔은 자유주의이다. 자유주의 중에서도 형평과 분배의 가치에 과도하게 방점이 찍혀있는 사민주의보다는 이러한 민주적 가치와 더불어 경쟁과 효율을 강조하는 자유주의적 민주주의가 우리의 지향점이 될 것이다. 물론 자유지상주의적 모델은 우리의 상황에서 수용성이 떨어진다. 과거의 비자유주의적인 상황으로 회귀하는 것도 이제 불가능하다.

이러한 관점에서 우리가 21세기에 만들어갈 민주주의와 자본주의도 공히 자유주의에 기반해야 할 필요가 있다. 정치와 경제 체제 간 부조화를 줄여 체제의 피로도를 낮추어야 한다. 자유주의적 정치경제 체제를 완성함에 있어서 주요 핵심 과제는 국가와 시장간의 동등하고 객관적인 관계 설정이다. 특히 과도하게 정치사회적 힘을 획득한 자본주의를 적절하게 견제할 수 있는 장치를 만드는 것이 중요하다. 그런데 자유 민주주의 제도에만 이 일을 전적으로 맡기는 것은 이제 불가능하다.

누누이 강조하지만 자유주의의 핵심 요소는 합리적이고 이성적인 시민 개인이다. 정치와 경제의 장에서 이들이 자유롭게 선택하고 교환할 수 있어야 한다. 그런데 기술 자본주의 시대가 본격화하면 불평등이 심화되고 일할 권리는 위축되어 자격있는 시민의 수가 줄어들 가능성도 높다. 게다가 정리 정돈되지 않은 정보에 무작위로 노출된 대중이 시민을 대체하면 민주주의의 질을 담보하기 어렵다. 20세기 초의 상황처럼 과격한 혁명이 발생하여 자본가들을 긴장시킬 사건이 발생할 가능성도 가까운 미래에는 거의 없다.

이러한 사명을 수행할 주체로서 자유 민주주의 체제에 입각한 국가를 상정할 필요가 있다. 자유 민주주의적 국가이다. 자유주의적 이념을 기반으로 정치와 경제관계를 설정하는 국가를 발전시켜야 한다. 정치체제와 경제 그리고 사회간의 관계를 유기적으로 설정할 능력을 가지고 있는, 입법, 사법 그리고 행정부를 아우르는 보다 큰 의미의 정부로서의 국가를 만드는 것이 관건이다.

1980년대 후반 신자유주의 패러다임의 확산으로 국가의 후퇴가 논의되는 다른 한편에서 국가-시장-사회 간의 거버넌스를 설정하는 주체로서 국가의 역할이 주목받았다. 거버넌스 모델은 이 3자 간의 유기적 협치를 강조했다. 그런데 21세기 기술 자본주의 시대에 시장의 역할이 과도하게 강해지고 사회의 역할이 상대적으로 위축되는 상황에서 국가의 조정자 역할은 거버넌스 모델이 상정하는 것 이상이 될 필요를 요구받고 있다. 정치적 자원과 권력을 관리하는 국가가 보다 중심적인 역할을 수행해야 할 상황이라는 것이다. 물론 국가 중심주의라는 것이 전제주의적이거나 권위주의적인 정치 체제에 기반하는 것을 주문하는 건 아니다. 이러한 오류에 빠지지 않고 자유 민주주의적인 이념에 기반한 정치경제 체제를 수립하는 것이 소위 '신도금주의'적 자본주의의 문제를 치유함에 있어 절박한 과제가 될 것이다.

6.3. 자유 민주주의 국가란 무엇인가?

자유 민주주의 국가의 조건을 살펴보기 전에 이 개념의 정의부터 이해해 보도록 하자. 이 용어에는 세 가지 의미가 함축되어 있다. 하나는 근대국가이고 다른 하나는 자유주의적 국가-사회관계 그리고 마지막으로 민주주의라는 정치 체제이다.

먼저 여기에서 국가란 근대국가를 의미한다. 정치경제적으로 원시적 국가의 모델은 억압적이고, 착취적이며 약탈적인 지배 체제를 의미했다. 소위 '도적 국가론'이다.[12] 즉 사회적으로 무력이나 이념적, 종교적, 권력을 가진 개인이나 집단이 약자들에게 보호를 대가로 노동력 등 자원을 약탈하기 위한 체제가 국가였다. 그런데 이러한 약탈적 모델로는 국가의 규모가 크게 확대되기 어려웠다. 상대적으로 작은 규모의 국가에서만 가능했다.

이러한 모델은 기껏해야 봉건시대의 영주들이 자신의 영지를 다스리기 위한 체제로 작동하는 것이 최대 역량이었다. 그런데 전쟁을 통해 영지가 통합되어 대영주들이 등장하고 나아가 이들 간에도 통합이 일어나게 되자 기존의 '도적 국가' 모델로는 감당을 할 수 없게 되었다.

무엇보다도 전쟁의 규모가 커졌다. 중세 유럽을 종교 이념적으로 통치하던 기독교 왕국이 와해 되고 교황하에서 각 지역을 지배하던 영주 등 세속군주들이 지배권을 획득하기에 이르렀다. 이들은 자신의 세속적 지배력이 미치는 영지를 확장하기 위해 전쟁을 일으켰고 전쟁을 더 잘 수행하기 위한 자원을 획득하기 위해 영지를 확장하고자 했다. 이 과정에서 상비군 제도가 마련되었고 세금을 추출하고 법을 집행하기 위한 관료제가 설치되었다.

그 결과 근대국가의 진화가 시작되었다. 국가가 전쟁을 수행하고 영도를 획장하기 위해 이에 필요한 경제적 자원을 산출헤내는 시장을 조성하고 발전시켰다. 그리고 대규모의 국가를 만들기 위해서는 국가의 구성원들에게 일정 부분 이익을 제공해야 했다. 그래야만 더 많은 발전 자원을 산출해 낼 수 있었다. 이러한 작업을 효과적으로 수행할 수 있는 존재가 바로 국가였다.

봉건시대에 비해 대규모의 지역과 인원을 관리하기 위해서는 국가라는 존재의 필요성을 정당화할 필요가 있었다. 강한 군주가 백성들을 일방적으로 착취하는 논리로는 부족했다. 서구 유럽국가들의 경우 이 문제를 사회계약론을 통해 해결했다. 즉 무정부 상태의 자연 상태에서는 개인이 생명과 재산을 보장할 수 없고 이를 확보하기 위해서는 사회의 질서를 수립해 줄 강력한 존재가 필요한데 이것이 바로 국가였다. 그런데 중요한 것은 국가에게 통치를 허락한 제공한 주체가 바로 시민이며 만일 국가가 이 임무를 수행하지 못할 경우 주권자인 시민들은 통치의 권한을 철회할 수 있다는 점이었다. 따라서 양자 간의 관계는 사회적 계약에 입각한 것이었다.

막스 베버적 관점에 따르면 근대국가는 영토를 획정하는 국경의 개념을 도입했고, 영토 내에서 폭력을 합법적으로 독점했으며, 군주의 자의적 지배가 아니라 법에 의한 지배를 시행하고, 국가로서의 정통성을 보유한 존재였다.[13] 주권자를 왕이 아닌 시민으로 정의했다. 백성이 국가와 왕을 섬기는 것이 아니라 반대로 국가가 시민을 섬기는 것이었다. 이처럼 전환적 개념에 기반한 서구적 근대국가는 약탈적인 소규모의 국가나 전제적인 국가에 비해, 국경이 접해있던 유럽에서 인접 지역으로부터 국가 구성원을 끌어들여 경쟁에서 우위를 점하는데 훨씬 유리했다. 이상에서 보듯이 자유 민주주의 국가라는 개념의 가장 기본적인 것은 근대국가적 요소이다.

두 번째 요소는 자유-다원주의적 국가-사회관계이다. 자유주의란 국가중심적이기보다는 사회중심적인 개념이다. 사회중심적 시각은 국가를 사회의 이념적, 무력적, 정치적 그리고 경제적 권력 중 정치적 자원을 관리하는 제도로 간주한다. 이렇게 두고 보면 사회의 구성요소 즉 개인이나 집단이 상호 간 어떤 패턴으로 조직화 되고 있는가에 따라 국가의 모습도 기능도 달리 정의 된다.

먼저 자유 다원주의는 개인이나 사회의 집단이 외부로부터의 간섭을 받지 않고 자유롭게 경쟁하는 모델이다. 자유주의와 다원주의가 이론적으로 결합할 수 있는 이유는 개인이나 집단이 각자의 특성을 가지고 수평적으로 공존하며 경쟁한다는 점에 동의하기 때문이다. 그래서 국가의 정책이나 중요한 결정은 이 과정에서 승리한 다수의 개인이나 집단의 의견을 반영한다. 이 경우 국가 또는 정부의 역할은 이러한 과정을 관리하고 여기서 산출된 의견을 정책화하여 집행하는 것이다. 따라서 정부의 역할을 수동적인 것으로 보는 견해도 있고, 정부 자신의 정책적 입장을 반영하는 능동적 존재로 보기도 하는 등 다양한 견해가 존재한다.

또 다른 국가-사회관계 모델은 보수-코포라티스트적인 것이다. 이 모델은 자유-다원주의와는 달리 단원적이고 위계적이다. 위로부터 위계적으로 주어지는 가치와 규범에 사회 구성체들이 종속되고 따르는 패턴이다. 이 입장은 종종 국가를 하나의 유기체적 존재로 간주한다. 최고 지도자를 머리에 비유하고 사회 구성원들을 손과 발등 신체에 비유하여, 국가 수뇌의 명령과 지침에 개인이나 사회집단이 복속해야 하는 것으로 상정한다. 그리하여 국가를 단일한 공동체나 심지어 집단으로 묘사하기도 한다. 보수-코포라티스트적 모델은 비자유주의적 속성을 갖는 경향이 있으며, 권위주의적인 정체가 등장하기도 쉽다.

마지막으로 언급할 국가-사회관계 모델은 마르크시스트적인 것이다. 마르크시즘은 근본적으로 국가를, 특히 자본주의적 체제에 입각한 국가를 자본가들이 노동자를 착취하고 지배하기 위한 도구 또는 수단으로 간주한다. 유물론적 시각이다. 따라서 합리적이고 이성적인 사고를 하고 행동하는 시민이나 사회 집단에 관심이 없고, 이들 간의 자유로운 경쟁도 상정하지 않는다. 자본주의 국가는 혁명에 의해 타도되어야 하는 대상으로 보았고, 프롤레타리아 독재인 사회주의를 거쳐 궁극적으로 국가가 사라진 무정부 상태의 공산주의로 진화해야 한다는 입장이다.

자유 민주주의 국가는 이러한 세 가지의 시각 중 자유-다원주의적 관점에서 국가-사회관계를 보고 있다. 지배자보다는 피지배자들의 입장이 더욱 강조되고 이들이 주권자라는 인식을 가지고 있다. 죄로부터의 해방, 인간(양)의 죄를 대속하기 위한 예수(목자)의 죽음 등 기독교적 특히 신교적 자유사상이 내재해 있다.

아울러 언급할 자유 민주주의 국가의 속성은 민주주의라는 점이다. 앞에서 누차 살펴보았지만 사실 자유주의 자체는 충분히 민주적이지 않다. 당초 자유주의는 부르주아들의 이념이었고 노동자들의 권리를 배려한 개념이 아니었다. 개인이나 집단에 대한 자유방임 그리고 이들 간의 자유로운 경쟁을 상정하다 보니 시장에서의 독점이 발생하는 문제에 대해서도 무감한 경우가 많았다.

그런데 이러한 고전적인 자유주의 모델에 최대다수 최대행복이라는 공리주의적인 개념이 도입되고 행복과 쾌락의 질적인 측면이 강조되었다. 그리하여 자신의 자유와 행복뿐만 아니라 타인의 그것도 역시 중요하다는 논리로 발전하기에 이르렀다. 여기서 더 나아가 자유주의는 개인이 적극적으로 자신의 자유를 획득하기 위해서는 국가가 지원을 제공해야 하며, 개인 간의 관계가 평등해야 자유가 더욱 번성할 수 있다는 새자유주의로, 제2차 세계대전 후에는 복지국가로 발전했다.

자유주의가 이처럼 평등을 강조하는 민주주의적 개념을 수용하게 된 데에는 19세기 말부터 20세기 초반에 나타난 자유주의의 실패 그리고 이전에 언급했던 자본주의와 공산주의 진영 간의 대립의 영향이 컸다. 그런데 냉전이 붕괴되고 소위 신자유주의적 패러다임이 확산하면서 자유 민주주의에서 평등적 요소가 축소되고 개인의 자유나 경쟁 그리고 효율 같은 자유주의적 요소가 다시 부상했다.

지금까지의 논의를 정리해보면 자유 민주주의 국가란 개인의 자유, 생명, 재산을 보호하고, 사회내의 모든 구성원들을 평등하게 대하며, 국민 또는 시민의 주권을 최대한 존중하는 국가로 정의할 수 있다. 이러한 점에서 시민보다는 국가 수뇌부의 위계적 권력을 우선시하는 비자유주의적 권위주의 국가와 구분된다. 당초 왕이나 군주는 지배자로 시민이나 평민은 피지배자로 간주했던 국가의 개념이 서구적 근대화 과정을 거치면서 국가는 개인의 행복을 위해 봉사하는 제도나 정체로 인식하게 되었다.

물론 동양에서도 유교적 문명을 기반으로 근대국가가 등장했지만 개인이 국가를 섬기는 것이 아니라 국가가 개인을 섬긴다는 자유주의적인 아이디어가 더 큰 이념적 인기를 얻었다. 현대사회에서 자유 민주주의 국가가 가장 선진적인 모델로 간주되는 이유는 이처럼 국가의 존재 이유가 개인의 자유와 시민의 주권을 보호하는 데 있다는 점과 밀접한 관련이 있다.

6.4. 자유 민주주의적인 국가의 조건

가. 작지만 강한 국가

우리가 만들어야 할 자유주의적 국가의 첫 번째 조건은 작지만 강한 국가이다. 자유주의는 개인의 자유를 위한 기본 조건인 재산권과 생명의 요소가 담보되어야 한다. 이것이 가능하려면 국가가 필요하다. 재산권을 법적으로 정의하는 것도 그리고 시민의 생명을 보호하는 것도 국가이다. 개인은 재산과 교육을 획득할 때 비로소 이성적 사고와 합리적 선택을 할 수 있는 시민으로 거듭난다. 시민은 자유주의 국가의 핵심 구성 요소이다.

자유주의에 있어서 국가는 중핵적 요소이지만 국가의 크기는 작아야 한다. 대신 시민의 활동 영역인 사회와 시장은 상대적으로 크다. 작은 국가라는 것은 국가가 수행해야 할 역할에만 집중하고 시민의 생활에 불필요한 간섭을 하지 않는 국가를 의미한다. 가급적 세금을 적게 걷고, 작은 규모의 정부를 유지하며, 시장에 간섭하지 않고, 가급적 많은 자유를 보장하는 것이 좋은 국가로 간주된다.

일반적으로 작은 자유주의 국가에 대한 가장 큰 비판은 불평등 문제를 해결할 수 없다는 것이다. 그렇다고 해서 21세기에 큰 규모의 사민주의적 국가 또는 복지국가를 만드는 것이 대안이 될 수는 없다. 전략산업의 보호와 육성을 지향하는 중상주의적 국가의 부활이 바람직한 대안인지도 의문이다. 사실 북유럽 이외 지역에서 사민주의적 복지국가가 성공한 사례가 없다. 북유럽 복지국가는 1,000만 명 이하의 비교적 소규모 국가들이다. 적은 인구가 복지의 무임승차를 적발하고 예방하는 데 유리하다. 개인주의적 문화도 중요한 요소이다.

근대국가의 등장 이후 불평등의 문제를 평화적으로 해결하는 방안으로 복지국가가 거의 유일한 대안이었다. 그러나 분배에 의한 인위적인 평등화가 성공한 사례는 매우 적다. 오히려 이 문제는 혁명, 전쟁, 질병, 자연재해 등의 발생으로 치유된 적이 많다는 주장도 있다.[14] 게다가 자산 불평등 문제에 있어서 북유럽 복지국가도 예외가 아니다. 미국 상위 10% 부유층의 자산은 하위 50%의 236배였다. 독일은 89.3배, 프랑스 60.8배였다. 한국·중국·일본의 경우 50-52배였고 스웨덴의 경우도 49.7배였다. 우리와 큰 차이가 없다.[15]

다만 불평등 문제를 방치할 경우 국가의 통합이 무너지고, 경제적 양극화가 정치적 양극화로 전이되는 경우가 빈번하므로 대안은 반드시 필요하다. 따라서 복지국가를 전적으로 도입하기보다는 복지제도를 선별적으로 도입하는 것이 보다 효율적이다. 복지혜택을 시민들에게 시혜함에 있어서 보편주의보다는 잔여주의를 선택하는 것이 바람직하다.

또 하나는 전략산업의 육성을 위한 정부의 간섭을 포기할 것인가의 문제이다. 사실 현대국가에서 전략산업 육성을 포기하는 국가는 없다. 미국 같은 자유주의 국가도 R&D나 기업유치를 위해 보조금과 같은 제도를 사용한다. 자유주의 국가가 전략적 산업화의 방법으로 사용하는 보조금 제도는 전혀 비자유주의적인 방식이 아니다. 긍정적 파급효과가 예상되는 과학기술분야나 전략 산업분야 전체(특정 선별된 특정 기업이 아닌)에 보조금을 지급하는 것은 WTO 규범에서도 용인된 바 있다. 따라서 전략적 육성이 필요한 산업분야에 국가가 지원을 제공하는 것은 자유주의 국가에서도 필요한 임무이다. 다만 정치적 부패나 정경유착으로 비화하지 않으면 된다.

다음으로 자유주의 국가의 조건은 강한 국가이다. 19세기 고전적 자유주의와 20세기 신자유주의의 차이점은 자유주의와 보수주의 간의 결합 여부이다. 19세기 두 이념은 한때 서로 대립했었다. 보수적 질서에 대한 향수가 강했던 왕과 토지귀족들은 상공업에 종사하던 중산계층의 이념이었던 자유주의에 부정적이었다. 이들이 행사하던 현금에 기반한 새로운 사회질서가 너무 세속적이고 물질적이었다.

그러나 20세기에 들어서는 양 이념이 공동으로 신우파를 형성했다. 제2차 세계대전 후 진보와 좌파가 구축했던 경제사회 질서를 개혁하고 공산주의와의 체제경쟁에 대응하기 위해서는 강도를 달리하는 두 개의 우파이념이 연합할 필요가 생겼던 것이다. 작은 국가가 자유주의적인 개념이라면, 강한 국가라는 아이디어는 바로 보수주의에서 기원한 것이다.

그러나 강하다는 것이 곧 크다는 의미는 아니다. 고전적 자유주의의 수정이념으로 등장한 19세기의 새자유주의와 20세기의 케인지언주의가 상정한 것은 큰 국가였다. 사회적 형평과 분배를 제고하기 위해 그리하여 시민의 복지를 향상시키기 위해 재정정책 등을 도구로 국가가 시장에 간섭하는 국가가 큰 국가이다. 그러나 강한 국가는 큰 국가를 찬성하지 않는다.

강하다는 것은 두 가지의 의미를 갖는다. 첫째 국가의 주요한 정책결정과정을 외부의 사회적 간섭으로부터 격리하여 정책을 수립하고 집행하는 것, 그리고 국가 전체에 공평하게 유리한 공익을 정의하는 것이다. 많은 국가들이 자율성의 확보에 실패하는 이유, 즉 강한 국가가 되는 데 실패하는 이유 중의 하나는 강한 사회적 기득권 집단의 영향력으로부터 정부의 정책결정 과정을 격리하는데 실패하기 때문이다. 이 경우 정치인이나 관료같은 국가의 중요 행위자들은 각종 이익집단에 의해 포획당하는 경우가 발생한다. 대리인이 주인의 이익이 아니라 자신의 이익을 도모하는 후견주의 문제clientelism에 잠식된다.

자유주의 국가의 의회나 정부도 사적 집단의 로비에 함몰되어 국익을 정의하지 못하는 문제가 발생할 수 있다. 이 문제를 방지하기 위해 규제를 강화하는 방안도 있으나 비용의 문제가 발생한다. 따라서 가장 좋은 방법은 아예 규제를 제거하거나 완화함으로써 의회나 정부가 규제를 남용하여 자신들의 이익을 도모할 원인을 축소하거나 말소시키는 것이다. 정부에게 과도한 규제권한을 부여하는 것은 오히려 정경유착의 원인을 제공할 수 있다. 따라서 자유주의 국가에서는 예외적으로 법률상 허용하는 것 이외에 모든 것을 금지하는 포지티브 규제보다는, 정부가 금지하는 항목 이외의 행위는 모두 허용하는 네거티브 규제가 더 선호된다. 그리고 과감하게 경쟁우선주의를 도입하여 이를 통해 시장 행위자들이 부당한 지대rent를 추구하는 것을 방지하는 것이다.

다음으로 강한 국가의 의미는 대내외적 질서 수립 능력이다. 외부의 적으로부터 국가를 방어할 수 있는 물리적 방위력을 보유해야 한다. 자유를 수호하기 위해서는 필요시 전쟁을 수행할 수 있는 능력이 필수적이다. 경쟁을 강조하는 자유주의는 우리가 상상하는 것보다 전쟁과 밀접한 관계가 있다.

또한 국내적 질서를 수립하고 유지할 수 있는 능력도 요구된다. 국내 안보적 질서가 무너질 경우 정치는 물론 경제적 후퇴가 불가피하다. 재산권 및 생명보호의 실패는 자유주의 국가의 붕괴로 이어진다. 따라서 강한 군대 못지 않게 강한 경찰력도 필요하다.

자유주의 국가들이 마음만 먹으면 비교적 효율적인 방위산업 역량을 보유할 수 있는 이유도 바로 여기에 있다. 방위산업은 첨단 과학 기술을 시험하고 개발할 수 있는 테스트 베드의 역할을 하기도 한다. 여기서 산출된 기술은 민간부문으로의 파급효과가 크다. 결국 방위산업과 민간부문 간의 선순환 효과는 자유주의 국가와 시장 자본주의를 유지하는데 긍정적 효과가 있다. 자본주의는 방위산업과 민간산업의 경제적 요구를 가장 효율적으로 만족시킬 수 있는 경제 체제이다.

나. 강한 군사력

자유주의 국가가 가져야 할 또 하나의 중요한 요소는 스스로 안보를 감당할 수 있는 군사적 능력이다. 다수의 EU 회원국들은 자유주의적 국가이다. 규범 외교를 중시하는 이들은 평화의 유지를 외교의 목표로 삼는 경향이 있다. 러시아가 우크라이나를 침공하기 전까지 유럽인들은 EU와 러시아 간에 경제적 상호의존이 심화 되면 전쟁의 가능성은 줄어들고 평화유지의 가능성은 높아진다는 가설을 지지하고 있었다.

독일의 경우 원전을 폐쇄하는 대신 태양광과 천연가스에 의존 비율을 높였다. 그리고 파이프 라인을 건설하여 러시아로부터 가스를 수입했다. 러시아에서 에너지를 수입하면 경제적 상호의존이 증가하면서 러시아와의 군사적 갈등이 줄어들고 평화적 관계가 구축될 것으로 예측했다. 경제적 자유의 증대는 평화와 번영에 기여할 것이라는 가설은 자유주의의 핵심요소 중 하나였다.

그러다 보니 상대적으로 EU 국가들의 군사적 자위 능력은 충분하지 못하다는 비판을 받았다. 2024년 현재 EU 국가들은 평균적으로 GDP의 1.9% 수준인 3,345억 달러를 방위비로 지출했다. 이는 2021년 대비 30% 증가한 것이다. 이에 비해 미국은 GDP의 3.5%를 우리나라는 2.7%를 군사비로 지출한다.[16]

우크라이나 전쟁 이후 자유주의 진영의 국가들이 자각한 것은 자신들의 자유를 수호하고 독립을 유지하기 위해서는 강한 군사적 방어능력을 보유해야 한다는 점이었다. 러시아의 전신이었던 소련을 비롯한 공산주의 국가들은 자본주의 체제를 타파하기에 충분한 무력혁명 역량을 획득하기 위해 정부 예산의 상당 부분을 국방비로 지출했다. 이와 같은 구시대의 향수를 가지고 있는 러시아 역시도 높은 수준의 국방비를 지출해왔다. 우크라이나 전쟁이 발발하기 전인 2021년에도 러시아의 GDP 대 국방비 비율은 4.3%로 EU 국가들 평균보다 높았다. 전쟁 중인 2024년 기준으로는 GDP 대비 국방비 비율이 32.5%에 달했다. 러시아의 국방비는 유럽의 NATO 회원국보다 많은 것으로 파악된다. 그렇다면 자유주의를 지향하면서 강한 군사력을 유지하는 것이 가치나 규범의 측면에서 정당화될 수 있는 것인가?

사실 자유주의의 입장에서 보았을 때 군사적 자위력은 자유주의 국가의 최우선 조건 중 하나이다. 고전적 자유주의 이론에서는 국가가 개인의 사생활, 시장 그리고 사회에 대한 간섭을 최소화할 것을 주문한다. 그럼에도 불구하고 국가가 수행해야 할 최소한의 역할로서 시민의 재산, 생명 그리고 자유를 보호해야 한다고 규정한다. 따라서 자유주의 국가는 이러한 국내외적 질서를 수호할 수 있는 군사력을 보유해야 하는 것이 당연하다. 이 문제는 국제정치적 관점에서만 볼 것이 아니다. 자유주의 국가의 성립 원칙이다.

그렇다면 우리나라의 경우 국가는 국민의 재산, 생명 그리고 자유를 수호할 충분한 능력을 보유하고 있는가? 자유주의 국가로서의 자격을 기준으로 볼 때 그렇다고 답하기는 어렵다. 무엇보다도 우리가 미국에게 국가방위의 상당 부분을 의존하고 있다는 점에서 그러하다. 우리가 같은 징병제를 운용하고 있는 북한보다 훨씬 짧은 군복무 의무기간을 유지할 수 있는 이유 중의 하나도 주한미군의 존재 때문이다. 북한군의 복무기간은 징병 남성의 경우 10년이다. 우리의 경우 남성 징집병의 복무기간은 18개월에 불과하다.

물론 한반도 주변의 중국과 러시아의 존재로 인해 우리의 국방에 미국의 도움이 필요하다는 점도 고려해야 한다. 그럼에도 불구하고 우리 스스로 외부의 도움이 없이도 최소한 북한의 무력 도발에 대응하기에 충분한 능력을 보유하고 있는지는 의문이다. 자유주의 국가로서 생존 문제를 비안보적 시각에서 보는 것은 오류이다.

우리가 세계로부터 주목받는 자유주의 국가로 자리매김 하기 위해서는 주한미군이 없는 상황이라 하더라도 자체적으로 방위능력을 확보할 정도의 충분한 군사력을 보유하는 것이 당연하다. 그러한 능력을 보유한 상태에서 우리의 전략적 이익 여부에 따라 전시작전권 환수나 주한미군의 증강 또는 철수를 군사외교적 차원에서 논의할 수 있어야 한다.

이슬람 국가들에 둘러싸인 이스라엘에는 미군이 주둔하지 않다는 점에 주목할 필요가 있다. 비록 전시에 미국으로부터 각종 군사원조를 받는 한이 있더라도 이스라엘이 미군의 주둔을 필요로 하지 않는다는 점은 자위력을 갖춘 자유주의 국가의 기본요건을 충족시키려는 최대한의 노력이라 볼 수 있다.

핵무기 보유의 문제도 이러한 관점에서 볼 필요가 있다. 한국이나 일본이 비핵화 원칙을 유지하며 핵무기의 직접 보유를 고집하지 않는 이유에는 미국이라는 요인이 있다. 미국이 양국을 군사적으로 보호하는 대신 두 나라는 핵무기를 개발하고 보유할 수 있는 능력을 가지고 있음에도 불구하고 미국의 핵비확산 원칙을 수용하여 핵개발을 스스로 억제한다. 이는 엄밀하게 보면 자유주의 국가로서 마땅히 갖추어야 할 조건을 자발적으로 포기하는 것이다. 자유주의 국가의 핵심요소는 자유와 독립이다.

한국이나 일본이 이러한 제약을 받아들이는 이유는 자명하다. 미국 등 강대국이 주도하는 핵비확산 노력에 찬성하되 그 대가로 사회적 안정과 경제적 번영을 위한 군사적 안전을 보장받기 때문이다. 경제적 번영 역시 자유주의적 국가의 생존을 결정하는 요건이다. 그러나 우크라이나 전쟁은 외교에 있어 이러한 기능적 고려에 치우치는 것이 중견국이나 약소국에게 얼마나 치명적인 결과를 가져다 줄 수 있는지 보여주었다.

구소련 연방으로부터 독립 당시 우크라이나는 핵보유국이었다. 그러나 1994년 카자흐스탄, 벨라루스, 우크라이나 3국은 미국, 영국, 러시아 등과 부다페스트 안전보장 조약을 체결하고 경제적 지원을 대가로 핵무기를 포기했다. 그리고 핵확산금지 조약에도 참가했다. 이후 중국과 프랑스도 별개의 문서를 통해 위의 3국과 안전보장 각서를 체결했다.

그 후 우크라이나는 러시아 그리고 EU와 경제적 상호의존을 심화시켰다. 러시아의 가스 파이프 라인이 자국 영토를 통해 유럽에 공급하게 해주는 대가로 우크라이나는 러시아로부터 연간 약 10억 달러의 운송 수입을 얻었다.[17]

그러나 이러한 평화적 공존 전략은 2022년 러시아의 우크라이나 침공으로 붕괴되었다. 그리고 2025년부터 우크라이나를 통한 가스공급 계약은 중단되었다. 우크라이나의 사례는 자유제도주의적 협력이론은 비자유주의적이고 비민주주의적 국가를 대상으로는 성립이 되지 않을 수 있다는 한계를 보여주었다. 러시아, 중국 그리고 북한을 접하고 있는 우리의 사례도 우크라이나와 크게 다르지 않다.

우리가 직접적으로 핵무기를 보유할 것인지 아니면 나토식 핵공유를 할 것인지는 안보정치적으로 고려할 문제이다. 그러나 자유주의 국가의 본래적 시각에서 볼 때 시민의 자유를 수호하기 위해서는 경제적 번영을 넘어 군사적 안보가 필요하다. 이를 위해서 핵무기를 직접 보유하거나 여의치 않다면 보유할 능력이라도 확보하는 방안을 강구해야 한다. 보유하지 않을 수는 있지만 보유할 능력 자체를 포기하는 것은 자유주의 국가로서 직무유기이다.

사실상 핵무기를 보유하고 있는 것으로 알려진 이스라엘은 미국의 반대에도 불구하고 1960년대 말이나 1970년대 초에 핵무기와 투발수단의 개발을 비밀리에 완료한 것으로 알려진다. 개발을 하고서도 자신이 핵을 가지고 있음을 여전히 공식적으로 표방하지 않고 있다. 이들이 선제불사용 또는 제한적 선제불사용 원칙에 대한 지식이 없어서 개발을 시도한 것이 아니었다. 선제불사용 원칙은 핵무장 국가와 그의 동맹국에 의해 미국이나 동맹국이 공격당하지 않는 한 핵무기의 선제적 불사용no-first-use의 입장을 견지한다는 것이다.[18]

이에 비해 제한적 선제불사용 원칙limited-no-first-use은 비핵무기 국가가 핵보유 국가를 공격하더라도 후자는 핵무기를 동원하지 않고 재래식 무기로 대응하지만, 핵무기 보유 국가가 재래식 무기로 공격을 할 경우 이에 대해서는 유연대응할 수 있다.[19] 즉 핵무기사용으로 대응할 수도 있다.

그런데 문제는 이러한 원칙들이 국제협정을 통해 명문화된 것이 아니라는 점이다. 구소련이 붕괴되고 난 이후인 1996년 미국, 러시아, 중국, 프랑스, 영국 등 5대 핵보유국은 핵무기 관련 실험 금지조약(CTBT: Comprehensive Nuclear Ban Treaty)에 서명한 바 있다. 조약 당사국은 총 196개국이지만 187개국만 서명했고, 서명국가 중 178개국만 비준했다. 흥미롭게도 미국, 중국, 이집트, 이란, 이스라엘은 서명만 하고 비준하지 않았고, 북한, 인도, 파키스탄은 조약에 서명조차 하지 않았다. 러-우전쟁 이후인 2023년 러시아는 미국이 비준하지 않을 점을 명분으로 상하원에서 조약비준을 철회했다.

기본적으로 국제 핵질서는 생각보다 자유주의적 비강대국들에게 불리한 현황을 가지고 있다. 국제기구의 참여 정도가 불완전하고 질서도 불평등하다. 자유주의 국가 시민들의 자유와 안전을 충분하게 보장해주지 못한다. CTBT에 참여한 자유주의 국가의 정부들은 자국의 시민들보다는 해외국 정부들의 입장이나 요구를 더 민감하게 반영한다.

자유주의 국가의 조건이라 할 수 있는 충분한 군사적 자위력의 확보 문제는 자유주의의 이념이라는 시각에서 차분하게 점검될 필요가 있다. 시민의 생존과 자유의 보장은 절대 타협될 수 없는 자유주의 국가의 핵심 역할이다. 안보문제는 주로 현실주의 이론의 기반 위에서 논의된다. 그러다 보니 시민보다는 정부의 입장이 우선시된다. 그러나 자유주의 국가의 핵심은 국가가 시민 개인의 이익을 위해 봉사한다는 점이다.

물론 핵 같은 민감한 이슈에 대한 시민의 입장은 다양하다. 핵사용을 찬성하는 시민과 반대하는 시민이 있다. 시민중심으로 논의하다 보면 어느 쪽을 택해야 하는지의 난관에 봉착할 수 있다. 그러나 여전히 중요한 것은 시민의 생존권이다. 핵보유 및 불보유의 문제를 정부만이 결정할 경우 그 정부의 이념적 지지층의 요구에 따라 공익에 위배되게 국가 정책이 결정될 수 있다. 또 결집된 소수의 의견이 과대대표되어 정책결정에 영향을 줄 수도 있다. 따라서 시민 전체의 의견을 묻고 다양한 단계의 숙의를 거쳐 민주주의적으로 결정하는 것이 더 바람직하다.

다. 효율적인 민주주의 제도

당초 민주주의는 효율성이나 경제성과는 다소 거리가 멀다. 가장 가성비가 좋은 정치제도는 플라톤이 주장했던 철인정치이다. 모든 것을 다 알고 판단하고 대처할 수 있는 현명한 철인이 있다면 그에게 통치를 맡기는 것이 최선이다. 효율성의 측면에서 최상이다.

그러나 철인보다는 시민이 정치의 주인이 되는 것이 국가발전의 관점에서 궁극적으로 더 효율적이라는 것이 자유 민주주의의 입장이다. 17세기 프랑스는 여전히 절대주의 왕정을 고집했다. 태양왕 루이 14세가 관료들을 부려 나라를 통치했다. 반면 영국은 절대주의에서 벗어나 1688년 명예혁명을 계기로 의회 민주주의로의 전환에 성공했다.

이는 집단지성의 승리였다. 다수의 개인들이 숙의, 협력 그리고 경쟁을 통해 더 효율적인 결과를 도출할 수 있었다. 귀족뿐만 아니라 평민 상공업자들도 참여한 의회에서 시민들이 원하는 정책이 논의되었다. 이들의 요구는 즉시 입법화되었다.

반면, 절대주의가 강했던 프랑스는 귀족들이 왕에게 복속적이었고 상공업자들은 관료의 통제를 받았다. 강한 왕권을 행사하던 왕은 귀족이나 상공업자들이 경제력을 바탕으로 자신에게 도전하는 것을 용납하지 않았다. 경제발전은 부차적인 고려 사항이었다. 루이 14세가 1685년 신교도들에게 신앙의 자유를 허락했던 낭트칙령을 폐지하자 상공업에 종사했던 위그노들은 네덜란드와 영국으로 망명했다. 이 사건은 영국이 프랑스의 국력을 앞지르게 된 계기가 되었다. 권력을 지키려는 절대왕권은 폐쇄적인 국가를 만든 반면 집단지성이 자리잡은 영국의회는 개방적인 시장을 만들었다.

우리가 1998년 금융위기를 약 3년 만에 극복하고 다시 경제적 도약을 할 수 있었던 이유 그리고 2024년 우리가 세계 6위의 수출 국가로 성장할 수 있었던 이유 중의 하나가 민주주의였다. 작은 내수시장의 규모에도 불구하고 세계 20위권의 민주주의를 시행하는 나라, 인권이 존중받는 나라, 외국기업이 차별받지 않는 나라라는 이미지가 우리의 산업적 문화적 상품의 인지도를 상승시켰기 때문이다. 민주주의적 시민들이 먹는 음식과 상품 그리고 이들이 즐기는 문화 콘텐츠라는 인식이 우리의 수출품을 고가의 상품으로 도약시켰다.

그러나 이제 민주주의 발전의 대가를 치러야 하는 상황이 전개되고 있다. 민주주의의 질적인 추락을 가져오는 가장 직접적 요인은 포퓰리즘과 팬덤정치의 등장이다. 이 두 가지 비민주적인 현상의 원인은 참여의 양적 폭발 그리고 대중 민주주의가 시민 민주주의를 대체함으로써 발생한 것이다.

자유 민주주의의 원형이라 할 수 있는 의회 민주주의는 엘리트적 속성이 강하다. 시민들이 자신의 대표를 뽑아 의회에서 자신을 대신하여 전업적으로 국정을 논할 권한을 위임하는 것이다. 그런데 엘리트적 의회 민주주의는 후견주의clientelism, 즉 주인-대리인 문제에 취약하다. 후견주의 문제를 극복하는 방법은 일반 시민들이 정치과정에 참여하여 의회가 시민들의 이익을 정책에 잘 반영하는가를 감시하는 것이다. NGO와 같은 시민단체는 사회적 이익을 지향한다는 점에서 이익집단과 다르다. 반면에 이익집단은 자신들의 이익을 국가정책에 반영하기 위해 오히려 의원을 포섭하려 하므로 후견주의 문제를 유발하는 주체가 된다.

대의 민주주의 엘리트적 속성이 유발하는 문제를 극복하기 위한 진보좌파적 노력으로 나타난 것이 참여 민주주의와 숙의 민주주의이다. 참여 민주주의자들은 일반 시민들 자신들이 요구하는 비주류적 정치 주제, 예컨대, 성평등, 소수인종, 동성애와 같은 이슈들을 의회에 제안하고 그리고 이러한 요소들이 국정에 반영되는지를 감시하기 시작했다. 또 숙의 민주주의론은 의회에서 정책을 결정하는 과정에서 시민들이 추가적인 논의를 시도하거나 의견을 수렴함으로써 이를 정책에 반영할 것을 제안했다. 이러한 시도는 법적, 제도적, 절차적 측면에 집중하는 민주주의의 단점을 보완하는데 기여하는 바가 크다. 민주주의의 최소화 경향을 방지하고 질적 양적 확대를 도모하는 것이다.

우리는 개념적으로 두 가지의 민주주의 모델을 상정할 수 있다.[20] 먼저 자유 민주주의 이념하에서 의회중심 민주주의가 상정하는 법적 절차적 민주주의 모델이다.

법적-절차적 민주주의(Formal/Legal Democracy) 모델

1) 정기적이고 공정한 선거
2) 보통선거권의 보장
3) 국민에 의해 선출된 대표들에 대한 국가 행정기권의 책임
4) 결사와 표현의 자유의 보장과 국가의 자의적 행위로부터의 보호
5) 시장의 운영과 기회제공과정에 대한 국가의 간섭 제거
6) 이익집단의 정치적 힘을 축소(예컨대 노동시장의 유연화를 통한 노조의 영향력 축소)
7) 법과 질서를 집행할 강한 국가의 수립

그런데 이러한 법적-절차적 민주주의 모델하에서 의회를 통한 민주적 논의가 불충분할 경우 보다 심화·확대된 민주주의를 모색하게 되는데 한 예가 참여 민주주의이다. 이 모델은 위의 법적-제도적 민주주의 모델의 기능에 아래의 항목들이 추가된 것이다.

참여 민주주의(Participatory Democracy) 모델

8) 사회 모든 계층들의 차별없고 동등한 정책결정 과정 참여
9) 자신을 개발할 동등한 권한의 보장
10) 사회주요 기관의 규제활동에 대한 시민들의 직접적인 참여
11) 물질적 자원의 분배

12) 공적 및 사적 생활영역에 대한 관료적 권한행사의 최소화, 즉 국가적 권위의 축소와 시민사회 간섭의 증대

나아가 민주주의적 원리가 정치 및 사회뿐만 아니라 경제부문까지 확대될 경우에는 사회 민주주의 모델을 도입하게 된다. 이는 참여 민주주의보다 더 심화된 민주주의 모델로서 참여 민주주의적 요소에 더하여 사회경제적 분배까지 도모하게 된다.

사회 민주주의(Social Democracy) 모델

13) 경제적 산출물에 대한 분배, 즉 사회적, 경제적 소득물에 대한 형평

이처럼 민주주의적 원리를 정치분야뿐만 아니라 사회 나아가 경제부문까지 확산하여 적용할 경우 민주주의가 심화되는 효과가 있지만 부작용도 불가피하다. 무엇보다 의회가 중요한 결정의 책임을 시민들에게 전가하고 자신의 책임을 최소화하거나 방기하는 현상이 나타난다. 물론 명분은 시민의 의사를 따른다는 것이다.

의회의 기능이 약화되면 이익단체와 이들과 결탁한 정부가 의회를 바이패스한 채로 양자가 직접 협상하고 의회로 하여금 그들의 요구를 법률화하라는 압력을 행사하기도 한다. 의회의 정치적 일탈과 오작동은 현대 민주주의의 가장 큰 문제가 되고 있다. 의회 밖으로 민주주의 정치가 확산하기 시작하면 정치적 비용이 증가하고 그 부담은 국민의 몫이 된다.

시민의 정치 참여증대가 민주주의에서 문제가 된다는 것은 역설적이다. 20세기 들어 민주주의가 최고의 정치이념으로 등장한 이유는 확대된 시민계층의 참여 때문이었다. 그러나 시민이 대중화되는 현상이

민주주의의 발목을 잡고 있는 것이 현실이다. 오늘날 민주주의의 문제는 과대 민주주의Hyperdemocracy이다. 군중화된 대중이 법을 따르지 않고 직접적인 행동을 통해 물리적 압력을 행사하면서 자신들의 열망과 욕구를 실현시킨다.[21] 대중은 특별한 자격을 갖춘 선택된 소수와는 다른 평균인들의 집합이다. 그런데 이들은 자신들이 전문가들보다 공적인 문제에 대해 더 잘 알고 있으며 그와 관련된 법에 자신들이 힘을 실어 줄 수 있다고 생각한다.

대중에 의한 과대 민주주의의 문제가 지적된 것은 이미 1900년대 초반이었다. 이 시기에 러시아에서는 볼셰비키 혁명이, 중남부 유럽에서는 파시즘이 그리고 북유럽에서는 사민주의가 나타났다. 의회중심의 민주주의가 대중을 정치에서 배제하고 불평등 등 사회문제를 유발한다고 비난받던 시기였다.

대중 민주주의에 대한 우려에도 불구하고 민주주의는 20세기 내내 확산되었다. 그리고 당초의 우려와는 달리 극우파시즘과 사회주의를 물리치고 20세기 말에는 역사 최고의 정치이념으로 칭송되었다. 게다가 1980년대부터는 참여 민주주의와 심의 민주주의의 가세로 시민 또는 대중의 정치참여는 더욱 확대일로를 걸었다. 그렇다면 이러한 과대 민주주의 현상은 결국 문제가 없다는 것인가?

그렇지 않다. 대중 민주주의의 문제가 지적된 지 약 80년이 지난 시점에 이제 더 이상 감당할 수 없을 정도로 과대 민주주의의 문제가 부상하고 있다. 그 원인은 정보통신 기술의 발달과 이로 인한 정보의 대량공급 현상이었다. 일반인들도 인터넷과 SNS를 통해 상식 이상의 정보를 접하게 되었고 스스로 판단하게 되었다. 이로 인해 대중 민주주의의 진짜 문제, 즉 자신들이 전문가처럼 특정 정책 이슈에 대해 그보다 더 잘 알거나 또는 이에 영향을 줄 수 있다고 생각하게 되었다. 그 결과 정치참여가 과도하게 증가하고 의회, 정부, 사법부에 대한 지적 경시 현상도 나타나고 있다.

대중 민주주의가 장점보다 단점이 많은 것으로 보이는 이유는 비용과 효율의 문제 때문이다. 밀John Stuart Mill은 직접 민주주의를 이론적으로는 가장 이상적인 정치 체제로 보았다. 정신적으로 수동적인 시민들이 초인적인 한 사람에게 국정을 맡기고 법적인 노예로 전락하는 것은 국가의 발전을 저해할 뿐이라고 주장했다. 시민들의 후생을 증대시키기 위해서는 그들의 정신적 자질이 함양되어야 하며 이를 위해서는 직접 민주주의가 가장 바람직하다고 보았다.[22]

그럼에도 불구하고 역사적으로 많은 국가들이 직접 민주주의보다는 대의 민주주의를 선택한 이유는 현실적인 것이다. 인구가 많으면 직접 민주주의가 비효율적인 제도가 된다. 그런데 또 하나 중요한 이유가 있다면 대중이 군중화되어 잘못된 판단을 내리는 소위 '중우정치화'의 가능성 때문이다.

IT 기술의 발달과 더불어 대의 민주주의의 한계가 극복되고 직접 민주주의가 구현될 것이라는 기대가 나타났다. 그러나 현재 관찰되는 현상의 근본적인 문제는 직접과 간접 민주주의 간의 문제가 아니라 어떤 형태든 과도한 정치참여가 오히려 민주주의의 질을 저하시킬 수 있다는 점일 것이다.

과대 민주주의의 문제는 민주주의의 피로현상을 심화시키고 있다. 중국 등 공산주의적 사회주의 진영에서는 정치적 결정을 공산당에게 일임하는 민주주의 집중제가 더 효율적인 정치 체제라고 주장한다. 일반적으로 민주주의에 비해 권위주의를 선호하게 되는 동기는 빠르고 덜 혼란스럽고 효율적인 정책 결정력 때문이다. 여기에 국가 자본주의까지 곁들여지면 효과적인 경제발전을 도모할 수 있다는 것이 소위 베이징 컨센서스Beijing Consensus의 요지이다. 중국의 빠른 경제발전을 목격한 다수의 비자유주의적 민주주의 또는 권위주의 국가들이 이를 심정적으로 지지하는 이유도 여기에 있다.

좋은 자질을 함양한 시민들의 적극적인 정부 참여가 민주주의의 장점이라는 원리에는 변함이 없다. 그러나 비자유주의를 지향하는 국가 자본주의 진영과의 대결을 의식한다면 과대 민주주의의 문제는 어느 정도의 수정이 불가피한 것으로 보인다.

김대중 정부의 등장 이후 전반적으로 시민사회 단체의 정치참여가 증가하는 추세를 보였다. 이러한 현상은 노무현 그리고 문재인 정부 등 진보적 성격의 정부 기간에 더욱 두드러지게 나타났다. 진보 정부가 시민사회 단체의 정치참여를 독려한 동기는 이들의 포퓰리스트적 참여를 통해 당시 사법부, 행정부, 군부, 대기업 그리고 언론 등 보수적 정치사회세력에 대응하려는 것이었다. 그리고 여기에 포진한 기득권 엘리트들의 권력독점에 대항하려는 것이었다.

김영삼 정부 기간 동안 군부의 정치개입이 근절되고 김대중, 노무현 정부 이후 위원회 제도를 통해 정부 정책 결정 과정에 시민사회 단체의 개입이 증가했다. 문재인 정부하에서 진행된 사법부 적폐청산 캠페인으로 인해 보수적 색깔의 판사들이 법정에 서거나 사법부를 떠나는 현상이 발생했다.

입법, 사법, 행정부의 진보화가 진전되면서 이제는 역으로 보수진영에서 대중정치를 유도하는 현상도 나타나고 있다. 보수적 기독교계를 추축으로한 우익 태극기 부대가 박근혜, 윤석열 대통령의 탄핵 사건을 계기로 참여의 양과 폭을 늘리기 시작했다. 그리고 보수적 성격의 20대와 30대는 유튜브 등 SNS를 통한 정치참여를 활발히 전개하고 있다.

이러한 대중적 정치참여는 좌우를 불문하고 민주주의의 질적 향상에 기여한다고 보기 어렵다. 이들의 참여는 전문가들의 국정 참여를 저해하고 민주주의의 포퓰리즘화를 부추길 수 있다. 향후 개헌과정에서 정치의 주체로서 의회의 기능과 역할을 재정비하고 중립성을 담보하는 장치가 마련되어야 한다. 의회 기능이 정상화되지 못하면 자유 민주주의는 원활하게 작동할 수 없다.

민주주의의 효율화와 관련하여 우리가 만들 자유 민주주의 국가가 이제 자유와 민주 또는 경쟁·효율과 분배·형평 중 어느 것에 강조점을 두어야 할 것인지 보다 진지하게 고민해야 할 것이다. 자유 민주주의 국가들 간에도 자유와 민주의 비중은 각 나라의 사정에 따라 다르게 설계되어 있다. 그런데 같은 자유주의적 속성에도 불구하고 사실 자유 민주주의 국가는 중도 좌파적인 사회 민주주의 국가에 비해 자유에 더 방점을 두고 있다.

즉 자유 민주주의 국가는 자유로운 시민의 숫자가 증가하여 그 사회의 다수가 되면 형평한 사회가 자동적으로 구현된다는 공리주의적 요소를 보유하고 있나. 사민주의의 시각인 평등한 사회가 구현되어야 비로서 모든 시민이 자유를 획득할 수 있다고 보는 것과 대조적이다. 그런데 자본주의적 속성상 분배하기 위해서는 성장과 축적이 선행되어야 한다. 자본이 충분히 축적되기 전에 강제로 분배를 하면 자본의 크기가 작아지고 이 경우 국내적 안정에는 도움이 될 수 있을지 모르나 국제적 경쟁에는 유리하다고 볼 수가 없다. 자본의 크기가 크면 우호적인 경제환경에서 그만큼 자본축적의 스노우볼링 효과snowballing effect도클 개연성이 높다.

신고전파 경제학의 시각에서는 분배를 강제로 성취하려는 국가적 노력이 비용 소모적일 뿐만 아니라 오히려 노동이 의욕을 저하시키기 때문에 이는 바람직하지 않다고 보고 있다.[23] 한 예로 영국에서는 1795년 스핀햄랜드법Speenhamland Law이라는 빈민구제 제도가 있었다. 산업혁명의 여파로 빈곤이 심해지자 도시 부랑자 문제가 심각해졌다. 그러자 버크셔주의 스핀햄랜드 지역에서 새로운 구제책을 입법했다. 한 가구가 최저생활을 유지할 수 있는 식비와 생활비를 계산한 후 해당 노동자들이 받는 임금과 비교하여 그 차액을 보전해주었다. 구빈세를 재원으로 임금 보조금을 지급한 것이다.

그러나 이 법은 오래 지속되지 못했다. 자본가들의 반대 때문만이 아니었다. 이 보조금 제도로 인해 저임금이 합리화되었고, 노동자들의 노동의욕이 상실되었으며, 무엇보다도 노동자들이 독립적인 시민으로 성장하기보다는 보조금 의존적인 존재로 추락하는 계기가 되었다. 결국 이 제도는 1834년 새로운 구빈제도로 대체되었다.

물론 제한된 가치의 권위적 분배를 추구하는 정치학이나 사회학적 관점에서는 이러한 경제학적 결론에 쉽게 동의하기 어렵다. 정치학의 관점에서 경제적 불평등의 문제가 오히려 장기적으로 더 많은 정치사회적 대가를 유발한다고 보고 있다. 경제민주화의 논리도 여기에 근거한다.

그런데 제4차 산업혁명과 더불어 전개될 기술 자본주의 사회에서는 앞서 살펴본 바와 같이 기술과 자본의 결합이 자본주의의 국제경쟁력에 크게 영향을 미칠 것이다. 그만큼 대규모의 투자가 필요하다. 그리고 국가 간 군사적 경쟁도 심화될 가능성이 높다. 따라서 제한된 재정에서 복지적 비용은 축소하고 R&D나 국방비 등의 지출이 증가해야 할 필요성이 더욱 증가할 것이다.

실제로 이러한 경향의 변화는 그동안 매우 보수적인 재정준칙을 유지하고 있던 EU 국가들에서도 나타나고 있다. 여기에 영향을 준 것은 우크라이나 전쟁과 미국 트럼프 행정부의 관세에 기반한 공격적인 통상정책이었다. 일례로, 2025년 3월 21일 독일은 전후 최대규모의 경기부양책으로서 5천억 유로(793조원) 규모의 인프라 투자예산을 확정했다. 독일 연방정부는 신규부채를 GDP의 최대 0.35%로 제한한 부채한도와 무관하게 이 예산을 통과시켰다. 이 예산이 집행되면 국가부채를 60% 이하로 제한한 EU의 재정준칙을 사실상 위반할 가능성이 높은데, 예산은 주로 국방비(현행 GDP 2%에서 3.5% 이상으로 증가)와 기업 보조금을 중심으로 집행될 것으로 알려졌다.[24]

자유 민주주의를 표방하는 국가들의 이러한 변화는 우리에게도 시사해주는 바가 크다. 21세기 들어 러시아의 우크라이나 침공과 미국과 중국간 대립이 심화되면서 통상과 안보 분야에서 공격적인 정책들이 강대국을 중심으로 증가하고 있다. 이에 대비하기 위해서는 우리도 유사한 방향으로 정책 변화가 진행되어야 할 수밖에 없다.

결국 분배보다는 성장에 더 비중이 놓여지게 될 것이다. 그리고 이는 자유 민주주의 국가의 속성에 전혀 위배 되지 않는 변화가 될 것이다. 자유 민주주의 국가의 가장 중요한 임무는 개인의 재산과 생명과 자유를 보장하는 것이기 때문이다. 그러면 자유 민주주의 국가의 성장과 분배의 문제에 관해서 좀 더 구체적으로 살펴보도록 하자.

라. 경제발전: 성장과 분배

경제발전이야말로 자유 민주주의를 성취하기 위해 가장 중요한 조건이다. 경제발전은 경제적 성장뿐만 아니라 분배적 평등까지도 균형적으로 달성된 진화적 상태를 의미한다. 경제적 성장의 결실이 경제사회적 기득권층에 의해 독점될 경우 그 혜택을 누리지 못하는 계층은 불만을 경험하게 될 것이다. 이러한 불만의 누적은 사회적 혼란을 유발하고 경제적 성장의 기초를 붕괴시킬 수 있다. 장기적으로는 경제적 성장보다 발전이 중요한 요소이다. 통합에 실패한 국가는 지속적 경제성장을 달성할 수 없다. 갈등치유 비용이 증가하고 집권 정당별 정책의 차별성이 심해 일관성 있는 국가정책의 집행이 어려워진다.

그런데 경제적 형평을 위한 분배는 경제적 성장과 병행할 수 있는 것일까? 이 문제에 관해서는 경제학계에서 많은 논의가 있었다. 가능하다와 불가능하다 두 견해 모두 존재한다. 그렇다면 자유 민주주의의 성립을 위해서는 이 둘 중 어느 것에 우선 순위가 놓여져야 하는 것일까?

굳이 따진다면 경제성장이 우선이고 분배는 그 다음이라 보는 것이 맞다. 우선 성장의 열매가 커져야 분배가 가능하다. 자유주의는 세속적 가치에 대한 인정과 존중을 전제로 한다. 앞에서도 언급하였듯이 아담 스미스는 한 나라의 경제적 부, 즉 물질적 풍요가 확산되어 다수의 국민들이 안정된 직업을 가져야 범죄가 없어지고 정의가 실현된다고 주장했다. 물질적인 풍요는 그 사회의 정의를 구현하기 위한 가장 기본적인 조건이다. 중세봉건 사회가 성스러운sacred 가치를 강조했다면 근대사회는 세속적secular 가치를 추구한다. 이러한 가치적 전환을 정당화해 준 것이 노동가치설에 입각한 고전적 자유주의였다.

제임스 밀과 존 스튜어트 밀 부자에 의해 최대다수 최대행복의 공리주의적 요소가 자유주의에 더해지면서 자유 민주주의의 가치는 자유와 평등으로 균형을 잡았다. 그런데 이러한 균형이 정립이 되게 된 데에는 자유주의적 시장경제 원리를 중시하는 근대 자본주의의 발전이 기여한 바가 크다. 시장 자본주의의 등장 없이는 자유 민주주의가 민주주의의 주류 모델로 자리잡기 어려웠을 것이다.

자유 민주주의와 자본주의의 기초 구성단위가 되는 재산을 보유하고 교육을 받은 자유시민은 합리적이고 이성적인 존재이다. 정치경제적으로 자유란 개인이 자신의 세속적 이익, 예컨대 감성에 기반한 물질적 이익을 이기적으로 추구하는 것이 도덕적으로도 비난받지 않는 것이다. 중세 봉건 사회에서는 개인이 물질적 이익을 추구하는 것을 종교적으로 금기시했다.

앞서 지적했듯이 립셋S. Lipset을 비롯한 근대화 이론가들은 근대화 과정의 출발점을 주로 경제적 성장에서 찾았다. 상업적 교류 확산에 의한 물질적 부의 증가로 인해 사회적 분화와 이동성이 증가했고 이는 직업의 전문화를 촉진했으며, 분업의 활성화는 산업의 발전을 가져왔다. 이러한 부의 양적, 질적 확장은 상공업을 영위하는 시민계층을 발전시켰고 이들은 자유주의 이념의 주축세력이 되었다. 이들의 투자로 인해 공장제 산업이 발달했고 이는 노동자 계층의 증대를 초래하여 결국 자유주의가 민주주의와 결합하는 결과를 낳았다.

근대화 과정이 서구에만 존재했다고 볼 수는 없다. 중국 문화권에서 유교를 중심으로 근대국가가 형성되었다. 그러나 서구의 근대화는 자유주의적이라는 점에 특성이 있었다. 자유주의적 근대화의 강점은 부르주아 시민계층이 자신의 경제적 부를 도구로 왕과 귀족으로부터 정치적 권력을 분점할 수 있었다는 점이었다.

시민계층이 정치과정에 참여하여 자신들의 이익을 표출할 수 있었다는 점에서 유교적 근대화와 차이점이 있었다. 사농공상이라는 유교적 질서는 상공업자들이 철학적 지배계층에 도전하는 것을 사실상 금했다. 반면 자유주의에서는 이것이 허락되었고 그래서 보다 다양한 능력을 보유한 인적 자원이 의회를 통해 국정에 참여하여 창의적 기여를 할 수 있었다.

사회 민주주의 역시 자유주의적인 속성, 특히 새자유주의적인 요소를 내포하고 있다. 개인의 자유를 확대하고 보장하는 데 관심을 가진다. 그러나 최대다수 최대행복이라는 공리주의적 원칙을 보다 강조하는 사민주의적 자유주의는 경쟁과 효율보다는 평등, 즉 형평과 분배를 우선적으로 강조한다. 먼저 평등한 사회가 구현되어야 비로소 개인의 자유가 평등하게 성취될 수 있다고 본다.

개인적 자유의 방임적 보장이나 이의 행사를 위한 권리를 강조하는 전통적인 자유주의의 시각 역시 문제와 한계를 갖는다. 정치경제적 권력이 소수의 기득권층이나 엘리트들에게 집중되는 경향이 있다. 시장에서 이들이 공급을 주도할 능력을 가지고 있기 때문이다. 이 경우 마르크시스트들을 비롯한 고전적 자유주의에 대한 비판론자들이 주장했듯이 소수의 가진 자들이 다수의 못 가진 자들을 통제하기 위해서 때로는 자유주의 국가가 억압적인 형태가 될 수도 있다.

그런데 이러한 문제를 해결하기 위해 공리주의적 요소를 강조할 경우 소수 상류층 개인의 재산권을 침해하여 자유주의의 근간을 위협할 수도 있다. 다수의 횡포에 의한 소수의견의 배제 역시 자유 민주주의의 원칙에 위배된다. 공리주의적 자유주의의 딜레마이다.

자유주의는 이러한 체제적 긴장 요인으로부터 완전히 자유롭지 못하다. 그럼에도 불구하고 경제성장 우선의 입장을 고수하는 것이 불가피한 이유는, 위에서 지적했듯이, 분배에 비용이 지나치게 투입될 경우 개인의 경제 행위의 동기가 훼손되고 위험부담이 큰 혁신적 시도를 기업이 회피할 수 있기 때문이다.[25] 성장 없이 분배는 없다. 성장은 분배를 위한 선결 조건이다. 반면에 안타깝게도 분배가 성장을 보장하지는 않는다.

20세기의 역사를 보아도 분배를 강조하는 체제가 성장을 우선시하는 체제를 넘어서지 못했다. 1980년대까지 새로운 발전 모델로 관심을 받았던 사민주의 체제는 결국 세계적으로 일반화될 수 있는 모델로 확산하는데 성공하지 못했다. 여전히 북구라는 한정된 지역에서 적실성을 갖는 예외적 모델로 간주되고 있다. 심지어 사회주의 국가인 중국도 북유럽의 사회적social 시장경제보다 시장주의 요소를 가미한 사회주의적 socialist 시장경제 모델을 도입했다. 그리고 분배적 간섭을 시행하는 사민주의적 국가 모델 대신 산업육성을 위한 전략적 개입을 시행하는 국가 자본주의 모델을 도입했다.

그 결과 분배보다는 성장을 강조하는 미국과 중국이 현재 G2의 대립구도를 형성하고 있다. 물론 분배를 전적으로 배제해서는 안된다. 일찍이 사민주의를 채택했던 북유럽의 국가들은 성장과 분배를 잘 조회시켜 귀감이 되었다. 자국민들에게 성장의 결실을 고르게 분배하고 국가가 지원을 통해 개인이 적극적으로 자신의 자유를 향유할 수 있게 도와주었다. 이것이 국제 경쟁력의 기반이 되었다. 분배와 성장의 조화에 대한 확신이 있었기 때문에 노사 간의 임금협약이나 일자리 나누기 협약이 성사될 수 있었다. 그리고 안정된 고용을 바탕으로 양질의 노동력이 제공될 수 있었으며 이는 북유럽 국가의 높은 국제 경쟁력으로 나타났다. 이는 수출에 의존하는 정도가 높은 경제구조를 가진 북유럽

국가 특히 스웨덴의 경우 매우 중요한 강점이었다.

그러나 강한 노동과 이들을 위한 분배가 우선이 되어서는 국가 간 경쟁에서 살아남기 어려운 환경이 되고 있다. 노동과 기술과 자본이 다국적으로 존재하는 글로벌 생산 네트워크하에서는 경직된 것보다는 유연한 노동시장을 가진 나라가 자본 유인력이 강하다. 분배에 자원을 투입하는 나라는 심지어 국가를 방어할 수 있는 군비경쟁에서도 밀려날 수 있다. 2024년 스웨덴은 200년간 지켜오던 중립을 포기하고 NATO에 가입했다. 스웨덴은 냉전시기 GDP의 4%까지 국방예산을 지출했다. 냉전 후 2000년대까지 1%로 축소했다가 우크라이나 전쟁 이후 2024년에는 2.6%로 증가했다. 2000년대 초반까지 복지예산 비중은 26.4%였다.[26] 반면 미국의 경우 국방비 예산의 GDP대 비율은 3.45% 복지예산은 14.8% 정도이다.

즉 자유 민주주의의 대표국가는 복지예산보다는 국방비에 그리고 사민주의의 대표국가는 국방비보다는 복지예산에 상대적으로 많은 지출을 하는 경향을 보였다. 2024년도 스웨덴의 IMD국가 경쟁력은 6위, 미국은 12위이다.[27] 그런데 2024년도 1인당 명목 GDP를 보면 인구 1,000만 명 정도인 스웨덴은 US $57,213인데 반해 3억 4천 5백만 명의 인구를 가진 미국은 US $86,601에 달한다.

결국은 선택의 문제이다. 그런데 유럽과 미국을 비교해 보았을 때, 우리가 자유 민주주의 국가로서 경제성장을 강조하는 체제보다 분배를 강조하는 체제를 선택해야 할 근거가 그리 강해 보이지 않는다. 물론, 우리의 경우도 경제적 불평등으로 인해 정치적 양극화까지 경험하고 있는 상황이어서 치유가 필요한 것은 사실이다. 다만 2024년 관리 재정수지가 91.6조 원을 기록하고 세수결손도 30조 원에 육박함으로써 복지예산을 확대할 여력이 많지 않다. 2023년도 일반정부 부채비율도 GDP 대비 50.7%로 상승추세에 있다.

불평등의 심화가 정치적으로 포퓰리즘을 불러온 측면도 분명히 있다. 2024년도 미국대선에서 트럼프 후보가 백인 노동자들의 불만을 대변할 수 있었던 것은 민주주의보다는 고장난 민주주의라 할 수 있는 포퓰리즘의 맥락에서 설명된다. 이념적으로 노동자는 노동자들 간의 연대를 중시하고 정치적으로 민주당과 연결성이 강했다. 그런데 포퓰리즘 하에서는 기존의 이런 논리가 더 이상 성립되지 않았다. 국경이나 인종을 초월한 노동자들 간의 연대는 깨졌고 미국 노동자들은 자신들과 이념을 공유하는 민주당보다 민족주의와 인종주의를 간접적으로 내세우는 공화당과 연계했다.

경험적인 연구를 바탕으로 불평등 문제에 대해 체계적으로 문제를 제기한 피케티는 "연간 소득 대비 부의 비율이 매우 높은 사회는 부를 자식들에게 물려주는 경향이 강한 사회이고, 이렇게 자수성가보다 세습으로 부자가 되는 경향이 큰 사회는 스스로의 능력이 뛰어나거나 기업가 정신의 투철함 덕분에 부자가 된 사람들이 많은 사회보다 여러 면에서 훨씬 더 부정적인 측면이 많은 사회이다"라고 주장한다.[28]

그러나 자유주의 국가가 부의 세습에 더 관대하고 사민주의 국가는 더 엄격한지에 관해 일관된 경향은 없다. 예컨대 스웨덴은 2004년 상속세를 폐지하고 자본이득세로 전환했다. 캐나다(1972년), 호주(1979년), 노르웨이(2014년)는 그보다 먼저 같은 조치를 취했다. 반면 미국, 영국, 네덜란드 등 자유주의적인 성격이 강한 국가들은 상속세를 유지하고 있다. 상속세는 소득 불평등보다 자산 불평등이 심한 대부분의 국가에서 경제적 불평등을 교정하기 위해 유지되는 정책일 뿐 정해진 이념적

패턴이 없다.[29]

주목할 것은 상속세, 소득세, 법인세 등이 높은 나라의 경우 자본의 해외 이탈이 심하게 나타나고 있는 것도 현실이다. 경제성장을 위한 국가 간 경쟁이 심화된 결과이다. 스웨덴이 상속세를 폐지하고 소득세를 조정한 이유도 자본의 해외이탈 때문이었다. 자본을 유치하려는 국가 간 경쟁이 심화되는 상황에서 납세자에게 우호적인 세제는 자본흡수에 유리한 조건이다.

미국은 자유주의적 국가답게 법인세와 소득세 그리고 상대적으로 관대한 상속세 제도를 유지하고 있다. 그 결과 우수한 두뇌와 자본이 미국으로 모여드는 한 원인이 되고 있다. 게다가 미국은 자산 불평등 못지않게 임금 불평등이 큰 문제가 될 만큼 고연봉을 받는 직업도 많다. 이를 통해서 오히려 계층 간 이동과 부의 축적으로 활발하게 이루어내는 사례이다. 적어도 스웨덴보다는 미국이 오히려 기회적으로는 더 평등한 나라일지 모른다. 반드시 경제적인 문제만이 아니다. 사회적 분위기도 중요하다. 아프리카계 유학생의 자식으로 태어난 버락 오바마가 대통령이 될 수 있고, 남아프리카에서 이민 온 일론 머스크가 정부를 재조직하는 책임자가 될 수 있는 나라는 사실상 미국뿐이다.

사회과학 연구에 있어서 경제적 불평등을 해결하기 위한 인위적 노력이 실제로 얼마나 성과가 있었는지에 대해서는 회의적 결론이 우세하다. 북유럽의 사민주의가 유일한 성공사례로 꼽힌다. 그러나 이마저도 21세기 들어서면서 그 지속적 효과성에 문제가 제기되고 있다. 여전히 소득 불평등 정도는 낮지만 과도한 분배제도로 인해 자본유출 등 경제성장 잠재력을 위협하는 요소가 등장하고 있다.

역사적으로 보면 불평등은 전쟁, 혁명, 자연재해, 질병 등에 의해 획기적으로 해결된 경험이 더 많다. 안타깝게도 인위적인 노력은 제한적인 결과를 가져왔을 뿐이었다. 따라서 분배문제를 치유할 수 없으므로 자유주의가 대안이 되기에 부적합하다는 주장은 성립할 수 없다. 자유주의는 경제성장에 유리한 이념이다. 경쟁적이고, 효율적이며 개방적이기 때문이다.

미국도 그렇지만 한국도 바로 이런 사례이다. 우리나라의 무역의존도, 즉 1년간 수출액과 수입액의 합계를 GDP로 나눈 비율은 2022년의 경우 무려 84.56%에 달한다. 미국은 35.7%, 영국은 90.4%이다. 또 우리나라가 체결한 FTA협약은 2025년 현재 59개국 22건으로 전 세계 최상위 수준이다. 내수시장이 작은 단점을 자유주의 무역으로 극복한 사례이다.

시장에서의 경쟁을 촉진하여 경제의 효율을 증진하기 위해서는 시장의 개방성은 불가피한 조건이다. 개방적인 시장구조와 유연한 노동시장을 가진 나라들은 상대적으로 자본을 유치하기 유리하다. 자유주의를 유지하기 위해 경제성장이 필요하지만, 역으로 지속적인 경제성장을 위해 자유주의가 필요하다. 경제성장을 위해서는 자본과 기술이라는 외생적 요인이 투입되어야 한다. 이를 위해서는 개방적 사회 및 경제구조가 필수적이다. 자유주의 국가의 수립과 유지를 위해서는 경제성장을 도모할 자유주의적 조건들이 구비되어야 한다.

브렉시트 이후의 영국을 관찰해보면 사회경제적 개방성이 얼마나 그 나라의 경제성장에 중요한 요인인지 알 수 있다. 영국의 대EU수출은 감소하고, 자유무역의 축소로 물가가 상승하며, EU로부터의 인력유입은 줄어든 반면 비유럽계 이민이 증가하는 경제사회적 문제를 경험하고 있다. EU진출의 교두보로서의 중요성을 상실하여 해외자본의 투자도 감소 추세이다. 다만 비유로존 국가의 이점을 살려 영국 런던은 미국 뉴욕에 이어 세계 제2위의 금융 중심지의 지위를 유지하고 있기는 하다. 그럼에도 불구하고 EU로 복귀하자는 일반 시민들의 목소리는 점점 더 커지고 있는데 2024년 현재 브렉시트가 '잘못한 결정'이라는 여론은 56%에 달하고 있다.[30]

이러한 관점에서 볼 때 세제, 기업정책, 노동정책 분야에서 자본에 유리한 방향으로 제도가 개편되는 것은 어느 정도 불가피하다. 또한 기술보호 정책으로 인해 경제성장에 필요한 내생적 변수로 자리잡은 시장지원적 R&D 정책도 불가피하다. 분배보다 성장에 중점을 두고 국가의 시장간섭을 최소화하는 것이 자유주의 국가의 우선조건임에 의심의 여지가 없다.

다만 자유주의 국가가 평등의 문제를 완전히 도외시하는 것은 앞에서도 지적했듯이 바람직하지 않다. 경제적 불평등은 정치적 불평등을 유발할 수 있기 때문이다. 불평등의 심화는 국가통합을 해친다. 다만 형평의 제고를 경제적 산출물에 대한 인위적인 분배를 통할 것인지 아니면 기회의 평등에 보다 주안점을 둘 것인지에 대한 고민이 필요하다. 우리나라의 경제적 불평등 정도는 전체적으로 OECD 국가들 중 중간쯤에 위치한다. 그럼에도 불구하고 이것이 첨예한 정치사회적 문제가 되는 이유는 심리적인 박탈감이나 상대적인 박탈감의 양상이 강하기 때문이다.

상대적으로 짧은 경제발전 과정에서 세계적 규모의 재벌이 한국에서 탄생했는데 이는 국민과 정부의 지원이 없이는 불가능했다는 인식이 지배적이다. 따라서 그러한 혜택을 받지 못한 일반 사람들의 박탈감은 강할 수밖에 없고 이는 단순히 소득이나 자산 분배의 상황을 개선한다고 해서 해결될 수 있는 문제도 아니다.

결국 가장 적절한 해결 방법은 기회의 형평 그리고 공정한 법의 지배가 구현되어 거대한 부가 정치적 권력화하는 것과 국가기득권화하는 것을 예방하는 노력을 경주하는 것이다. 국가가 법적 제도적 공정성을 확보하는 것이 바로 작지만 강한 본질을 강조하는 자유 민주주의적 국가의 핵심 역량이다.

마. 세속적 가치에 대한 인정과 존중

자유주의적 국가의 핵심은 물질적 이익을 포함하는 세속적 가치에 대한 인정과 존중이다. 자유지상주의자, 자유 민주주의자 그리고 사회민주주의자 모두 물질적 요소를 기반으로 이익을 논의했다. 물론 자유주의자들이 비물질적 이익의 측면을 완전히 무시하는 것은 아니다.

고전적 자유주의 이론에 영향을 주었던 공리주의는 당초 행복과 쾌락의 양적인 측면에 주목했다. 그러나 이러한 벤담의 입장과는 달리 밀John Stuart Mill 같은 후기 공리주의자는 행복의 질적인 측면을 강조했다. 즉 남의 행복과 나의 행복을 동일시할 수 있어야 한다는 것이다. 자유와 더불어 평등을 강조하는 밀의 견해는 후일 19세기 말의 새자유주의나 20세기의 사민주의에 영향을 주었다.

그럼에도 불구하고 기본적으로 공리주의적 관점에서 보는 이익은 이성보다 감성에 기반한 물질적 측면이다. 샌델M. Sandel 같은 공화주의적 공동체주의자들이 롤즈John Rawls의 분배적 정의를 비판하는 이유도 이러한 이유였다. 사민주의가 개인을 넘어 개인과 나머지 공동체 구성원들과의 관계에 대한 관심을 갖고 분배를 논의하더라도 그 대상은 물질적 이익일 뿐이라고 비판한다. 아무리 행복과 이익의 질적인 측면을 논의하더라도 물질적 한계를 넘어서지 못한다는 입장이다. 그래서 공동체주의자들은 이익이 아니라 공동선이나 미덕을 중심으로 개인과 공동체의 관계가 재편될 것을 제안한다.[31]

세속적 이익을 중심으로 사회를 설계할 것인지 아니면 공동선을 중심으로 할 것인지에 관해서는 자유주의와 공동체주의자들 간의 논쟁이 여전히 진행 중이어서 결론을 내리기 힘들다. 그럼에도 불구하고 우리가 자유주의적 국가를 지향한다고 할 때 간과하지 말아야 할 것은 물질적 이익과 세속적 가치의 중요성에 대한 사회구성원들의 정당한 인정이 필요하다는 점이다.

역사적으로 물질적 부의 축적이 없이는 문명은 발생하지 않았다. 그리고 경제성장은 문명 형성의 기반이 되었다. 수메르, 이집트, 그리스, 로마, 인도에 이르기까지 부를 장악했던 지배계층들은 물질적 사치를 누렸고 이는 문명의 창조로 이어졌다. 그런데 카톨릭교와 이슬람교가 서양에서 중동에 이르는 지역의 지배적인 종교가 되면서 이러한 물질적 가치에 대한 종교적 억누름이 시작되었다.[32]

근대사회에서 서양이 이슬람과 중국을 누르고 세계의 패권을 차지할 수 있었던 이유는 세속적 가치에 대한 인식의 변화 때문이었다고 막스 베버는 주장한다. 같은 기독교였지만 중세의 카톨릭과 근대의 개신교는 물질에 대한 인식이 현저하게 달랐다. 실천적 행위, 즉 종교적 선행을 통한 구원을 강조하는 카톨릭은 부를 통한 자신의 쾌락의 증가가 구원에 장애물이 된다는 입장이었다. 그래서 개인이 축적한 부를 성전의 건축 등 종교적 사치로 전용하거나, 빈자에 대한 구제, 선교 등의 행위를 통해서 구원에 이를 수 있다고 보았다.

반면 믿음을 통한 구원을 믿었던 청교도들은 청빈, 근검, 금욕을 실천하면서 열심히 노동을 통해 부의 축적을 포함한 직업적 성공을 성취하는 것이 구원의 징표를 확신하는 방법이라고 믿었다.[33] 물론 노동을 통해 구원을 무조건적으로 확보할 수 있는 것은 아니다. 그러나 종교적 선행을 통해 공로를 쌓았으니 구원을 받을 것이라고 믿기보다는 오직 믿음으로 구원을 받음을 믿고, 나아가 내가 구원을 받았는지 아닌지를 끊임없이 회의하면서 직업적 성공이 구원의 징표임을 확인하는 것이 청교도적인 방식이었다.

막스 베버의 주장은 많은 학자들에 의해 비판 받았다. 종교라는 변수를 가지고 자본주의적 발전과의 상관관계를 설명하는 것은 사실 무리가 있다. 자본주의는 유교를 포함한 다른 종교에서도 나타나고 카톨릭과 자본주의 발전 간의 상관관계가 전혀 없다고 보기도 어렵다. 자본주의적 축적의 초기 단계가 농업중심의 중세 봉건시대에 시작되었음을 인정한다면[34] 청교도만이 자본주의를 가능케 한 유일한 종교문화로 볼 수는 없다.

그럼에도 불구하고 청교도의 세속적 일상에 대한 종교적 인정이 다른 종교보다 자본주의적 발전에 더 긍정적인 영향을 주었을 가능성은 진지하게 수용할 필요가 있다. 청교도는 종교적이고 주술적인 행위보다는 부단한 직업노동을 실천하는 것이 선행으로 보았다. 구원을 위해 선택된 자의 표식은 종교적 행위보다는 믿음에 기반한 세속적 일상이다. 세속적 가치를 경시하지 않고 이를 종교적 구원과 연결지어 생각하는 것은 후일 서구에서 상공업이 발달하고, 이에 종사하던 이들이 성직자와 귀족에 대항할 수 있는 사회적 계급으로 성장할 수 있는 인식적 기반이 되었다.

세속적 가치라는 것이 종교를 넘어 사회적으로 인정받지 못할 경우

한 사회의 계층적 이동은 거의 불가능해진다. 이 경우 그 국가의 지배계층은 무력을 보유하거나 종교를 집행하거나 토지를 보유한 이들이 장악하게 된다. 일상생활의 소명에 충실한 이들은 종속적 위치에 있을 수밖에 없다.

넓은 의미에서 노동에 종사하는 노동자들의 직업적 노동이 세속적 행위일 뿐만 아니라 동시에 구원에 이르는 종교적 행위로 간주될 수 있다는 패러다임이 서구사회에 준 영향을 간과할 수는 없다. 대규모의 화이트칼라, 블루칼라 할 것 없이 대규모의 인적 자본이 노동뿐만 아니라 정치과정에 참여하게 됨으로써 경제나 산업발전을 도모할 수 있는 밑거름이 되었다.

이 과정에서 하급계층의 천박함이 상급계층의 눈에 거슬리기도 했을 것이다. 1789년 프랑스 혁명을 목격한 보수주의자들은 부르주아들의 혁명이 공포와 독재를 불러일으켰다며 반발했다. 그러나 이 부르주아와 프롤레타리아 계층이 후일 사회를 발전시킬 지식과 노동을 제공하는 훌륭한 인적 자원이 되었음을 부정하기 어렵다.

현재에도 전 세계의 최강국으로 자리매김한 미국은 반지성주의[35]와 자유지상주의가 팽배한 나라이다. 그만큼 세속적 가치에 대한 인정이 후하다. 그 결과 세계의 부와 인재가 자유와 성공의 기회를 찾아 미국으로 향한다.

물질적 가치를 추구하면서도 이를 부정하는 것은 위선이다. 역사적으로 사치와 문명에 철학적이고 종교적인 측면도 있었지만 실제로 많은 부분은 물질적이고 세속적인 것이었다. 그런데 그 혜택을 철학적이고 정치적인 지배계층이 독점하는 것은 정당화될 수 없다. 이러한 독점이 존재하면 정치적 독재가 형성되고 민간이 주도하는 시장과 사회는 쇠퇴한다. 경제적 세력이 정치적 독재를 견제할 수 있어야 한다.

세속적 가치에 대한 인정이 중요한 또 하나의 이유는 이것이야말로 제4차 산업혁명을 성공시키기 위한 사회적 조건이 될 것이기 때문이다. 근대화 과정에서 산업과 자본의 결합은 자유시장 자본주의의 번성에 결정적인 계기가 되었다. 21세기 들어 본격화하고 있는 기술과 자본의 결합은 시장 자본주의의 제2탄이라 할 수 있는 기술 자본주의의 등장을 현실화시킬 것이다.

2025년 2월 그 모습을 드러낸 스타게이트 얼라이언스는 기술 자본주의의 전형적인 모델이라 할 수 있다. 730조에 달하는 미국의 AI 프로젝트인 스타게이트는 기본적으로 오픈 AI의 기술과 소프트뱅크의 자본력이 주도적으로 결합하는 양상을 보여주었다. 손정의 소프트뱅크 회장은 우선 1,000억 달러를 그리고 4년 내 4,000억 달러를 추가 투자할 것을 공언한 바 있다. 여기에 삼성, 오라클, 엔비디아 등 기술과 자본력을 갖춘 기업들이 참여한다고 한다. 핵심은 기술과 자본이다.

산업과 자본의 결합보다도 기술과 자본의 결합은 사회적으로 더 파괴적인 힘을 발휘할지 모른다. 과거 상업자본 세력이나 산업자본 세력들과는 달리 국적을 불문할 것이며 인종적으로도 다양할 것이다. 금융자본 세력처럼 국제적이지만 계층적으로 더 다양할 것이다. 기술적 능력만 있다면 사회적 계층을 정의하는 각종 기준들은 쉽게 무시될 것이다.

일본이나 한국처럼 산업 자본주의가 발전한 동아시아 국가에서는 국가의 장기적 발전을 위해 자신의 단기적 이익을 포기하는 민관 엘리트들에게 국가가 물질뿐만 아니라 명예 또는 권력 등의 보상을 제공해 줌으로써 경제적 위기를 극복하고 도약을 성취하곤 했다. 소위 '보상의 정치'compensation politics이다.[36] 동양식 회사 자본주의가 미국식의 소위주주 자본주의를 이길 수 있는 비결이었다. 박봉의 관료생활을 감내한 엘리트 공무원들에게는 퇴임 후 산하기관의 기관장 자리가 포상처럼 주어졌다. 정부의 산업화 시책을 따라 어려운 경제상황에도 고용을 확대한 대기업들에게는 저금리의 정책금융이 주어졌다. 대기업과의 불리한 하도급관계를 감내한 중소기업들은 중소기업들을 위한 금융기관의 보살핌을 받았다. 낙후된 농촌에서 묵묵히 쌀을 생산한 농민들에게도 다양한 종류의 지원금과 면세혜택이 주어졌다. 이러한 보상은 정부에 복종한 대가였다.

그런데 이러한 보상의 정치 메커니즘이 기술 자본주의 시대에도 작동할 가능성은 매우 낮아 보인다. 기술이나 자본세력은 빠른 경제적 보상을 요구하고 정부의 개입을 거부한다. 주주들은 국가와 회사의 장기적 미래보다 당장의 배당을 선호한다. 이러한 특성으로 인해 개별국가의 정치경제적 문화나 구조가 기술 엘리트와 자본을 개방적으로 얼마나 차별 없이 포용할 것인지가 기술 자본주의 경쟁에서 중요한 승리요인이 될 수밖에 없다. 이들에게 정부가 복종의 대가로 부여할 철학적, 사회적 영예는 거의 의미가 없다. 심지어 이를 부여하려는 정부의 행태를 수용하지 않으려 할 것이다.

중국처럼 비자유주의적 권위주의 국가도 중상주의적 정책을 통해 기술 자본주의를 육성하는 것이 불가능할 이유는 없다. 딥시크DeepSeek 사례에서도 보듯이 충분히 가능하다. 그러나 문제는 지속가능성이다. 국가 자본주의의 특성은 국가가 자본을 통제하는 것이다. 시장이 국가에 도전하는 것을 용납하지 않는다. 국가에 순종하는 범위 내에서 발전자원의 선택적 공급이 주어진다. 그러나 기술과 자본은 더 큰 규모의 물질적 보상 그리고 결국에는 자유를 요구하게 된다.

근대화 과정에서 부를 획득한 상공업 계층은 자신의 경제적 지위에 걸맞은 사회적 지위를 원했다. 이러한 욕구는 독서, 사치 그리고 자녀의 고등교육으로 연결되었다. 경제적 지위와 사회적 지위가 불일치할 경우 이를 일치시키기 위한 사회적 변화가 수반한다. 그렇다면 사회적 지위를 획득한 기술 엘리트들에게는 어떤 보상이 주어질 때 그들이 만족하고 자신이 성장한 체제에 잔존할 것인가? 단순히 명예만으로는 충분한 보상이 되지 못한다. 결국 그들의 사회적 지위에 걸맞은 세속적 보상을 제공하는 것만이 사실상 유일한 대안이다.

이러한 보상을 가장 잘 제공하는 체제가 자유 민주주의이고 자유시장 자본주의이다. 시장에 대한 정치적 통제가 가해지는 국가 자본주의는 장기적으로 그에 필적할 수 없다. 따라서 제4차 산업혁명시대에 승리하는 국가는 개방성과 세속성에서 앞서있는 나라들이 될 것임이 거의 분명하다. 그리고 기술 자본주의 시대를 주도할 국가의 형태는 단연 자유주의적인 국가이다. 자유 민주주의 국가가 가지는 세속적 속성의 강점은 제4차 산업혁명 시대에도 여전히 유효하다.

바. 기술 자본주의에 대한 규제력

21세기 자유주의 국가이 간과할 수 없는 조건 중의 하나는 기술 자본주의가 유발할지도 모르는 각종 문제에 대한 대응능력이다. 이와 관련한 이슈는 두 가지이다. 하나는 제4차 산업혁명 분야의 관련 기술 개발에 정치경제 체제가 얼마나 우호적인 환경을 제공할 수 있는가의 문제이고, 다른 하나는 개인정보 보호 등 기술우선주의가 유발할 수 있는 각종 사회문제에 대한 대응능력에 관한 것이다.

우선 AI 기술 개발에 있어 시장 자본주의와 국가 자본주의 중 어느 쪽이 더 효율적인가의 문제에 관해서는 2025년 초에 세상에 발표된 중국의 추론형 인공지능 딥시크의 등장으로 인해 다시 논쟁의 불이 붙었다. 앞서 미국의 바이든 행정부는 첨단 반도체 수출통제를 시도하여 중국이 자체적으로 반도체 제조 및 AI 기술을 개발하는 것을 봉쇄하려 했다.

이러한 미국의 견제에도 불구하고 중국 스타트업 딥시크의 AI 모델 R1이 발표되면서 전 세계에 충격을 주었다. 딥시크의 특징은 저비용 고성능이라는 점이었다. 개발비용은 600만 달러(약 86억 5,800만 원)에 불과했다. 이는 엔비디아의 첨단 AI 칩을 사용한 오픈 AI가 챗GPT에 투자한 1억 달러의 10분의 1도 안 되는 비용이었다.

오픈 AI를 비롯한 미국의 주요 AI 모델은 개당 수천만 원에 달하는 엔비디아사의 H100첨단 칩을 사용했으나 딥시크의 R1은 이보다 훨씬 저렴한 H800을 사용했다. 사용된 칩의 수도 적었다. 서방의 주요 AI 모델은 약 1만 6,000개의 칩을 사용하지만 딥시크는 H800을 2,000개 사용했을 뿐이었다. 이러한 경제성에도 불구하고 2024년 9월 오픈 AI가 공개한 추론모델 o1을 앞섰다. 딥시크는 R1이 총 6가지 성능평가 항목에서 o1보다 높은 성능을 기록했다고 주장했다.[37]

더욱 놀라운 것은 저비용 고성능 AI 모델을 탑재한 스타트업 기업들이 중국에서 속속 등장하고 있다는 점이다. AI 신4대천왕이라 불리는 문샷, 즈푸, 바이촨, 미니맥스 등이 딥시크와 유사하게 저비용 고성능의 AI를 개발한 기업들로 오픈 AI의 추론형 모델 o1에 필적하는 기술력을 보유하고 있다. 중국의 대형 인터넷 기업들의 자금, 학계의 지원, 풍부한 인력, 그리고 정부의 지원이 결합하여 중국의 AI 기술이 미국에 위협을 가하고 있다.[38] 이런 AI 회사가 중국에 이미 4,700개가 넘게 존재하고 있는데 이들은 모두 중국 정부의 집중적 육성계획에 의해 만들어진 기업들이다. 대중에게 서비스를 제공하고 있는 거대 언어모델LLM이 200개 이상이고 등록 사용자 수도 6억 명이 넘는다.

2014년 중국 정부가 시작한 혁신창업 진흥정책인 '대중창업 만중창신 大衆創業 萬衆創新'전략이 출발이었다고 한다. 세계지식재산기구WIPO에 따르면 2014년부터 2023년까지 10년간 출원된 생성 AI 분야 특허 5만 4천여 건 중에 중국에서 출원한 것이 38,210건으로 약 70%를 차지한다. 이는 2위인 미국의 6,276건의 6배 규모이다. 3위인 한국은 4,155건, 4위인 일본은 3,409건, 5위인 인도는 1,350건이다.[39]

중국의 국가주도적 AI 기술 개발전략은 미국과 같은 민간주도의 시장중심적 발전 전략과 어떤 비교를 할 수 있을까? 일부에선 이러한 정부주도의 전략이 독창성을 결여하고 있으며 모방을 통해 성장하는 한계를 가지고 있다고 비판한다. 실제로 도널드 트럼프 행정부가 들어선 이후 미국은 중국 AI 기업들의 데이터 도용 의혹을 조사하기 시작했다. 오픈 AI와 MS는 딥시크가 자체 AI 모델 V3를 저비용으로 개발하는 과정에서 오픈 AI의 데이터를 무단으로 도용했다고 주장한다.

오픈 AI측은 중국의 AI 회사들이 소위 지식 승류Knowledge Disitilation라는 기법을 통해 다른 AI 모델의 출력물을 자신의 모델을 훈련하기 위해 사용하고 있다고 비판했다. MS도 딥시크가 오픈 AI의 API(앱 프로그래밍 인터페이스)에서 대량의 데이터를 무단으로 도용했다고 고발했다. API를 사용하기 위해서는 허가가 필요한데 오픈 AI측은 이를 금지하고 있다.[40]

딥시크 충격의 대응으로 미국에서는 2025년 1월 21일 트럼프 대통령의 취임식에 맞춰 5,000억 달러 규모의 스타게이트 프로젝트가 출범했다. 여기에는 오픈 AI, 오라클, 그리고 ARM의 최대주주인 일본의 소프트뱅크가 주축이 되었다. 2월 4일에는 샘 올트먼과 손정의 회장이 한국에 방문하여 삼성, SK 그리고 카카오와 회의를 개최함으로써 중국에 대응하는 AI 자유주의 동맹의 탄생 가능성이 점쳐졌다.

AI 기술을 둘러싼 국가 자본주의와 시장 자본주의 동맹 간의 승부의 결과는 아직 예측하기 힘들다. 다만 역사적으로 볼 때 후자는 기술의 선도적 개발에 장점을 발휘해왔고 후자는 이를 모방한 확장성에 강점을 보였다. 이는 후발주자인 중국이 선발주자 따라잡기에는 성과를 보이고 있지만 선도적 지위를 유지하고 확정하는데는 한계를 보일 수 있음을 시사하는 것이다.

만일 중국을 봉쇄하려는 미국주도의 자유주의 가치동맹이 결성되고 그들 간의 시장마저 확대될 수 있다면, 향후 자유주의 진영이 기술적 주도권을 유지하는데 큰 이변이 없을 것으로 보인다. 게다가 중국에서 AI 기술이 급격하게 발전할 수 있게 한 중요 요소라고 할 수 있는 지적재산권에 대한 보호를 미국이 강화한다면 이는 결국 중국이 추구하는 기술 자본주의 성장의 장애 요소로 작용할 가능성도 높다.

AI 사용료 지불문제 그리고 AI 훈련에 사용되는 데이터의 사용문제 등이 정식으로 법제화되거나 규제화 된다면 중국 등 비자유주의 진영은 큰 타격을 받을 수밖에 없다. 결국 시장은 가장 똑똑하고 개방적인 AI 모델을 선택할 수밖에 없다는 점에서 선두주자의 강점은 명백하다. 전 세계에 다양한 IT 플랫폼이 존재하지만 결국은 구글이나 아마존 등 지배적 지위를 가지고 있는 소수의 플랫폼이 전 세계를 장악하는 것과 유사한 현상이 전개될 것이다.

다만 자유 민주주의적 관점에서 고려해야 할 것이 있다면 기존의 산업이나 금융 중심의 시장 자본주의와 비교했을 때 기술 자본주의에 내포된 자유주의적 속성이 극단적으로 강할 수 있다는 점이다. 이는 오히려 우렷거리가 될 수 있다. 자유주의적 가치는 20세기 들어 민주주의적 규범과 결합함으로써 이념적 안정을 도모할 수 있었다.

그런데 민주주의 요소가 제거된 자유주의는 극단의 자유방임을 유발한 채 개인 간 형평의 문제를 간과하는 현상을 낳을 수 있다. 우파적 자유주의, 즉 자유지상주의 이론은 개인의 자유, 경쟁 그리고 효율 등의 가치에 치중한다. 그리하여 시장의 지배적 독점과 승자독식의 상황이 발생할 수 있다. 작은 정부를 장악한 기득권 엘리트들이 시장과 사회마저 좌지우지하려 시도하는 현상이 나타날 수 있다.

이러한 현상은 비자유주의적 권위주의와 국가독점 자본주의가 결합된 국가에서도 나타날 수 있다. 정부가 의도적으로 시장에서 독점을 조성하고 시장행위자들이 독점에서 창출되는 지대를 추구하게 하는 것이다. 지대를 추구하는 행위자들은 정부에 복종할 수밖에 없다. 정부는 발전자원을 시장에 할당하는 권력을 보유하게 된다.

극단의 자유주의적 정치경제 상황에서 기술 자본주의가 번성할 경우 시민계층은 위축될 가능성이 높다. 제4차 산업혁명이 번성한 사회는 기술을 지배하는 계층과 기술의 지배를 받는 계층으로 이분화될 가능성도 배제할 수 없다. 제조업 중심의 산업 자본주의가 발전한 사회에서는 자본가와 노동자 간의 대립을 중재한 중산 부르주아 계층이 중간계급을 형성했다. 이들이 시민계층을 형성하여 양 계급 간의 극단적 대립을 중재할 수 있었다.

그러나 제4차 산업혁명이 성숙된 사회에서는 AI나 로봇 기술등이 블루칼라는 물론 고소득의 화이트칼라 노동자들을 모두 대체의 대상으로 삼을 수 있다. 노동자가 중산층으로 계급 상승할 수 있는 기회가 축소되는 것은 물론이고 중산층이 재산권을 상실하고 임금노동자화하는 현상이 가속화될 수도 있다.

이 경우 우려가 되는 것은 기술의 도움을 받으면 소수의 기득권층이 다수의 대중을 통제하는 것이 가능해진다는 점이다. 앞서 지적했듯이 작은 정부를 지향하는 자유주의 국가의 한계는 가진 소수가 못 가진 다수를 설득하지 못할 수 있다는 점이다. 못 가진 다수의 불만이 누적되면 계급혁명으로 연결될 수 있다. 이를 통제하기 위한 고전적인 방식은 자유주의가 비자유주의적 민주주의, 즉 권위주의로 퇴보하고 민주주의를 극우 파시스트적 통치로 대체하는 것이었다. 명분은 자본주의를 사회주의나 공산주의 위협으로부터 보호하기 위함이었다.

제4차 산업혁명의 등장은 이러한 기득권 소수가 다수를 설득하거나 심지어 통제할 수 있는 기술적 대안을 자유주의 국가에 제공할 수 있다. 기술적 리바이어던Leviathan을 등장시키는 것이다. 초정부적 기술을 통해 개인을 감시하고 통제하는 기술을 이용할 수 있다. 소위 빅 브라더Big Brother가 현실화하면 자유주의를 지탱하는 자율적 시민계층은 결정적으로 위축될 수밖에 없다. 개인의 자유와 재산권을 바탕으로 정부의 독재에 대항하기 버거워진다.

기술-자본-국가 간의 연합이 등장하면 대중화된 시민계층은 이에 대항하기 어렵다. 더 우려할 것은 기술이 자본과 국가 사이에서 캐스팅보트를 행사할 수 있다는 점이다. 기술은 한편으로 제조산업에 일자리를 제공하면서도 다른 한편으로 노동을 없앨 수 있는 잠재력이 있다. 블록체인과 양자 컴퓨터의 사례에서 보듯이 정보를 국가가 독점하는 것도 더 이상 불가능할 수 있다. 지금까지 정보는 국가가 인허가권을 행사할 수 있는 기반이었다.

다만 긍정적인 면이 있다면 기술과 자본이 결합하여 무력을 합법적으로 독점한 정부에게 대항하여 국가독재를 막을 수 있는 사회적 힘이 될 수도 있다는 점일 것이다. 이는 비자유주의적 민주주의나 권위주의 국가에서 정부가 권력, 자본 그리고 기술까지 모두 독점하는 상황보다는 낫다.

그러나 기술과 자본이 연합하여 가공할 사회적 세력으로 등장하게 될 경우 중산 시민계층마저도 위축시켜 작지만 강한 정부를 추구하는 자유주의 국가에게 위협을 줄 수 있다. 기술과 자본이 만들어내는 재원을 바탕으로 조성된 기본소득에 의존하는 시민계층의 사회경제적 무능화 현상은 이들의 자발적 정치참여도 약화시킬 것이다. 그리고 시민은 무책임하고 즉흥적인 대중으로 추락할지도 모른다.

따라서 기술 자본주의 현상을 통제할 수 있는 자유 민주주의 국가는 기술에 대한 민주적인 통제장치를 마련해야만 한다. 결국 이를 담당할 기관은 의회, 사법부 그리고 행정부를 포함하는 국가이다. 그리고 대중화를 거부한 시민들의 건전하고 질 높은 정치참여이다. 결국 기술과 자본의 연합을 견제할 힘은 시민이 주축이 된 사회세력과 자유 민주주의적 국가가 연합하여 만들어낼 수밖에 없다. 이 점에서 작지만, 너욱 중요한 것은, 강한 국가라는 자유주의적 모토는 그 중요성이 다시 강조된다. 특히 의회의 퇴보는 무분별한 대중의 정치참여와 기술과 자본세력의 거대화를 유도하는 정치적 계기가 될 것이므로 반드시 막아야 한다.

사. 자유주의 동맹: 규범 대 가치

자유 민주주의적 국가를 만들기 위한 가장 중요한 조건은 '자유주의'라는 이념에 대한 국민적 합의이다. 합리적이고 이성적인 개인이 자신의 이기적인 이익을 추구할 수 있는 환경을 조성하고 개인의 생명, 재산 그리고 자유를 최대한 보호하는 것이 자유 민주주의 국가의 사명임에 국민 모두가 동의할 필요가 있다.

우리나라에서 자유라는 개념에 대해 사회 일부의 저항감이 있는 이유는 1980년대부터 전 세계를 휩쓴 신자유주의적 사조의 영향 때문이라 할 수 있다. 1997년 아시아 금융위기를 수습하는 과정에서 우리는 소위 IMF 방식의 경제 구조조정 프로그램을 추진해야만 했다. 이 방식의 기본적인 이념은 경쟁과 효율 그리고 개방성을 강조하는 신자유주의적인 것이었다. 그 결과 노동자를 비롯한 다수의 실업이 발생했고 경제적 양극화도 심화되었다.

신자유주의라는 개념의 확산은 자유라는 가치의 상대적 강조, 반면 평등이라는 민주주의적 가치의 상대적 경시를 가져왔다. 따라서 자유 민주주의가 강조하는 자유와 평등 간의 균형이 무너졌다. 이에 진보적 민주주의 진영은 자유주의에 대한 적대적 인식을 갖게 되었다. 권위주의적 발전국가하에서 산업육성을 위한 국가의 전략적 간섭 때문에 사회경제적 평등이 이미 붕괴되어 있었는데 이것이 신자유주의적 구조조정으로 인해 더욱 심화되었다고 본 것이다. 2008년 미국발 금융위기의 발생 이후 미국에서도 신자유주의에 대한 반발이 거세지면서 형평과 분배의 요구가 전 세계적으로 확산되기에 이르렀다.

우리나라의 진보진영에서 자유주의에 대한 반감이 강화된 또 다른 이유는 남북관계에서 찾을 수 있다. 이들은 남북관계 경색의 출발점을 남한에서 친일잔재가 청산되지 못한 점에서 찾고 있다. 일본 나아가 미국 등 외세적 간섭이 잔존함으로써 남북 간의 민족적 통일을 방해하고 있다고 인식한다. 일본과 미국을 자유의 가치를 대변하는 세력이며 민족이라는 가치에 반하는 영구분단 세력으로 간주한다.

요약하면 우리나라에서 자유주의적 가치는 한편에서는 평등을 강조하는 진보적 민주주의 진영으로부터 그리고 동시에 남북 간 통일을 요구하는 민족주의 진영으로부터 협공을 받고 있는 셈이다.

이러한 상황에서 우리나라가 자유 민주주의 국가로 자리매김하기 위해서는 국제적으로 자유주의적 규범동맹을 결성하고 참여하는 수밖에 없다. 이 경우 논쟁이 발생할 수 있는 주제가 남북한 관계이다. 다시 말해 남북 간의 통일을 영구적으로 포기해야 하는 것인가? 아니면 자유주의적 이념을 중심으로 남한이 북한을 흡수 통일해야하는 것인가의 문제이다.

개인중심의 자유주의적 관점에서 본다면 남북한 관계에서 민족주의적 요소는 배제되는 것이고 따라서 양자는 개별적인 국가로 존재해야 할 수도 있다. 이 경우 종전선언 후 평화 체제로의 전환 여부, UN 체제의 재편 여부 그리고 주한미군 문제 등 여러 가지 문제를 전향적으로 논의할 준비가 필요하다.

남북한 간 관계의 중요성에도 불구하고 자유 민주주의적 국가로 자리매김하기 위해서는 자유주의 동맹에 적극 참여하는 것은 불가피하다. 자유주의가 미국만의 이념은 아니다. 대한민국이 국제사회에서 자유 민주주의 국가로서 차지하는 위상이 매우 높다. 우리가 부정하든 안 하든 자유 민주주의 국가로 정의되고 있고 이를 선도하는 국가로 행동할 것을 주문받고 있다. 이제 과거처럼 선진국의 움직임에 무조건 편승하는 것이 점점 더 어려워질 것이다.

상황이 이러하다면 자유라는 개념을 '가치'로 볼 것인가 아니면 '규범'으로 볼 것인가에 관한 입장 정리가 필요하다. '민주주의 정상회의'는 미국이 추진하는 가치동맹 전략의 주축이 되는 국제포럼이다. 조 바이든 전 대통령의 주선으로 2021년 12월 첫 회의가 열렸었다. 이 모임의 핵심은 중국 팽창 억제를 위한 동맹의 구축이다. 미국이 동맹들과 협력하는 통합억제 정책을 구사한다. 미국은 동맹을 엮음에 있어서 민주, 인권, 법치라는 세 가지의 가치를 제시한 바 있다. 이는 자유 민주주의와 권위주의적 전체주의를 이념적으로 구분하는 핵심가치들로 자유라는 개념을 공통분모로 삼고 있다.

미국은 이미 영국 및 호주 등과 인도태평양 지역에서의 3자 안보 파트너십인 AUKUS와 미국, 영국, 캐나다, 호주, 뉴질랜드로 구성된 기밀공유동맹인 파이브 아이즈Five Eyes를 구성하여 군사안보적 차원의 가치동맹을 구축한 바 있다. 이 기구들은 영어를 사용하는 앵글로색슨 국가들로 구성되어 사실상 자유적 가치동맹의 핵심장치로 작동하고 있다.

여기에 비영어권인 한국과 일본이 더해진 한미일 가치동맹도 등장했다. 윤석열 정부가 적극 참여행보를 보인 바 있는 동아시아판 가치동맹은 자유라는 이념적 가치를 공유하는 것을 넘어 이를 매개체로 하여 비자유주의적 국가들에 대한 배타적 동아리를 형성한다는 의미를 가지고 있다. 특히 한미일 간의 가치동맹은 북중러에 대항하는 이념적 동맹이라는 점에서 양 진영이 신냉전적 갈등 구도에 진입해 있음을 반증하는 것이기도 하다.[41]

이처럼 가치동맹은 자유주의 진영과 비자유주의 진영 간의 갈등적 상황을 전제로 하고 있다는 점에서 다소의 우려를 갖게 하는 것도 사실이다. 게다가 반일을 주장하는 진보주의 진영에서는 일본과 독도에 대한 영토분쟁이 진행 중인 점을 들며 한미일 동맹을 근본적으로 불가능하다고 주장한다. 따라서 자유적 '가치'를 추구하는 국가들 간의 동맹을 상정하는 것보다는 자유 민주주의적 '규범'을 준수하는 국가들 간의 동맹을 형성하는 것이 덜 갈등적일 수 있다. 자유라는 가치는 민주주의 이념과 결합함으로써 규범화 된다.[42]

여기서 잠시 국제정치 이론의 측면을 살펴보자. 국제정치 이론에서 두 개의 주류적 이론은 현실주의와 자유제도주의다. 현실주의는 국가중심 이론이다. 국제사회는 국가로 구성되어 있다고 상정한다. 국가를 마치 인간처럼 이성적인 존재로 보고 있으며 합리적으로 판단하고 이기적으로 국익을 추구한다고 간주한다. 가장 중요한 국가의 목표는 생존이다. 세계는 무정부 상태이며 따라서 다른 국가에 지나치게 의존하는 것은 위험하다. 안보적 안정을 위해서는 국가 간 동맹 간 세력균형이 이루어져야 하며, 압도적 국력을 보유하여 리더십을 행사할 패권국가의 존재도 필요하다고 보고 있다.

이에 비해 자유제도주의는 국가 중심주의를 배격한다. 국제사회에서는 정부뿐만 아니라 개인, 기업, INGO, 학계 등 다양한 행위자들이 초국가적으로 얽혀 각자의 이익을 위해 행동한다. 따라서 이러한 행위자들이 일정한 규범을 준수하며 행동할 수 있는 제도를 잘 설계하면 패권국가 등의 존재 없이도 평화유지가 가능하다고 상정한다. 따라서 국가든 기업이든 서로 상호의존을 많이 하는 것이 필요하다. 서로 부족한 것을 주고받는 관계가 증가하면 전쟁의 위험성은 감소한다.

우리가 말하는 가치외교는 현실주의 정치의 입장에 서는 경향이 강하다. 미국 등 자유주의 가치를 추구하는 국가들이 동맹을 결성하여 중국과 러시아가 주도하는 비자유주의 진영과 세력균형을 이루자는 것이다. 또는 중국이 기존의 패권국인 미국에 대해 세력전이를 시도할 가능성이 있고, 이는 전쟁으로 이루어질 수 있으므로, 이를 예방하기 위해서는 패권국의 압도적인 힘의 유지가 필요하다는 것이다. 따라서 가치외교는 국가 간 또는 진영 간 충돌의 가능성 등 신냉전적 현실을 반영하고 있다.

반면에 규범외교는 국제적 평화를 위해 국제적 행위자들이 초국가적 제도에 참여하고 규범을 준수할 것을 역설한다. 각 국가의 국력에 상관없이 주권에 있어서 모든 국가는 평등하다는 자유 민주주의적 요소가 그 안에 내재한다. 모든 국제행위자들이 자유주의적이고 민주주의적인 규범들을 잘 준수하면 세계평화가 유지될 수 있다고 주장한다. 이러한 규범을 전 세계적으로 전파하는 것이 중요하며 따라서 정부 외의 다양한 행위자들이 참여하여 이를 논의해야 한다. 이를 위해 공공외교가 중요하다. 공공외교는 한 나라의 정체성을 이미지화하는 작업이다. 이 과정에는 정부, 민간 그리고 학계 등이 공히 민주적으로 참여해야 한다.

특정국가가 현실주의와 자유제도주의 중 하나에만 의존할 수는 없다. 현실적으로 양자는 정부에 따라 그 비중을 달리하며 복합적으로 발생한다. 따라서 가치외교와 규범외교를 상황에 따라 적절하며 복합적으로 구사하는 노력이 불가피할 것이다. 우리나라의 경우도 안보적 차원에서 정부 중심으로 가치외교를 추진한 바 있지만 그럼에도 공공외교적 노력을 결코 게을리해서는 안된다. 전 세계뿐만 아니라 동북아 지역의 평화와 안정을 담보할 규범을 설정하고 전파하는데 주역으로 참여해야 한다.

그런데 국제사회가 여전히 서구중심으로 움직이고 있고, 인권이라는 개념이 특정 지역이나 문화를 넘어서는 글로벌한 규범으로 자리 잡으면서, 현실적으로 국제규범은 자유주의적이고 민주주의적인 성격을 압도적으로 반영하고 있다. 법치의 준수나 평등같은 것들이 그 예이다. 무역기구인 WTO, 금융기구인 World Bank나 IMF, 그리고 UN까지도 이러한 개념들에 기초해 설계되었다.

우리나라는 이러한 자유 민주주의적인 규범이 신생독립국에 이식된 후 가장 성공적으로 번영한 국가로 인정받고 있다. 우리의 K컬쳐가 세계적으로 인정받는 이유도 여기에 있다. 따라서 자유주의적 가치외교뿐만 아니라 규범외교를 공공외교 차원에서 추진하여 발전을 위한 자유 민주주의의 영향력을 전파해야 한다. 이러한 노력을 통해 우리의 국격도 그에 따라 상승할 것이다.

우리는 앞에서 자유주의가 두 가지의 종류가 있음을 보았다. 하나는 개인을 중심으로 한 자유주의이고, 다른 하나는 개인과 그가 속한 공동체 간의 관계를 중심으로 한 자유주의이다. 20세기에 후자는 사회민주주의로 불렸고, 동 세기 후반에 전자는 신자유주의라는 모습으로 부활했다.

그러나 양자 모두 자유와 민주를 가치나 규범으로 준수하고 존중하고 있다는 점에서 하나의 신영을 구성하고 있다. 이러한 점은 러시아가 우크라이나를 침공하자 미국과 다수의 EU국가들이 공히 자유를 수호하려는 우크라이나의 노력을 지원하고 있는 점에서도 나타난다. 이 전쟁은 단순히는 러시아 대 유럽이나 NATO 간의 전쟁이 아니다. 자유를 지키려는 국가와 이를 침해하려는 국가 간의 전쟁이다.

우리나라가 우크라이나에 미국을 통해 간접적으로 무기를 지원하고 인도적 차원의 복구비용을 지원했던 것은 가치외교 전략의 일환이었다.

그러나 자유를 규범보다는 가치의 관점에서만 보다 보면 우리는 한미일 동맹의 틀 안에 갇히게 되고 그 이상으로 확장할 여지가 축소된다. 자유를 가치로도 보고 민주와 결합하여 규범으로도 보며 외교를 전개해야 한다.

이 대목에서 주목할 것인 EU이다. 우리나라와 EU는 2001년 FTA를 협정한데 이어 2014년 '대한민국과 유럽연합 및 그 회원국 간의 기본협정'을 발효시켰다. 이 협정에서 양자를 자유적 규범에 관련된 제반 요소들 예컨대, 법의 지배와 선정의 원칙, 민주주의 원칙과 인권에 대한 중요성, 자유무역, 반테러리즘, 지속가능발전 등을 존중하고 준수할 것을 약속했다. 우리가 EU와 공동으로 준수할 것을 약속한 자유주의적 규범은 한미일 동맹에서 언급하는 자유주의적 가치보다 더 평화지향적이고 범위가 넓다.

현재 나타나는 모습을 볼 때 미국중심의 자유주의 가치동맹은 팽창적이며 심지어 공격적 양상을 보인다. 중국과 러시아를 중심으로 한 비자유주의 동맹에 대항한다는 명분 때문이다. 사실 따지고 보면 19세기 영국의 고전적 자유주의 역시 공격적이고 팽창적이었다. 빅토리아 여왕은 영국의 여왕이자 인도의 여왕이었다. 영국은 1857년 발생한 세포이 항쟁을 진압하고 1858년부터 직접 식민통치를 시작했다.

자유주의 원조국인 영국은 전 세계에 광범위하게 식민지를 건설했다. 해가 지지 않는 나라라는 별칭이 생긴 것도 이 때문이었다. 그리고 밀John Stuart Mill 같은 자유 민주주의자들은 심지어 식민지배를 예찬했다.[43] 구성원들의 자질이 낮은 나라의 경우 소수의 특정인이 지배하게 되는데 이 경우 구성원들의 이익이 침해될 수 있다. 이 경우 차라리 선진 외국의 식민지배를 받는 것이 좋다는 것이다. 그는 이를 통해 역사의 발전과정을 단축할 수 있다고 보았다.

자유주의는 평화로운 모습 이면에 이처럼 계몽주의적이며 공격적인 면모가 있다. 미국이 주도하는 가치외교 진영에서도 이러한 모습이 나타난다. 반면 자유를 민주와 결합하여 규범으로 보는 시각에서는 평화적이고 평등한 공존을 중시한다. 칸트의 영구평화론이나 민주주의 평화론이 이러한 이론적 입장을 반영한다. 이 이론의 전제는 자유독립적이고 민주적인 정체 예컨대 공화정의 존재이다.[44]

우리와 가치동맹을 형성하고 있는 미국이나 일본의 입장은 우리와 동일하지 않다. 트럼프 행정부가 들어선 이후 미국은 경제적으로는 고립주의를 그러나 정치적으로 팽창주의를 추구하고 있다. 일본 역시 전쟁을 수행할 수 있는 보통국가로 변하려는 의욕을 가지고 있다. 반면 현재 우리는 이러한 팽창적 욕구를 가지고 있지 않다.

가치동맹과 규범동맹을 제로섬의 관점에서 볼 이유는 없다. 우리는 양자 모두에 참여하는 것이 유리하다. 우리의 주권과 영토를 지키기 위해서 가치동맹을 구사해야 할 수도 있지만 우리의 국제정치적 위상을 높이고 무엇보다도 무역을 촉진하고 세계시장을 개척하기 위해서는 규범동맹에의 적극적 참여가 필요하다. 미국은 파리협약이나 WTO조차도 무시하는 태도를 보이고 있다. 그러나 가치동맹에 몰두하는 것이 중간국가인 우리가 택할 수 있는 대안은 아니다. 두 종류의 동맹에 균형적으로 참여하는 전략이 필요하다.

에필로그

에필로그 2025

자본주의, 전쟁 그리고 우리가 만들어야 할 국가

이 책의 원고를 마무리하는 2025년의 상황은 대한민국의 입장에서 매우 엄중하다. 2월 초 취임한 미국의 트럼프 대통령은 제2차 세계대전 이후 지난 80년간 미국이 보여주었던 자비로운 패권국과는 매우 다른 얼굴의 미국을 보여주고 있다. 트럼프 1기 때와도 다르다. 그 당시보다도 현재의 미국의 얼굴은 더 사납고 공격적이다. 약자는 물론 동맹의 입장에 대한 배려는 없다. 그리고 미·중 간의 경제 전쟁은 이제 본격화되었다.

국제정치학적 관점에서 보았을 때, 지금의 미국은 자유주의적이지만 그다지 민주주의적이지는 않다. 자신의 이익에 관한 한 극도로 이기적이다. 심지어 중상주의적 국가 자본주의의 면모도 있다. 주권상의 평등함을 인정하지 않고, 상대편에게 국력 상의 차이를 각인시키려 한다. 트럼프 대통령은 미국을 방문한 젤렌스키 우크라이나 대통령에게 '미국 없이 당신이 내놓을 카드는 더 이상 없다. 그는 "Without us, you don't have any card!"라고 일갈했다. 더 이상 외교적인 미국은 없다.

미국의 입장에서 보면 당연한 일일 수 있다. 지금까지의 대국 다운 미국의 모습이 더 예외적이었을지 모른다. 미국은 과거 소련 때문에 그리고 지금은 새로이 부상하는 중국에 대응하기 위해 동맹의 힘이 필요했고 그래서 자비로운 모습을 잠시 연출했을 뿐인지도 모른다.

그런 미국의 태도에 변화를 가져온 것은 미국의 자본주의적 위기감과 동시에 국력회복의 자신감 때문이다. 트럼프는 심각한 재정적자와 무역적자를 기록하고 있지만 기축통화로서 달러의 위상을 유지하고, 기술 자본주의를 주도하고, 현재 정도의 군사력을 유지할 수만 있다면, 적자는 '위대한 미국'의 존망을 가름할 심각한 문제가 아니라는 생각을 가지고 있는 듯하다. 무엇보다도 AI 등 제4차 산업혁명 분야에서 세계 선두를 달리고 있다. 2위인 중국을 훨씬 앞선다.

기축통화국인 미국은 세계적으로 달러의 유동성을 공급하기 위해 무역과 재정상의 적자를 감수해야 했다. 이처럼 지속적인 무역적자와 재정적자 상황이라면 달러의 가치가 약화되어야 마땅했다. 그럼에도 미국으로 집중되는 안전자산 선호효과와 2022년에 시작된 고금리 정책으로 인해 강달러 현상이 지속됐다. 그런데 달러의 강세는 미국상품의 수출에 도움이 되지 않는다. 그러자 트럼프 행정부는 1985년 플라자 협약처럼 주요 상대국들의 통화가치를 절상시키고 달러의 가치는 상대적으로 하락시키려 했다. 아울러 이들에게 100년 만기 채권을 강매하려 한다는 설도 등장했다. 상대국이 무역흑자로 벌어들이는 달러를 미국채로 흡수하되 100년 후에 갚을 수 있다면 달러 유동성의 급격한 변동은 막을 수 있다고 보는 것이다. 이기적인 발상이다. 과거 제국주의의 망령이 되살아나는 듯하다.

중국에 이어 미국마저 공격적인 자본주의로 돌아서자 21세기 들어 전 세계가 이제 전쟁을 의식하면서 살기 시작했다. 단순한 군사적 충돌은 큰 전쟁으로 발전하지 않는다. 진정한 의미의 대전은 정치경제적 이유가 있어야 발발한다. 과거 로널드 레이건 대통령이 소련과의 냉전을 종식시킬 수 있었던 비결이 있었다. 그는 소련과의 대결을 군사적인 것에서 경제적인 것으로 전환시켰다. 막대한 규모의 군대와 무기와 핵을 가지고 있었던 소련은 미국에게 큰 위협이었지만, 근본적으로 공산주의는 자본주와의 체제경쟁에서 이길 수 없었다.

레이건이 소련을 상대로 건 전쟁은 군비경쟁armament race이었다. 군대를 유지하고 전쟁을 준비하는 비용을 마련하는 전쟁이었다. 단순히 전투 능력의 넘어서는, 군사분야를 넘어서는 전쟁이었다. 소련 역시 미국에 버금가는 핵전력을 가지고 있었지만 냉전에서 이길 수는 없었다. 공산주의 계획경제는 시장 자본주의와의 효율 경쟁을 벌일 수 없을 만큼 유능하지 못했다. 그리고 이러한 사실을 구소련의 엘리트들도 잘 알고 있었다. 구소련의 마지막 지도자였던 고르바초프도 그중의 하나였다.

그런데 미국과 중국 간의 대립이 구소련과의 대립보다 더 위험할지 모른다. 큰 목소리로 공산혁명을 부르짖던 소련은 미국이 침공하지 않는 한 전쟁을 먼저 도발할 능력이 과연 있었을지 의문이다. 양 진영은 냉전적 대립의 긴장을 동맹을 관리하는데 이용했다. 그리고 동맹들은 이를 국내정치에 이용했다. 전쟁의 공포를 이용해 자신의 권력을 강화했고 국내정치의 안정을 도모했다.

과연 미국과 중국이 전쟁을 벌이게 될까 하는 의문을 많은 이들이 공유하고 있다. 10년 전만 해도 이러한 상황은 하나의 가능성으로만 여겨졌다. 1978년 중국의 개방개혁 이후 양국은 경제적 밀월을 도모해왔다. 그리고 미국을 비롯한 서양의 지식인들은 중국에서 경제적 번영이 일단 시작되면 일본, 한국, 대만처럼 서구적 근대화 과정이 자연스레 시작될 것이라고 믿었다. 시민계층이 생기고 자유주의가 확산하고 결국 서구적 민주주의가 전개될 것으로 예측했다.

그러나 역사의 종언은 나타나지 않았다. 2000년 이상 유지해 온 중국만의 문명은 변화하지 않았다. 중국은 오히려 자본주의의 기원이 유교에 있다고 주장하기 시작했다. 그리고 공산당 국가가 주도하는 자신들만의 사회주의적 시장경제를 발전시켰다. 문명은 다시 충돌할 조짐을 보이기 시작했다. 시장 자본주의 대 국가 자본주의 간의 대립이라는 형태로 말이다.

본디 자본주의는 생존력과 파괴력이 강하다. 역사적으로 자유주의적 자본주의는 식민주의와 제국주의의 경제적 기반이 되었다. 트럼프 행정부 들어 보여주는 미국의 모습은 어찌 보면 자유주의적 자본주의의 본래 모습과 가까울지도 모른다.

자본주의의 성장 욕구는 왕성하다. 20세기에 들어 자본주의의 괴수화를 막을 수 있던 것은 그나마 민주주의라는 정치제도였다. 그러나 이제 민주주의도 그 능력의 한계를 보인지 오래 되었다. 오히려 자본주의의 힘에 의해 민주주의가 부식되고 있다. 민주주의만의 책임이 아니다. 슘페터의 예상과는 반대로 사회주의는 그 자체의 무능함으로 인해 결국 자본주의화되고 있다.

역사적으로 한 나라의 자본주의적 내부모순은 종종 전쟁이라는 결과물로 위기를 외부화시켰다. 그동안 자유 민주주의 이념에 입각한 국제기구와 제도의 존재로 인해 일국이 전쟁을 일으켜 타국을 침범하는 것은 규범적으로 금기시되었다. 그런데 이것이 깨지고 있다. 우크라이나 전쟁은 강대국들이 더 이상 전쟁의 유혹에서 자유롭지 못함을 보여준 사례이다. 중국과 미국 모두 자본주의적 경제의 내적 문제들이 축적되고 있다. 이를 일거에 타개할 방법은 전쟁일 수 있다는 생각을 지도자들이 갖게 될 지도 모른다. 게다가 이런 위험한 생각은 전쟁의 비용을 대야 하는 큰 손들의 찬성을 유도할 명분을 제공할 것이다.

러시아가 우크라이나를 점령해서 가스 파이프 라인의 운송권을 확보할 수 있다면, 동부지역의 희토류와 광물을 확보할 수 있다면 그리고 크림반도의 항구를 장악할 수 있다면 그래서 폴란드를 비롯 NATO 국가들을 공략할 수 있는 해상 길목을 차지할 수 있다면 전쟁은 수지가 맞는 프로젝트일 수 있다. 우리가 20세기 평화의 시대에는 잊고 있었지만 본래 전쟁은 이런 것이었다. 궁극적으로 대규모 정치경제적 비즈니스 프로젝트였다.

그렇다면 우리는 어느 길을 가야 할 것인가? 사실 이 질문은 우문이다. 이미 우리가 싫든 좋든 지금까지 걸어온 길이 있다. 냉전 체제하에서 자유 민주주의 그리고 시장 자본주의 진영에 편입되었고, 그리고 매우 성공적으로 그 길을 걸어왔다. 게다가 우리는 이미 국가 중심이 아니라 개인 중심의 사회에 살고 있다. 심지어 우리의 다음 세대는 한국적이기보다는 서구적이다. 이제 과거로 되돌아가기는 불가능하다. 일부의 사람들이 이에 대해 비판을 제기하지만 사실 그들도 자유와 경제적 번영의 달콤함을 포기하지 못한다. 우리 모두가 세속적 가치를 포기하는 것이 불가능하다.

이제 우리에게 더 절실한 질문은 다가올 기술 자본주의의 시대를 어떻게 살아나갈 것인가의 문제이다. 고장난 민주주의는 홀로 기술 자본주의를 견제할 힘이 없다. 민주주의가 더 고장나면 이 이념이 주장하던 평화론은 지켜지지 못할 것이다. 막연하게 민주주의에만 이 문제를 맡겨둘 수 없다. 민주주의의 이미지는 고상하다. 하지만 이를 도구삼아 생업을 해결하려는 사람의 숫자가 빠르게 늘어날까도 걱정이다.

민주주의라는 명분하에 분배 카르텔이 만성화되는 것을 젊은 세대는 거부할 것이다. 스스로 획득한 재산보다는 기본소득처럼 분배를 통해 얻어진 보조금을 선호하는 이들은 시민의 자격이 없다. 합리적이고 이성적인 주체가 될 수도 없다. 시민의 감소 그리고 감성적이고 반엘리트적인 대중의 확산은 결국 민주주의를 더 망가뜨릴 것이다.

그래서 다시 국가로 돌아가야 할 필요가 있다. 그러나 여기서 말하는 국가는 전제적이고 권위주의적인 통치를 일삼는 국가를 지칭하는 것이 아니다. 시장과 사회를 통제하는 국가 자본주의를 희구하는 것이 아니다.

그러면 우리는 어떤 국가를 만들어야 하는가? 이 책을 마무리하는 나의 생각은 자유 민주주의적 국가 모델은 여전히 적실성이 있다는 점이다. 국가는 개인의 재산과 생명과 자유를 보장하는 민주적 정치 체제여야 한다. 그리고 작으면서도 강해야 한다. 나는 신자유주의에 대한 반발로 한 때 이 개념에 대해 반감을 가진 적이 있었다. 그리고 시민이나 대중의 참여를 확대한 민주주의가 대안을 제공해 줄 것이라고 믿은 적이 있었다. 그러나 기술 자본주의의 도래를 목격하며 민주주의에게 더 이상 이 짐을 지우는 데는 한계가 있다는 생각을 하게 되었다.

중세시대 이탈리아의 도시국가는 민주적 공화 체제였다. 그러나 봉건시대 말기 농업 자본주의가 세를 일으키면서 근대국가의 태반이 형성되었고 이들 자치적 도시국가들은 15-16세기에 등장한 절대주의 국가들에 흡수되었다. 생각보다 민주주의 체제는 갑자기 붕괴되기 쉬운 정치 체제이다. 민주적 아테네도 군국적 스파르타에 의해 펠로폰네소스 진쟁에서 패해 몰락하지 않았던가?

21세기 우리의 화두는 다시 국가이다. 어떤 이는 중국처럼 사회에 대한 통제력이 강한 국가에 대한 미련을 갖는다. 발전국가하에서 경제 성장을 성취했던 기억을 회상한다. 그러나 비자유주의적 권위주의 국가의 역할은 거기까지이다. 시장이라는 제도를 건설하고 질서를 수립하는 역할까지가 최선이다. 통제적 정부나 국가가 성숙한 사회와 시장을 대상으로 간섭하는 것은 득보다 실이 크다.

그렇다고 해서 자유방임적 시장주의를 신봉하자는 얘기가 아니다. 방임적 시장 자본주의를 만들자는 것과 자유 민주주의적 국가를 만들자는 것은 결이 다르다. 시장 자본주의가 자유주의 국가를 만든 것이 아니다. 그 반대로 자유 민주주의 국가가 수립되자 시장 자본주의가 완성되었다. 애덤 스미스는 자본가들을 옹호하기 위해 국부론을 쓴 것이 아니었다. 오히려 중상주의적 자본가들의 책임을 강조했다. 시장 자유방임의 논리를 퍼트린 것은 그것이 절실했던 국가이고 사회였다. 당시 영국의 제국주의적 팽창을 위해 그 논리가 필요하다고 그들이 느꼈던 것이다. 자유주의 국가를 통해 당시 영국사회는 의도적으로 자본주의와 민주주의를 동의어로 만들었고 자기조절적 시장이라는 개념을 디자인했다.

국가는 사회의 창작물이다. 자본주의와 민주주의를 수레의 두 바퀴처럼 굴리는 것도, 반대로 둘이 서로 싸우게 만드는 것도 결국은 국가의 역할이다. 그리고 궁극적으로 국가를 조정하는 것은 사회다. 우리나라의 사회적 발전단계를 보면 자유주의가 적절하다. 그래서 자유 민주주의 가치와 규범을 잘 반영한 국가를 만드는 일, 바로 그 작업이 필요하다. 1987년 제6공화국 헌법을 쓰면서 본격화되었지만 아직 미완성인 채로 남아있는 그 작업 말이다.

단순히 어느 자본주의가 더 많은 돈을 벌어줄 것인가 하는 문제가 핵심이 아니다. 밀John Stuart Mill의 말처럼 만족스러운 바보가 되느니 불만족스러운 소크라테스가 되는 것이 나을지 모른다고 생각하는 사람이 많아야 자유 민주주의 국가를 세울 수 있다. 자유가 세속적이고 물질 중심의 가치여서 살아남은 것이 아니다. 인간으로 남아 있기 위해서 자유가 필요하기 때문이다.

이 책을 쓰면서 내가 줄곧 가지고 있었던 고민은 시장 자본주의가 만들어 낸 문제들을 더 이상 민주주의가 해결해 낼 수 없다면, 그리고 국가 자본주의가 시장 자본주의에 도전을 지속하고 있다면 그 해결방안이 무엇이겠는가 하는 점이었다. 답은 국가로 돌아가는 것이다. 개인의 자유를 잘 지켜줄 수 있는 자유 민주주의적 국가를 만드는 것이다. 이 국가는 사회 위에 군림하며 명령하는 존재가 아니라 개인과 사회의 요구를 수렴하여 실행하는 제도여야 한다.

21세기 자본주의의 중상주의적 국가 자본주의화는 평화를 위협하는 요소가 될 것이다. 심지어 국가 자본주의와 시장 자본주의 간의 대립도 위험하다. 크고 작은 전쟁으로 비화하기 쉽다. 자유 민주주의와 비자유주의적 권위주의 간의 발전효율 논쟁은 무용하다. 권위주의를 정당화하려는 권력자들에게 명분만 제공할 뿐이다. 차라리 자유주의 틀 안에서 사회 민주주의와 자유 민주주의 간의 경쟁적 대립이 바람직하다. 이는 어떻게 시민 개인의 자유를 확대할 것인가를 두고 벌이는 대립이다. 그 방법에 따라 자본주의의 변형을 도모할 뿐이다. 자유 민주주의의 원형은 변하지 않는다. 개인의 자유의 확대를 위해 각기 다른 방식으로 자본주의가 봉사하도록 조정하는 것이다. 시민의 재산, 생명 그리고 자유를 보호하는 것이 자유주의 체제의 목적이다. 이를 만드는 일은 국가가 해야 한다.

2025년 트럼프 행정부가 들어서고 난 이후 미국과 중국 간의 대립은 그 강도를 더 하고 있다. 미국은 관세 전쟁을 벌이며 중국은 물론 동맹국마저 당황스럽게 만들고 있다. 미국의 위기의 근본적인 원인은 제조업 경쟁력의 상실이다. 1980년도 GDP에서 제조업이 차지하는 비중은 20.3%였지만 2021년 12.0%로 하락했다. 제조업이 만들어 내는 고용은 전체고용의 9.6%에 불과하다. 제조업보다 서비스 산업이 더 크고 더 많은 일자리를 만들어 내니 미국은 더 이상 제조업 국가가 아니다.

중국의 경우 제조업의 비중은 2021년 GDP의 27%를 차지했고 세계 제조업 GDP의 28.7%를 감당했다.

제조업 경쟁력의 상실로 인한 무역적자를 동맹국의 희생으로 보상받으려는 이기적인 정책은 결국 미국을 외교적으로 고립시킬 수도 있다. 이런 점에서 우리의 딜레마는 경제적인 것뿐만 아니라 국제정치적인 문제에 노출된다. 미국의 심술에 화가나 중국의 편에 서야 할 것인가?

그러나 이 또한 정답은 아니다. 중국 편에 선다는 것은 자유주의를 포기한다는 것이고 과거 중화주의의 시대로 그리고 결국은 국가 자본주의 시대로 회귀하려는 것과 크게 다르지 않다. 우리가 아무리 부정해도 국제사회는 우리의 변신을 그렇게 볼 것이다.

사실 1945년 이후 우리는 중국, 러시아, 일본 등의 강대국의 영향력에서 벗어나고자 몸부림쳤다. 그러기 위해 우리는 미국이라는 존재를 이용했다. 미국 및 자유주의 진영과 가까워지기 위해 미국식 자유주의를 도입했고 그 결과 정치경제적으로 양국 간의 호환성이 높아졌다.

우리의 다음 세대는 행태 면에서 서구적인 인간으로 변화했다. 우리 언어에서 한자가 물러나고 영어가 자연스럽게 스며들었다. 우리는 서구적 세계인이 됨으로써 동북아의 소국적 지위에서 탈피하고자 했고 그 전략은 성공적이었다. 반면 북한과는 이 점에서 더 멀어졌다. 이제 남한과 북한은 같은 민족이지만 거의 다른 나라가 되었다. 이제 감성적 통일론은 지지를 받지 못한다.

미국의 자유주의가 오류를 범하더라도 여전히 지정학적으로 중국보다는 미국이 동맹인 것이 우리에게 유리할지 모른다. 특히 군사적 동맹은 지리적으로 가까운 나라보다 먼 곳에 위치한 나라가 안보적으로 안전하다.

그동안 우리나라는 국제정치의 행위자로서 내재적 역량을 강화하여 국제적 위상을 높이려 했다. 그렇다 하더라도 세계의 구조적 변화가 우리에게 유리하게 변화했거나 또는 우리가 그 조류를 우리에게 유리하게 이용한 점을 부정하기는 어렵다. 그런데 이제 그 구조의 힘이 더 강화될 가능성이 높다. 지정학이나 정치경제적 구조는 평화의 시기보다는 전쟁과 위기의 시기에 더 큰 힘을 발휘한다.

강대국은 군사력으로 자신의 주권적 지위를 정의할 수 있지만 그 외의 나라들은 그러한 접근에 한계가 있다. 중견국인 우리나라가 생존하기 위해서는 군사적 역량을 갖추는 것 외에도 경제적으로, 문화적으로 그리고 민주주의적으로 탄탄하게 자리매김하는 방법밖에 없다. 그렇다면 우리가 추구해야 할 경제, 문화, 정치적 기반 이념은 무엇일까?

자유 민주주의 국가화 전략 이외에 다른 대안이 떠오르지 않는다. 자유주의 국가가 되어 우리도 식민지를 개척하고 제국주의를 하자는 이야기가 아니다. 우리는 강대국들이 자유주의를 앞세워 약소국들에게 상처를 입힌 역사를 잘 알고 있다. 우리는 강대국도 아니지만 설사 그러한 지위를 얻더라도 약소국들에게 몹쓸 일을 하지는 않을 것이다. 자유의 좋은 점도 알지만 그에 따르는 책임도 그리고 남용의 결과도 인지하고 있다.

우리의 저력은 자유 민주주의적인 중견국이라는 점에 근거해야 한다. 약자의 입장에서도 자유가 왜 좋은 것인지 말해줄 수 있어야 한다. 자유를 명분으로 힘을 남용하려는 강대국에게 경고할 수 있어야 한다. 그리고 무엇보다도 자유가 어떻게 한 나라를 진정으로 강하게 만들어줄 수 있는 이념인지 설명할 수 있어야 한다.

자유주의를 활성화한다는 것은 국내적으로 국가에 의한 보호와 기득권의 해제를 의미한다. 경쟁을 통해 우리 사회의 역량을 제고하는 것이다. 다수의 사람들에게 골고루 성공의 기회를 제공하는 것이다. 자기조절적 시장이 '사탄의 맷돌'이 될 수도 있다는 우려도 있다. 하지만 그것을 방지할 수 있는 힘과 방법은 자유 민주주의적 사회와 국가가 충분히 가지고 있다. 이것은 짧은 기간에 자유를 흡수하면서 혹독한 시행착오를 경험한 우리가 잘 할 수 있는 일이기도 하다.

우리는 아시아에서 가장 성숙한 자유 민주주의 국가가 되어가고 있다. 다른 나라들에게 자유와 민주라는 주제로 정치적인 영감을 주는 나라로 발전하고 있으며, 그 점에서 존중받고 있다. 자유와 인권을 사랑하는 한국인이 만든 상품과 문화가 세계적인 인기를 구가한다. 1945년 이후 줄곧 우리는 바로 이런 현재를 맞이하고자 이 길을 향해 걸어왔다. 이 길을 포기하고 다른 선택을 할 이유가 없다. 국가주의와 전체주의는 이미 우리가 떠나온 이념이고 다시 돌아가고픈 정치적 기억도 아니다. 이제 미국 때문이 아니라 변화하는 우리 자신 때문에 자유주의의 내면화가 필요하다.

자유 민주주의를 추구하는 한국이 국제적으로도 생존 가능성을 가장 높여준다. 세계인이 보기에 우리는 이미 매우 자유적이고 민주적인 대한민국이다. 자유와 평등의 동시적 달성을 위한 지혜와 노력이 절실하다.

참고문헌

References

Acemouglu, Daron, and James A. Robinson. 2012. *Why Nations Fail: the Origins of Power, Prosperity and Poverty*. New York: Crown Publishers.

Atzori, Marcella. 2017. "Blockchain Governance and The Role of Trust Service Providers: The Trusted Chain Network." Available at SSRN: https://ssrn.com/abstract=2972837

Beaud, Michael. 2001. *A History of Capitalism: 1500–2000*, New York: Monthly Review Press.

Bjrklund, Fredrika. 2016. "E-government and Moral Citizenship: The Case of Estonia." *Citizenship Studies* 20(6/7): 914-931.

Calder, Kent E. 1988. *Crisis and Compensation: Public Policy and Political Stability in Japan*. Princeton: Princeton University Press.

Chang, Ha-Joon. 2002. *Kicking away the Ladder*. London: Athem Press.

CSF(중국전문가포럼). 2023. "[2월 월간특집] 중국, 빅테크 규제 완화하나." 『월간특집이슈』 2월호.

Cummings, Bruce. 1987. "The Origins and Development of the Northeast Asian Political Economy," In *The Political Economy of the New Asian Industrialism*, edited by Frederic Deyo. Ithaca: Cornell University Press.

Dahl, Robert A. 1985. *A Preface to Economic Democracy*. Berkeley: The University of California Press.

Davidson, Sinclari, Primavera de Filippi, and Jason Pottsl. 2016. "Disrupting Governance: The New Institutional Economics of Distributed Ledger Technology." 12. Available at SSRN: https://ssrn.com/abstract=2811995

Dean, Jonathan. 2017. "Politicising Fandom." *The British Journal of Politics and International Relations* 19(2): 408-424.

Deyo, Frederic C. ed. 1987. *The Political Economy of the New Asian Industrialism*. Ithaca: Cornell University Press.

Durkheim, Emile. 1984. *The Division of Labor in Society*. London: Macmillan.

e-나라지표 https://www.index.go.kr/unity/potal/main/EachDtlPageDetail.do?idx_cd=2759 (검색일: 2025.5.20.)

Friedman, Milton. 1962. *Capitalism and Freedom*. Chicago: University of Chicago Press.

Fukuyama, Francis. 1992. *The End of History and the Last Man*. New York: Free Press.

Gerschenkron, Alexander. 1962. *Economic Backwardness in Historical Perspective*. Cambridge: Harvard University Press.

Giddens, Anthony. 1998. *The Third Way: The Renewal of Social Democracy*. Cambridge: Polity Press.

Habermas, Jürgen. 1991. *The Structural Transformation of the Public Sphere: An Inquiry Into a Category of Bourgeois Society*. Massachusetts: The MIT Press.

Hirschman, Albert O. 1982. S*hifting Involvements: Private Interest and Public Action*. Princeton: Princeton University Press.

Highidea. 2018. "플랫폼 기업은 어떻게 돈을 버는가?" https://steemit.com/kr/@highidea/2rbzch (검색일: 2025.5.19.)

Hobbes, Thomas. 1991. *Leviathan*. Edited by Richard Tuck. Cambridge: Cambridge University Press.

Huckle, Steve, and Martin White. 2016. "Socialism and the Blockchain." *Future Internet* 8(4).

Huntington, Samuel. 1968. *Political Order in Changing Societies*. 2nd edition. New Haven: Yale University Press.

Huntington, Samuel. 1993. "The Clash of Civilization?" *Foreign Affairs* 72(3): 22-49.

IRS Global. 2020. "[에너지/환경] 주요국별 에너지와 자급률 현황." https://www.irsglobal.com/bbs/rwdboard/14524 (검색일: 2025.4.22.)

Johnson, Chalmers. 1982. *MITI and the Japanese Miracle*. Stanford: Stanford University Press.

Keynes, John Maynard. 1936. *The General Theory of Employment, Interest and Money*. London: Macmillan.

Lee, Yeonho. 1997. *The State, Society and Big Business in South Korea*. London: Routledge.

Lipset, Seymour Martin. 1959. "Some Social Requisites of Democracy: Economic Development and Political Legitimacy." *The American Political Science Review* 53(1): 69-105.

List, Friedrich. 1996. *The National System of Political Economy*. 1885 ed. Reprint, New York: New A.M. Kelly.

Locke, John. 1988. *Two Treaties of Government*. edited by Peter Laslett. Cambridge: Cambridge University Press.

Lukacs, John. 2005. *Democracy and Populism*: Fear and Hatred. New Haven: Yale University Press.

March, James G. and Johan P. Olsen. 1984. "The New Institutionalism: Organizational Factors in Political Life." *American Political Science Review* 78(3): 734-749.

Marshall, Thomas H, and Tom Bottomore. 1992. *Citizenship and Social Classes*. London: Pluto Press.

Miller, Chris. 2022. *Chip War*. New York: Scribner International.

Moore, Barrington. 1966. *Social Origins of Dictatorship and Democracy*. Boston: Beacon Press.

Nakamoto, Satoshi. 2008. "Bitcoin: A Peer-to-Peer Electronic Cash System." Available at: https://bitcoin.org/bitcoin

Noakes, J. and G. Pridham. eds. 2000. "Antisemitism 1933-39." in *Nazism 1919-1945*, Volume 2. Exeter: University of Exeter Press.

North, Douglas C. 1990. *Institutions, Institutional Change and Economic Performance*. Cambridge: Cambridge University Press.

Olson, Mancur. 1971. *The Logic of Collective Action: Public Goods and the Theory of Groups*. Cambridge: Harvard University Press.

Olson, Mancur. 1982. *The Rise and Decline of Nations: Economic Growth, Stagflation and Social Rigidities*. New Haven: Yale University Press.

Olson, Mancur. 2000. *Power and Prosperity: Outgrowing Communist and Capitalist Dictatorships*. New York: Basic Books.

Ølnes, Svein, Jolien Ubacht, and Marjin Janssen. 2017. "Blockchain in Government: Benefits and Implications of Distributed Technology for Information Sharing." *Government Information Quarterly* 34(3): 335-364.

Press, Hammer. 1995. "Nazism's World Crusade against the Jews," in Roger Griffin. eds. *Fascism*. Oxford: Oxford University Press.

Putnam, Robert. 1993b. *Making Democracy Work: Civic Tradition in Modern Italy*. Princeton: Princeton University Press.

Rifkin, Jeremy. 1995. *The End of Work*. New York: G.P. Putnam's Sons.

Romer, Paul M. 1994. "The Origins of Endogenous Growth." *The Journal of Economic Perspectives* 8(1): 3-22.

Samuelson, Paul A. and William D. Nordhaus. 2001. *Economics* 7th ed. Boston: McGraw-Hill Irwin.

Savelyev, Alexander. 2017. "Contract law 2.0: 'Smart Contracts as the Beginning of the End of Classic Contract law." *Information & Communications Technology Law* 26(2).

Saward, Michael. 2006. "The Representative Claim." *Contemporary Political Theory* 5(3): 297-318.

Schumpeter, Joseph A. 1992. *Capitalism, Socialism and Democracy*. London: Routledge.

Smith, Adam. 1993. *Wealth of Nations*. Oxford: Oxford University Press.

Solow, Robert M. 2000. *Growth Theory*. Oxford: Oxford University Press.

Street, John. 1997. *Politics and Popular Culture*. Philadelphia: Temple University Press.

Swan, Melanie. 2015. *Blockchain: Blueprint for a New Economy*. California: O'Reilly Media.

Tilly, Charles. 1990. *Coercion, Capital and European States: AD 990–1992*. Oxford: Blackwell.

Tocqueville, Alexis de. 1984. *Democracy in America*. Renewed by Richard D. Heffiner. New York: New American Library, a Division of Penguin Books.

VOA. 2025. "EU "국방비 대폭 증액 필요성 시급"." 『VOA』 (2월 4일). https://www.voakorea.com/a/7962203.html (검색일: 2025.05.20.)

Weber, Max. 1958. Talcott Parsons trans. *The Protestant Ethic and the Spirit of Capitalism*. New York: Charles Scribner's Sons.

Wood, Ellen M. 1999. *The Origin of Capitalism*. New York: Monthly Review Press.

가세트, 오르테가 이 저 · 장선영 역. 2019. 『대중의 반역』. 누멘.

강선주. 2018. "4차 산업혁명 시대의 국제정치: 기회와 도전." 『IFANS FOCUS』 18권 15호.

강선주. 2023. "브릭스(BRICS)의 확장, 경제블록 가능성과 리스크." 『월간 통상』 11월호.

강철구, 2007. "16-18세기 유럽경제의 발전: 유럽자본주의는 어떻게 발전했나?" 『프레시안』 (12월 27일). https://www.pressian.com/pages/articles/54537

강철구. 2008. "근대 초 아시아경제의 재평가." 『프레시안』 (1월 2일). https://www.pressian.com/pages/articles/54573

게오르크 로이트, 랄프. 2005. 『괴벨스, 대중 선동의 심리학』. 교양인.

계연춘추. 2021. "독자들을 위한 짧고 쉬운 지정학 개론." https://letrleter.tistory.com/m/138 (검색일: 2025.4.22.)

고영건. 2014. "미국의 번영과 히스테리적 소비, 마침내 거품과 대공황을 낳다." 『동아비즈니스리뷰』 157권 7월 2호. https://dbr.donga.com/article/view/12

03/article_no/6536/ac/magazine

권혁철. 2024. “미국이 유엔사를 키우려는 이유, 박근혜도 알았다.” 『한겨레』 (8월 19일). https://www.hani.co.kr/arti/politics/polibar/1153954.html

김계연. 2025. ““독일판 마셜플랜” 793조 부양책 사실상 확정.” 『연합뉴스』 (3월 21일). https://www.yna.co.kr/view/AKR20250321160200082

김계환. 2024. “러 가스프롬, 내년부터 우크라 경유 유럽행 가스 끊을 듯.” 『연합뉴스』 (11월 27일). https://www.yna.co.kr/view/AKR20241127058800009

김광호. 2024. “‘한미일 동맹’과 ‘한일 동맹’.” 『경향신문』 (7월 3일). https://www.khan.co.kr/article/202407031832001

김대호. 2025. “트럼프 2기 관세폭탄과 ‘스무트-홀리법’의 망령.” 『한국방송기자클럽』 (2월 6일). https://journal.kbjc.net/news/articleView.html?idxno=20387

김상용. 2007. “중국의 토지사용권”. 『아시아법제연구』 8호. 7-55.

김석원. 2017. 『블록체인 펼쳐보기: 4차 산업혁명을 이끌 또 하나의 기술』. 비제이퍼블릭.

김신영. 2025. “트럼프 관세 전쟁의 명분 된 美 ‘일자리 구하기’…역사 속 진실은?” 『조선일보 위클리비즈』 (2월 20일). https://www.chosun.com/economy/weeklybiz/2025/02/20/LSAWVTTTZRCFDBWMFQDNDHML3A/

김애선·윤예지·주강진. 2016. “블록체인과 거버넌스 혁신.” 『KCERM 30차 포럼 보고서』.

김우상. 2012. 『신한국 책략 3: 대한민국 중견국 외교』. 세창출판사.

김유향. 2020. “디지털 민주주의 현재와 미래-②, 디지털 민주주의는 어디까지 왔는가.” 『KISO JOURNAL』 39호.

김윤나영. 2024. “캐나다, 스웨덴은 상속세 폐지?…자본이득세로 과세.” 『경향신문』 (9월 3일). https://www.khan.co.kr/article/202406171743001

김재현. 2025. “딥시크는 시작일 뿐…중국 AI 유니콘 줄섰다.” 『유니콘팩토리』 (2월 4일). https://www.unicornfactory.co.kr/article/2025020316064121674

김정록 외. 2023. ‘평균퇴직 49.4세... 죽음의 계곡 떠밀리는 나라.’ 『CBS 노컷뉴스』 (11월 7일). https://www.nocutnews.co.kr/news/6041351

김정영. 2024. ‘트럼프 당선과 빅테크 관전 포인트...M7의 정치기부... 규제와 밀월사이.'『뉴스 스페이스』(11월 7일). https://www.newsspace.kr/news/article.html?no=4429 (검색일: 2025.5.2.)

김정은. 2022. "[우크라 침공] 스웨덴, 안보 상황 악화에 국방비 확대 계획."『연합뉴스』(03월 11일). https://www.yna.co.kr/view/AKR20220311004800098

김현경. 2023. '한국 은퇴나이 평균55세... 최소 생활비 월 251만원.'『서울 파이낸스』(11월 26일). https://www.seoulfn.com/news/articleView.html?idxno=502274

김효인. 2025. "中, 美 과기 인재 줍줍하는데… 韓은 구경만."『조선일보』(3월 11일). https://www.chosun.com/economy/science/2025/03/11/HERWN56VMVBJBFYHORTOLZERUE/

남선혜. 2012. "워싱턴 컨센서스와 베이징 컨센서스 / IC카드." https://eiec.kdi.re.kr/material/clickView.do?click_yymm=201512&cidx=1719(검색일: 2025.4.20.)

노영우. 2023. "인플레·불황을 수출하는 美 … 침체 없는 경제 꿈꾸나."『매일경제』(7월 19일). https://www.mk.co.kr/news/economy/10788421

달리오, 레이 저·조용빈 역. 2025.「빅 사이클」. 한빛비즈.

도묘연. 2022. "정치적·경제적·사회적 특성, 미디어 이용, 포퓰리즘 성향의 영향구조."『한국정당학회보』21권 1호. 81-117.

뚜웨이밍. 2017. "유교, 미래를 한 새로운 인간학" 김우창 외 편.『지속가능한 미래』. 21세기북스.

루소, 장 자크 저·이재형 역. 2016,『사회계약론』. 문예출판사.

류이근, 노영준. 2023. "미국 역사상 가장 심각한 불평등 경험…대공황 때와 비슷".『한겨레』(10월 4일). https://www.hani.co.kr/arti/economy/heri_review/1110737.html

맥기, 패트릭 저·이준걸 역. 2025.「애플 인 차이나」. 인플루엔셜.

맥어스킬, 윌리엄 저·전미영 역. 2017.『냉정한 이타주의자』. 부키출판사.

미어샤이머, 존 J. 2016.『강대국 국제정치의 비극: 미중 패권경쟁의 시대』. 김앤김북스.

박민중. 2025. "대통령의 우상이 누구길래... 문제는 '세금'만이 아니었다."『오마이뉴스』(2월 19일). https://www.ohmynews.com/NWS_Web/Series/series_premium_pg.aspx?CNTN_CD=A0003103798

박영숙·제롬 글렌. 2020.『세계미래보고서 2021』. 비즈니스북스.

박중언. 2022. "미국은 부유층 자산 집중 극심…한국은 소득불평등 심해."『한겨레』(2월 2일). https://www.hani.co.kr/arti/economy/economy_general/1029416.html

박지향. 1997.『영국사』. 까치.

박태균. 1998. "특집:1948~1950년 미국의 대한정책과 이승만정권 미국의 대한경제부흥정책의 성격(1948~1950)."『역사와현실』. 27권 76-111.

배재성. 2025. "우크라 720조 청구한 트럼프…영원히 '경제 식민지' 삼겠다는 것."『중앙일보』(2월 19일). https://www.joongang.co.kr/article/25314886

백영란. 2024. "[세계금융사] 미국에 2차 세계대전은 '경제 전쟁'이었다."『아시아경제』(3월 4일). https://www.asiae.co.kr/article/2024022810132117488

벌린, 이사야 저·박동천 역. 2014.『이사야 벌린의 자유론』. 아카넷.

벤담, 제레미 저·고정식 역. 2011.『도덕과 입법의 원리 서설』. 나남신서.

브레머, 이언 저·차백만 역. 2011.『국가는 무엇을 해야 하는가?』. 다산북스.

사회적가치연구원. 2023.『4차산업혁명 기술로 인한 미래사회영향 연구』. 사회적가치연구원.

샤이델, 발터 저·조미현 역. 2017.『불평등의 역사』. 에코르리브.

서민주·고경봉. 2019. "박정수 서강대 교수 "'임금상승률 정체됐다'는 소주성 이론…통계 허점서 생긴 오류"."『한국경제신문』(5월 6일). https://www.hankyung.com/article/2019050660531

성도현. 2022. "러시아의 우크라 침공 예견했나…다시 보는 심장지대 이론."『연합뉴스』(5월 31일). https://www.yna.co.kr/view/AKR20220531024800005

성채린·이연호. 2023. "문재인 팬덤 정치현상과뉴미디어 플랫폼."『문화와 정치』10권 4호 105-133.

센델, 마이클 저·김명철 역. 2014.『정의란 무엇인가』. 와이즈베리.

셔먼, 나탈리. 2024. '테크업계 종사자들이 트럼프를 지지하는 이유'.『BBC News

코리아』 (7월 27일). https://www.bbc.com/korean/articles/c29dy7jd022o (검색일: 2025.5.2.)

송근원. 1998. "복지예산과 국방예산의 관계." 『한국행정학보』 32권 1호. 11-26.

송원아, 이양경, 김다은. 2022. "美,「반도체 및 과학법 (CHIPS and Science Act)」 주요 내용 및 시사점." 『KISTEP 브리프』 29호.

스미스, 애덤. 2016. 『도덕감정론』. 한길사.

아브케, 톰. 2024. "중국 군 역량을 위협하는 두뇌 유출과 혁신 탄압." 『Indo-Pacific Defense Forum』 (12월 4일).

양갑용. 2019. "중국 일대일로의 정책 의미연구." 『현대중국의 세계전략 I: 일대일로와 동아시아, 갈등과 협력』 연구총서 98권. 동북아역사재단.

엄상현. 2010. "다시 주목받는 '유교 자본주의'." 『주간동아』 (3월 17일). https://weekly.donga.com/coverstory/article/all/11/89594/1

앨리슨, 그레이엄 저 · 정혜윤 역. 2018. 『예정된 전쟁』. 세종서적.

울프, 마틴 저 · 고한석 역. 2023. 『민주주의적 자본주의의 위기』, 페이지2북스.

유용민. 2019. "포퓰리즘, 민주주의 그리고 미디어: 자유주의적 민주주의와의 규범적 연관을 중심으로." 『언론과 사회』 27권 4호. 5-48.

윤대엽. 2016. "중국의 비공유 경제발전과 국가중심 산업정책 거버넌스." 『국제정치논총』, 56권 2호. 253-288.

윤대엽. 2019. "시진핑체제 이후 중국의 경제적 국가책략." 『동북아연구』 34권 1호. 153-181.

윤동영. 2017. "美, 9.11이래 16년간 전쟁비용 이자만 해도 8소날러 부담." 『연합뉴스』 (11월 24일). https://www.yna.co.kr/view/AKR20171124134300009

윤성이. 2018. 『한국정치 - 민주주의 · 시민사회 · 뉴미디어』. 법문사.

이근식. 1999. 『자유주의 사회경제사상』. 한길사.

이래현, 리차드 김. 2024. "북러 조약: '무력침공시 지체없이 군사원조'…4조 조항 어떻게 해석해야 하나." 『BBC News 코리아』 (6월 20일). https://www.bbc.com/korean/articles/cn00elnzqvzo

이민규. 2023. 『한국인의 대중국 기대심리와 반중 정서: 서울시 대중국 도시외교 시사전』. 서울연구원.

이벌찬. 2025. '거침없던 옛 마윈 사라졌네...예스맨으로 부활.' 『조선일보』 (2월 24일). https://www.chosun.com/international/international_general/2025/02/24/BPF43K2TH5GCBJWLG6AARL2BJQ/

이성우. 2020. "4차 산업혁명과 국제정치적 구조변화." 『국제지역연구』 24권 4호. 87-110.

이성우·정성희. 2019. "4차 산업혁명에 따른 정치 패러다임의 변화: 시민사회, 정부, 국제관계에 대한 영향." 『경기연구원 기본연구』 6호.

이승원. 2021. "팬덤 정치와 포퓰리즘: 대안적 정치문화를 위한 기획." 『문화과학』 108호.

이연호. 2009. 『발전론』 연세대학교 출판부.

이연호. 2013. 『불평등 발전과 민주주의』 박영사.

이연호. 2017. "EU의 시민과 시민사회." 이연호 편. 『EU의 자본주의와 민주주의』 박영사.

이연호·고주현. 2024. 『포퓰리즘: 유럽의 포퓰리즘이 한국에 주는 함의』. 연세대학교 출판문화원.

이연호·기여운. 2018. "블록체인 기술은 굿 거버넌스를 만들 수 있는가?" 『세계지역연구논총』 36권 2호. 191-222.

이영희. 1988. "당산 시민을 위한 애도사." 『한겨레신문』 (11월 6일).

이우탁. 2023. "미국의 가치동맹 전략과 '민주주의 정상회의'…中 대응은." 『연합뉴스』 (3월 30일). https://www.yna.co.kr/view/AKR20230330124600009

이정현·김하늬. 2025. "너무 싸서 수상한 中 딥시크…화들짝 놀란 美 데이터 도용 조사 착수." 『유니콘팩토리』 (1월 30일). https://news.mt.co.kr/mtview.php?no=2025013010580184799

임미나. 2025. "머스크의 'DOGE' 칼질에 美공직사회 폭풍같은 한달…월권 논란도." 『연합뉴스』 (2월 20일). https://www.yna.co.kr/view/AKR20250220012700075

장병규. 2019. 『4차 산업혁명 대정부 권고안』 대통령직속 4차산업혁명위원회.

장석인. 2017. "제4차 산업혁명 시대의 산업구조 변화 방향과 정책과제." 『국토』

424호. 22-30.

장윤종. 2016. “4차 산업혁명과 한국산업의 과제.” 『월간 KIET 산업경제』 241호.

재정적자유. 2024. “옐런의 미국국채 조작의 진실과 연준의 양적긴축 축소.” https://blog.naver.com/andree77/223529540570 (검색일: 2025.4.22.)

전재성. 2021. “EAI 스페셜리포트: 미중경쟁 2050, ⑤ 군사안보.” 『동아시아연구원』.

정용환 · 김민정. 2025. “딥시크 같은 기업, 중국엔 4000개 있다…충격의 中 AI 실력.” 『중앙일보』 (2월 2일). https://www.joongang.co.kr/article/25311063

정혜인. 2025. ““그 돈으로 이렇게?” 딥시크 AI 어떻길래…엔비디아 울고, 애플 웃나.” 『유니콘팩토리』 (1월 30일). https://www.unicornfactory.co.kr/article/2025013015261891305

정호섭. 2017. “미국의 남중국해 정책을 보는 2가지 시각” 『KIMS Periscope』 86호.

조은정. 2024. “국무부 “한국-나토 협력 심화 환영… 아시아-유럽 안보 밀접 연관”.” 『VOA』 (7월 13일). https://www.voakorea.com/a/7696479.html

주종국. 2024. “러 천연가스 최대 수입국으로 중국 부상…전쟁 이후 유럽 제쳐.” 『연합뉴스』 (10월 23일). https://www.yna.co.kr/view/AKR20241023108600009

채제우. 2025. “EU와 잘못된 이별...브렉시트가 남긴 잃어버린 10년.” 『조선일보』 (6월 14일). https://www.chosun.com/economy/weeklybiz/2025/06/12/26A4KO4Q4FAABCA3UAPCIM6PCM/

최강. 2024. “[기고] 이제 아시아판 NATO를 설립할 때다.” 『조선일보』 (6월 17일). https://www.chosun.com/opinion/contribution/2024/06/17/7CYARRMABVEBFJVYOF2WEH3OJI/.

최계영. 2017. “4차 산업혁명과 ICT.” 『KISDI Primium Report』 17권 2호.

최병천. 2022. 『좋은 불평등』. 메디치미디어.

카스타레드, 장 저 · 이소영 역. 2011. 『사치와 문명』. 뜨인돌.

카프, 알렉스. 니콜라스 자미스카 저 · 빅데이터닥터 역. 2025. 『기술 공화국 선언』. 지식노마드.

칸트, 임마누엘 저 · 박환덕 역. 2012. 『영구평화론』. 범우사.

폴슨, 헨리 M. 주니어. 2020. 『중국과 협상하기』. 열린책들.

피넥터. 2016. “블록체인 기술의 발전과정과 이해,” 『Finector Report-2016』. 1-53.

피케티, 토마 저 · 장경국 외 역. 2014. 『21세기 자본』. 글항아리.

한국해양전략연구소. 2017. “미국의 남중국해 정책을 보는 2가지 시각.” 『KIMS Periscope』 86호.

한러혁신센터. 2020. “러시아 산업현황” 1권. https://kric.kitech.re.kr/webzine/html/webzin/sub.php?pmode=webzinepage11

한정엽. 2020. “제1차 세계대전 후 미국 경제의 성장.” https://brunch.co.kr/@jyhan71/55 (검색일: 2025.4.22.)

허태욱. 2019. “[여시재 인사이트 / 디지털과 사회] 스마트폰이 바꾼 세상, 블록체인이 한 번 더 바꿀 것 - 유럽, 미국에서 확산되는 ‘디지털 사회혁신’, ‘디지털 민주주의’.” 『태재미래전략연구원』 (10월 15일).

호프스테더, 리처드 저 · 유강은 역. 2017. 『미국의 반지성주의』. 교유서가.

홍익희. 2018. “홍익희의 음식이야기: 설탕이 부른 전쟁.” 『국민일보』 (10월 26일). https://www.kmib.co.kr/article/view.asp?arcid=0924024474

홍준기. 2023. “미국 국방비, 중국의 3배로 독보적 1위… 한국은 몇위?” 『조선일보』 (8월 25일). https://www.chosun.com/economy/weeklybiz/2023/08/17/P3DHTIMXA5HRPOS5XK3JBJSB7M/

미주

Endnote

프롤로그

1 Francis Fukuyama. 1992. *The End of History and the Last Man*. New York: Free Press.

2 Samuel Huntington. 1993. "The Clash of Civilization?" *Foreign Affairs*. 72(3): 22-49.

3 Frederic C. Deyo. ed. 1987. *The Political Economy of the New Asian Industrialism*. Ithaca: Cornell University Press.

4 Chris Miller. 2022. *Chip War*. New York: Scribner International.

5 존 J. 미어샤이머. 2016. 『강대국 국제정치의 비극: 미중 패권경쟁의 시대』. 김앤김북스.

6 발터 샤이델 저 · 조미현 역. 2017. 『불평등의 역사』. 에코르리브.

7 Fukuyama. 위의 책. 17장을 참조.

01. 선생과 자본주의

1 박지향. 1997. 『영국사』. 까치.

2 위의 책. 439.

3 Alexis de Tocqueville. 1984. *Democracy in America*. Renewed by Richard D. Heffiner. New York: New American Library, a Division of Penguin Books.

4 Michael Beaud. 2001. *A History of Capitalism: 1500-2000*, New York: Monthly Review Press. 142.

5 위의 책. 143.

6 Friedrich List. 1996. *The National System of Political Economy*. 1885 ed. Reprint. New York: New A.M. Kelly.

7 John Maynard Keynes. 1936. *The General Theory of Employment, Interest and Money*. London: Macmillan.

8 랄프 게오르크 로이트. 2005. 『괴벨스, 대중 선동의 심리학』. 교양인. 152-4.

9 Hammer Press. 1995 "Nazism's World Crusade against the Jews." in Roger Griffin. ed. *Fascism*. Oxford: Oxford University Press; J. Noakes and G. Pridham. eds. 2000. "Antisemitism 1933-39." in *Nazism 1919-1945*. Volume 2. Exeter: University of Exeter Press. chap. 23.

10 백영란. 2024. "[세계금융사] 미국에 2차 세계대전은 '경제 전쟁'이었다." 『아시아경제』 (3월 4일). https://www.asiae.co.kr/article/2024022810132117488

11 고영건. 2014. "미국의 번영과 히스테리적 소비, 마침내 거품과 대공황을 낳다." 『동아비즈니스리뷰』. 157권 7월 2호. https://dbr.donga.com/article/view/1203/article_no/6536/ac/magazine

12 Chalmers Johnson. 1982. *MITI and the Japanese Miracle*. Stanford: Stanford University Press.

13 이연호. 2009. 『발전론』. 연세대학교 출판부.

14 박태균. 1998. "특집:1948~1950년 미국의 대한정책과 이승만정권 미국의 대한경제부흥정책의 성격(1948~1950)." 『역사와현실』. 27권. 76-111.

15 Samuel Huntington. 1968. *Political Order in Changing Societies*. New Haven: Yale University Press.

16 애덤 스미스. 2016. 『도덕감정론』. 한길사.

17 Mancur Olson. 1971. *The Logic of Collective Action: Public Goods and the Theory of Groups*. Cambridge: Harvard University Press.

18 Fukuyama. 위의 책.

19 Adam Smith. 1993. *Wealth of Nations*. Oxford: Oxford University Press.

20 Huntington. 위의 책.

21 마이클 샌델 저 · 김명철 역. 2014. 『정의란 무엇인가?』. 와이즈베리.

22 Milton Friedman. 1962. *Capitalism and Freedom*. London: University of Chicago Press.

23 Huntington. 1993. 위의 글.

24 헨리 M. 폴슨 주니어. 2020. 『중국과 협상하기』. 열린책들.

25 그레이엄 엘리슨 저 · 정혜윤 역. 2018. 『예정된 전쟁』. 세종서적.

26 Seymour Martin Lipset. 1959. "Some Social Requisites of Democracy: Economic Development and Political Legitimacy." *The American Political Science Review* 53(1): 69-105.

27 배재성. 2025. "우크라 720조 청구한 트럼프…영원히 '경제 식민지' 삼겠다는 것." 『중앙일보』 (2월 19일). https://www.joongang.co.kr/article/25314886

28 미어샤이머. 위의 책. 341-343.

29 박민중. 2025. "대통령의 우상이 누구길래... 문제는 '세금'만이 아니었다." 『오마이뉴스』 (2월 19일). https://www.ohmynews.com/NWS_Web/Series/series_premium_pg.aspx?CNTN_CD=A0003103798

30 임미나. 2025. "머스크의 'DOGE' 칼질에 美공직사회 폭풍같은 한달…월권 논란도." 『연합뉴스』 (2월 20일). https://www.yna.co.kr/view/AKR20250220012700075

31 김신영. 2025. "트럼프 관세 전쟁의 명분 된 美 '일자리 구하기'…역사 속 진실은?" 『조선일보 위클리비즈』 (2월 20일). https://www.chosun.com/economy/weeklybiz/2025/02/20/LSAWVTTTZRCFDBWMFQDNDHML3A/

32 윤동영. 2017. "美, 9.11이래 16년간 전쟁비용 이자만 해도 8조달러 부담." 『연합뉴스』 (11월 24일). https://www.yna.co.kr/view/AKR20171124134300009

33 IRS Global. 2020. "[에너지/환경] 주요국별 에너지와 자급률 현황." https://www.irsglobal.com/bbs/rwdboard/14524 (검색일: 2025.4.22.)

02. 근대화 이론과 자본주의

1 Emile Durkheim. 1984. *The Division of Labor in Society*. London: Macmillan.

2 Ellen M. Wood. 1999. *The Origin of Capitalism*. New York: Monthly Review Press.

3 Charles Tilly. 1990. *Coercion, Capital and European States: AD 990-1992*. Oxford: Blackwell; Olson. 1971. 위의 책.

4 Max Weber. 1958. Talcott Parsons. trans. *The Protestant Ethic and the Spirit of Capitalism*. New York: Charles Scribner's Sons.

5 Lipset. 위의 글.

6 Durkheim. 위의 책.

7 Adam Smith. 1993. *Wealth of Nations*. Oxford: Oxford University Press.

8 Friedrich List. 1996. *The National System of Political Economy*. 1885 ed. Reprint, New York: New A.M. Kelly.

9 이연호. 2009. 위의 책. 12장.

10 홍익희. 2018. "홍익희의 음식이야기: 설탕이 부른 전쟁." 『국민일보』 (10월 26일). https://www.kmib.co.kr/article/view.asp?arcid=0924024474.

11 강철구. 2008. "근대 초 아시아경제의 재평가." 『프레시안』 (1월 2일). https://www.pressian.com/pages/articles/54573.

12 위의 글.

13 Thomas Hobbes. 1991. *Leviathan*. edited by Richard Tuck. Cambridge: Cambridge University Press.

14 John Locke. 1988. *Two Treaties of Government*. edited by Peter Laslett. Cambridge: Cambridge University Press.

15 쟝 자크 루소 저 · 이재형 역. 2016, 『사회계약론』. 문예출판사.

16 제레미 벤담 저 · 고정식 역. 2011. 『도덕과 입법의 원리 서설』. 나남신서.

17 이근식. 1999. 『자유주의 사회경제사상』. 한길사. 91-92.

18 이연호. 위의 책. 69-78.

19 Smith. 위의 책 456.

20 Friedman. 위의 책.

21 위의 책.

22 강철구. 2007. "16-18세기 유럽경제의 발전: 유럽자본주의는 어떻게 발전했나?" 『프레시안』. (12월 27일). https://www.pressian.com/pages/articles/54537

23 전재성. 2021. "EAI 스페셜리포트: 미중경쟁 2050, ⑤ 군사안보." 『동아시아연구원』. (검색일: 2025.5.20.)

24 한정엽. 2020. "제1차 세계대전 후 미국 경제의 성장." https://brunch.co.kr/@jyhan71/55 (검색일: 2025.4.22.)

25 Miller. 위의 책.

26 Huntington. 1993. 위의 글.

27 Yeonho Lee. 1997. *The State, Society and Big Business in South Korea*. Routledge.

03. 산업 자본주의와 한국

1 James G. March and Johan P. Olsen. 1984. "The New Institutionalism: Organizational Factors in Political Life." *American Political Science Review* 78(3): 734-749.

2 Barrington Moore. 1966. *Social Origins of Dictatorship and Democracy*. Beacon Press.

3 엄상현 2010. "다시 주목받는 '유교 자본주의'." 『주간동아』 (3월 17일). https://weekly.donga.com/coverstory/article/all/11/89594/1. (검색일: 2025.5.20.)

4 뚜웨이밍. 2017. "유교, 미래를 한 새로운 인간학" 김우창 외 편. 『지속가능한 미래』. 21세기북스.

5 Weber. 위의 책.

6 Robert Putnam. 1993. *Making Democracy Work: Civic Tradition in Modern Italy*. Princeton University Press.

7 Ha-Joon Chang. 2002. *Kicking away the Ladder*. London: Athem

Press.

8 Douglas C. North. 1990. *Institutions, Institutional Change and Economic Performance*. Cambridge University Press.

9 박태균. 위의 글.

10 이연호. 2013. 『불평등 발전과 민주주의』. 박영사.

11 Bruce Cummings. 1987. “The Origins and Development of the Northeast Asian Political Economy.” In *The Political Economy of the New Asian Industrialism*. edited by Frederic Deyo. Ithaca: Cornell University Press. 67.

12 이연호. 2013. 위의 책. 63.

13 이연호. 2013. 위의 책. 2장.

14 Johnson. 위의 책; Lee. 위의 책.

15 North. 위의 책; Daron Acemouglu and James A. Robinson. 2012. *Why Nations Fail: the Origins of Power, Prosperity and Poverty*. New York: Crown Publishers.

16 이연호. 2009. 위의 책.

17 Huntington. 1968. 위의 책.

18 이연호. 2009. 위의 책. 5장.

19 Robert M. Solow. 2000. *Growth Theory*. Oxford: Oxford University Press.

20 Paul M. Romer. 1994. “The Origins of Endogenous Growth.” *The Journal of Economic Perspectives*. 8(1): 3-22.

21 North. 위의 책.

22 Locke. 1988. 위의 책.

23 Albert O. Hirschman. 1982. *Shifting Involement: Private Interest and Public Action*. Princeton University Press.

24 송근원. 1998. “복지예산과 국방예산의 관계.” 『한국행정학보』 32권 1호. 11-26.

25 서민주 · 고경봉. 2019. “박정수 서강대 교수 “‘임금상승률 정체됐다’는 소주성 이론…통계 허점서 생긴 오류”.” 『한국경제신문』 (5월 6일). https://www.

hankyung.com/article/2019050660531(검색일: 2025.5.20.)

26 성채린 · 이연호. 2023. "문재인 팬덤 정치현상과 뉴미디어 플랫폼." 『문화와 정치』 10권 4호.105-133.

27 최병천. 2022. 『좋은 불평등』. 메디치미디어.

04. 기술 자본주의와 민주주의

1 본 절과 다음 절은 기술적인 개념이 많아 졸저 이연호 · 기여운 2018. "블록체인 기술은 굿 거버넌스를 만들 수 있는가?" 『세계지역연구논총』 36권 2호, 191-222의 논문 중 일부를 가져왔음을 밝힌다.

2 Svein Ølnes, Jolien Ubacht and Marjin Janssen. 2017. "Blockchain in government: Benefits and implications of distributed technology for information sharing." *Government Information Quarterly* 34(3): 335-364.

3 Satoshi Nakamoto. 2008. "Bitcoin: A Peer-to-Peer Electronic Cash System." Available at: https://bitcoin.org/bitcoin (검색일: 2025.05.20.)

4 Sinclari Davidson, Primavera De Filippi and Jason Potts. 2016. "Disrupting Governance: The New Institutional Economics of Distributed Ledger Technology." 12. Available at SSRN: https://ssrn.com/abstract=2811995

5 피넥터. 2016. "블록체인 기술의 발전과정과 이해." 『Finector Report-2016』 15호.

6 Steve Huckle and Martin White. 2016. "Socialism and the blockchain." *Future Internet* 8(4); 김석원. 2017. 『블록체인 펼쳐보기: 4차 산업혁명을 이끌 또 하나의 기술』. 비제이퍼블릭. 83.

7 김석원. 위의 책. 2장 & 4장.

8 비잔틴 장군의 딜레마란 서로 배신과 음모가 난무했던 비잔틴제국의 장군들이 이를 극복하고 합의에 도달하기 위하여 사용했던 방식의 메커니즘을 지칭한다. 각 장군은 중앙에서 전달된 암호 명령문의 일부 조각을 해독한다. 암호를 해독한 장군은 이를 다른 장군에게 알려준다. 이 작업을 반복적으로 진행한 후 명령문조각을 합쳐서 최종 명령을 도출한다. 이러한 과정을 거친 명령문은 신뢰를 할 수 있게 된다. 이 작업에 참여한 절반이상의 장군들은 정확한 명령을 하달받겠다는 의지와 충성심을 가진 사람들이기 때문이다. 블록체인도 바로 이런 메

커니즘을 이용하고 있다. 즉 작업증명에 참여하는 노드들은 시스템이 안정적으로 작동하기를 바라는 사람들이고 따라서 그들이 투입하는 노력과 수행하는 작업의 결과는 신뢰할 수 있다는 것이다.

9 윌리엄 맥어스킬 · 전미영 역. 2017. 『냉정한 이타주의자』. 부키출판사.

10 Marcella Atzori. 2017. “Blockchain Governance and The Role of Trust Service Providers: The Trusted Chain Network.” Available at SSRN: https://ssrn.com/abstract=2972837 or http://dx.doi.org/10.2139/ssrn.2972837

11 Melanie Swan. 2015. *Blockchain: Blueprint for a New Economy*. California: O'Reilly Media.

12 Swan. 위의 책. 48.

13 Olson. 1971. 위의 책.

14 Svein et al. 위의 책.

15 Davidson et al. 위의 글.

16 이연호. 2017. “EU의 시민과 시민사회.” 이연호 편. 『EU의 자본주의와 민주주의』. 박영사. 59-80.

17 김석원. 위의 책. 72.

18 김애선 · 윤예지 · 주강진. 2016. “블록체인과 거버넌스 혁신.” 『KCERM 30차 포럼 보고서』. 70.

19 김석원. 위의 책. 85.

20 Atzori. 위의 글. 10.

21 Atzori. 위의 글. 15.

22 Alexander Savelyev. 2017. “Contract law 2.0: ‘Smart’ Contracts as the Beginning of the End of Classic Contract Law.” *Information & Communications Technology Law* 26(2).

23 highidea. 2018. “플랫폼 기업은 어떻게 돈을 버는가?” https://steemit.com/kr/@highidea/2rbzch (검색일: 2025.5.19.)

24 김정영. 2024. ‘트럼프 당선과 빅테크 관전 포인트...M7의 정치기부... 규제와 밀월사이.’ 『뉴스 스페이스』 (11월 7일). https://www.newsspace.kr/news/article.html?no=4429 (검색일: 2025.05.02.); 나탈리 셔먼. 2024. ‘테크업계

종사자들이 트럼프를 지지하는 이유.' 『BBC News 코리아』 (7월 27일). https://www.bbc.com/korean/articles/c29dy7jd022o (검색일: 2025.5.2.)

25 이연호. 2009. 위의 책. 112.

26 Robert A. Dahl. 1985. *A Preface to Economic Democracy*. Berkeley: University of California Press.

27 Thomas H. Marshall and Tom Bottmore. 1992. *Citizenship and Social Classes*. London: Pluto Press.

28 포퓰리즘의 이론적인 내용에 대해서는 이연호 · 고주현. 2024. 『포퓰리즘: 유럽의 포퓰리즘이 한국에 주는 함의』. 연세대학교 출판문화원을 참조.

29 오르테가 이 가세트 저 · 장선영 역. 2019. 『대중의 반역』. 누멘.

30 이근식. 위의 책. 341.

31 Joseph A. Schumpeter. 1992. *Capitalism, Socialism and Democracy*. London: Routledge.

32 Fredrika Bjrklund. 2016. "E-government and Moral Citizenship: The Case of Estonia." *Citizenship Studies* 20(6/7): 914-931.

33 가세트. 위의 책.

34 이연호 · 고주현. 위의 책. 그리고 이 부분 이하의 절은 성채린·이연호. 2023. "문재인 팬덤 정치현상과 뉴미디어 플랫폼." 『문화와 정치』. 10권 4호. 105-133의 일부를 발췌하여 작성했음을 밝힌다.

35 John Lukacs. 2005. *Democracy and Populism: Fear and Hatred*. New Haven: Yale University Press.

36 Jonathan Dean. 2017. "Politicising Fandom." *The British Journal of Politics and International Relations* 19(2): 408-424.

37 위의 글. 410-413.

38 Michael Saward. 2006. "The Representative Claim." *Contemporary Political Theory* 5(3): 297-318.

39 Dean. 위의 글. 411-415.

40 이승원. 2021. "팬덤 정치와 포퓰리즘: 대안적 정치문화를 위한 기획." 『문화과학』 108호. 113-114.

41 John Street. 1997. *Politics and Popular Culture*. Philadelphia: Temple

University Press.

42 도묘연. 2022. "정치적·경제적·사회적 특성, 미디어 이용, 포퓰리즘 성향의 영향구조." 『한국정당학회보』 21권 1호. 90.

43 윤성이. 2018. 『한국정치 - 민주주의·시민사회·뉴미디어』. 법문사. 64.

44 Jürgen Habermas. 1991. *The Structural Transformation of the Public Sphere: An Inquiry Into a Category of Bourgeois Society.* Massachusetts: The MIT Press.

45 도묘연. 위의 글. 90-91. 유용민. 2019. "포퓰리즘, 민주주의 그리고 미디어: 자유주의적 민주주의와의 규범적 연관을 중심으로." 『언론과 사회』 27권 4호. 35.

46 도묘연. 위의 글. 121.

47 본 절과 다음 절은 사회적 가치연구원. 2023. 『4차산업혁명 기술로 인한 미래 사회영향 연구』 보고서 중 본 저자 연구팀이 작성한 부분에 기초하여 작성하였음을 밝힌다.

48 김유향. 2020. "디지털 민주주의 현재와 미래-②, 디지털 민주주의는 어디까지 왔는가." 『KISO JOURNAL』 39호.

49 허태욱. 2019. "[여시재 인사이트 / 디지털과 사회] 스마트폰이 바꾼 세상, 블록체인이 한 번 더 바꿀 것 - 유럽, 미국에서 확산되는 '디지털 사회혁신', '디지털 민주주의'." 『태재미래전략연구원』 (10월 15일). https://www.taejaefci.org/posts/760 (검색일: 2025.05.20.)

50 이성우·정성희. 2019. "4차 산업혁명에 따른 정치 패러다임의 변화: 시민사회, 정부, 국제관계에 대한 영향." 『경기연구원 기본연구』 6호.

51 박영숙·제롬 글렌. 2020. 『세계미래보고서 2021』. 비즈니스북스.

52 Olson. 1971. 위의 책.

53 최계영. 2017. "4차 산업혁명과 ICT." 『KISDI Primium Report』 17권 2호.

54 장석인. 2017. "제4차 산업혁명 시대의 산업구조 변화 방향과 정책과제." 『국토』 424호. 22-30.

55 강선주. 2018. "4차 산업혁명 시대의 국제정치: 기회와 도전." 『IFANS FOCUS』 18권 15호.

56 장병규. 2019. 『4차 산업혁명 대정부 권고안』. 대통령직속 4차산업혁명위원회.

57 이성우·정성희. 위의 글.

58 장윤종. 2016. "4차 산업혁명과 한국산업의 과제." 『월간 KIET 산업경제』 241호.

59 Jeremy Rifkin. 1995. *The End of Work*. New York: G.P. Putnam's Sons.

60 이성우 · 정성희. 위의 글.

61 이성우 · 정성희. 위의 글.

62 Fukuyama. 위의 책.

63 Mancur Olson. 1982. *The Rise and Decline of Nations: Economic Growth, Stagflation and Social Rigidities*. New Haven: Yale University Press.

64 Anthony Giddens. 1998. *The Third Way: The Renewal of Social Democracy*. Cambridge: Polity Press.

65 박영숙 · 제롬 글렌. 위의 책.

66 최계영. 2017. "4차 산업혁명과 ICT." 『KISDI Primium Report』 17권 2호.

67 이성우 · 정성희. 위의 글.

68 이성우. 2020. "4차 산업혁명과 국제정치적 구조변화." 『국제지역연구』 24권 4호. 87-110.

05. 자본주의 전쟁: 국가와 시장 중 누가 기술을 더 잘 개발할 수 있는가?

1 이언 브레머 저 · 차백만 역. 2011. 『국가는 무엇을 해야 하는가?』 다산북스; 윤대엽. 2016. "중국의 비공유 경제발전과 국가중심 산업정책 거버넌스." 『국제정치논총』 56권 2호. 253-288.

2 김상용. 2007. "중국의 토지사용권." 『아시아법제연구』 8호. 7-55.

3 Alexander Gerschenkron. 1962. *Economic Backwardness in Historical Perspective*. Cambridge: Harvard University Press; Deyo. 위의 책.

4 이언 브레머 저 · 차백만 역. 위의 책.

5 윤대엽. 2019. "시진핑체제 이후 중국의 경제적 국가책략." 『동북아연구』 34권 1호. 153-181.

6 양갑용. 2019. "중국 일대일로의 정책 의미연구". 『현대중국의 세계전략 I: 일

대일로와 동아시아, 갈등과 협력』 연구총서 98권. 동북아역사재단.

7 CSF(중국전문가포럼). 2023. "[2월 월간특집] 중국, 빅테크 규제 완화하나." 『월간특집이슈』 2월호.

8 위의 글.

9 미국: 엔비디아, 마이크로 소프트, 애플, 알파벳(구글), 아마존, 메타, 브로드컴, 데슬라, 오라클, 넷플릭스, 퀄컴, AMD, 어도비, 세일즈 포스, 어플라이드 머티리얼즈
유럽: ASML, SAP
아시아: TSMC, 텐센트, 삼성전자

10 송원아, 이양경, 김다은. 2022. "美,「반도체 및 과학법 (CHIPS and Science Act)」 주요 내용 및 시사점." 『KISTEP 브리프』 29호.

11 Miller. 위의 책.

12 이벌찬. 2025. '거침없던 옛 마윈 사라졌네...예스맨으로 부활.' 『조선일보』 (2월 24일). https://www.chosun.com/inter national/international_general/2025/02/24/BPF43K2TH5GCBJWLG6AARL2BJQ/

13 톰 아브케. 2024. "중국 군 역량을 위협하는 두뇌 유출과 혁신 탄압." 『Indo-Pacific Defense Forum』 (12월 4일); 김효인. 2025. "中, 美 과기 인재 줍줍하는데… 韓은 구경만." 『조선일보』 (3월 11일).

14 Hirschman. 위의 책.

15 마틴 울프 저·고한석 역. 2023. 『민주주의적 자본주의의 위기』. 페이지2북스.

16 Marshall and Bottomore. 위의 책.

17 이근식. 위의 책. 91-92.

18 위의 책. 61.

19 위의 책. 95.

20 위의 책. 333.

21 Smith. 위의 책. 440-441.

22 이근식. 위의 책. 87-88.

23 토마 피케티 저·장경국 외 역. 2014. 『21세기 자본』. 글항아리.

24 Dahl. 위의 책.

25 이연호. 2009. 위의 책.

26 남선혜. 2012. "워싱턴 컨센서스와 베이징 컨센서스 / IC카드." (검색일: 2025.4.20.)

27 미어샤이머. 위의 책.

28 위의 책. 485.

29 성도현. 2022. "러시아의 우크라 침공 예견했나…다시 보는 심장지대 이론." 『연합뉴스』 (5월 31일).

30 Schumpeter. 위의 책.

31 강선주. 2023. "브릭스(BRICS)의 확장, 경제블록 가능성과 리스크." 『월간 통상』 11월호.

32 노영우. 2023. "인플레·불황을 수출하는 美 … 침체 없는 경제 꿈꾸나." 『매일경제』 (7월 19일). https://www.mk.co.kr/news/economy/10788421

33 김대호. 2025. "트럼프 2기 관세폭탄과 '스무트-홀리법'의 망령." 『한국방송기자클럽』 (2월 6일). https://journal.kbjc.net/news/articleView.html?idxno=20387

34 앨리슨. 위의 책.

35 미어샤이머. 위의 책.

36 김정환. 1991. '소련 국사력의 경제적 기반.' 『국방과 기술』 3월호.

37 이근식. 위의 책. 116.

38 이근식. 위의 책. 305.

39 이연호. 2009. 위의 책. 12장.

40 위의 책.

41 임마누엘 칸트 저·박환덕 역. 2012. 『영구평화론』. 범우사.

42 정호섭. 2017. "미국의 남중국해 정책을 보는 2가지 시각." 『KIMS Periscope』 86호.

43 권혁철. 2024. "미국이 유엔사를 키우려는 이유, 박근혜도 알았다." 『한겨레』 (8월 19일). https://www.hani.co.kr/arti/politics/polibar/1153954.html.; 정전협정 전문은 https://www.mofa.go.kr/www/brd/m_3984/down.do?brd_id=10909&seq=341009&data_tp=A&file_seq=1을 참고.

44 이래현, 리차드 김. 2024. "북러 조약: '무력침공시 지체없이 군사원조'…4조 조항 어떻게 해석해야 하나." 『BBC News 코리아』 (6월 20일). https://www.bbc.com/korean/articles/cn00elnzqvzo

45 최강. 2024. “[기고] 이제 아시아판 NATO를 설립할 때다.” 『조선일보』 (6월 17일). https://www.chosun.com/opinion/contribution/2024/06/17/7CYARRMABVEBFJVYOF2WEH3OJI/; 조은정. 2024. “국무부 “한국-나토 협력 심화 환영… 아시아-유럽 안보 밀접 연관”.” 『VOA』 (7월 13일). https://www.voakorea.com/a/7696479.html

46 한러혁신센터. 2020. “러시아 산업현황.” 1권 (2월호). https://kric.kitech.re.kr/webzine/html/webzin/sub.php?pmode=webzinepage11 (검색일: 2025. 5. 19.)

47 주종국. 2024. “러 천연가스 최대 수입국으로 중국 부상…전쟁 이후 유럽 제쳐.” 『연합뉴스』 (10월 23일). https://www.yna.co.kr/view/AKR20241023108600009

48 Schumpeter. 위의 책.

49 칸트. 위의 책.

50 박중언. 2022. “미국은 부유층 자산 집중 극심…한국은 소득불평등 심해.” 『한겨레』 (2월 2일). https://www.hani.co.kr/arti/economy/economy_general/1029416.html

51 류이근, 노영준. 2023. “미국 역사상 가장 심각한 불평등 경험…대공황 때와 비슷.” 『한겨레』 (10월 4일). https://www.hani.co.kr/arti/economy/heri_review/1110737.html

06. 기술 자본주의 시대의 자유 민주주의 국가 만들기

1 이근식. 위의 책. 183-185.

2 『한겨레신문』에 리영희 선생이 장기 연재한 칼럼 가운데 당산사태에 관한 글로, 칼럼이 실린 날은 서울 시내 가판 판매에 영향을 줄 정도로 큰 반응을 일으켰다 (1988년 11월 6일자). https://rheeyeunghui.or.kr/?mod=document&uid=85&page_id=73 (검색일: 2025.5.20.)

3 이사야 벌린 저 · 박동천 역. 2014. 『이사야 벌린의 자유론』. 아카넷.

4 이민규. 2023. 『한국인의 대중국 기대심리와 반중 정서: 서울시 대중국 도시외교 시사점』. 서울연구원.

5 이연호 · 고주현. 위의 책.

6 Olson. 1982. 위의 책.

7 민주화 이후 1987년부터 1992년까지 활동했던 전국대학생대표자협의회(전대협)과 1993년부터 이를 승계했던 한국대학생총학생회연합(한총련)을 주도했던 그룹은 NL주사파 즉 주체사상파로 일컬어진다. 여기에서 활동했던 이들이 후에 정당이나 국회를 통해 제도권 정치무대로 진입하면서 주체사상은 한국형 공산주의적 사회주의 이론으로서 좌파적 정책형성에 직간접적인 영향을 주었다. 또한 이 당시 운동권에서 활동했던 이들이 학원 및 학교에 진출하여 1989년부터 전교조 활동을 전개함으로써 청소년들의 정치사회화 과정에도 중요한 영향을 끼쳤다.

8 1987년 전대협 출범 당시 주요 행위자의 상당수가 민족해방파 또는 자주파 즉 NL:National Liberation계였고 이들은 주체 사상에 대한 사상적 관심을 가지고 있었다. 1980년대 초중반 서울대학교를 중심으로 성장하기 시작했던 친북적 이념 활동이 민주화를 계기로 전대학화 했다. 그 이전의 학생운동권은 인민 민주주의 또는 민중 민주주의, 즉 PD: People's Democracy계열이 주도했었다. PD계열은 구소련을 중심으로 한 서구공산주의 이론을 주로 학습했다. 그런데 1985년을 전후하여 서울대 구국학생연합을 중심으로 주사파가 결성되어 주체사상론이 각 대학 운동권에 전파되었고, 이어 등장한 전대협의 운동기반 이론으로 자리잡았다.

9 주체사상은 제국주의적 외세의 핍박으로 인해 자주권을 상실한 약소국의 입장을 변호했다. 북한은 항일세력이 건국의 주역이었던데 반해 남한의 건국을 주도한 세력은 친일세력이라는 문제의식에서 출발했다. 따라서 주체 사상의 국제주의는 민족주의적이며, 외세의 간섭을 받지 않기 위해서는 남북한 민족 간의 통일이 불가피하다고 인식했다. 노동자들의 차별 없는 국제적 연대 즉 프롤레타리아 국제연대를 강조하는 공산주의적 사회주의 이론의 주적은 제국주의와 연계된 부르주아 계급이다. 이에 비해 주체 사상의 주된 비판대상은 한민족을 분단시킨 외세, 즉 일본과 미국 그리고 이들의 조종을 받는 친외세 보수세력이었다. 이러한 입장에서 볼 때 주체 사상는 민족주의적 색채가 강한 사회주의 이론이라는 특성을 가지고 있다.

10 e-나라지표. https://www.index.go.kr/unity/potal/main/EachDtlPageDetail.do?idx_cd=2759 (검색일: 2025.5.20.)

11 김정록 외. 2023. '평균퇴직 49.4세... 죽음의 계곡 떠밀리는 나라.' 『CBS 노컷뉴스』 (11월 7일). https://www.nocutnews.co.kr/news/6041351 (검색일: 2025.5.20.); 김현경. 2023. '한국 은퇴나이 평균55세...최소 생활비 월 251만원.' 『서울 파이낸스』 (11월 26일). https://www.seoulfn.com/news/

articleView.html?idxno=502274 (검색일: 2025.5.20.)

12 Olson. 1971. 위의 책; Tilly. 위의 책.

13 이연호. 2009. 위의 책. 34.

14 샤이델. 위의 책.

15 박중언. 2022. “미국은 부유층 자산 집중 극심…한국은 소득불평등 심해.” 『한겨레』 (2월 2일). https://www.hani.co.kr/arti/economy/economy_general/1029416.html (검색일: 2025.5.20.)

16 VOA. 2025. “EU “국방비 대폭 증액 필요성 시급”.” 『VOA』 (2월 4일). https://www.voakorea.com/a/7962203.html (검색일: 2025.5.20.); 홍준기. 2023. “미국 국방비, 중국의 3배로 독보적 1위… 한국은 몇위?” 『조선일보』 (08월 25일). https://www.chosun.com/economy/weeklybiz/2023/08/17/P3DHTIMXA5HRPOS5XK3JBJSB7M/ (검색일: 2025.5.20.)

17 김계환. 2024. “러 가스프롬, 내년부터 우크라 경유 유럽행 가스 끊을 듯.” 『연합뉴스』 (11월 27일). https://www.yna.co.kr/view/AKR2024112705880009 (검색일: 2025.5.20.)

18 김우상. 2012. 『신한국 책략 3: 대한민국 중견국 외교』. 세창출판사. 35-37.

19 위의 책.

20 이연호. 2009. 위의 책. 168-172.

21 가세트. 위의 책. 24.

22 이근식. 위의 책. 314-315.

23 Paul A. Samuelson and William D. Nordhaus. 2001. *Economics* 7th ed. Boston: McGraw-Hill Irwin.

24 김계연. 2025. “독일판 마셜플랜” 793조 부양책 사실상 확정.” 『연합뉴스』 (3월 21일). https://www.yna.co.kr/view/AKR20250321160200082 (검색일: 2025.5.20.)

25 Samuelson and Nordhaus. 위의 책. 394.

26 김정은. 2022. “[우크라 침공] 스웨덴, 안보 상황 악화에 국방비 확대 계획.” 『연합뉴스』 (3월 11일). https://www.yna.co.kr/view/AKR20220311004800098 (검색일: 2025.5.19.)

27 기획재정부. 2024. “2024년 국제경영개발대학원 국가경쟁력 평가결과 한국은

67개국 중 20위로 역대 최고기록." 『보도참고자료』 (6월 18일). (검색일: 2025.5.19.)

28 피케티. 위의 책.

29 김윤나영. 2024. "캐나다, 스웨덴은 상속세 폐지?…자본이득세로 과세." 『경향신문』 (9월 3일). https://www.khan.co.kr/article/2024061717 43001 (검색일: 2025.5.20.)

30 채제우. 2025. 'EU와 잘못된 이별...브렉시트가 남긴 잃어버린 10년.' 『조선일보』 (6월 14일). https://www.chosun.com/economy/weeklybiz/2025/06/12/26A4KO4Q4FAABCA3UAPCIM6PCM/ (검색일: 2025.5.20.)

31 샌델. 위의 책.

32 장 카스타레드 저 · 이소영 역. 2011. 『사치와 문명』. 뜨인돌.

33 Weber. 위의 책.

34 Wood. 위의 책.

35 리처드 호프스테더 저 · 유강은 역. 2017. 『미국의 반지성주의』. 교유서가.

36 Kent E. Calder. 1988. *Crisis and Compensation: Public Policy and Political Stability in Japan*. Princeton: Princeton University Press.

37 정혜인. 2025. ""그 돈으로 이렇게?" 딥시크 AI 어떻길래…엔비디아 울고, 애플 웃나." 『유니콘팩토리』 (1월 30일). https://www.unicornfactory.co.kr/article/2025013015261891305 (검색일: 2025.5.20.)

38 김재현. 2025. "딥시크는 시작일 뿐…중국 AI 유니콘 줄섰다." 『유니콘팩토리』 (2월 4일). https://www.unicornfactory.co.kr/article/2025020316064121674 (검색일: 2025.5.20.)

39 정용환 · 김민정. 2025. "딥시크 같은 기업, 중국엔 4000개 있다…충격의 中 AI 실력." 『중앙일보』 (2월 2일). https://www.joongang.co.kr/article/25311063 (검색일: 2025.5.20.)

40 이정현 · 김하늬. 2025. "너무 싸서 수상한 中 딥시크…화들짝 놀란 美 데이터 도용 조사 착수." 『머니투데이』 (1월 30일). https://news.mt.co.kr/mtview.php?no=2025013010580184799 (검색일: 2025.5.20.)

41 이우탁. 2023. "미국의 가치동맹 전략과 '민주주의 정상회의'…中 대응은." 『연합뉴스』 (3월 30일). https://www.yna.co.kr/view/AKR20230330124600009 (검색일: 2025.5.20.)

42 김광호. 2024. "'한미일 동맹'과 '한일 동맹'."『경향신문』(7월 3일). https://www.khan.co.kr/article/202407031832001 (검색일: 2025.5.20.)

43 이근식. 위의 책. 319.

44 칸트. 위의 책.

저자소개

이연호

연세대학교 정치외교학과 교수이다. 연세대학교와 영국 케임브리지 대학교에서 정치학을 공부했다. 정치경제 발전이론, 국제개발협력론 그리고 EU통합론 등을 연구하고 강의한다. 『The State, Society and Big Business in South Korea』(Routledge 1997), 『발전론』(연세대출판부 2009), 『불평등 발전과 민주주의』(박영사 2013) 등 다수의 학술 저서와 논문을 출간했다.

자본주의는 자본주의와 싸운다

초판발행 2026년 1월 30일

지은이 이연호
펴낸이 안종만 · 안상준

편 집 전혜민
기획/마케팅 정규식
표지디자인 BEN STORY
제 작 고철민 · 김원표

펴낸곳 (주) 박영사
서울특별시 금천구 가산디지털2로 53, 210호(가산동, 한라시그마밸리)
등록 1959. 3. 11. 제300 1959-1호(倫)
전 화 02)733-6771
f a x 02)736-4818
e-mail pys@pybook.co.kr
homepage www.pybook.co.kr
ISBN 979-11-303-9726-9 93340

정 가 24,000원